地中海争霸史

[美] J·H·布雷斯特德◎著
杨　欢◎译

HEGEMONY
IN THE MEDITERRANEAN

民主与建设出版社
·北京·

图书在版编目（CIP）数据

地中海争霸史 /（美）J · H · 布雷斯特德著；杨欢译 . -- 北京：民主与建设出版社，2018.2（2021.3 重印）

ISBN 978-7-5139-1961-6

Ⅰ . ①地… Ⅱ . ① J… ②杨… Ⅲ . ①世界史 – 通俗读物 Ⅳ . ① K109

中国版本图书馆 CIP 数据核字 (2018) 第 029658 号

地中海争霸史

DIZHONGHAIZHENGBASHI

著　者	（美）J・H・布雷斯特德
责任编辑	刘树民
封面设计	仙境书品
出版发行	民主与建设出版社有限责任公司
电　话	（010）59417747　59419778
社　址	北京市海淀区西三环中路 10 号望海楼 E 座 7 层
邮　编	100142
印　刷	三河市华东印刷有限公司
版　次	2018 年 5 月第 1 版
印　次	2021 年 3 月第 2 次印刷
开　本	710 mm × 1000 mm　1/16
印　张	25
字　数	396 千字
书　号	ISBN 978-7-5139-1961-6
定　价	66.00 元

注：如有印、装质量问题，请与出版社联系。

目录

开篇　欧洲的古代先民

第一章　金字塔时代的埃及

第二章　帝国时代的埃及

第三章　西亚：巴比伦尼亚

第四章　亚述与迦勒底

第五章　米底－波斯帝国

第六章　希伯来人与东方的衰落

第七章　东地中海世界的崛起

第八章　被希腊人征服的爱琴海世界

第九章　希腊的君主时代

第十章　希腊的贵族时代

第十一章　僭主时期的手工业革命

第十二章　击退波斯

第十三章　雅典与斯巴达之争

第十四章　伯里克利与雅典的繁荣

第十五章　雅典帝国的灭亡

第十六章　最后的城邦之战

第十七章　伯里克利之后的希腊文明

第十八章　亚历山大帝国

第十九章　希腊化时期的文明

第二十章　罗马征服意大利

第二十一章　罗马共和国的统治与征服

第二十二章　地中海帝国的建立与衰落

第二十三章　百年动荡与共和国的灭亡

第二十四章　帝国时代：奥古斯都和他的继承人们

第二十五章　帝国时代：皇帝、军团和法律

第二十六章　罗马帝国的分裂——百年革命

第二十七章　野蛮人的胜利与古代的结束

开篇　欧洲的古代先民

欧洲古代先民

几个世纪以前，在北欧的一些村落里，仍然可以看到有野狼在街道上捕食儿童。即使是现在[①]的印度，人类被老虎袭击的事件也时有发生；在非洲，人类依旧是狮子口中的美味。但是，一些远古时代的哺乳动物，虽然力量强大，但幸运之神并未眷顾它们，它们最终走向灭绝。大自然变化了，但它们没有适应，最终只能消失。在面临着同样残酷的自然变化时，人类却存活了下来，并不断壮大。人类与大自然的其他哺乳动物争夺着生存领地，也在这个过程中不断进化。因为不断进化，人类获得了强大的力量，甚至在自然界已经很难遇见敌手，究其原因，在于人类学会了如何使用工具，即使是那些看上去很简单的工具，也成了尼罗河下游大象、长颈鹿的克星。大猩猩也将很快从非洲的土地上消亡。随着所使用的工具被不断改进，动物种类以越来越快的速度灭绝。在不少自然科学家看来，人类如今已经处于哺乳动物时代的末期。

显然，人类在该阶段取得了优势地位，人类的这种优胜地位是在一个循序渐进的过程中获得的，纵观人类的整个进化过程，也是比较缓慢的。现在的种种科学发现证明，人类大约在 50 万年前才开始进化。在漫长的时间长河里，人类的生存能力在不断与残酷的生存环境斗争的过程中逐渐增强。于是，在整个自然界中，人类成了最先亦是唯一会制作工具的物种。正如我们所知，不少动物知道如何使用大自然中一些现成的工具，比如木棍或石头等，原始人也曾经是这样。然而，早期人类并未止步于此，而是进一步学会了如何制造工具，这是人类历史上尤其重要的一步。因此，人类才得以与其他动

① 这里指 20 世纪 30 年代——编者注。

物彻底区分。这是因为早期人类发现大自然为他们提供的诸如石头等工具不能满足他们的实际需求，也不能帮助他们完全实现目的，他们因此感到“不满足”，这是促成人类进步的一个关键因素。于是，一些早期人类积极发挥创造精神，逐渐学会了如何改良这些工具，用石头来改造石头，从而让那些经过加工的石头能满足他们的实际需求。他们不再只是依靠自然界所提供的食物维持生计，而是利用他们所改造的工具来主宰周遭的世界。这些工具使他们变得十分强大，利用这些工具，他们能得心应手地对付自然界中那些有生命或无生命的敌人。这种制造工具的实践活动对人类有着不可比拟的重要意义，它持续而深刻地影响着整个人类发展的进程，甚至改变了人类的生存环境。在此，我们不妨观察一下我们生活的周遭世界，再与先前的历史比较一下，我们很容易就发现，曾祖父母听说过收音机、飞机这些新奇的东西，却从来没有见过。他们那一代人，甚至很少乘坐机动车。对他们来说，在自己家里安装电灯或者电话简直难以想象。至于他们的祖辈，大多数人终其一生也很难见到一次机动车，他们只能乘坐着马车外出旅游。然而，人类一个接着一个地发明出了各类工具，利用它们慢慢改变着我们周遭的世界。

可以想象，任何新的创造发明都是在原有基础上诞生的，就像人类先驯服了野马、发明了车轮，才出现了马车与货车；发明了船只，才实现了海外贸易和旅行；发现了铁矿，才学会了制造和改良铁质器具，又进一步为石料的切割创造了前提条件，那些拔地而起的高楼以及其他任何石料建筑的诞生都是以能够切割石头作为前提条件的；再比如，写作是知识传播的前提，而写作又是以发明文字为前提的。

如果继续追溯人类的历史，我们不难发现，早期人类只是一些比他们同一时期的动物稍微强大一些的野人。早期人类只能靠自己的身体自保，寻找食物，或是做一些别的事情。没有人能教他们任何技能，他们不会取火，也没有语言。一切事情、任何一件工具，都需要他们自己独立而坚持不懈地学习并创造，即使是再简单的工具也是如此。我们可以据此推断，在人类原始心智萌芽前的黎明阶段，还存在一个原始人类并不会制作工具的时期。我们可以这样理解，人类通过专业化的工具、设备以及机械等去开发大自然的过程，其实就是人类社会的职业发展史。纵观人类浩瀚的文明史，社会、政治、艺术、宗教等各方面的发展都与不同工具的发明创造息息相关。蒸汽机和内燃机象征着现代文明；而石杵和石斧则象征着几万年前的旧石器时代的文明。正如亨利·福特所说，“我们创造了历史”。如今，我们再也找不到一个像早期人类那样没有掌握任何一种工具的人了。然而，我们如今依旧能找到一部分群落，他们仍然过着原始生活，他们依然延续着早期人类的生活方式。通过研究他们生活的环境，我们可以对早期人类的一些生活状态有所了解。大约一个世纪以前，英国人在塔斯马尼亚岛上发现了塔斯马尼亚人，他们几乎没有掌握任何技能，赤身裸体，不会捕鱼、打猎，也不会制造弓箭等武器，更别提建造房子了。他们不懂得驯养山羊、绵羊、母牛、马匹、狗等家畜，也没有种植任何农作物，更别提用黏土来烧制瓷器，因此，他们也没有罐子、盘子、壶等瓷质器皿用来装食物。

这些塔斯马尼亚人对生活的要求很低，不需要房屋居所来容身，也不需要衣物遮体，他们仅仅靠着一些最基本最本能的生活本领就度过了漫长的岁月，随着前文明时期渐行渐远，他们学会了用火来取暖和制作食物，他们在木棍顶部固定上一块锋利的石头，这种类似“长矛”的工具就是他们最厉害的武器了。他们不会制作铁质的武器，因为他们根本不知道世界上有铁这种东西。他们用石头制成的长矛来狩猎和自卫，当然，他们还掌握了一些别的生活技能，比如，将石板的边缘磨成薄薄的一片，用这种石刀来切割猎物的皮肉，还会用树皮的纤维制作一些杯子、器皿和篮子。然而，最重要的一点是，他们学会了使用简单的语言来交流和描述他们的生活状态。

通过观察塔斯马尼亚人的生活状态，我们大体上可以了解到早期人类的生活状态以及人类是如何在与大自然斗争中生存下来的，毫无疑问，正是这种残酷的生存斗争将人类带入了文明之中。有关早期人类如何进化的详细情况，我们能了解到的信息少之又少。然而，根据目前已发现的早期人类使用的各种工具，我们可以推断出他们生活的地理环境、原始状态究竟是怎样的，我们也可以由此断定，史前时期，欧洲人类的进化历程长达数十万年，最后才缓慢步入塔斯马尼亚人呈现的原始阶段。相比起欧洲如今的环境，欧洲史前人的生活环境大相径庭，是一派原汁原味的原始风貌。广袤的草原上是茂密的原始森林，那里溪流潺潺，河畔绿茵密布，河马在四处游荡。在茂密的热带植物丛林中，独角犀牛横冲直撞；巨象披着近两英尺厚的毛在丛林中漫步，高地上散布着成群结队的野马；它们在细细品味着地上的青草；丛林中栖息着数不清的野鹿；这里气候温润，鸟类众多。在这种静谧的气氛中，处在史前的欧洲静静地沉睡着。

在欧洲这片原始森林中，为了生存下去，早期的原始人不断努力寻找着树根、种子等可以作为食物的东西；他们保持着高度的警惕性，静静听着他们身边的动静，时刻准备着用简易棍棒将那些处于攻击范围内的猎物打倒在地，也就是说，原始人类是利用树枝制成的木棒来狩猎的。当史前文明步入某个时期，原始人类发明了简单的语言。最初，人类用某些声音来表达饥饿、紧张、恐惧、寒冷等意思，正是在这些声音的基础上语言逐渐演变而来。当他们面临某些恐怖的景象时，比如听到巨大的野兽发出的声音或是看到巨象在丛林深处出没，他们一边逃跑，还要一边警告自己的同类有危险。原始人没有固定的住所，往往是一路追逐猎物，夜晚降临时，就会停下脚步。在睡觉前，他们会用木制的小刀将猎物切割，狼吞虎咽地吃掉。那时，他们还不会生火，因此，也没有办法用火来抵御野兽，入夜时分，他们只能伴着野兽的叫声忐忑入眠。

后来，原始人意识到火有多么重要。我们不妨想象一下，原始人是如何认识火的。也许，他们看到了森林中一道闪电划过，引起一场火灾；或是看到了地中海周边的火山爆发。总之，他们发现了火，同时，也感受到了火的威力与温暖，更重要的一点是，他们还学会了钻木取火。最初，对于原始人而言，火是用来驱逐那些对他们构成威胁的野兽的。后来，他们发现食物经过火的烧制后会更加美味，他们开始用火来加工食物。随后，他们发现矛头在火中烧制后会更加坚固耐用，于是，他们学会了用火来加工、制作矛头。但是他们无法让木刀更加锋利而耐用，他们于是开始用一些石片来取代木刀，原始人逐渐学会了从自身需求出发来打造适合的石器。时间转瞬即逝，这些事都发生在数十万年前，那个时代被我们称为“石器时代”。

人们得以繁衍生存的一个极为重要的原因在于，人类可以用石制工具来对付威胁他们的野兽。通过研究那时的石器以及地质层上原始人的遗骨，我们可以判定，人类早在非常久远的年代就已出现在了地球上。然而，即使在不久之前，还有不少人想当然地认为，人类出现的时间比较晚，而且没有留下什么遗迹。1714 年时，在伦敦发生了一件趣事。人们在一封旧书信中得知，在伦敦附近的一片砾石堆里，一位药剂师发现了一具大象的头骨，还有一把石制武器。人们认为，那头大象是从罗马帝国运来打仗的战象，不久后，这封信以及那件武器的草图被公布于世。令人遗憾的是，人们当时并未足够重视这一发现，直到六十多年前，也就是那次发现后的一个半世纪以后，人类已经在地球上存在很久了这一事实才引起了科学家们的关注。然而，那时美国内战如火如荼，就像很多人面对确凿的证据时仍不愿承认地球是圆的，许多美国人依然不愿承认人类已在地球上存在了很久这一事实。

在制作石器方面，早期人类的能力不断提高，根据大约 50 万年前遗留下来的石器，我们可以推断在无休止的竞争过程中他们都经历了哪些阶段。现在，根据这些已发现的石器，我们可以推测出对早期人类至关重要的几个历史时期，主要包括早石器时代、中石器时代和晚石器时代。早石器时代主要以打制石刃为石制器具的标志。中石器时代，人们所使用的石制工具开始以削制石刃为主。起初，人们主要制造单刃的石制工具，后来，工具被广泛使用，双刃石器也随之产生，历史上最早的长矛也在该时期产生了。考古学家将早石器时代和中石器时代统称为旧石器时代，而将晚石器时代定义为新石器时代，这一时代以磨制石刃为标志。在晚石器时代里，制作的石制工具更为精良，和往常一样，是单刃磨制工具出现在前，双刃磨制工具出现在后，在这一时期，带柄的工具也逐渐普及，还出现了最早的钻孔石斧。

早石器时代

通过考古，我们挖掘出了许多石制工具，其中以法国的考古挖掘活动最为频繁。那些出土的石器向我们讲述着石器时代的猎人们在学会制作石器后的几十万年经历了怎样的进化过程。那些石器被收藏在欧美博物馆里，经专人研究，我们可以从中发现早期人类是如何从削制粗陋的石器逐渐进化到制作更为精良的石头工具的。其中“拳斧”是最典型的石器，当时所有活动中几乎都可以发现它的身影。这种“拳斧”上窄下宽，长 8 英寸至 10 英寸，刀刃很锋利，很轻松就能切断树枝，不仅能制作钻木取火的装置，还能制作棍棒。人们之所以称它为“拳斧”，是因为当时的人们还不会为它安装把手，猎人当时经常握着它比较细的那一头。这种“拳斧”在欧洲及欧洲之外的很多地方都被人们发现过。可以说，这是目前已知的人类最早制作的石器工具。

欧洲史前的原始人的生活极不稳定，可以说危机四伏、朝不保夕，一些人因此而死去，另一些人则活了下去，生生不息。在生活和劳动的过程中，他们不断总结经验，改良拳斧，让它更好用。可以肯定的是，他们还使用过一些木制工具，然而，木制工具容易腐烂，所以我们也无法确切地了解它们的情况。他们并未拥有后世人类所拥有的东西，与有着繁荣的城市和辽阔的农田的欧洲仍相隔着数万年的光阴。几乎所有的野兽都是原始人的敌人，原始人从最初赤手空拳与这些猛兽搏斗，逐渐发展到用石器与野兽战斗。那个时期还没有羊或其他家禽，也没有忠诚的狗，驯养技术出现在更晚一些的时期。原始森林中的豺狼也许就是现在家犬的祖先。现代家禽的祖先们也许早就在欧洲及其他地区绝迹了，又或许仍像野马那样，以野生的形式出没于森林之中。

人们注意到，在石器时代后期，温暖的热带气候不再呵护人类生存并栖息的森林。科学家现在仍无法解释为何热带气候逐渐变冷。冰川向南不断移动着，现在，阿尔卑斯山的山顶以及北极地区还是终年积雪。在那个时代，北极冰川不断南下，逐渐覆盖了英格兰，甚至还一度覆盖了泰晤士河的南部。阿尔卑斯山的冰川顺着罗纳河谷一路南下，一直抵达现在的法国里昂地区。北美南部的冰川则以漂砾线为基准，所谓“漂砾”就是如今我们熟知的砾碛或砾石堆。冰川推动着砾碛，一路向南移动，逐渐形成了现在的砾碛线。在南部的长岛以及西部的俄亥俄州和密苏里州的河谷中，都可以看到这样的砾碛。

那个时代，猎人们亲眼见证了冰川南移的壮观景象，积雪和冰川从他们所居住的苍茫的原始森林穿过，无情地将河谷和地面上的高大树木冲倒，大部分动物被迫逃往南部更温暖的地区。然而，石器时代的猎人们并未离开这片土地，反而逐渐适应了严寒的气候。毋庸置疑，他们经受住了冰川一次次严峻的考验，因为早期石器时代的末期正值第三次冰川来临的时候。那些被猎人杀死的野兽的骸骨，还有粗陋的拳斧，都被遗弃在了山谷的石砾之中，在被史前的冰川侵蚀之前，如今法国、南英格兰各大河谷的河床内还流淌着潺潺的河水。现在，史前残留在这里的物品向我们诉说着与早期人类有关的一个神奇的故事，那就是他们如何改造周遭的世界。

中石器时代

穴居生活一直持续了数千年，那时，人们还不会建造房屋，他们在岩石洞穴里居住。那个时期，更为精巧的石刃取代了粗陋的拳斧，因为当时人们已经学会了用一片坚硬的骨头顺着燧石边缘削出一层薄片，相比起敲打出来的石刃，这种切削出来的石刃更为锋利。我们甚至可以想象当时人们在洞穴口制作燧石工具的场景，对于人类而言，这是一个巨大的进步。在这一时期，人们还逐渐学会了用兽皮裹住身子来御寒，并从此开始穿衣服。

通过对那个时代遗留下来的洞穴人骸骨进行研究，我们发现，无论是在智力还是在体形上，洞穴人都无法与现代人相媲美。洞穴人身形矮小，身高大约在 4.8 英尺至 5.3 英尺之间，眉骨外凸，头颅前倾，腰背弯曲，这是早期猿人最鲜明的特征。1856 年，在德国发现了这种原始人的骸骨，发现的地区是在尼安德特，因此这种原始人又被称为尼安德特人。这具遗骸被发现的时候已经经历了近 4 万年时光的洗礼。然而，尼安德特人被后来更聪明的猿人奥瑞纳人逐渐取代，后者之所以被称为奥瑞纳人，是因为后来的人们在法国的奥瑞纳地区的洞穴中发现了他们，当时一共有 17 具这类猿人的遗骸出土。奥瑞纳人包括了几类不同的人种，他们在体格特征上各不相同。总体而言，奥瑞纳人的体形比尼安德特人更高大，脑容量也更大。但是，奥瑞纳人中的一支体形也比较小，其中最高大的也不过 5.6 英尺高，在这一支奥瑞纳人中，他们绝大多数的身高都低于这一高度。奥瑞纳人中的另一支被称为“克罗-马戈农人”，人们也是在法国的洞穴中发现了他们，这一支的人们的身高可以达到 6.45 英尺，也就是说，他们是这类人种中的巨人。从某种程度上说，奥瑞纳人与现代人更接近，早在 25 万年前，他们就在西欧出现了。根据血缘或谱系学来进一步推演，我们不难发现，他们与当代欧洲人关系密切。我们可以通过他们的体格来推测，这类人的后代现在还分布在爱尔兰、威尔士、法国、西班牙以及北非。相较于尼安德特人，奥瑞纳人更精通于手工制作。

尼安德特人只能制作单刃石器，而奥瑞纳人学会了从两边切削燧石来制作工具，所制作工具的分工也更精确，已经可以分为凿子、钻子、锤子、抛光器和削刮器等工具。这类新石器两边都带刃，很尖锐，能轻松切割并加工象牙、兽骨等，尤其可以用来切削驯鹿的角。象牙主要来自猛犸，鹿角[①]则来自驯鹿群，而这些象牙和鹿角又成为了他们制作其他工具的材料。冰川时期，这些驯鹿被迫来到南方，也许，这些驯鹿被猎人猎杀时还在洞口寻觅食物。在这些锋利的新式工具的帮助下，猎人制作出了带有钩子的象牙标枪头，并将它们安装在长木柄上，这就是我们目前所发现的人类历史上最早的带有木柄的长武器。他们还发明了锋利的燧石匕首以及弓箭，可以随身携带。为了让标枪的木柄和箭杆更加顺直，他们还发明了一种用鹿角制成的矫正器。为了在投掷标枪时更省力，他们还发明了更精巧的投掷器，这些投掷器是用鹿角和象牙制成的，靠着这些投掷器，猎人们能够花更少的力气将标枪掷得更远。那时，他们还学会了制作衣服来御寒，并保护自己不被树木或荆棘划伤，大部分衣服用兽皮缝制而成，缝制这些兽皮所用的工具是一种十分精巧的象牙针，也就是说，那个时代的猿人已经学会如何制作并使用针了。

在这些新武器的帮助下，奥瑞纳人在中石器时代成为一方霸主，罕有野生动物能与之匹敌。对于那些野生动物而言，较之早期石器时代的猿人，中石器时代的猿人更加危险。考古学家在西西里的一个洞穴中发现了至少 2000 具河马的遗骸，毫无疑问，正是那个时代的猎人们捕杀了这些河马。在法国的考古发现更让人震惊，考古学家们发现，奥瑞纳人捕杀了大批的野马，这些野马的骨头被丢弃在营火附近，堆积起来的骨头形成了厚达 6 英尺的骨层。如果将这些骨头在现在城市的空地上铺开，甚至能铺满四块宽为 50 英尺、长为 200 英尺的区域。考古学家们还在这些骨层中发现了骨哨。我们可以想象，当结束了一天的奔波与劳累时，猎人们满载而归，他们吹响了骨哨，向那些在洞穴中等待他们归来的家人们发出信号。那些让人生厌的废弃物就堆积在洞穴周围，在这些空气混浊的洞穴中，他们度过了一个个漫漫长夜。然而，他们也许永远不会知道，在他们所居住的洞穴下面几英尺的地方，他们祖先的骸骨一层又一层地正静静躺在那里，已经度过了几千年。

更让我们吃惊的是，早在中石器那个蛮荒时代，奥瑞纳人就已经具备了雕刻和绘画等极为精湛的艺术技艺。在北西班牙的一个庄园的洞穴中，作为

① 在这个时期，鹿有很多，所以法国的考古学家们又将这个时代称之为“驯鹿时代”。

庄园的主人，一位西班牙贵族曾进去考察过，在洞穴的堆积物中，他发现了一些燧石和骨制工具。他被自己的发现深深吸引住了，突然间，正在这个采光并不好的洞穴里玩耍的女儿大声叫了起来，她指着洞穴顶端，对她的父亲喊道：“公牛！公牛！”女儿的举动让这位西班牙贵族吓了一跳，他顺着女儿手指所指的方向看去，只见一幅让人为之震惊的奇观呈现在他眼前，那就是这个洞穴顶部的岩画。这位西班牙贵族激动难耐，开始细细观察位于洞穴顶部的岩画，这幅岩画描绘的是一支公牛列队。虽然经过了一万多年岁月的侵蚀，岩画的色彩依旧艳丽如初。更让人觉得有趣的是，虽然这幅岩画已经在这里存在了上万年，但似乎从未有人发现这幅史前猿人所画的岩画，何曾料想，一个小孩发现了这幅岩画呢。

如今，我们已经很难找到足够的证据来证明那些早期人类的生活状态是否更为高级了。然而，根据考古发掘得出的“中石器时代的人们就已经接受了有神灵存在”的结论，我们可以认为，在这一时期，原始人类就已经形成了有关灵魂的概念，甚至具备了灵魂不朽的意识，虽然这一意识还并不完善。考古发现，在一些洞穴的堆积物中就能找到一些尸骨上有饰品和石器，也许这是猎人死后他的亲友给他的陪葬品。也许在死者生前，这些饰品和石器是他很喜爱或经常使用的东西。他们用石头将尸体围起来，以免受到其他伤害。让人惊奇的是，那个时代人们安葬尸体的地方竟是他们分享猎物和居住的地方，也就是后来猿人的遗骸被发现的地方。经过岁月的变迁，遗骨从洞底一层又一层地堆积起来，一层遗骨压在另一层上面，通过这种埋葬的方式，我们能体会出当时的生者对亡者深切的缅怀之情，这也是一种精神寄托。

现在在欧洲仍能辨别出冰川在自然界留下的痕迹，我们根据这些残存的痕迹可以推测，冰川回撤的方向是向北，而回撤到现在的地方则经历了一段极为漫长的岁月。即使是冰川最后一次回撤，距离现在也至少一万年了，甚至更久。而欧洲大陆气候的变化是造成冰川回撤的最重要的原因，欧洲大陆的气候越来越暖和，直到变得和现在的欧洲一样。我们可以据此推测，那个在法国发现的中石器时代的猿人经历了漫长的气候变迁过程，才逐渐适应了现在欧洲的自然气候和自然环境。因为自然变化的原因，制作工具的技艺在这一时期发展相对缓慢。然而，这一时期的发展还是极大地推动了人类进入第三个发展时期，也就是晚石器时代。

晚石器时代

在欧洲的许多地区都能找到晚石器时代人类居住的遗迹，当我们对其进行研究时，不能单单考察法国及其周边地区，而应该将欧洲视为一个整体来考察。欧洲早期的人类部落是近水而居的，他们居住的地方集中在河流、湖泊周围，有时候甚至在入海口。所以当我们再去考察这一时期时，要格外关注河流、湖泊和入海口，虽然我们很难精准地辨别这些栖居者的种族或民族。

我们发现的晚石器时代的人类居住在丹麦的海岸线上，在那里形成了一条狭长的木屋带，那是古代的斯堪的纳维亚人沿着海岸线建造的篱笆木屋。然而，这些早期的斯堪的纳维亚人究竟属于哪个种族已经不得而知了。但是，通过对木屋遗迹的考察，我们可以推断，在那个时期他们拥有两种身份，不仅是猎人，还是渔夫。我们在这里发现了一种很简陋的船，这应该是欧洲最早的船。晚石器时代，人们乘着船下水，在水岸边的浅水区捕获大量牡蛎，甚至还能从深水中捕获贝壳类。在水岸附近的森林里，猎人们猎捕着野牛、野猪等野兽；在沼泽里捕捉栖息于此的鸟儿。我们借此可以还原出一幅生机勃勃的生活图景：夜幕降临，寒气弥漫于天地之间，渔夫和猎人们满载而归，回到营地，他们燃起篝火，席地而坐，将这一天收获的猎物放在火中烧烤，一时间野味的香气四溢。他们细细品味着这些野味，随手将麋鹿、野猪的骨头还有牡蛎的贝壳丢在一边，于是，篝火边弥漫着生活废弃物的臭味。在这些晚石器时代的猎人和渔夫们丢弃生活废弃物的过程中，一条长达几百英尺的废物带就这样逐渐形成了，而这条废物带也记录了那幅远古的颇具生机的营火生活图景。通过这条废物带，我们可以还原出当时一幅又一幅生机勃勃的生活场景。这里的每一堆贝壳中都蕴藏着那些古代的斯堪的纳维亚人生活的点点滴滴。根据这些被发掘的贝壳和动物的骸骨，我们可以判断出那个时期的人类对生活在他们周边的野生动物的掌控程度。这些动物的遗骨上，留下了许多豺狼的牙印，据此我们可以推断，那时豺狼可能与人类比邻而居，这些被人们丢弃的骨头成了豺狼的食物。随着这种情况延续下去，豺狼与人类对彼此越来越熟悉，越来越亲近，后来，人类驯服了豺狼，它们成为人类家庭成员的一分子。最终，豺狼成为人类最忠诚的伴侣，也就是我们所说的狗，它是人类最早的家畜。

在晚石器时代渔夫丢弃的贝壳堆中，我们还发现了不少破碎的中石器时代的陶罐残片，由此可以推断，那时的古代斯堪的纳维亚人已经学会了如何烧制陶器，当然，他们有可能是从南方人那里学会这门技艺的。他们也是最早学会利用陶土来制作简陋陶壶的族群之一。可以说，陶器是晚石器时代最为重要的发明。在中石器时代的末期，古代的猎人就学会了利用磨石来磨制石器，这种方法与现在利用磨石来磨制铁器类似。在那些贝壳堆中，我们发现了最早的磨制石斧，根据这一发现，我们可以推断，那个时代的人们对于大自然有着极强的掌控能力。

燧石工具是晚石器时代最常见的石制工具，同一时期还出现了更为坚硬的用石头制成的工具，包括斧子、凿子、刀、钻、锯和磨石等。现在木匠们所使用的工具与那个时代的工具相差无几。这些古代的工匠学会了将斧头捆绑在木柄上，甚至还学会了如何在石斧上钻孔以便将石斧与木柄固定在一起。我们找到的那些石器的表面都很光滑，究其原因，并非因为当时制作精良，而是使用者在使用过程中将这些石器磨光了。

然而，不要以为那个时代的石器制作以及使用是简陋而低效的。丹麦最近开展的一项实验表明，一个现代的机械工在并不熟悉这些石器使用方法的情况下，只需花费 10 个工时就能用这种石斧砍倒 26 棵粗达 8 英尺的松树并将其削成圆木，而另一个机械工只花了 81 天就靠着石器伐木并修建了一座房子。因此，我们有理由相信，晚石器时代的人类文明程度已经远远超越了野蛮人时代，并且他们住进了自己建造的舒适的房屋中。

我们在丹麦的贝壳堆上花费了太长时间，是时候该继续探寻人类文明的历程了。我们不妨看看美妙的瑞士，在那里我们又会有怎样的收获呢？瑞士分布着许多早期木质房屋的遗迹，我们根据这些房屋的遗迹可以推断，晚石器时代人类把村落建在瑞士的湖泊上。为了保障居住地的安全，特殊的湖上村落应运而生，它可以有效地防御其他部落的袭击，还能避免野兽的骚扰。建造这些湖上村落首先要在湖底打上一些木桩，然后，在这些木桩上搭建平台，最后在这些平台上修建房屋。这些村落很有特色，被称为“湖上桩屋”群落。就这样，瑞士的湖滨被这些由大大小小的桩屋构成的一排排长队点缀着。这些分布在湖上的桩屋村落大小不一，有些地方的桩屋规模十分壮观，至少有5万根木桩立在瓦艮地区的湖泊之中，这些木桩可以建造起一个极具规模的桩屋村落。

根据我们现在已掌握的资料，可以推断这些居民在晚石器时代的湖上村落里过着极为繁华的生活。这些修建在湖上的桩屋能遮风避雨，住起来很舒适，在房子里还有不少木制家具和工具，除了木制的大个水壶和木勺之外，还有陶制盘子、陶制碗和陶制罐子。虽然这些陶制工具并非使用陶工的转轮制作而成，也没有使用烧炉烧制，因而显得凹凸不平，有些简陋，但还是给这些人带来了极大的便利。

长久以来，这些居住在湖上的居民以捕鱼和狩猎获取鱼或兽作为食物，同时，他们还掌握了获取其他食物的方法。早在数千年前，晚石器时代的女人就学会了采摘野生植物的种子，还学会将一些种子晒干，储存起来，她们还发明了最原始的研磨种子的器具，那就是将种子放在两块比较光滑的石头之间碾碎。虽然这样碾压得到的面粉很粗糙，做成的面饼也并不可口，但这样一来，还是使食物的种类增加了。在采集野生植物的过程中，人们逐渐意识到，野草经过人工培育会长得更加繁茂。现在，我们了解到，通过养护而得到更多植物果实和种子的方法是从东方传到欧洲的。

养护野草与在恰当的季节进行播种、耕种、收割大同小异。那些在湖上住着的女人一方面学会了种植粮食作物，另一方面还成了农业生产者。那个时期，她们主要的粮食作物是大麦、小麦和谷子，这样一来，她们的食物来源也更加丰富。考古挖掘工作还有许多另外的发现，在已经消失的瓦艮湖湖底发现了超过100蒲式耳的粮食。除了在小山丘种植粮食作物外，湖上居民们还种植了一些小块的亚麻地。由此，我们可以想象这样一幅生活图景：妇女们在自家门前用亚麻编织衣物，那些祖先们穿的粗陋的兽皮衣服被抛在了一边，由此，他们进入了穿着纺织衣物的时代。

湖上房屋之所以能存在那么长时间，是因为他们开发了土地。他们学会了种植农作物，需要不断开垦土地，以发展种植园。猎人的家庭散布在小块的种植园附近，妇女们在种植园里辛勤地耕种着农作物，这些农作物成熟后，猎人们就会收获劳动果实。于他们而言，在土地上劳作是生活中一项十分重要的工作。在这个时期，土地所有权的概念逐渐形成，当每家每户在某一块土地上长时间耕地劳作时，他们就逐渐产生了一种使用这块土地的习惯权利，随着这种权利意识逐渐形成并为他人所承认，他们开始声称自己拥有这片土地的所有权，这种所有权又逐渐为人们所公认。而土地所有权的出现也正是人类在之后的岁月里频繁发生纠纷的一个重要原因，由此，富人与贫民之间的斗争也开始了。

这时，在北非的北海沿岸，畜养的山羊、绵羊、牛等家畜开始出现。这些被畜养的动物主要来自尼罗河河谷地区。在畜养这些动物前，人类已经与这里的野生动物建立了友好的关系，甚至有不少已经成为人类忠诚的伙伴。那时，非洲与意大利通过西西里岛连接在一起。正因如此，这些动物很容易向意大利方向扩散，然后接着扩散到瑞士，从而进入湖上村落的区域。因此，在瑞士高地上生活的人们开始畜养牛、绵羊、山羊等来自东方的动物品种。最初，这些动物是被东方人驯化的，与那些生活在欧洲中部的野生动物有着本质上的差别。其实，早期人类之所以畜养动物，是为了将其当作食物，维持生存，至于将这些驯化的动物作为运输工具并用来驮运的想法并未在晚石器时代的这些人头脑中形成。因为他们的祖先，也就是那些中石器时代的人，数千年来都将野马作为狩猎的对象和美味的食物来看待[①]。他们未曾想过要通过畜养这些动物来获得食物，所以，相较之下，晚石器时代的人们已经开始驯化动物并发展畜牧业，毋庸置疑，这将人类文明向前推动了一大步。

随着种植业的出现，人的生活习惯发生翻天覆地的变化，人们养成了在土地上耕种的习惯，而种植农作物最为关键的一个环节就是挖土翻地。在这一环节上，晚石器时代的人类逐渐从“锄文化”向“犁文化”过渡。人们认为，野牛肋骨强健，适合用来拉犁。晚石器时代，人们将犁从东方引进过来，而欧洲最早用于拉犁的动物也是被东方人驯化的牛。在此之前，人们就靠着自己手握着锄头锄地，而那个时期的妇女是这种“锄文化”的主体。随着牛拉犁这种新的农耕方式出现，原本那种简单而低效的“锄文化”逐渐为以牛为主体的“犁文化”所取代[②]。在这一点上，早期欧洲人远远超越了居住在

① 我们发现，马是在更晚一些时候，被欧洲人从东方引进。在人类发展的文明史上，马起到了极为重大的作用。

② “锄文化”又被称为手工农业，它是一种以手握的锄头为特征的农业，出现在还没有出现畜力耕作的时候。这种农耕形式与驱牛拉犁耕作的农业形式有很大不同。

北美洲的印第安人。在北美大陆发现前，印第安人还没有用于耕地的家畜，换而言之，他们仍处于“锄文化”时期。

在欧洲人掌握了如何驱使和控制那些大型拉载动物后，欧洲的原始农业快速发展起来。原始农业时期，妇女的劳动力根本无法与这些畜力相提并论。同时，因为农业迅速发展，人们耕种土地的收益也远远超过了狩猎。那个时代，当男人们意识到这一点后，开始逐渐将重心转向从事农业生产，并慢慢放弃了祖祖辈辈赖以生存的狩猎生活。那些度过了几千年狩猎生活的猎人在这时逐渐转变为从事农业生产的农民。这一时期，定居的生活方式也被广泛采用，这是因为生产方式的转变而导致的，因为要从事农业生产，必须选择定居的生活方式。从游猎生活转变为定居生活，从猎人转变为农民，欧洲人的生活方式发生了本质上的变化，而这一变化与从东方引进农业和畜牧业有着直接关系。这也意味着，欧洲人从野蛮状态开始朝着文明状态迈进，这是欧洲生活最显著的一大进步。

驯养食草动物开辟了一种新型行业，欧洲人的生活也因此发生了深刻的变化。然而，游牧生活方式并未因此彻底消失，一类人过着定居生活，并以农业生产为主；而另一类人继续过着游牧生活，以畜牧业为主。现在，我们将那些过着畜牧业生活的人称为游牧者，时至今日，这类人依旧存在着。当草原贫瘠而难以耕种时，这些人就会带着他们的牧群，在草原上游牧。他们到处漂泊，带着家人和牧群，从一片水草丰茂的牧区赶往另一片牧区，他们的生活一直颠沛流离。游牧者的生活区域主要集中在东部辽阔的草原上，从多瑙河沿着黑海北侧向东，一直向亚洲大陆深入，在这里，广袤的草原绵延数千里。比起农民及市镇居民，这些游牧部落的人的生活状态有些粗野。

在晚石器时代，这两种生活方式并存着。一种是农业生活方式，其特征是定居；另一种是游牧生活方式，其特征是不定居。若想了解这两种生活状态不同的意义，通过他们所选择的生活环境就能轻易地把握。不定居的游牧民族选择了草原，这是一种顺其自然的生活方式，逐草而居，随性游荡。然而，他们还是会时不时地去城镇和农村“光顾”一下，因为他们虽然不愿放弃祖祖辈辈延续下来的生活方式，但仍向往着定居生活，他们想让城市和农村的居民臣服于他们，正因为如此，他们才会周期性地“光顾”这些城镇。而这种发生于游牧部落和定居农民之间的冲突，后来就发展成为了众所周知的欧洲所遭受的一次又一次来自东部草原游牧部落的入侵。想要进一步了解人类历史上所发生的许多问题，就要先了解这些事实。

最终，这些生活在晚石器时代的人类也留下了比起陶器和石器更令人瞩目的作品。在晚石器时代即将结束时，欧洲的建筑仍以木制房屋为主，这些木制房屋很容易受损。然而，就在晚石器时代走向终点前，在那些居民众多的地区，一些强大的部落首领开始用石头建造自己的陵墓。如今，我们发现，从西班牙一直到南斯堪的纳维亚海滨的欧洲西海岸，都分布着这些陵墓的遗迹。光是在丹麦岛上，我们就挖掘出了3400多个当时修建的陵墓，在法国也有不少这种大型陵墓，英格兰也有。建造这种陵墓时，当时的人们会先用凿子将天然粗石打磨成块状，然后再用打磨成块状的石头和粗石来建造陵墓。这些陵墓没有使用任何木制材料，都是用切割并磨光的石头堆砌而成的。但是，我们还不能将这些陵墓称为建筑物，因为欧洲建筑物尚未在那个时代出现，而我们在东方发现了世界上第一座由石头建成的建筑物。根据这些晚石器时代遗留下来的建筑，我们可以推断，城镇很早就在欧洲出现了。因为石制的陵墓是那些居住在城镇中的居民所建造的，因此在每一个石制陵墓群附近我们几乎都可以找到一座城镇。根据这些被发掘出的城镇遗址，我们基本上可以将当时城镇的状况还原：一圈土墙环绕着城镇，土墙上还有可能围着栅栏，在土墙之外，环绕着水沟。我们可以据此推断，那时，人们已经不再继续过着四处狩猎的游荡生活了，而是通过种植农作物和饲养家畜来维持生计。换言之，他们过起了大规模的群居生活，学会了协作劳动。随着城镇的建立，自然需要“领袖”进行协调与管理，比如在瓦艮湖中插入数万根木桩子，在上面修建湖上村落；又或者用巨石堆砌出巨型陵墓。这些村落和陵墓的建成也表明，那个时代已经开始出现由领袖组织的管理活动了。晚石器时代，欧洲涌现出许多小型城镇，也可以说是一个又一个小型的城邦，这些城邦中都会有一位首领管理城邦中的各项事务，还有着属于他们自己的农田以及严密的防御设施。也就是说，这些城邦就是国家的雏形。

此外，这些石头建筑还透露给了我们一些更为有趣的信息，我们可以由此想象一下晚石器时代的人们的生活图景。在英国南部的巨石阵里埋葬着一位部落酋长，而这座巨石阵仿佛在向我们诉说着当年在那里举行的那场空前的宴会。聚会中还有诸如马车比赛等赛事，此外，还会举办其他比赛。而之所以举办这些赛事，是为了纪念那位已经逝去并被安葬在巨石圈中的部落酋长。这时，在欧洲也出现了驯养的马匹。巨石阵外那条长约两英里的笔直的大路很可能就是供马车走的道路，现在依旧能依稀辨别出这条道路。那个时代，这条马路上可能人来人往、车轮滚滚，其中掺杂着马儿的嘶鸣声，好一派热闹景象。现在还能在法国西北部找到一些巨石标识出来的大道，在那个时代，这些大道定是热闹非凡，每当狂欢的节日到来，就活跃着游行的队伍。在那个时代，在长达几个世纪的漫长岁月中，每当节庆大典到来时，这些石林大道上一定挤满了载歌载舞的人群。但现在陪伴它们的只有孤寂与安静。在法国广袤的农田中，这种用来游行的古老大道绵延数英里。如今，那些欢腾雀跃的盛况已不复存在，那些古老的信仰和风俗也不再为人们所提及，但是，这对当时的那些欧洲人而言是极为重要的。他们曾长久地保持着这些风俗，曾虔诚地信守着那些信仰。

透过那些宏伟壮观的遗迹，我们不仅能看到那个时代的人们在闲暇时光里娱乐的一面，同时还能了解到他们辛勤劳作的另一面。一旦人们选择了这种定居生活，就会自然而然地分工，因为定居在这里的居民不可能什么都会，而人们生活中的许多必需品以及生产劳作中所需要的工具，都需要那些居住在城镇中的居民分工合作完成，木工、陶工以及从事采掘业的人也应运而生。人类的贸易活动也由此展开。为了制作上乘的石器，早期的矿工们挖掘地洞，寻找着优质的燧石层和上等的燧石。那个时期，这些石器主要供家庭使用。不久前，考古学家还在位于布兰顿和英格兰的一个古代燧石矿的地下坑道里发现了 80 件破损的鹿角凿。这个燧石矿坑年代久远，一些地方的坑道顶早已坍塌了，一个古代石矿的长廊露了出来。在这个长廊中，考古学家发现了另外两件鹿角凿。一层白垩灰覆盖在鹿角凿上，上面还残留着人的手印。显然，这些手印正是处于几千年前的晚石器时代的矿工留下的。在比利时，人们还发现了一具古代矿工的遗骸。这个矿工的手边有一把鹿角凿，他被坍塌的岩石砸中而丧命。

那个时期，不同地区之间的沟通与联系日益紧密，贸易在这些地区之间也日益频繁。在这种久远的商业贸易中，种类繁多的燧石工具是最主要的交易品。时至今日，我们依旧能看出这些燧石工具当年的风采，它们都很精致，就连石头上的色彩也依稀可辨。琥珀逐渐在波罗的海的海岸上聚积起来，通过贸易从北向南流通，几番易主。在欧洲周边海域的一些海岛上也发现了石器，这说明当时已经有人类居住在这些岛上，而我们不妨假设，如果想要抵达这些海岛，就必须拥有足够结实的船只，由此可知，当时的造船技术的水准已经极高了。但是，人们只在湖底木桩周围发现了居住在湖上的村落遗留的几条独木舟，可见，那个时代的欧洲还并未制造出帆船。

那个时期的商业贸易还是极为原始的以物易物的形式，金属还没有出现，当然也没有金属货币。那个时期的欧洲还未出现文字，所以只能在篱笆墙上刻痕来记录赊账。交易双方通过这种方式记录下以后偿还债务所需要的鱼或是粮食的数量。

那个时期，城镇主要的防御措施就是围绕着城镇周围建造土围墙和栅栏，这一点也透露了，在史前时代，人们之间的交流并非完全相安无事，纠纷同样很常见。我们不难想象出这样一幅画面：当听到社区首领吹响战争的号角时，社区居民们立刻结束正在进行的宴会或劳作，从宴会厅、农田或是矿场赶来，聚集在一起，拿起武器，登上用于防御的围墙，一起抵御外敌。现在，一些早期欧洲战争的痕迹仍残留着。人们在瑞典发掘出了一个晚石器时代的墓穴，有一支燧石箭头还深深地嵌在墓穴主人的头盖骨上，这支箭刚好穿过了死者的眼睛。在法国，人们还发现了不止一具被燧石箭头射中脊椎的遗骸。人们在苏格兰的石堆墓中发掘出了一具石棺材，躺在棺材里的人身材高大，他的一只胳膊被石斧从肩膀处劈开了，这只手臂受伤严重，骨头上还残留着斧刃的碎屑。由此我们可以感受到那个时代的战争有多么残酷。

欧洲早期文明的进化漫长而缓慢，历经了数万年的光阴。在此过程中，东方农耕文明和畜牧文明传入了当地，并在各自的自然和文化环境中产生了潜移默化的影响。晚石器时代的欧洲，也就是约公元前 3000 年，文字还未出现，商业活动、组织管理和保存传统等人类社会活动还有许多不便。那时，还没有金属[①]，工具制造和工业水平都很低下。早期的欧洲人还不会制造帆

① 约公元前 3000 年，金属传入东南欧洲，然后就像波浪一样，慢慢向欧洲西部和北部扩散，也许直到公元前 2000 年，还没有传入不列颠。因此，我们将西欧的巨石纪念物也列入欧洲石器时代的考察对象。金属在欧洲出现前和金属传入东南欧洲很久之后，是这些巨型的石头纪念物的盛行期。

船，海上贸易发展也很缓慢。欧洲人的文明，是近东[①]文明或地中海文明传播的结果。随着东方文明的传入，整个欧洲大陆得到极大发展。

当我们将视线投向东方时，应该牢记一点，我们已经沿着史前人类的发展历程追溯了数万年的历史。我们很明确，这段历史的开端正是他们开始制作石器的时候。从公元前4000年到公元前3000年，东方已创造了较高水准的文明，开创了历史的新纪元[②]，就这个角度而言，可以说，东方才是整个欧洲古代文明的摇篮。东方文明距今已有约5000至6000年历史，在东方早期的历史上，强盛而繁荣的古代国家早就出现了，反观当时的欧洲人，他们既没有金属，也没有文字。然而，欧洲人在东方得到了财富与文明，接着，他们也获得了战争与和平的主导权。我们转而审视以金属物品、发达的管理组织、文字、大型船舶以及许多其他重要的发明作为标志的东方文明时，我们不得不承认，人类文明发展之路的征途上，文明的脚步正一步步从东方向西方转移，从东方来到欧洲。

① “东方”一词现在指的是日本、中国和印度。但还有不同于该地区的离欧洲较近的东方地区，也就是人们通常所说的“近东”，它包括地中海东岸各国，如埃及、西亚、小亚细亚等。本书所说的“东方”指近东地区。

② 可以将历史纪元理解为人类开始创造文字并积累文字资料的开端。这些文字资料记录了人类生活与生产的各种情况。我们通过那些已发现的各种古代的武器、工具、用品和建筑物等来了解文字出现之前人类的生活。我们已对一些可以从中了解史前欧洲人生活的东西进行了介绍。从史前向历史新纪元过渡的过程极为缓慢。在东方，这大约发生于公元前4000年到公元前3000年之间。

第一章　金字塔时代的埃及

最早的埃及人

以埃及为起点，我们开始探索早期的东方。现在，去埃及旅行的游客要从亚历山大港登陆，这是一个颇具现代化气息的港口。我们跟随着一位旅行者，坐在飞驰的列车中，车厢里舒适而安逸。从窗口处远眺，我们看到这个国家的平原如此开阔，一望无际，一直向远方延伸到地平线：在宽广无边的大地上，深色的泥筑小屋零星地错落着，被一片椰枣树包围着。目之所及，郁郁葱葱，网状的灌溉渠分布在其中。在灌溉渠的两岸，时不时会有辛勤劳作的农民出现：他们身材修长，皮肤是棕褐色的，头发是深黑色的。他们按照一定的节奏将皮桶提起，上下穿梭，取水来灌溉农田。他们的皮桶连着一根长吊杆，其操作方式与我们祖辈在新英格兰使用的杠杆很相似。我们可以想象，这些灌溉渠里有着源源不断的活水，滋养着田里的农作物，直到它们成熟。我们也可以由此得知，为何这里的人们能成功地度过一个又一个旱季。

列车继续飞驰，我们凭窗远眺，大片大片肥沃的黑土地映入眼帘，那是这里特有的土壤。每年夏天雨季来临时，尼罗河的水位都会上涨，甚至泛滥成灾，淹没两岸的平原。经历了无数次的水涨水落，这种肥沃的土壤也就逐渐淤积形成了。现在，我们在这片沃土上穿越，这就是尼罗河三角洲。自第一大瀑布洪水泛滥时，这片三角洲就开始淤积，现在已经延绵了一万平方英里，比整个佛蒙特州还大。这片土地如此丰饶，很适合耕种。

列车一路南下，抵达了三角洲的南段，尼罗河谷地两端的高地跃然眼前，三角洲这一带的谷地逐渐消失在眼前，我们进入了撒哈拉沙漠高原。尼罗河源自于非洲内陆，一路向北，蜿蜒曲折，沿着幽邃的河谷一路奔流，穿行于广袤的撒哈拉沙漠之中。两岸土地的外缘与沙漠地带仅有一步之遥，就已经是绿色的农田。河谷的两侧不断有沙土积淀，最终形成了一道河壁，如同雕塑一般。如果我们爬上悬崖，极目远眺，满眼尽是荒凉的岩山，在阳光的炙烤下，那一片蜿蜒起伏的沙漠仿佛正在焦灼地战栗着。

当望向西部的撒哈拉高地时，我们难以想象，这一片荒芜的土地上曾经雨水丰沛，森林遍布。与欧洲早石器时代的猎人同宗的猿人曾在北非的这片土地上流浪，这些史前的北非人经过西西里路桥进入了欧洲。在现代的撒哈拉，尤其是卢克索对面的地区，还散落着他们制造的石制工具和武器。考古发掘者在这片土地上还发现了图坦卡蒙的坟墓。河水暴涨，将高原猎人们的石器从沙漠高地冲刷到了尼罗河谷，最后在 50 英尺高的岩石层底部埋藏下来。因此，我们很容易就在河谷两侧发现这些来自高原猎人的武器。其中那些最古老的石器甚至比欧洲至今为止发现的所有石器还要早上许多年。

后来，高原猎人们逐渐移居到了尼罗河谷。不久前，在 30 多英尺深的黑土沉积层的底部，人们发掘出了他们的遗迹。这一沉积层形成于距今 15000 年至 18000 年之间。在沉积层仅有几英尺厚的地方，我们发现了高原猎人的遗迹，由此可以断定，早在几千年前，这些居住在尼罗河谷的北非猎人就经历了从狩猎到畜牧再到农业的生活轨迹的转变。通过这些遗迹，我们洞悉了这一漫长的进化过程，同时我们也不难想象他们在尼罗河谷地的丛林里开垦荒地，修筑古老的灌溉渠网络的场景，那时的农田水利系统仍深深地埋藏在这黑土之下。

远古时代的农人更像是专业的农学家，他们将死去的同胞埋葬在冲击层处那些开阔的公共墓地里。时间飞逝，冲击层渐渐变厚，并覆盖了墓地，然而，最高的、最新的墓地并未被黑土覆盖。自 1895 年以来，这里已经发现并挖掘出了许多墓穴。正如我们今天所见，那些在尼罗河三角洲辛勤劳作的棕色人的祖先，就埋葬在位于沙漠边缘的波浪状的低矮山丘下面，这些人是史前尼罗河畔的农夫，如今，他们正安静地躺在墓穴底部。有一项研究对几千具尸骨进行了分析，结果表明，这些尼罗河农夫和地中海周围的同宗民族在体形上极为相近，因此，人们将其称为“地中海族”。在这些原始埃及人的尸体周围，摆放着很多陶罐和石制工具，他们已经在这里躺了 6000 多年。在他们的墓穴中，人们发掘出了许多他们曾使用过的石器，这表明，当时的尼罗河居民和晚石器时代的欧洲人一样，从未使用过铁器。围绕着尸骨的陶罐里装满大麦和小麦，这是为死者准备的食物。我们由此可以推测，如果对那些完好的尸体进行解剖，应该能在他们的胃里发现大麦皮或麦粒，这也是迄今为止所发现的人类最早的粮食作物。在墓穴中，人们还发现了亚麻残片，这足以说明，最早的亚麻和谷物是由此传入欧洲的。总之，我们可以从尼罗河谷地的坟墓遗迹中得知，早在6000多年前甚至更早时，古埃及的农民就开始开垦荒地，引水灌溉，并种植谷物和亚麻了。时至今日，我们透过车窗，看到那些劳作的棕色农夫，还在日复一日地重复着几千年前他们的祖先做的农活。

列车向前一路疾驰，低矮的土屋聚集而成的村落不断一闪而过，这一幅原本已经消失的史前村落的画卷逐渐生动地呈现在我们眼前，早期的尼罗河居民曾经就生活在这幅画卷中。现在，在沙漠的边缘还有他们的坟墓。在6000至7000年前，每个类似的村庄里都有一位族长，他大权在握，掌握着水利灌溉系统。每个季节，农民都必须向他进贡粮食和亚麻，否则他就会切断水源，导致农民无法耕种。如果农民拖欠贡品，族长会亲自登门，收取他拖欠的贡品，这就是人类史上最早的税收形式。那时，还没有精确的计量方法，为了标记应该上缴的粮食数量，人们就绘制简陋的粮篋图或是在房子的泥墙上刻下一道道痕迹，这是人类历史上最早的交易记录。人类文字最早的阶段就是用图标来记事。现在，还有一些尚未开化的民族使用着这种图形文字，比如阿拉斯加土著人在木头上刻画图形，用来传递信息。

然而，这种“文字”所表达的意思非常含糊，想象符号很难传达确切的含义。我们不妨再看一幅印第安人的图像，它记录了一位英勇的印第安人的功绩，他的名字叫“奔驰的羚羊”。值得注意的是，这种用图像符号记录的方式的出现并不意味着真正的文字出现了。用不同的文字通过不同的方式可以传达出相同的意思，6000年前，埃及国王们使用的图形记录也差不多。

图像符号算不上真正的语音文字，至今，美洲土著人仍在使用图形记录。图形记录要经过两个阶段才能变为真正的文字。首先每一种物体的图像都要成为一种固定形式，即固化物体的特别符号。特定的对象用特定的符号来表示，人们看到某个符号的一瞬间，就知道它所代表的特定对象。比如，人们看到代表“一条面包”（loaf）的符号时，自然而然会联想到“一条面包”，而不是整个“面包”（bread）或是“食物”（food）；人们看到代表一片叶子的符号时，也会联想到“叶子”，而不是“叶簇”。其次，当看到叶子的符号，它在任何情况下都代表着“叶子”（leaf）的意思。同样，无论任何情况下，都是“蜜蜂”（bee）的象征性符号。随着“叶子”和“蜜蜂”各自的符号意义确定了下来，就可以将两者结合起来，代表的是“信仰”（belief）的意思。值得注意的是，在文字“信仰”（belief）中，不再代表昆虫，而是专指“be”这一符号，即一种语音符号。

如果埃及文字始终停留在用一系列图形符号来表达的阶段，那么，他们永远不可能书写“信仰”（belief）、“厌恶”（hate）、“爱”（love）和“美丽”（beauty）这一类文字。直到大量图形成为语音符号，埃及文字才可能进行书写。此外，随着语音符号的出现，无论一个词语所代表的意义是否能通过图形表达，都可以用语音符号的形式来书写。随着语音符号的出现，真正可以用于书写的文字也应运而生。在遥远的古代，尼罗河畔的居民们发明了最初的文字。

古老的埃及文字一共有600多个符号，其中，许多特定的符号是一个完整的音节，比如。于是，埃及人将这些音节组合在一起，用一组音节表示一个词语，如。每一组这样的符号都代表着一个单词，而一系列这样的符号组合起来，就构成了一个句子。

然而，埃及人并未就此止步，他们继续探索，直到用一个符号来表示一个字母，并将这种一一对应的符号系列化，真正的字母符号也由此产生。

 (h)	(n)	 (sh)
 (y)	 (r)	 (q)
 （英语中没有）	 (I)	 (k)
 (w)	 (h)	 (g)
 (b)	 (ch)	(t)
 (p)	 (kh)	 (th)
 (f)	(s)	 (d)
 (m)	 (s)	 (dh)

上图中的字母表最早出现于3000年前的埃及，是迄今为止发现的世界上最早的字母表。表中共24个字母，可以想象，当时埃及的书写员们觉得用符号组书写十分不便，于是他们尝试着用更简单的24个字母来书写他们的语言。这个转变很缓慢，需要相当长的适应期，就像我们习惯了用字母组合书写后，就很难适应英语的拼音文字的简化语音系统。如果我们现在觉得古埃及人的符号烦琐而可笑，那么，后人肯定也会认为我们现在使用的字母愚笨不堪。后来，埃及人还发明了一种便捷的书写工具，他们将植物的汁液溶入水中，经过加工，让它变得更黏稠，然后加入锅底灰，这样一来，便捷好用的颜料或墨水就制成了。当时，这样制成的墨水堪称佳品，人们只需将芦苇削尖，蘸上墨水，就可以流畅地书写了。

埃及人还发现了一种称作“纸莎草”的苇草，他们将其削成薄薄的条状，然后在上面进行书写。他们发现，比起陶片、石子和木块，在这种苇草上书写更为便利。但是，书写时常需要比较宽的页面，而这种苇草片过于狭窄了。于是，他们集思广益，找到了一个办法来解决这个问题，那就是用糨糊将这些苇草片的边缘粘在一起。经过多次实验，他们终于加工出了薄薄的成幅的苇草片，然后，将两片薄片粘在一起，让苇草的纹理直角相交，于是，平滑而柔韧的莎草纸产生了。埃及人也是最先发明了将植物薄膜制成书写材料的人。我们如今使用的钢笔、墨水和纸张就是这样从埃及人那里流传下来的。时至今日，纸（paper）仍沿用着古代的名称（papyros），只在原来的基础上稍有变化。

文字与纸张的发明对人类产生了巨大的影响，在人类漫长而残酷的生存斗争史中，没有任何智力的结晶能与其一较高下，即使将过往的所有战争和所有发明都加在一起，也无法超越文字及其记载系统对人类产生的巨大影响。

此外，埃及人还意识到了计算时间的重要性，与其他民族一样，他们也根据月亮的阴晴圆缺来计算时间。月亮从圆到缺，它稳定的变化周期为人们提供了一种粗略却方便的计时方法。比如说，有人承诺第九个月圆之日会偿还他欠别人的粮食，那么，随着第八个圆月过去，他就知道下个月就到偿还的最后期限了。但是，每个月的天数并不一样，有的是29天，有的是30天，因此，他们不能简单将一年平均分为不同的月份，这会给计时造成麻烦。为此，埃及人采取了更先进而高效的计时方式。

埃及人不再根据月份来对一年的各个阶段进行划分，而是规定一年为12个月，每个月有30天，每年到了年终还有5天作为庆祝节日，这样一来，一年就变成了365天。那时，埃及人对天文学还并不了解，他们不知道每四年就有一个366天的闰月年，但是，他们后来发现了这个现象。公元前4241年，埃及人发明了这种便捷的日历，这是人类历史上最早的对日期的记录。时至今日，人们还在使用这种历法，然而，经历了6000多年的漫长时光后，每个月的天数发生了一些荒谬的变化。当然，这与埃及人无关。时光流逝，用来记录日期的文件堆积如山，如果仅仅记录月份，难免重复，这样一来，就必须记录年份。如今，我们以基督诞生的年份作为元年，那时，古埃及人也以重大事件的时间作为纪年的标志，建立起了完善的纪年系统。如果有人回忆起很久以前的某个年份，他会通过那一年中发生的重大事件来确定年份。现在在北美印第安人中仍盛行着这种方式。其实，对于我们现代人而言，这种情况也不陌生。比如在芝加哥，人们所说的“大火年”指的就是发生了一场大火的那个年份。在古代的埃及书面记载中，正是以这种方式来记录不同年份的。

于是，每年的重大事件就成了这一年的年代名，被记录下来，如历史年谱一般，年名表也将一个个历史事件的序列完整地展现在人们面前。纵观人类历史，最早的年代表是从公元前3400年开始的，一直记录到公元前2700年。在这700年的时间里，年代表依次记录了每一年所发生的最重要的事件的名称。这份年代表至今仍保存着，现存于意大利西西里的巴勒莫博物馆，被称为“巴勒莫界碑”。后来，埃及人开始用国王登基这一事件来纪年，这样更直观、方便。于是，他们用某某国王元年或某某国王某年来记录事件与年份。几百年后，这份历史年代简表就成为过去历代国王的名单。

埃及人在其他许多方面也取得了非凡的成就，早在公元前4000年之前，他们就发现了金属。据说在西奈半岛上，一群埃及人围拢营火，将一些铜矿石、木炭和矿屑混合在了一起，经过高温灼烧，矿石中释放了大量金属铜。按照矿工的说法，这些矿石被还原了，以金属球粒的形式凝固下来。于是，这些埃及人翌日清晨清理灰烬时，就在火堆里发现了几颗光彩夺目的小球。他们满怀着好奇与喜爱，摆弄着这些小球。这种情况后来又出现了几次，他们开始明白这些奇怪的金属小球是如何形成的了。于是，他们总结出了一套方法，以便生产更多的金属珠粒。最初，这些金属只用作妇女们的装饰品，后来，人们用这些金属来锻造兵刃，从此，他们佩戴在腰间的燧石刀就被金属刀取代了。

对当时的埃及人而言，他们并不知道发现这些金属小球意味着什么，事实上，他们已经进入了全新的金属时代。如果他们意识到了这个新时代的到来，那么，他们也许能想象出一幅未来的壮丽景象：钢架建筑和布鲁克林大桥昂然耸立，大型工厂拥有成千上万台同时运转的金属机械，长得看不到尽头的钢轨上，一列列火车飞驰而过。倘若不是埃及人发现了这些金属小球，那么日后现代社会所取得的一切成就，以及人类之后的一切发明都将不复存在。除了人类在几万年前发现的火之外，金属的发现比其他任何发现都重要。

现在，我们不妨回望一下石器时代埃及人的情况。那时，石器时代有众多人种，埃及人是其中一支，他们在地中海附近生活，完全融入了西欧石器时代的生活当中。这一时代的特征在法国和瑞士体现得最为淋漓尽致，然而，埃及人也有着自身的优势。他们在肥沃的尼罗河谷地区生活，两侧都被沙漠包围着，相当于天然的屏障；北边是地中海，能阻挡来自欧洲的严寒与冰雪，比起欧洲，自然环境更胜一筹。正是因为这里优越的地理位置，当冰川时代遏制了欧洲文明的发展进程时，埃及人抓住时机，开始饲养家畜，灌溉农田，展开了大规模的管理，同时还发明了文字，发现了金属。因此，那些地中海沿岸的居民仍以狩猎为生的时候，尼罗河谷的这支部落已经堪称文明人了。纵观人类历史的长河，文明的出现是最为瞩目的事件，因为这意味着人类在复杂的生活中获得了比身体素质的进化更有意义的进步。人类能力的增强也对之后的历史进程有着巨大的影响。埃及干旱少雨，有利于古代遗迹的保存，因此，我们才能在这里不断发掘出古埃及人的遗址。在尼罗河谷中，大量早期人类的遗迹得以保存。于是，偌大的尼罗河谷就仿佛一个巨大的博物馆，保存着各种古代器物和历史记录。作为唯一的纽带，这些遗物将史前人类和有文字记载的历史串联在一起。伟大的尼罗河数千年来奔腾不息，如今，两岸古埃及人的各种遗物为我们进一步了解和研究人类进程提供了丰富而宝贵的素材，正如一部浩浩汤汤的史卷，每一页都记录着古埃及人的神奇故事，记录着他们发现的金属与发明的文字，记录着他们在此之后取得的非凡成就。

列车穿过了尼罗河三角洲，向南飞驰，坐在列车里的那位旅行者一定也放飞了自己的思绪。他也许在沉思，也许在想象，当埃及人用铜凿取代了石凿，在他们手中将诞生出如何让人惊叹的历史奇迹。火车拐了一个弯，穿过棕榈林中的一片空地。西边的沙漠上，阳光耀眼，晃得他都睁不开眼睛，一个恍惚间，他看见了沙漠中那一群方锥形的建筑物，在阳光下熠熠生辉。他人生中第一次亲眼见到了吉萨金字塔，这让他激动不已，因为眼前的金字塔比任何其他资料都更能让他更鲜明地感受到铜凿出现的重大意义。几分钟后，列车来到开罗，在现代建筑群之间穿梭。翌日，他驱车从开罗前往吉萨，两地相距仅 7 英里。

金字塔的主人

相比起用石刀陪葬并被埋葬在沙漠边缘的坑中的先辈们，埃及人在这里向前迈出了一大步，而之所以能取得这种进步，根本原因在于金属的发明与使用。驱车从开罗前往吉萨的历程，也许会让每一位旅行者都铭记于心。那些石头砌成的建筑物巨大而巍峨，矗立在西部沙漠上，让人过目难忘。当这样的景象呈现在旅客面前时，他们心中难免会浮起成百上千个问题。现在我们所能了解到的是，这些巨大的锥形建筑物是古埃及的坟墓，古埃及历朝历代的国王都被埋葬在这里，也就是人们所说的“金字塔”。这些金字塔向我们诉说着许许多多与建造者有关的故事，通过这些坟墓，我们最先了解到的是，埃及人相信还存在着另一个世界，那就是人死以后所生活的世界。想要在另一个世界里继续生活，就要确保尸体不被破坏。为了让死去的人能继续舒适地生活，他们建造了这种形态特别的坟墓，木乃伊也应运而生，并在坟墓中保存了下来。在这些巨石堆砌而成的金字塔下面，有一些小屋子，木乃伊就存放在那里。还有一些围绕在金字塔周围的墓穴，由砖石堆砌而成，穴位都比较小，国王的亲戚以及宫廷中辅佐国王的要臣们都安葬在这里。

埃及人是多神信仰，但他们最崇敬的神有两个。一个是太阳神，散发着万丈光芒，并为人类带去光明，可以说是埃及人心目中最伟大的神。正因如此，太阳神成为埃及那些金碧辉煌的庙宇中的主神。某种意义上而言，金字塔就是太阳神崇拜最明显的象征[①]。Re（读作 ray）是埃及人称呼太阳神的方式。此外，他们十分崇拜的另一个神是尼罗河的河神，他们认为，正是在尼罗河河神的恩泽下，尼罗河的土壤才会如此肥沃。他们将这一切联系在一起，从而创造了另一个神明，那就是地狱的判官——俄赛里斯，它象征着地球上不朽的生命，枯荣在季节的不停变换中更迭不休。在我们看来，埃及人的这个想法很奇妙，在他们的观念里，既然他们在这个世界被赋予了生命和食物，那么，他们在进入另一个世界后也会获得同样的待遇。如果想在另一个世界里享受这一切，就需要将他们的尸体在远处庞大的吉萨坟墓中保存完好。

然而，吉萨墓并不只是向我们诉说着古埃及人的宗教信仰。当我们仰望斯芬克斯背后巨大的金字塔时，我们不由惊叹，比起那些埋葬在沙漠边缘的坑中并用石刀陪葬的先辈，埃及人在这里已经向前迈出了一大步，而引起这种进步的根本原因正在于金属的发明与使用。早在金字塔出现前一千多年，西奈埃及人就发现了这种金属粒，与同一时期的农民相比，他们的埋葬方式并无不同。

需要使用金属制作的工具，才能建造大型的石头建筑，而金属的发现为金属工具的发明与使用提供了契机。当然，在发现金属之前，人类已走过了一段漫漫长路。吉萨大金字塔是当之无愧的人间奇迹。最初，大约金字塔建成之前 150 年，埃及人在为其国王修建墓穴时，使用的是晒制而成的土坯，这种皇家墓穴从外观上看就像是地面上搭建的房屋，墓顶上搭建着木头，搭建好墓顶之后再将砂土砾石堆积在上面。

这些墓穴极为简陋，那些建造了它们的心灵手巧的工匠很快发现，可以用铜制工具将石灰石切割成方块，相较于那些松软的土坯，这种用石块垒筑的墓墙更为坚固。从目前的情况看来，这些石头建筑也是世界上最早出现的。

---

① 动物是许多埃及神形象。人们已经达成共识，埃及人早期崇拜动物，其实动物崇拜是直到近晚期才出现的。在早期的埃及，动物本身并不能与神画等号，它们只是象征着那些神圣的存在，如同带翼的太阳盘象征着太阳神一样。

虽然就严格意义上而言，它们并不能被归类为建筑物，因为这种砖石砌的建筑主体的地下部分和地辔墙类似，但我们所能看到的建筑物的地上部分仍然是土坯。

不久后，我们就看到了迄今为止保存时间最久的石砌阶梯形结构的国王墓穴，它的建造者名为埃姆豪特，他是当时的一位皇家建筑师，他建筑创作的黄金时期是公元前 3000 年前后，他也因此得到了远远超越早期皇帝或征服者的盛誉。

埃姆豪特所建造的这种阶梯式建筑与金字塔的构造已经很接近了。不久后，建筑技术突飞猛进，在那个时代就出现了吉萨的大金字塔，也就是约公元前 2900 年。只用了不到一个半世纪的时间，人们就从最早的用石块垒筑的墓穴时代迈入大金字塔时代。公元前 30 世纪前后，这些非凡的成就如同泉涌一般，这说明，这些建筑物是在公元前 3000 年至公元前 2900 年间建成的。我们由此可知，在那个时代，人类在机械力和控制力方面也已经到了一个让人惊叹的境地，而直到公元 19 世纪，人类科技才开始长足发展。

我们不妨将金字塔视为一个巨大的石堆，它由石灰石块堆砌而成，占地面积为 13 英亩，一共需要 230 万块左右大小各异的石灰石块才能将它建造起来，每块石块的重量大约是两吨，相当于一大矿车煤的重量。金字塔塔基周长相当于一又四分之三个街区的长度（按 12 个城市街区为 1 英里长计），约为 755 英尺，高度约为 500 英尺。我们通过希罗多德流传下来的一个古老故事，就可以了解到建造这种恢宏的建筑物是多么不易：要建造这座皇家墓穴，需要一万名劳动者耗费 20 年的时间才能最终完成。对此，我们没有丝毫的怀疑，因为我们亲眼见到了这巨大的工程。通过埃及人这一伟大的创造，我们也能更深刻地了解那个时代他们所取得的伟大成就。

由此我们也能知道，建造这样恢宏的工程，必须要有英明的领导人以及一支庞大的管理队伍，因为这样巨大的工程如果缺乏管理，就会陷入一片混乱，必须要有井然有序的后勤保障系统来确保数万名劳力的日常生活。较之以前的部落首领，埃及的统治者已经是一个统一的国家的首领，所以才有能力建造如此浩大的工程。当时，埃及已经是一个巨大的统一王国，拥有着几百万的人口，更何况，那时的人民极其崇敬国王，在称呼国王时，他们不会直呼其名，而是代以国王所居住的宫殿，埃及语中的“法老”含有“大宫”

的意思。国王手下的地方官员具体负责埃及的赋税征收和法律事务，那时候的埃及就已经拥有成文的法典了，当时每个法官都拥有一份，当处理具体案件时，就可以按照法典秉公处理。然而，这部古埃及法典最终没有流传下来，这或多或少都让人感到遗憾。

宫廷职员们在一个低矮的土坯建筑群里办公，这就是国王的中央办公厅，虽然简陋，但很大。国王的口谕和账目往来就是在这里用芦秆笔在莎草纸上写成的。那个时代用实物缴纳赋税，因为当时成形的货币还未出现，缴纳赋税的物品包括谷物、家畜、葡萄酒、蜂蜜和亚麻等。除了牲畜之外，其他的农产品都保存在谷仓里。通过征缴赋税，国王积累了巨额财富。

有的官员帮助国王处理日常事务，他们也会积累不少财物，这些官员在皇城的一些重要地方，居住在带有花园的别墅里。国王在皇城之中占据了四分之一以上的土地，国王将这些地方修建成皇宫，以及一些漂亮的公园和花园，以供自己玩乐。因此，行政人员居住的别墅和办公区域即与皇宫以及那些漂亮的园子连接在了一起，一同构成了埃及首都的建筑群。皇城从金字塔脚下向外延伸，直至低处的平原。如果想俯瞰皇城的景观，只要登上金字塔就行。令人遗憾的是，因为时间的洗礼，皇城的土木工程已经消失在了岁月的风沙中，后人将从皇城向吉萨南部延伸的这片地区称为孟斐斯。

金字塔及环绕在其周围的贵族墓群被统称为“死者之城”。死者之城由石块建造而成，因为石料能耐得住风雨的侵蚀，所以才得以在经历历史长河的洗礼后为我们留下这座石城。也正因为如此，如今我们才能够看到那条分布在地平线上的金字塔带，虽然略显散漫，却依旧气势恢宏，这条金字塔带长 60 多英里。这些金字塔都是皇家的陵寝，似乎诉说着陵寝主人的生平的点点滴滴。这片大陆被一个国王统一起来，而这些最古老的金字塔正是第一个文明时代的象征物。因此，我们将那个时代称为金字塔时代。金字塔时代前后经历 500 年，大约是从公元前 3000 年到公元前 2500 年。

埃及进入金字塔时代后，就进入了一个十分强大而繁荣的时代，因为贪婪作祟，那些法老王将双手伸向了其他国家，他们越过埃及的边界，去其他邻邦巧取豪夺。通过一些保存至今的浮雕，我们可以了解到，早在公元前 28

世纪中叶，法老王就开始横跨地中海，展开各种商贸活动，他们派遣船只，从尼罗河进入地中海，最后抵达腓尼基海滨。下图中的浮雕为我们展现了当时航船的模样。

同时，埃及国王还派出商队，从尼罗河出发，顺流而上，抵达苏丹地区，与那里的南方黑人展开贸易活动。在那时的西奈，埃及国王就已经拥有毛驴商队和铜矿了。商队从南方黑人那里换回了不少物品，其中有乌檀、象牙、鸵鸟毛和优质橡胶。这些早期商队的管理官员以斯坦利人和利文斯通人为主，同时，他们也是非洲内陆最早的探险者。在这些探险者的坟墓中，考古学家发现了一些南部野蛮部落的记录。显然，有些人肯定会在这些探险活动中丧生，红海南端一个名为蓬特的地方引起了法老的关注，他派遣船队去那里探险。最后，探险者们将许多土特产装船，带回到了埃及法老面前。

当我们在以吉萨金字塔为中心的墓群之间漫步时，就如同那些在古埃及热闹非凡的社区中徜徉一般。在金字塔时代，尼罗河河谷[①]的人口就非常密集了，一派繁荣，那繁多的坟墓也从一个侧面展现了这种繁荣。每座金字塔的大门都敞开着，以便人们进去参观这些巨型坟墓。穿过墓门厅后，

① 在此之前一段很长的时间中，还有许多小王国散布在尼罗河谷地。之后，这些小王国逐渐合并，形成了南北两大王国。其中一个王国占据着河谷三角洲，另一个王国则占据着南部河谷地区。经过长时间的战争，两个王国最终统一。最终，美尼斯国王建立起了第一个统一的王国，他统一埃及的时间是在公元前3400年。但埃及统一后又过了400年甚至更长的时间，这个国家才真正强大起来，直到那时，埃及才真正具备了修建金字塔的能力，一个伟大的文明时代也在埃及出现了。

人们可以看到一所用石头砌成的长方形屋子，相当于是墓室里的小教堂。在埃及人眼中，这些屋子是死人活动的场所，在这里，死者享用着亲人们供奉给他们的贡品。这间屋子的墙壁上刻画着许多美丽的彩画，彩画的内容展现了当时大庄园里人们的日常生活和劳作的情景。然而，这里现在变得寂静而荒凉，或许偶尔会有孩童们的窃窃私语传入你耳中，但这些人说的话已经不再是古埃及语，而是阿拉伯语，那些古老而神秘的古埃及语随着建造坟墓的人一起，消失在了浩浩汤汤的历史长河之中。一切都化为尘埃，只剩下墙壁上美丽的壁画跟我们讲述着5000多年前埃及人的生活图景。仔细观察那些壁画就会发现，壁画中最显要的位置被一个大个子贵族占据着（如下图），显然，他是这个庄园的主人。他直挺挺地站在那里，审视着他远处的农田以及农夫劳作的情况。

图 1

图 2

图 3

上图 2 展现在我们眼前的是我们已知的最为古老的农业生产图景。我们还能在上图 1 和 3 中看到那时的牧群以及在草地上吃草的壮硕的牧群，还有被拴在木桩上等待被挤奶的母牛，以及正在拉犁耕地的公牛。这些家畜最主要的用途就是驮运物品。在金字塔时代的墓穴中，我们没有发现有关马的图像，因为当时的埃及人还没有驯养过马，毛驴却很常见。我们不妨设想一下，如果那时没有驯养驴，在收获庄稼时，人们将面临重重困难。

转过一堵墙后，上文提到的那位身材魁梧的贵族，再次出现在了我们眼前。现在，他正在视察庄园里工匠们的作坊和院落。画面的远处，一个人忙着制作各种铜制工具，他是一位锻造工。他的锻造技术已经十分高明，能用五六英尺长的宽铜板锻造出很好用的粗齿锯。也许他并不知道，他之所以能拥有现在的技术，人类之所以能取得这样巨大的进步，都是因为他的祖先在一千多年前从熊熊燃烧的火堆里捡起了那颗金属小球。那一时期，工匠们还锻造出了用于切割金字塔石块的锯子，他们还能根据不同的需求打造出不同尺寸的器具。比如说，金字塔庙上长约 1300 英尺的铜制排水管就是由当时的工匠制成的。毋庸置疑，这些铜制的排水管道也是迄今为止我们所发现的人类历史上最早的管道系统。

我们在这面墙上继续探索着，发现了一些熠熠生辉的岩石碗，这是宝石工匠献给贵族的。那时，宝石工匠可以将像铜一样坚硬的岩石打磨得很薄很薄，日光甚至能照透它们的碗壁。我们还能在墙上看到一些描绘工匠制作蓝松石的景象，他们对这些宝石进行切割和打磨。磨制这些蓝松石片，是为了将其装在刚刚制成的金瓶表面的凹陷处，这需要精湛的手艺。金匠铺里，许多工匠和学徒正在劳作，他们不断敲打，将那些制作完成的钻石镶嵌在一起。那个时代，钻石的制作技术已经臻于成熟，制作出来的钻石也十分精美，比起那个时代的工匠，即使是现在最优秀的金匠和钻石匠或许也难以企及。

这面墙上还描绘了制陶工匠劳动的场景，从中可以得知，比起石器时代，此时的陶工的技艺已经很成熟。石器时代，制陶工匠用手指来制作碗、罐子，而在画面上，工匠们面前放着一个小轮子，将陶泥放在小轮子上。通过轮子的旋转，他们可以很方便地设计并制作出陶坯的形状。完成这些松软的陶坯后，不同于之前石器时代那些在瑞士湖上的居民在没有遮蔽的火堆上烧制陶器，当时的陶工们开始用陶炉来烧制陶器。那些陶炉一般一人来高，一排排地排列着。因为当时已经是封闭式的陶炉，炉火不会受到风的影响，烧制后的陶器表面受热均匀，十分光滑平整。我们还能在这些壁画中看到埃及人制作玻璃制品的场景，当时，埃及手艺人已经掌握了制造玻璃的方法。其实，早在几个世纪前，埃及人就已经掌握了这项技艺，并将玻璃用来装饰房屋和宫墙，还将色彩艳丽的釉料涂在瓦片上。他们还制作出各种各样的玻璃瓶和花瓶，将其销往世界各地。

画面远处，我们可以看到纺织女工正从纺织机上抽出一丝丝的亚麻纤维。我们凭着这个场景，就可以对纺织品的精细程度做出判断。值得庆幸的是，人们在当时的一座陵墓中的木乃伊身上发现了几块残存的亚麻布。细细观察这些亚麻布，我们惊讶于这些皇家亚麻布是何等精致，甚至要用放大镜才能将这些亚麻布与丝绸区分开。即使是我们现在用机动纺织机纺织的最好的布匹，比起这些埃及人用手工纺车纺出来的织品，也未免太过粗糙。纺织工们正在一架纺织机上编织一条精美而华丽的挂毯，挂毯主要是用于点缀法老的宫殿墙壁，或者为贵族别墅的屋顶花园遮阴。正是这些纺织工用他们的双手编织出了这些精美绝伦的纺织品，在墙的另一处，我们还发现了大量的莎草苇。这些草苇来自尼罗河畔的沼泽地，是造纸的原材料，以它们作为原料制成的纸形状长而窄，呈淡黄色。这种尼罗河纸草被绑成一捆一捆的，通过我们在地中海上见到的船队，通过航运被远销到各个欧洲国家。

沿着墙壁再向前移动，映入我们眼帘的是造船工和家具木工正在劳作的场景，透过这些栩栩如生的画面，我们仿佛听到了工匠们拉锯推板、锤起锤落的声响。画面中出现了一大排弯曲的船壳，许多船工聚集在这些船壳旁边，正在组装这些最早的海上运输船。接着看下去，图上几个木工正在忙着制造家居，以便摆在贵族的别墅里。这些国王或贵人使用的睡椅和座椅尤其讲究，也极为舒适，必须镀上金银，镶上乌檀象牙，装上柔软的皮垫。墓中祭祀室中的彩色壁画也值得我们再回顾一下。这些吉萨的墓穴绘画为我们呈现了许多有关早期埃及人学习制作生活及生产工具的生动场景。透过这些壁画我们可以发现，比起石器时代的人类，尼罗河人会制作的物品要多得多。当这些墓中的教堂正兴建时，正经历着石器时代的生活。

从墓穴的壁画中我们可以得知，在那个时代，尼罗河上船只往来如梭，日日夜夜都是一派繁荣。这些船只上满载着手工制品，这些手工制品有些是进贡给法老的赋税，有些是被运到城里的集市上交易。我们在壁画中可以找到正在贸易市场交易的场景：一个鞋匠正用一双便鞋从一个面包师手里换取一块糕点，一位木匠的妻子正用一只木箱从渔夫手里换一条鱼，制陶匠的妻子则用两只刚出炉的碗和药剂师换一罐药。当时的市场交易遵循着以物易物的原则，货币尚未出现，这就是当时商业活动的情景。但是，宫廷里的情况与此有所区别。宫廷中有特制的金环作为交易物，这种金环与环状的硬币类似，很重。此外，还有一种铜圈也被作为交易媒介，这些也就是硬币的雏形。

繁荣的金字塔时代

吉萨墓穴祭祀室的壁画细致地描绘了集贸市场的场景，其中出现的多是金字塔时代的黎民百姓，其中有不少是自由人，他们大部分拥有自己的商业或手工业。此外，壁画中还有些人是奴隶，他们负责着庄园主农田里的农活。总之，上述两种人的出身低贱，没有自己的土地。地主、法老以及法老的官吏和大臣们比他们地位更高，拥有属于自己的坟墓。许多富人的名字都能在这些墓地中找到，只需要在这块墓地中仔细寻觅一下，就能将那些皇城中国王手下的达官显贵的名单列出来。我们不仅能列出那些辅佐国王的大臣、财务主管和大法官的姓名，还能找到宫廷中建筑师、内侍以及卫士的名字。国王们则安葬在吉萨的大金字塔中。建筑师们煞费苦心修建了这些国王的墓穴，同时，也为自己修建了坟墓。我们已经找到了为胡夫设计并建造吉萨大金字塔的建筑师的坟墓。

金字塔时代的贵族和官吏们主宰着尼罗河谷，乃至河谷地区经济命脉和社会生活都在他们的掌控之中。在墓中的壁画中，我们很容易就会找到一些庄园主们坐在四人大轿上尽兴地审阅庄园的画面。奴隶抬着轿子，庄园主惬意而闲适地坐在上面，奴隶将轿子放在了庄园主房屋前被绿树掩映着的花园中。可以想象，轿夫们一路唱着号子，随着轿子停下来，动听的号子声也戛然而止。轿子一停下，庄园主的妻子立马前去迎接她的丈夫。

妻子抓准时机，出现在丈夫的左右，正所谓夫贵妻荣，作为唯一的妻子同样也享受着属于丈夫的一切权利。这座花园就是她与丈夫的乐园，庄园主每天都会在这里小憩一下，他们的休息和娱乐的方式花样繁多，包括和家人或朋友们躺一会儿，下一会儿跳棋，听一会儿竖琴、管乐器或笛子演奏的音乐，或欣赏女子们舒缓、优雅、时尚的舞姿。孩子们在花园的树丛中追逐、嬉戏，在池塘里摸鱼玩水，还会玩球、摆弄各种玩具，或者是逗弄着家里驯养的猴子，这些驯猴时常伏在男主人的象牙腿凳下。我们一直无法彻底搞明白，为何人类会从野蛮残暴进化得温文尔雅。但是，我们可以从埃及遗迹所反映的早期家庭生活中找寻出一些答案。我们可以确定的是，儿童如此柔弱，他们长期依赖着父母的关爱和保护，这是促使早期人类从野蛮走向文明的一个重要因素。体恤并关怀妇女与儿童正是人类从粗野无情向多愁善感变化的一个显著表现，这与人类文明的进化也有着密切的关系。我们甚至能断言，埃及遗迹所反映的那些令人动容的家庭生活，正向我们昭示着人类在长期进化的过程中一个极富人性化的结果，可以说这是整个人类进化史中最关键的一环。

我们的注意力还被另一个画面吸引，那就是一位贵族正不经意地将一只手放在他的爱犬头上，另一只手向花园主管招手，他看着新鲜的莴笋，向主管发号施令——将莴笋做成晚餐。庄园的餐厅是土木构造，宽敞而明亮，四面通风，装着疏棂窗户。起居室的墙壁上悬挂着一面彩色帷帘的框子，想要挡住风沙，只要将帘子放下来就行。居住在这种结构的房屋里，居住者会十分惬意，对他们而言，房屋本身就是一件艺术品，住在这样的房屋中，就如同在享受艺术一般。通过这些房屋的建筑和装饰，我们可以发现，古埃及人在审美方面尤其追求自然美感，具体到制作生活用品、修建房屋等方面时，这种审美需求就将美观与实用紧密联系起来。贵族的餐厅中也洋溢着美的气息，给人以美的享受。勺柄上雕刻着绽放的荷花，花纹极为精细，葡萄酒盛在深蓝色的荷花萼状酒杯中。象牙上雕刻着栩栩如生的公牛或巨狮，装点着座椅或靠椅腿。我们仰望天花板，就能看到蓝色的苍穹，点缀着点点繁星，支柱是用棕榈树做成的，支撑着天花板。每根支柱的顶端都雕刻着一簇簇雅致的垂叶，用来装饰柱冠，支柱上的垂叶被染成了黛绿色，衬托得这些支柱分外美丽。地板上竖立着荷茎一般的厅柱，这些厅柱仿佛正用它摇曳着的花朵托起那蔚蓝色的天花板。野鸽和蝴蝶也绘制得栩栩如生，仿佛在天空中翩然起舞。继续往下看，餐厅中出现了一条铺着地毯的小径。深绿色的沼泽草地就是这些地毯的底色，草地中间，有一个水潭，潭水清澈透亮，在水中还能看到游来游去的鱼儿，穿梭于随风摇曳的芦苇丛中。地毯边上也绘制了图画，是奔突的野牛在灌木丛中，树梢上仿佛传来了鸟儿的鸣叫，野牛猛地抬起头，十分吃惊；鼬鼠鬼鬼祟祟地朝鸟巢爬去，企图窃取鸟卵，主人大声地向这些鼬鼠怒吼，却没能吓跑它们。

如果没有那些技艺高超的艺术家，我们就不可能在墓穴的祭祀室中看到这些精美绝伦的彩色浮雕。这并非一种假象，在一间墓室的角落里，我们发现了一幅画家的画像，祭祀室中的壁画正是出自这位画家之手。他和庄园里的其他人一起在这里享用着丰盛的厅筵。从他的画中我们可以了解到，他还不能很好地掌握绘画物体的厚度和圆度的技巧。纵是如此，他笔下的动物依然栩栩如生。但是，人们还不懂透视原理，他们在绘画中遇到的最棘手的问题就是无法完美地画出某一背景中的物体或将较远的对象表现出来。当时，绘画中最普遍的问题就是远处的物体被画得和近处的物体一样大。

那些肖像雕塑家是金字塔时代最伟大的艺术家，石头和木头是雕像最基本的材料，正是借助这些材料，才雕塑出了颇具浓厚生活气息的肖像。这些雕像的眼睛由宝石制成，时至今日，仍散发着生命的光芒。就其生动性而言，后来者恐怕也无法与这些艺术史上最早的塑像媲美。大型的塑像通常用来刻画国王，金字塔的大殿里就摆放着这些法老的雕像。其中最大的一座雕塑是斯芬克斯，如今，它还在吉萨墓地之中矗立着。雕塑的头像是哈夫拉，这位国王建造了吉萨的第二座金字塔，其原料是岬岩石。在这里，整个皇城一览无余，可以说，这是人类历史上最大的雕像。

在斯芬克斯旁边就是哈夫拉河谷圣殿，殿墙和窗间墙壁的原料是花岗岩。

金字塔时代的埃及人在建筑方面的天赋由此可见一斑。大厅殿顶有一排排斜缝，殿堂的采光就是通过它们实现的，就如同现在房屋里的窗户。中央走廊上方的殿顶较高，两侧则比较低，这种中间高、两侧低的构造形成了一个斜顶，上面有顶窗。这种被称为天窗的采光设计经过希腊、罗马时代的不断演变，最终成为基督教长方形教堂的中殿建筑形式。由此，我们可以认为，金字塔时代的哈夫拉圣殿其实就是 3500 年后欧洲基督教建筑的前身。

不到一个世纪后，哈夫拉殿中那种巨型建筑就发生了很大变化，是因为那个时期埃及人的审美观发生了变化。在一开始时，窗间壁和梁柱很粗陋，如今，它被建筑师们用那种轻巧而美观的圆柱取代了，并在柱头上雕刻了漂亮的花纹，这些梁柱也变得更为优雅了。公元前 28 世纪最早的廊柱就是这样的圆柱一排排地排列开而形成的。对埃及而言，这些廊柱有着重要意义。在之后的旅程中我们将发现，在很长一段时间里，早期的亚洲并不知道廊柱是什么。由此可见，埃及建筑史上各种独特的发明中有一项就是这些廊柱。

这些金字塔及附属建筑向我们展现了金字塔时代埃及人所获得的辉煌的文明成果。如果可能的话，我们还会寻找一些其他的历史遗迹来更进一步地展现这些埃及人获得的文明成就。正如我们透过遗迹的壁画所还原出的庄园主的生活一样，贵族的权力在金字塔时代越来越大，到了后期，即使是法老也无法再严格地约束他们的行为。随着贵族间无休止的斗争，法老的管理机构被摧毁了。公元前 2500 年后，金字塔时代的最后一代王朝彻底崩溃。在经历了金字塔时代的五个世纪后，人类终于走出了蒙昧，向文明迈进。这是人类历史上第一个伟大的文明时期。尼罗河文明并没有随着金字塔时代的终结而终结。尼罗河上游还留存着许多古代遗迹，并记录了人类文明史在金字塔时代以后发生的种种情景。沿着历史长河溯流而上，追寻古人的踪迹，追述古人的故事，才能详细地了解这段逝去的历史。

第二章　帝国时代的埃及

漫步尼罗河，追溯埃及封建时代

我们从开罗码头沿着尼罗河溯流而上。极目远眺，长长的一排巨大的金字塔出现在了河西岸的地平线上，正是它们代表着金字塔时代的辉煌文明。随着航船渐渐驶向南方，金字塔慢慢向后退去，在一大片棕榈树从后消失不见了。不久后，其他一些古代埃及遗迹又呈现在了文明面前。沿着长满棕榈树的河岸继续向南推进，我们还将看到一些建筑，这是一些坟墓和纪念碑。这些遗迹向我们诉说着封建时代和帝国时代这两个尼罗河更为伟大的时代。我们继续乘坐着轮船向南方平稳地前进。此时，尼罗河已经变得曲曲折折，轮船时不时地向河谷纵深的地方拐去，向风雨侵蚀而满目疮痍的河边悬崖靠近。这些崖面上凿着许多墓门，那些墓门后面隐藏着岩壁中凿出来的墓室。

埃及封建时代修建了大量崖墓，它们俯瞰着尼罗河。这些崖墓的主人生活在距今五个世纪的时候，早在金字塔时代，他们的祖先就在这里生生不息。经过一段漫长的时光，比起他们的先辈，修筑这些崖墓的贵族们权势更大。根据当时的制度，他们拥有国王赏赐给他们的土地，在自己的庄园里拥有至高无上的权力。贵族拥有大片庄园，那里土壤肥沃，阡陌纵横，这些崖墓居高临下，俯瞰着庄园中的一切。封建制度的本质就是这种以土地分封贵族的制度。在埃及，封建制度经历了几个世纪的时间，在公元前2000 年达到鼎盛。

我们发现了一些篆刻在石头上的金字塔时代的铭文，在那个时代，除了这些碑文之外，我们很难找到其他可靠的文字记载来了解历史，因为那时所有的莎草纸卷都未被完好地保存下来。封建时代这种情况得到了极大的好转，因为那时出现了世界上最早的图书馆——贵族图书馆，在这里我们找到了一些书的残片。图书馆修建在墓穴中，里面所存书卷由莎草纸制作而成。这些纸卷被绑好，存放在罐子里，之后根据门类分别贴上标志，在书房的书架上整整齐齐地码放好，这是迄今为止我们找到的最古老的图书。从书架上取下几卷书，那上面记载着人类历史上最古老的故事，其中，有的讲述了埃及人在亚洲探索的冒险故事，有的讲述了远航的船只在幽灵岛上失事的经历。在红海与一个不知名的大洋的交汇处，有一座幽灵岛。最早的“船员辛巴达传”也许说的就是这个故事。在这些书卷中，还记载了古代的智者和术士创造奇迹的故事。相比起这则故事，摩西在法老的宫廷中创造奇迹的时间足足晚了 1700 年。

我们从这些埃及古老的图书所记载的故事中可以发现，那个时期的作者已经开始关注一些社会问题。明辨社会的善与恶是这些作品的主题之一，他们希望运用这种方式治疗社会的种种流弊；作者们还讲述了穷人在生活中遭遇的种种苦难；他们还通过各种方式向统治者进言，劝诫统治者要以公正、善良之心对待贫弱阶级。一些作家在作品中还展现了人性的邪恶和人类前景的暗淡，甚至还有一些作家预言，圣明而正直的统治者将要降临人间，他们将这些统治者称为“好牧人”。这类作家想在作品中将“希望”传递给人们，他向人们诉说着即将有一个英明的统治者出现，他将给予人们正义与幸福。那种我们称之为“救世主义”的社会理想主义思潮正是由此兴起。这种思潮在希伯来人当中最为普遍。那些封建时代的埃及作家正是关注社会问题的先驱者。通过他们的故事，我们认识到，相比起金字塔时代，封建时代在很多方面都发生了持续而深刻的变化。透过金字塔的建造者，我们发现人类在力量、建筑和艺术方面取得了巨大进步，但是，随着人类进入封建时代，人类的进步所涉及的领域着重于道德与品格等方面，宗教的产生是建立在这些领域长足进步的基础上的。

在人们看来，到了封建时代，神不仅仅是自然界的主宰，不仅能控制江河湖海、日月星辰，还同时主宰着人的灵魂。在这一时期，埃及人已经相信，神还管辖着人性的是非领域。在上帝面前，任何人都要为自己的行为负责，每一个灵魂都必须以现世的品格来担保来世。基于这一观念，精神上的对抗也成为人类除了物质上的争夺外最重要的斗争形式，物质生产开始向精神追求的层面过渡。基于伦理价值等精神追求，人类开始注重心灵方面的关怀。纵观人类的整个发展史，由物质层面转向精神层面是最本质也是最有价值的重大进步。人类在这一方面的变化，是获取火和发现金属所无法比拟的。

或许在这浩瀚的莎草纸卷中就记载着关于俄赛里斯神的剧本。这个剧本主要描述了俄赛里斯从出生到死亡、从安葬到复活的动人故事。那时，每年都要举行一次盛大的宗教活动，这是当时最盛大的节日。俄赛里斯神是节日的主角，剧本通过对节日活动的描述来展现他的一生。我们迄今为止所知道的最早的戏剧就是俄赛里斯剧，它与耶稣受难剧类似，流传了许多年。令人遗憾的是，记载着该剧的草纸卷已经踪迹全无。在那些幸存的纸卷中，还有许多诗歌。那个时代，国王每天早晨上朝的时候，宫廷中的文武大臣都必须一起高声唱赞美歌，以此表达他们对君主的崇敬。此外，还有一首专门为法老准备的节日赞歌。每当宫廷举办盛大的节日活动时，两队的歌手同时高声歌唱。这类赞歌由并列的诗节或诗行构成，类似于希伯来《诗篇》中的诗行，这是人类最古老的诗歌形式。

这些书卷中还记载了封建时代的科学发展情况，其中最有价值的著作是《埃德温·史密斯文稿》，这是一部公元前17世纪左右的古老医学著作。该书编著于希克索斯时代的晚期，是一部真正意义上的科学著作。在这部著作中，我们能看到人类已经致力于观察、分析并记录事实，并以此为基础得出结论。这是一篇论文，论述的内容与内外科医术有关，其中还涉及了人体的某些部位。然而，不知出于何故，论文只对胸腔和上脊椎骨部位进行了论述。此外，这篇论文还记载了人类最早对人脑的观察，首次提及“大脑”一词，最早使用该词的文章就出自于这一篇古文献。那个时代，外科专家已经发现大脑是控制下肢的中枢，并对此进行了许多研究。这篇医学论文中还首次提到了外科缝合手术。当时，内科医生已发现了心脏是人体内部动力系统的中心，但是，对血液循环系统还缺乏了解。还有一些论文认为，人体产生疾病与恶魔有着千丝万缕的联系，正是恶魔让人患病，尤其是那些精神不安的现象，更是恶魔从中作梗。此外，一些书卷还记录了简单的十进制算数规则。我们了解到，古埃及人早就开始运用十进制。一些书稿中还记录了初级几何、基础代数等内容，甚至还记载了圆柱体或半球体的体积计算等问题。无论面对什么问题，埃及人都能运用合理的近似法展开计算，得到比较准确的答案。还有一点引起了我们的注意，那就是那时的埃及人已经能运用一些简单的仪器来观察天体了。天体记录和地理学方面的文献都丢失了，我们能了解到的是，埃及人已经能分辨出行星和恒星，当然，当时并未形成完整的天体系统概念。黄道十二宫的划分也不是出自于他们的观察。

当人们在这些领域大步向前时，封建时代的法老们的管理水平也大幅度提高。为了更方便地征收赋税，他们每隔几年就要进行一次人口普查。世界上仅有少数几个国家保存了类似的统计材料。那时候，还出现了大型的土堤，埃及人修筑土堤的目的是灌溉农田。这种围堵起来的土堤就像一块巨大的盆地，能将尼罗河水储存起来，当干旱来临时，就会开堤放水，这样一来，农田就能旱涝保收，粮食产量不断增加。时至今日，水位的刻痕还依稀可见，这是他们当年连续多年对尼罗河水位进行观察检测的证据。在河谷的岩石上，现在还留存着第二大瀑布处刻下的水位标记。我们的政府刚刚开始修建大规模的水利工程，而早在4000年前，埃及人就已开始大规模兴建水利工程。

同时，封建时代的埃及统治者还通过水路前往他国，掠夺他国财富，并向外扩张。在周围的岛屿上，他们的舰队很活跃，并在爱琴海上来回穿梭。在当时，克里特岛极有可能处于埃及的统治下。他们在红海北端向西开凿运河，一直通往东部三角洲上最近的一条尼罗河支流。尼罗河三角洲上支流众多，河水在这里通过大大小小的河口汇入地中海。在这种地势的帮助下，法老的红海船队可以通过运河进入尼罗河近东的支流，然后顺流直下，直抵地中海。4000年前，红海与地中海就通过苏伊士运河第一次连在了一起。和巴拿马运河一样，这一创举同样对我们意义重大。随着运河的开通，尼罗河上的船只还可以从东部三角洲出发，向非洲的索马里海岸和印度洋海峡挺进。当时，索马里处于蓬特的统治下，对于封建时代的埃及船员们而言，这一片水域就是世界的尽头。他们一路经历了种种惊心动魄，为沿途封建庄园的村民们带去了许多欢乐和谈资。

那时，法老还组建了一支规模庞大的舰队。无论是在南部还是北部，无论是在巴勒斯坦还是努比亚，法老的强大的威力都显露无遗。在南方，他征服了努比亚，还征服了第二大瀑布的大部分地区，因此，埃及境内的河段延长了200英里。为了抵御努比亚部落不断的侵袭，他在边境修筑了坚固的防御工事，这些工事至今还保存在那里。封建时代的法老所创立的统治制度对后世产生了深远的影响，早期的埃及统治者的管理方式就是在此基础上建立的。“西斯特里斯”成了最荣耀的称号，他被载入了埃及的史册，先后有三位国王使用过这个名号。公元前1800年以后，法老的权力突然崩塌，他们的统治方式也随之消失。

帝国的崛起

尼罗河岸边的遗迹向我们诉说着伟大的尼罗河人民所经历的两个时代的故事[①]。我们一路南下，离开了埃及封建时代的墓穴，在我们前行了400英里后，一堆堆巨大的石头建筑废墟和一根根高大的石柱出现在了我们眼前。这些遗迹散布在尼罗河东侧的棕榈树丛中，是底比斯城废墟的一部分。曾经，底比斯城繁荣一时，而这座古城遗址要为我们讲述帝国时代的故事，那是古代埃及的第三个时代。在这里能看到大型坟墓和大型庙宇，底比斯古城的卡纳克神庙对于我们了解帝国时代的埃及至关重要。正如我们研究金字塔时代时，吉萨坟墓发挥了巨大的作用，对于我们研究埃及帝国时代，这座神庙也尤为重要。这座巨大的庙宇中，雕梁画栋随处可见，气势恢宏。庙宇墙壁上的大型浮雕展现了埃及人在亚洲征战的场面。法老像巨人一样，昂首挺胸地站在他的战车前，向前冲杀，直到敌人溃不成军。金字塔时代的法老从未见过马。到了封建时代，法老们依旧未曾见过马。我们在帝国时代的遗迹上第一次看到了马的形象，在埃及封建时代的末期，亚洲人入侵了埃及。我们对这支来自亚洲的入侵者的情况并不了解，将其称为希克索斯人。长达一个世纪的时间里，他们统治着埃及及其周边的亚洲地区。公元前21世纪，西亚出现了驯马，是希克索斯入侵者为尼罗河谷带来了第一匹驯马。战车紧随着

① 古埃及经历了三个时代：(1) 约公元前3000年到公元前2500年是金字塔时代；(2) 兴盛于约公元前2000年的是封建时代；(3) 约公元前1580年到公元前1150年是帝国时代。

驯马，进入了埃及。埃及人通过无休无止的战争吸收了当时的先进文化，一个军事帝国也随之诞生。

随着帝国时代的到来，埃及法老成为皇帝，帝国拥有由弓箭和重型战车组成的强大军队。他们率领着这支训练有素的军队南征北伐，东拼西杀，并征服了从亚洲幼发拉底河到尼罗河第四大瀑布的非洲地区的广袤区域。于是，埃及被帝国的色彩涂抹得更为绚丽夺目。我们这里所提及的帝国，指的是一个国家群，它处于一个最强大的国家的统治和支配之下。埃及帝国由多个国家一同组成，其中囊括了早期东方世界的大部分。各个国家由小城邦组成。就国家管理层面而言，小城邦已经设立了行政管理结构，而人员组织则在帝国一级展开。法老在帝国中享有绝对的权力。法老的权力从公元前 21 世纪早期持续到公元前 16 世纪，维持了 400 多年。

卡纳克庙如同一部浩瀚的史书，坐落在盛极一时的底比斯城中，向我们讲述着那些埃及帝国的故事。在神庙大厅后面，矗立着一座高大的方尖碑，这是埃及帝国早期的杰作，高约 100 英尺，由花岗石制成。这座丰碑的制作者是哈特谢普苏特女王，她是埃及历史上第一位伟大的女性。过去也曾有过两座这样的石碑。女王的工匠们有着精湛的手艺，甚至能从第一大瀑布那里的花岗岩采石场里获得两块如此巨大的石碑。他们将石碑采出来，装在大船上，沿着尼罗河顺流而下，运往卡纳克神庙，并将它竖立在神庙的院子里。女王胸怀远大的志向，曾派出五艘船组成探险队，穿过红海，进入蓬特，将产自非洲的丰饶物产运回来，供她享用，并用这些物件来点缀她在底比斯城西边悬崖处修建的宏伟庙宇。她是一位卓越的女性，她的非凡成就一目了然。在碑基周围还分布着一些石块，在我们参观哈特谢普苏特方尖碑时也会看到，这说明曾有人用石墙将方尖碑从顶到底地围了起来。正是图特摩斯三世做了这件事，他是女王非亲生的儿子，目的是将女王及其助手们的名字抹去，让人们将女王的统治遗忘。当然，那些建庙竖碑的工匠的名字自然也被清除了。但是，后来这些围着方尖碑的砖石坍塌了，哈特谢普苏特的英名依然在方尖碑上熠熠生辉，图特摩斯三世的这一举动徒劳无功。

图特摩斯三世是埃及历史上第一位大将军，他也是埃及历史上最卓越的征服者，被后世誉为“埃及的拿破仑”。从公元前 1500 年到公元前 1447 年，这 50 多年间他一直统治着埃及。我们可以在卡纳克神庙的墙上读到他在长达20多年的时间里东征西伐的故事。在这20多年里，他征服了西亚各国，并将其纳入了埃及宏大的疆域版图里。更何况，他的战船还驶向了爱琴海，他的势力一度扩张到了海岸对面，还向爱琴海岛屿委派了一位将军，以总督的身份对该地进行管理。

埃及帝国的鼎盛时期

在远征亚洲和努比亚的历程中，法老收获了大笔财富，也以武力宣告了自己的威名，帝国也越发强大而繁荣。那些气势恢宏的大型建筑就是强盛帝国的最好见证。由此，古老的埃及艺术与建筑史也翻开了新的一页。我们之前造访过卡纳克神庙所建造的廊柱大厅，这是人类建筑史上最恢宏的大厅，柱身高达69英尺，挺立在中央过道上。廊柱的柱顶极大，甚至能容纳下一百多号人。廊柱侧翼的顶窗不再像金字塔时代是低矮的窗口，而是更加高大而明亮，并逐渐发展成为后来的长方形教堂建筑。

与底比斯庙的神庙类似，穿过一簇簇深绿色的棕榈丛后，那些林立的方尖碑和法老巨像随处可见。金银点缀着这些庙堂，熠熠生辉。湖面波光潋滟，倒映着庙宇[①]的身姿，一派诗情画意。远古世界从未出现过这派景象。游客走进庙堂，置身于宽敞而明亮的庭院中。高大的廊柱在四周环绕着，将庭院衬托得格外壮观。你只要站在庭院后面的大厅中，向林立的廊柱望过去，就仿佛置身于一个变幻莫测的世界之中。这里仿佛是一座壮观的“纪念碑城”，斯芬克斯大道庄重威严，与各大庙宇连接在一起，庙与庙直接相通，可以说，整座城如同一座偌大的纪念馆。

---

① 这一景点位于卡纳克神庙后面（东面），我们会看到西部悬崖隔着尼罗河，与神庙遥相呼应。从神庙右下角的后门出发，经过一段1/4英里长的路程，就能抵达离河最近的高大前墙的前面。历时两千多年，神庙最终得以建成。封建时代，国王们建造了神庙中最古老的部分。希腊国王托勒密建造了前墙，这是最晚建成的那部分。女王哈特谢普苏特建造的方尖碑矗立在神庙中央。在方尖碑的另一边建造着巨大的圆形廊柱建筑卡纳克大厅。在大厅的外墙上有一幅巨大的战争浮雕。在高大的前墙左侧，有一个池塘，前墙外侧是斯芬克斯大道。池塘中储藏着圣湖的余水。

雕刻家和画家们也为埃及气势恢宏的建筑物贡献了自己的力量。在神庙廊柱的顶端雕刻着石头花饰，廊柱上涂抹着颜色，那些雕刻在廊柱上的植物花纹因为涂上了五颜六色的涂料而显得格外栩栩如生。庙墙上雕刻着大型的战争场面，这些画面也上过彩，十分艳丽。庙前矗立着巨型的法老雕像，这些雕像都很高大，比庙前的高塔还要高。方圆几英里内，人们都能看到这座八九十英尺高、1000吨重的雕像。这座雕像的重量大致等同于一列现代火车的载重量。然而，雕像是一个整体，而火车上装载的货物却是零散的，搬运的难度并不大，雕像作为一个整体却不能进行切割。帝国时代的工程师们像搬运方尖碑那样来搬运这些雕像，搬运路程长达几百英里，十分艰辛。纵是如此，艺术家们还是将一块巨石雕刻成了伟大的雕像。埃及艺术正是在这些巨型石像的创作过程中有了长足进步。

我们从卡纳克越过尼罗河，抵达底比斯西面的平原时，就能看到阿蒙霍特普三世的两尊巨像，直到现在，它们还矗立在这里，这是埃及皇帝雕像中最豪华和气派的一个。靠近这两尊雕像，我们能看到西部绝壁在其身后拔地而起，更加衬托了雕像的雄伟壮美。这些崖壁上凿出来的几百个墓室的主人是帝国的显贵。那些追随法老在亚洲和努比亚疆场上征战，并获得显著功勋的人，也埋葬在这些墓室里，这里还埋葬着那些卓绝的天才建筑师、艺术家。他们创造了这些辉煌的建筑，正是因为他们的诸多努力，底比斯才成为了古代第一座伟大的“纪念城”。他们的名字也出现在了这些墓室中，与他们生活有关的长篇记叙也能在这里找到。墓穴中记载了许多感人的故事，其中有一个说的是，在一次皇家猎象活动中，一头狂怒的大象一路猛追图特摩斯三世。紧要关头，一位将军挺身而出，保护了国王，并挥剑将象鼻斩为两段。另一座墓穴中记载着一个军官的故事，被后世口口相传的“阿里巴巴和四十大盗”的故事就是以此作为原型的。在攻打巴勒斯坦的遮帕城时，这位军官将他的战士藏在背篓里，驮在驴背上，混进了城里，然后发起突袭，一举攻占了这座城市。这些墓穴上面覆盖着废墟，还没有被完全发掘出来。在那里，人们还发现了一只金盘，后来被陈列在巴黎的卢浮宫中。

这些墓穴还向我们展示了古埃及家庭生活的缩影，死者的墓穴中有其家人为他们准备的家具、衣服和食物，作为陪葬品，家人希望死者在另一个世界里也可以继续享受欢乐与幸福。在这些墓穴中人们还发现了当时极为罕见的计时器。法老们自然不甘落后，陪葬品都经过精心挑选，这样一来，墓穴就显得更加富丽堂皇，尽显王者风范。在图坦卡蒙的墓穴中发现了许多令人惊叹的殉葬品，我将在下文详细地介绍这位国王。这些墓葬将当时贵族奢华的生活反映得淋漓尽致。作为历史研究的材料，这些墓葬物向我们彰显了人们在日常物质生活方面的巨大成就。同时，也表明他们的精神生活在不知不觉中发生了翻天覆地的变化。底比斯墓室的墙壁上刻着许多图画和铭文，通过研究这些图文，我们发现，与吉萨金字塔时代相比，帝国时期的埃及人在宗教方面向前迈出了一大步。底比斯墓穴的委员们期盼着来自另一个世界的判决，那个世界的大判官就是俄赛里斯，拥有着至高无上的权力。那时，羽毛象征着真理与正义，像俄赛里斯那样，当好人死后，灵魂会从尸体里出来。然而，俄赛里斯必须对其进行检验，他们的灵魂要在天平上称重。灵魂放在天平的一端，象征着正义与真理的羽毛放在天平的另一端。死者的亲友会将一卷莎草纸放在他的棺材里，上面写满各种祈祷词和咒语，以便保佑他在另一个世界里能享受平安与快乐。一起被放入棺材里的还有一幅审判图，我们现在将这种纸卷称为“死者之书”。

在帝国建立200年时，阿蒙霍特普三世的儿子阿蒙霍特普四世取代了他的父亲，成为帝国的皇帝。200年以来，帝国一直统治着苏伊士运河两岸的大陆，埃及成为一个国际化的大舞台，统治范围早已超出了尼罗河河谷。在帝国形成后，法老登上了一个更广阔的舞台。在宗教的指引下，在这个舞台上，埃及的古老神祇发挥着意想不到的作用。早在很久之前，因为受限于地域，埃及人就将本土的神视为永恒的统治者。在这个大舞台上，埃及的古老神祇继续引导着法老前行。法老的军队逐渐庞大，在无休无止的征战中，埃及人逐渐熟悉了这个“世界竞技场”。随着埃及越来越强盛，埃及人意识到，太阳神的权力不应该局限于尼罗河的河谷地带，而应该在更广阔的领域里主宰着人间诸种事物。此时，太阳神一举成为国际神。在那个久远的年代，除了太阳神之外，没有人会去想是否还有别的世界之神存在。人类的不断进步是在将一个又一个局限打破后得以实现的。要想更清楚地了解古埃及人的思维过程，只需要回顾一下我们对以下事实的认识过程。在第一次世界大战期间，我们的军队第一次远渡重洋，抵达另一块大陆作战。当置身于一个世界级别的竞技场之中时，我们的国际意识也逐渐形成了。与此类似，大约在公元前1400年，埃及人开始逐渐形成国际观念，世界观念这一全新的观念也随之产生。人类首次意识到，一个世界之神统治着大地，主宰着这个世界上的万事万物，世界上最早的一神教思想应运而生。古代的东方是这种宗教中的帝国主义的策源地。

于是，一个全新的时代降临了。当许多地方尚未有一神教萌芽的时候，埃及就出现了一种宇宙神教。作为一神教，它的出现比其他地方要早了几个世纪。我们能感受到，宗教转型是一件很特殊又很困难的事情。当时，阿蒙霍特普四世年轻气盛，身强体壮，胆识过人，比起他的父亲，他的思想也更加激进。公元前1375年左右，他将新的国际主义思想强加于他的臣民身上，此举不甚明智。他宣布太阳神是唯一的信仰，凌驾于古埃及诸神之上，人类历史上一场前无古人的太阳神崇拜运动由此揭开序幕。依照他的旨意，从非洲到亚洲，所有人都只能崇拜太阳神，他称太阳神为阿托恩。除了太阳神庙以外，他关闭了所有寺庙，还将这些寺庙中所有的僧侣都驱逐，其目的是让人们忘掉之前各自崇奉的诸神。他将诸神的名字消除得干干净净，尤其是那些被刻在庙墙上的诸神的名字。之前，“神”的表达形式是普通名词复数形式，他将复数形式取消。在诸神之中，他最讨厌阿蒙神。我们曾访问过阿蒙神庙的所在地——卡纳克，它曾经是帝国伟大的底比斯神。而阿蒙霍特普四世的皇族名字含有“阿蒙很惬意”的意思，因为名字中包含了阿蒙神的字眼，让他极为不满，于是，他为自己更名为阿克那顿，意为“有益于阿托恩（太阳神）”。

此后，我们在称呼阿蒙霍特普四世时，就要称之为阿克那顿。在尼罗河下游很远的地方，阿克那顿修建了一座新型城市，彻底远离了底比斯城，他将这座城市命名为阿纳玛，意思是“阿托恩地平线”。阿克那顿将包括底比斯城在内的许多神庙抛诸脑后，然而，在他死后几年，他兴建的“阿托恩地平线”也同样遭遇了被抛弃的命运。如今，在这座城市的废墟之下，过去宫殿的残垣断壁就埋葬在那里。现在，人们只能想象城市昔日的风光无限。在第一次世界大战之前，一支来自德国的探险队发掘出了一位雕刻家的工作室废墟，并在那里发现了一组精美的艺术品。随着这些文物的出土，我们对那个时代的雕刻艺术有了更深入的了解。追随者的墓穴留在了城市背后的悬崖上，在年轻国王的强迫下，这些人最终皈依了新教。在他们墓穴的墙壁上，能看到许多雕刻精美的图画，那些早已被遗忘的古城风貌通过这些图画再次呈现在人们眼前。

在阿玛纳墓内祠堂的墙壁上，我们可以看到阿克那顿亲手写的歌颂太阳神的赞美诗。这些赞美诗淋漓尽致地表达了这位年轻国王对唯一的上帝的敬仰之情，他对上帝的信仰是如此质朴而纯洁。他坚信，包括人类在内的所有低级动物都是被这位唯一的神创造出来的。国王将他的神视为慈父，神的善心维护着动物的生存，所有动物都要对神心怀感激，即使是沼泽地里的飞禽也能深刻地理解神的仁慈与善良。鸟儿振翅飞翔，也是在赞美神。在墙壁上的一行赞美诗中，我们读到了这些内容。纵观人类漫长的进化过程，如此深刻的圣父观念还未曾出现过。

走向衰落的帝国

对于14世纪的普通人而言，这种信仰是难以理解的，更别提接受它了。举国上下出现了许多心怀不满的多神教僧侣和受到冷落的军队士兵。僧侣和军队串通起来，密谋一起反抗霸道的国王。策划反叛的人是僧侣，他们发现受到冷落的军人无所事事，很容易煽动起来。在这种情况下，埃及帝国出现了各种骚动和混乱，同时，那些亚洲被征服的国家也开始蠢蠢欲动。

几年前，一位当地的发掘者发现了一批距今3000多年的皇家信件，人们将其称为“阿玛纳信件”，共有300多封信，阿克那顿国王在阿玛纳的政府办公室里的皇家档案的一部分就由这些信件组成。这些信中隐藏着埃及帝国在亚洲的最终结局。这些“信纸”是泥土书板，用巴比伦的文字写成。正如我们所知，这些信件是西亚国王写给法老的。可以说，这是世界上历史最悠久的国际通信方式。透过这些信件，我们可以得知，这些西亚国王是如何一点点动摇埃及法老的统治的，最终，他们彻底摧毁了埃及帝国在亚洲看似坚不可摧的统治。法老的叙利亚北部边疆被来自小亚细亚的赫梯人入侵了，巴勒斯坦的南部领土被来自沙漠地区的希伯来人侵占了。正值内忧外患的关键时刻，阿克那顿去世了，这位法老死后并未留下儿子，所以没有人继承他的事业。虽然阿克那顿是一位空想家和理想主义者，但他仍然算希伯来人之前的东方世界的伟大统治者。

阿克那顿虽然没有儿子，但膝下有几个女儿，这些女婿自然而然取代了儿子的位置。大女婿是一位贵族，他让大女婿与他一同管理政权，后来，这位年轻人去世了。他又将三女儿嫁给了另一位名为图坦阿托恩的贵族，其名字意为“阿托恩活现”。当时，他的二女儿已经去世。他让三女婿与自己一同执政，他死后，王权就落入了三女婿一人的手里。这一次，阿蒙神崇拜再次占据了上风，于是，新国王放弃了阿克那顿在阿玛纳兴建的都城，迁都到了底比斯。他将名字的尾音从阿托恩改成了卡蒙。就这样，这位年轻的国王成了图坦卡蒙，也就是“阿蒙活现”。此时，阿蒙神崇拜完全恢复了，其他崇拜也随之在埃及恢复。为阿克那顿所钟爱的最早的一神教信仰——阿托恩神崇拜也随之消失。那些人过去为国王的威名所震慑，表面上信奉一神教，如今都原形毕露，他们群起而攻之，一同反对年轻的图坦卡蒙。

这位新国王成为这些老谋深算的奸佞手中的玩偶，这些人设下了一个又一个阴谋陷阱，这位国王陷入了孤立无援的境地，最终只落得惨死的下场。而他的妻子则成为年轻的寡妇。阿克那顿的三女儿曾经煞费苦心，试图维护王位，因为她不忍心眼睁睁看着曾经盛极一时的家族就此衰落。她曾写信，表示希望与小亚细亚的赫梯皇帝联姻，并答应将帝国的王位双手奉上，交给赫梯王子。这封与阿克那顿王国的命运息息相关的信是用楔形文字写的，写在了一块泥土书板上，存放在赫梯首都的档案馆中。现代的发掘者发现了这封信，然而，阿克那顿的三女儿还没来得及将这个计划付诸实践，一个名为艾的年迈马夫就篡夺了王位。约公元前1350年，这个一度让人无限敬畏的王族就这样终结了。这支王族曾将希克索斯人赶走，曾建立起了早期东方的第一个伟大帝国，它的统治持续了230年，然而，随着王室的衰落，这一切的辉煌都成为过眼云烟。

图坦卡蒙的政治生涯在历史上显得有些灰暗，也很短暂，他政绩平平，作为一个帝王而言，他并没有什么值得称道的地方。然而，他处于一场精神革命的鼎盛时期。在这场革命中，许多精神领域都发生了深刻的变革，其中包括宗教、思想和艺术。随着精神革命如火如荼地开展，在行将到达顶峰的时刻，这位年轻的国王失去了他的统治宝座。基于此，想要详细了解这段历史，他的坟墓就是最重要的遗迹。图坦卡蒙的坟墓建造在底比斯的尼罗河谷西侧荒凉的崖壁上，可能当时是仓促间开凿而成的，因此墓穴很小。他的妻子和马夫艾将他安葬在这里，随葬物品中有大量华丽的家具和精美的工艺品，有一些随葬品甚至是传家宝，都是在阿克那顿的辉煌时期制作的。它们被从阿玛纳运往底比斯，最后随葬在了这位国王的崖墓中。在这位国王被埋葬后的政治混乱时期，曾有人去盗掘他的坟墓。盗墓贼在盗墓时被抓获，但墓穴已经被破坏，后来又被草率地重新修复，但并未完全修缮。两百年后，埃及帝国濒临崩溃的边缘，拉美西斯六世的挖墓工们将废土废石堆砌在了图坦卡蒙的墓穴口上。那时，人们已经遗忘了这个墓穴，甚至在墓穴上搭建起了简陋的工棚。值得庆幸的是，正因为这座墓穴被人们遗忘了，在帝国崩溃后，才幸免于被破坏。1922年晚秋，霍华德·卡特尔发现了这个墓穴，这是埃及发现的留存至今的唯一完好无损的墓穴。

图坦阿托恩墓穴被发现后没几天，在墓穴中所有的遗存物尚未被搬动时，我有幸进入到墓穴中考察。当我走进前室并且在一把做工精美的宫廷椅子上读到图坦阿托恩的名字时，一种莫名的情感油然而生。今生今世，我都不能忘怀这种感情。要记住，年轻国王在阿克那顿时期的名字正是图坦阿托恩，而这把椅子上正是刻着这个名字，这说明，工匠们是在阿克那顿时期制作了这件雅致的工艺品。在图坦阿托恩不得已改名为图坦卡蒙之前，这把椅子就出现在了阿玛纳的宫殿中。就像我们前面提到的，阿克那顿革命就其本质而言，是一次精神解放运动。正是在他的大力倡导和推动下，埃及人才从旧传统的精神樊篱中解脱了出来。正因为如此，这场革命不仅波及了宗教界，也影响了艺术领域，这一时期的艺术品也因此独具风格。所以，图坦卡蒙之墓是第一个伟大的精神解放时代的艺术珍宝库，这也是它最重要的意义。

因为这场精神解放运动，政府陷入了危机之中。经过艰苦卓绝的努力，来自新家族的国王才重整旗鼓，在一定程度上恢复了埃及帝国的威严。其中，最为杰出的两位国王是塞提一世及其子拉美西斯二世。然而，虽然他们能重振埃及帝国的雄威，但却不能将赫梯人从叙利亚赶走，原因在于这些来自小亚细亚的赫梯人骁勇善战，以入侵他国为能事。他们当时已经拥有铁制武器，战斗力很强。那时，衰落的埃及帝国还处于青铜器时代，是青铜器时代的最后一支强大的力量，但面对使用铁制武器的入侵者，也只能甘拜下风。

即使在今天的底比斯，我们仍能发现种种帝国行将崩溃的迹象。如果我们留心一下，仔细观察底比斯庙中所描绘的帝国晚期各次战役中的大型战争场面的图画，就会发现有许多外国人掺杂在埃及军队当中，这说明埃及人已经不像从前那样热衷于战争了。诚然，任何人都不会对此保持长久而浓烈的兴趣，因此，他们必然要招募外国人为他们打仗。有些人来自北部的地中海地区，他们混迹于外国的雇佣兵当中。此前，在石器时代晚期，他们的身影也出现过，现在，他们的身影又出现在了埃及的遗迹当中。因为地中海人从东方人那里学会了使用金属，所以不断强大起来。画中的地中海人就是埃及人的雇佣军，他们为埃及人而战，挥舞着手中的青铜剑。最终，善战的地中海人征服了埃及人，埃及帝国摇摇欲坠，最终于公元前21世纪中叶崩溃。

那些以皇帝的身份维持了四百多年统治的法老被安葬在底比斯。在图坦卡蒙的坟墓被发现后，人们就知道了这里有一条河谷，它是由西部沙漠中很深的凹陷地构成的，这里一片荒凉。这条河谷位于阿蒙霍特普三世巨大的塑像背后的悬崖的另一端，在这里有40多个巨大的岩洞长廊，一直深入山里几百英尺。这里有一些工匠凿出来的洞室，里面埋葬着埃及皇帝。后来，在帝国崩溃后，这些洞穴被洗劫一空，只有图坦卡蒙的墓穴幸免于难。这些皇帝的后继者的共同特征是势单力薄而软弱无能，他们在底比斯苟延残喘。为了保全皇帝的尸体，他们东躲西藏；为了让墓穴更隐蔽，他们最后只能在西部的崖壁上开凿一些洞穴，将这些尸体藏在里面，免得被敌人发现，就这样保存了3000多年。直到1881年，这些尸体才被发现，至今仍保存在开罗国家博物馆里。正因如此，我们才能看到这些埃及和西亚王公贵族的真实面目。他们从3500年前登上历史的舞台，直到3100年前“谢幕”，在历史的舞台上活跃了400多年，大约在公元前1150年，最后一位君王去世。

吉萨金字塔、孟斐斯墓地代表着金字塔时代，沿尼罗河航行时所见到的崖壁墓穴代表着封建时代，底比斯庙宇和崖墓代表着帝国时代，尼罗河沿岸的金字塔、坟墓、庙宇向我们彰显了埃及最早经历的三个历史阶段。轻轻翻开尼罗河这部浩瀚的历史书卷，我们能够看到人类从野蛮走向文明的过程中所经历的一个个阶段。我们从中可以得出这样的启示，那就是随着埃及帝国三个文明阶段走向没落，历史并未因此终结。此后，埃及的制度与文化仍深刻地影响着欧洲的历史，这种影响一直延续到基督时代。

破译古埃及的文明密码

我们在尼罗河上的航程中探索了那些遗址遗迹，从而了解到了古埃及人的生活方式。我们已经知道，想要对远古历史有一个完整的看法，只有在了解了这些最早的文字资料后才能实现。如果100年前我们泛舟尼罗河时就发现了这些埃及文字记录，它对我们而言，将会毫无意义。因为早在一千多年前，最后一个能读懂埃及象形文字的人就死去了。此后，再也没有人能明白尼罗河畔的遗物上那些稀奇古怪的文字到底传达了什么意思。

很长时间以来，尼罗河奇奇怪怪的文字就深深困扰着这些学者，虽然解读这些文字耗费了大量的时间与精力，但最终没有丝毫进展。后来，一位名为商博良的法国人开始研究这些问题，经过多年令人沮丧的失败后，他终于取得了进展，找到了解决这一问题的头绪。最初，英国伟大的物理学家托马斯·杨博士发现了“托勒密”和“克娄巴特拉”这两个用象形文字写成的名字。12个象形符号后来被证实属于一个字母表，而商博良通过这两个人名确定了这12个象形符号的发音。随后，商博良还解读出了另外几位贵族的名字。他于1822年写给法国科学院的那封信轰动一时，他在信中介绍了他取得的成就，并报告了他的发现。

直到这时，商博良才真正利用上了那块著名的罗塞塔石头。换而言之，虽然解读古埃及文字的关键在于罗塞塔石头，然而，解读古埃及文字的第一把钥匙是商博良，而非它。正是因为对罗塞塔石头的有效利用，他才能使象形文字的符号数量陡增。这块石头为他了解词意和理清句子的结构提供了极大的帮助。1832年，商博良在去世前已经总结出了一些语法规则，并准备编写一本小型的象形文字词典。虽然至今许多有关埃及文字和语言的问题还有待进一步研究，但商博良所取得的成就已经为埃及文字学奠定了坚实的基础。因为对埃及文字的破译，尼罗河谷中的遗迹重获新生。它向世界昭示了人类历史长河中一项被遗漏的成就，正因为它的破译，人类文明史中那段曲折离奇的故事也显得格外生动。

人们也以同样的方法破译了底格里斯河与幼发拉底河沿岸的历史遗迹，从此，人们才有机会了解在那里发生的古老故事。继埃及人之后，西亚各民族都相继走出了蒙昧时代，步入工业生产的发展时期。他们还学会了使用金属，创造出了文字系统，最终在古代世界登上了领袖地位。我们将在下一章讲述那些在亚洲发生的古老的东方故事。

第三章　西亚：巴比伦尼亚

西方文明的进化史

现在，我们要对人类文明的发展历程进行更广泛而深入的探索，并在地理位置上锁定我们所继承的文化的发源地。它位于乌拉尔山西边广袤的亚洲大陆上，乌拉尔山脉在地图上一眼就能看到，它是亚洲的西部边界，与格林尼治东第 60 条子午线平行。这条子午线一直向南延伸，直到印度洋，而人类文明正是从这条子午线以西与北纬 20 度以北之间的区域发源的。这两条线形成了东部边界和南部边界，构成了一个巨大的三角形地带，整个欧洲、西南亚和北部非洲在东半球的西北部构成了四分之一个地球表面，而人类的高级文明正是孕育于此。

这片区域西起大西洋，东抵亚洲高地，南北是平地，中央是高原地带。高原带的南边是一片东部盆地，地中海恰好在这里将北非的南部平原中间区域与高原区域划分开来。在考察古埃及时，我们就了解到，处于这样的地理环境之下，宽阔的地中海水域成为缓冲带，阻止了冰川时期从高地向下滑落的冰川危及南部平原的中段地区。然而，位于地中海以东的南部平地上的亚洲地区却与高原毗邻，这片地区分布着巴比伦尼亚和亚述。这里地理位置尤其特殊，在历史上发挥着重要作用，但它与北部冰雪皑皑的高原地带相邻，冰川高地严重阻碍了这片区域上的史前文明的发展。

自从冰川时期以来，西北半球的气候趋于稳定，各地鲜明而独特的气候特征逐渐形成。非洲撒哈拉地区的南部平地上，大部分地区常年少雨；地中海地区夏季炎热干燥，冬季温和多雨，也就是如今我们常说的“地中海气候”；北部的高原带与平地，夏季温暖，冬季寒冷，全年潮湿多雨。于是，从南往北，这里的气候越来越湿润，形成了各种特征鲜明的气候。

自石器时代开始，在西北半球活跃的大部分就是白人，在他们的努力下，文明不断向前迈进，白人的体格特征也随之发生了变化。蒙古人和黑人这两支种族差异明显，他们的居住地与西半球毗邻。蒙古人居住在西北半球的东部，也就是偏僻而荒凉的亚洲高原上。他们的头发很硬、很直，如金属丝一般，皮肤黄黄的，脑袋圆圆的，脸上几乎看不到毛须。后来，他们走出了亚洲高地，开始在四处游荡。在西北半球的文明发展到一定高度时，他们才抵达那里，并且在很长一段时间后，他们的文明才获得长足进步。在西北半球的南部，黑人和白人被撒哈拉沙漠分隔开。南部的一大片平地都被撒哈拉沙漠占据着，在它的阻隔下，加之北部的白种人难以适应炎热的热带气候，于是，黑人的世界逐渐封闭了起来，变得与世隔绝。因为缺乏外来的刺激，黑人的早期文明也长期停滞不前。

几个不同的支系组成了白种人，整个西北半球处于他们共同的统治之下。北欧日耳曼民族居住在北部平地上，他们有着长长的脸和金黄色的毛发；圆脸的阿尔卑斯人和亚美尼亚人盘踞在中部高原地带；黑发长脸的地中海民族生活在南部平原上。棕褐色皮肤的埃及人也属于地中海民族，与闪米特人以及希腊、意大利、西班牙的大多数民族是同宗。因为语言不同，他们长期以来被称为“雅利安人”，但这与种族无关。欧洲人从石器时代繁衍至今，也是白种人的一种。我们刚才提及的这三支白种人，受到冰川的威胁，迁徙到了没有冰川的地方。他们在西北半球定居，成为现代欧洲人的祖先。

我们已经知道，亚洲文明起源于西部，更确切地说，是西南部的顶端与地中海地区的最东端。在有的人看来，中国文明发源的时间与西亚以及埃及文明大致相当，这是错误的认识，当然，不可否认的是，中国文明从古至今都是辉煌灿烂的。就其地理位置而言，中国与西北半球相距甚远，因此，中国文明与西方的主流文明之间缺乏直接的接触与交流。印度亦是如此，印度文明的出现与发展还要晚于中国文明。另外，西方文明也不可避免地影响着中国文明和印度文明。公元前 14 世纪，亚历山大大帝东征，为东方文明与希腊文明接触创造了机会。最终，东方的艺术传入了西方。

东经 60° 从西亚的最西端穿过，这里四面环海，北部是里海和黑海，西部是地中海和红海，东南部是波斯湾和印度洋。在冰川期的末期，这片地区的水域面积比现在要大得多。比起现在，当时，波斯湾向北延伸了约 550 英里，水域囊括了后来的整个巴比伦和亚述地区的一部分。在波斯湾的北岸，一块高地沿着高原带的南端形成，与埃及低缓的地势格格不入。最初，受严寒的冰川期的影响，这里的史前文明严重滞后，后来，随着高原带南部斜坡不断推移，冰川延伸至南部平原。这一点与埃及截然不同，因为埃及有地中海作为屏障，避开了冰川的侵害。随着冰川期结束，冰雪融化，洪流给当地居民造成了许多灾难。

在洪水的不断冲击下，我们现在称为美索不达米亚的地区四分五裂，支离破碎。受冰川的影响，在石器时代人类的后冰川期的发展过程中，美索不达米亚人并未占据重要地位。那时，巴比伦平原还未出现。后来，高原带上的冰雪融水裹挟着土壤向下奔流，使波斯湾北岸的边缘陆地不断扩展。后来，冰川水流从高原上带下来的土壤在波斯湾北部淤积起来，一个冲积平原就此形成，也就是后来的巴比伦尼亚。埃及人从未被冰川侵袭过，而西亚陆地之所以形成，完全是因为冰川的消融。因此，比起埃及文明，西亚文明的起步与发展要滞后许多。尽管如此，巴比伦平原上的西亚文明同样是在各大陆之间的彼此交流和相互影响中发展起来的。苏伊士地峡是连接非洲和欧洲大陆的桥梁，在它的两侧形成了埃及—巴比伦文化的核心。这个文化的中心以农业和畜牧业为基础，并在这里孕育和发展了地球上最早的文明。很长一段时间里，这里都是文明的中心，而其他地区当时还处于野蛮愚昧的石器时代。新大陆的情况与这里类似。纵观整个地球，只有旧大陆、新大陆两个地区在没有任何外力帮助的情况下，自发地从石器时代过渡到了拥有农业、金属及文字的开化时代。在旧大陆上，埃及—巴比伦的文化中心位于在非洲和亚欧大陆之间起着桥梁作用的苏伊士地峡的两侧，同样，连接南北美洲的桥梁两端也是新大陆文明诞生的温床。几位美洲史学家展开了一系列艰苦的考察与研究，他们断定，在西半球各个大陆的连接处都曾出现过一个盛极一时的文化中心，两边的大陆文化交融于此，向南北逐渐扩散。即使在人们发现了新大陆并开始殖民后，这种文化的融合过程仍在持续。显而易见，在研究新大陆文化中心时，我们要接受文化融合的观点，这种文化融合在旧大陆的文化中心地区持续了上千年的时间。但是，受古希腊和罗马的传统以及人们惯性思维的影响，人们并未广泛接受这一事实。在教育、思想等方面，大众对于文明进化的观念并未广泛接受文化融合论的有关学说。

肥沃新月的冲突与融合

西亚是亚洲大陆西边突出的部分，东经 60 度经线从这里穿过，世世代代的西亚人在这里生息繁衍。西亚是一片自然形成的月牙状的边缘地带，位于南部平地与北部高原带之间，南部是广袤的沙漠，北部是连绵起伏的群山。这里沃野千里，尤其适合进行农业耕种。西亚的口子面向南边，西面是地中海的东南角，东部是波斯湾的北端，北部阿拉伯居中。如果将这块大陆视为一支军队，那么，该军的主力部队就盘踞在北部山岭，它的西翼延伸至地中海东海岸，东翼延伸至波斯湾。换而言之，这支军队的中央主力军在亚述，西翼在巴勒斯坦，东翼在巴比伦。这一片半圆形的地区被人们称为肥沃新月。

肥沃新月还是沙漠湾的沙岸，如果从北部山上向下俯瞰，整个沙漠湾一览无余。当然，沙漠湾并不是海湾，而是一大片沙漠荒地。这片地区一直向北延伸，直到地中海东北部的阿拉伯沙漠的北部地区，横跨五百多英里。事实上，作为石灰石高原，沙漠湾的地势很高。因此，底格里斯河与幼发拉底河都无法自然灌溉这片区域，但是这两条河在这片高原上切出来了两条地峡。在冬天降雨的滋润下，北部沙漠湾的广袤地区会长出一些稀稀疏疏的绿草，并在春天时形成绿洲。西亚的历史就是一部无休无止的斗争史。来自北部的山地人和来自沙漠的游牧民族为了争夺绿洲而斗争不休。这种为了生存之地而斗争的情况直到现在仍在上演着。

其实，这片沙漠并不适合人类生存，更何况，阿拉伯境内没有河流，所谓的雨季也只是冬季中短短的几周。生活在沙漠中的人是白种人的一支，他们是上古时期白人的后代，被称为闪米特人。闪米特人由许多不同的部落组成，但各个部落并未统一组成一个国家。通过考察美洲印第安人，我们发现，他们当中有的叫作苏人，有的叫作西米诺尔人，还有的叫作易洛魁人。同样，闪米特人也是由各个不同的部落和群体组成的。其中，我们最熟悉阿拉伯人和希伯来人，他们的后代也存在于我们中间。就体形而言，他们与地中海民族更接近。长时间以来，他们游荡于阿拉伯世界的各个角落里，寻找适合放牧的草地，因此，他们被称为游牧部落。直到绵羊和山羊被驯养后，他们的生活方式才发生了改变。很久以前，这些游牧民族过着四处漂泊的日子。当春天的绿草枯萎后，游牧者不断向沙海的北部沙岸迁徙。他们一旦在那里定居下来，生活方式也随之改变，逐渐从沙漠里的游牧生活向定居的农民生活过渡。然而，这种迁徙愈演愈烈，形成了巨大的移民潮，肥沃的沙岸被这些游牧部落占据，大批人口从沙漠涌入城市，超出了城市的承受能力，这一过程持续了数千年。《圣经》描述了希伯来人从沙漠涌入巴勒斯坦的情景，说的就是那时的移民运动。此后，我们可以想象这些阿拉伯人在皈依穆罕默德后对这里的种种侵犯行为，那是一场规模浩大的入侵，阿拉伯人向欧洲挺进，甚至即将将地中海地区包围。过上了城镇生活后，闪米特人开始对外发起侵略，大肆开辟殖民地，他们的殖民地一路向西延伸，横跨地中海，抵达了北非境内，并直抵南西班牙和大西洋。另一方面，经历了多个世纪，他们的殖民战线才开始从东往西慢慢建立起来。因此，我们先从沙漠开始说。

沙漠一望无际，没有明确的边界。沙漠边缘的平原就如同空气一般，是人们共同享有的资源。谁先找到这片草地，谁就拥有它。在沙漠的部落中，任何人都没有属于自己的土地，因而也就不存在所谓的富人与穷人。他们不受法律约束，以“血亲复仇”为信条，经常跋山涉水去远方劫掠。每当他们看到相邻部落的羊群在草地上闲适地散着步、吃着草时，嫉妒与欲望就会充斥他们的内心，眼中是狼群一般的狂热目光。他们知道，如果杀了这些孤独的牧羊人，就能将他们的羊群占为己有。同时，他们也知道，如果真的这么做了，他们的亲人会为此付出相应的惨痛代价。他们并不害怕国家，而更害怕为家人报仇的邻人的家庭成员。这就是当时的人们约定俗成的“血亲复仇”。这种习俗类似于法律，有着很强的影响力。在游牧条件下，不可能出现国家这种形式，文字和工业也不可能产生，这些沙漠的游牧人过着无拘无束的生活。时至今日，阿拉伯政府仍无法控制那些在荒野里出没的阿拉伯人，就像美国政府拿那些肆无忌惮的西部牛仔没有办法一样。

在肥沃新月上，这些游牧部落带着牧群四处漂泊，直到他们在棕榈丛中发现了一座城市。他们进入城市，吸引了城里人的目光。城里人好奇地打量着这些牧人，仿佛他们是一群奇怪而有意思的动物。于是，牧人们在城里当起了搬运工，他们出入于市场中，为城里人搬运武器、器皿和服饰等各种物品。牧人们并不需要这些物品，他们早就学会了如何将货物从一个地方转移到另一个地方。于是，他们成为为定居的群落运输货物的运输队，后来，他们开始经商。他们大无畏的气魄征服了整个沙漠，往返于叙利亚、巴勒斯坦和巴比伦尼亚之间，成为古代社会最杰出的商人。时至今日，作为他们的后裔，希伯来人仍以善于经商而著称。

游牧者从荒凉的旷野而来，那里一望无际而且寂寥孤独，这也造就了他们孤僻的性格。在游牧者的想象世界中，沙漠里遍布着看不见的神秘动物，这些动物无处不在，它们蛰伏于每一棵树上、每一块岩石下、每一座山头上、每一汪泉水里。这些动物是游牧者心里的神。他们相信自己可以用咒语来控制这些神，使其无法伤害自己，而在他们需要时，这些动物甚至会伸出援手，于是，最早的祷告就这样产生了。对游牧者来说，在这个婆娑世界里，每一个小小的角落里都有一位神灵，这位神灵掌管着这一处地方，并没有其他的权力。比如，掌管着某一眼泉水的神灵就不能再掌管别处的泉水。同时，每个神灵掌管的时间也是有限的，一旦别的部落占领了某个区域，新部落的神灵也会把这个地方接管下来。每一个部落都拥有一个属于自己的独特的神，他们相信，部落神会跟着自己浪迹天涯，无论身处哪一片草地，神灵都与他们同在，分享着他们的喜怒哀乐。

生活在沙漠上的游牧民族有关神灵的思想还很粗浅，他们的宗教习俗很残忍，为了取悦饥饿之神，他们甚至不惜杀死自己的孩子。同时，他们的是非观念也在逐渐形成，在他们看来，他们有善待自己同伴的义务。当然，他们认为这一切都是遵照神的旨意。但是，这种感情最终还是演变为了一种崇高的道德观念，于是，闪米特人成为文明世界中的宗教领头人。

公元前3000年，闪米特人从沙漠迁移到了肥沃新月的巴勒斯坦，在那里定居了下来。500年后，他们就兴建了围城环绕的城池。巴勒斯坦希伯来人的祖先来到一个名为迦南的部落；在其北部很遥远的地方，有一个名为亚摩利人的强大部落；腓尼基人则盘踞在北叙利亚，在定居之前，他们也过着四处漂泊的生活。公元前2000年前，这些闪米特人的定居部落尚未对人类的文明史做出任何突出贡献。很大程度上而言，古代文明是从埃及和巴比伦发迹的。但是，闪米特人在地中海东岸定居，连接着埃及和巴比伦。因为地理位置得天独厚，闪米特人也因此有机会与这两个国家接触，它的文明也因此得到迅速发展。腓尼基人是地中海民族中的一支，在介绍东部地中海历史时，我们会讲述他们的故事。

现在，我们来了解一下肥沃新月东部那些游牧人的生活。这一片地区位于两河流域，也就是底格里斯河与幼发拉底河的下游。两河发源于北部高地，流经肥沃新月，一路南下，穿过沙漠北湾，最终汇入海洋。西亚的两河流域孕育了亚洲最早的文明，正如我们在尼罗河上所看到的，两河流域的西亚文明也经历了三个阶段。

在两河低处河谷的河口附近，我们可以发现两河经历了三个历史时期。首先是巴比伦尼亚时期，这一时期，两河各自南下，然后在距离波斯湾约160或170英里处开始彼此靠拢①，最终汇聚于沙漠，一起流入下游平原，也就是巴比伦平原。巴比伦平原位于肥沃新月的东部，是河水冲积平原，土壤肥沃。一千多年前，这里一直是一个小型村庄，在历史上无人问津，直到

① 这里指的是古巴比伦和亚述时代。从早期巴比伦至今，底格里斯河与幼发拉底河不断在波斯湾淤积，使得如今的波斯湾缩短了150至160英里。

巴比伦城的兴起。那时，这片平原被称为希纳尔，直到公元前2000年，才有了“巴比伦”这个名称，就像恺撒大帝时期高卢被称为法国一样，容易让人误解。

希纳尔平原并不辽阔，宽不到40英里，耕地面积不到8000平方英里，面积与新泽西州或威尔士[①]差不多。希纳尔平原是典型的地中海气候，夏季炎热干燥，冬季温和多雨。总体上来说，这里的降水量很少，有的年份甚至才3英寸，因此，这里最需要的就是灌溉农田的设施。要保持希纳尔平原的肥沃，最重要的就是建立合理的灌溉设施。农业是古希纳尔人收入的主要来源。正如我们之前说到的，在这片平原上，高地人与游牧人之间的斗争无休无止。下面，我们就以这里发生的一系列战争作为切入点，进一步探索古人持续了一千多年的世界。

苏美尔人与闪米特人的冲突

北部高地人并不是闪米特人，迄今为止，我们仍不知道他们与阿拉伯沙漠中的游牧闪米特人之间有何种联系。就其外貌而言，他们是白人，他们有着圆形的头部，这是高原地带人种的常见特征。但是，我们现在还不能确定他们的族系。通过一些残存的石刻，我们可以看到，他们脸上干干净净，身着粗毛制成的裙子。我们能确定的是，他们中间存在着一些苏美尔人。那时，高地人仍以石器为工具，但其中的苏美尔人早就从东部和北部的山口向两河流域迈进了。其中一部分苏美尔人可能在底格里斯河的河岸定居了下来。一部分甚至到了北边的亚述地区，还有一部分来到了冲积扇平原。让人惊讶的是，早在公元前3000年以前，他们就开始开垦两河

① 现在大部分有关巴比伦尼亚耕地面积的地图都忽略了一个事实，那就是古代的巴比伦远远比现在的巴比伦小。它们也忽略了，北部的美索不达米亚并不包括在巴比伦尼亚境内，当时，美索不达米亚只是一片沙漠，只有北部的巴里克浦和喀布尔河的上游可以耕种。但是，很多历史类地图册将沙漠划分在了幼发拉底河的右岸，还不包括美索不达米亚，这样一来，浮现在人们脑海中的巴比伦尼亚的可耕地面积比它的实际面积要大得多了。

河口的沼泽地了。他们逐渐占领了希纳尔平原的南部地区，后来，这片区域被称为苏美尔。

底格里斯河的河岸很高，很难引水灌溉，于是，苏美尔人从幼发拉底河引水。他们沿着幼发拉底河的河岸修建起了一间间低矮的泥屋。定居在这里的苏美尔人学会了用堤坝来控制洪水，还学会了开渠引流，用河水灌溉，种植并收割成片成片的作物也不在话下。这时，他们开始种植大麦和小麦，并将其作为主要的粮食作物，这一点与埃及如出一辙。有趣的是，他们以埃及的名称来为破开的麦粒命名。那时，苏美尔人开始饲养家畜，饲养山羊、绵羊和牛等家畜成为他们生活中最重要的一个部分。那时，他们用牛拉着犁，驴拖着车，生活过得有滋有味。这里还第一次出现了用来运载重物的轮子[①]，但他们还没有发现可用于运输物品的动物，那就是马。通过与上游地区的尼罗河谷的交往，金属也在他们生活中出现了。他们还没学会将铜和锡熔合，以便制成更坚硬的青铜，但是他们学会了打制黄铜器皿。

因为贸易和行政管理有记录方面的需要，苏美尔人学会了在粗制的草图上做记录。最初，他们的“纸笔”很原始，由扁平的椭圆形或圆形黏土片和苇尖制成。经过太阳暴晒后，这种黏土做成的记录会变得很硬，在炉火中充分烘烤后，会变成不易磨损的泥板。时至今日，我们还能在泥板上发现一些原始文字，这一点也与埃及类似。他们在泥土上用芦苇制成的尖笔记录图形，首先斜着将芦苇切断，得到一个尖端，再将苇秆劈开，一分为二，尖笔就出现了。但是，这些图形并非用芦尖在泥土上一点点刻画而成的，而是印上去的。他们把苇秆的一端先压在黏土板上，然后把尖尖的那一端也压进去，泥土上就会出现一条线，并形成一个三角。黏土板上的这些三角形与楔子类似，这些文字被称为“楔形文字”。苏美尔人曾用于记录的每一幅图形都是由楔形线构成的，比如，在他们的文字中，用符号来表示“星星”，代表的却是“脚”的意思（见下图，V栏第三图及I栏第三图）。

① 可能比西方瑞士湖村的车轮和晚石器时代的双轮车跑道出现得更早。

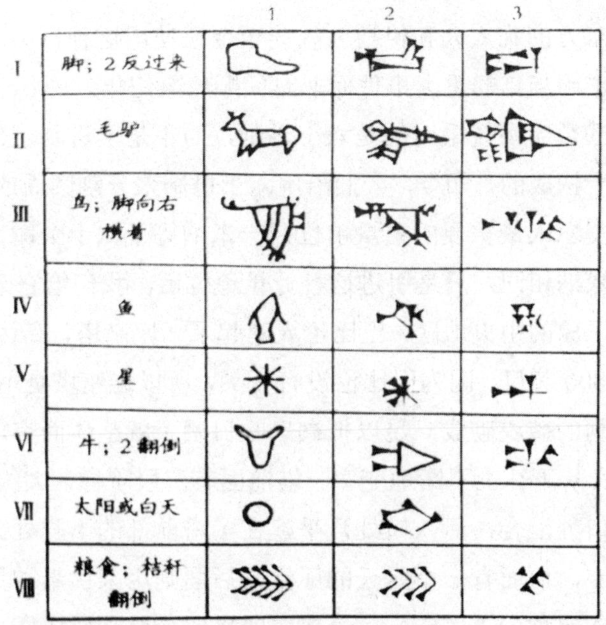

在使用中，这些楔形构成的图像变得越来越复杂，随着书写速度越来越快，楔形文字也越来越潦草而难以辨认。于是，随着不断演变，后来的楔形文字逐渐丧失了与先前的图形相似的特征。

这时，文字逐渐从图形阶段向语音阶段过渡，最后，苏美尔文字一共有350多个符号，每个符号都代表着一个音节或单词①。也就是说，每个符号都代表着一组音素。苏美尔文字体系中没有字母表，因此，虽然我们可以在该体系中找到类似kar和ban这样的音节符号，却找不到k、r、b、n这样的字母符号，但是只有这些字母符号才能组成音节。因此，与讨论埃及文明时不同，我们不能为苏美尔文字归纳总结出一个字母表来。

通过这些泥板上的记录，我们可以发现，苏美尔的抄写员们也是按月来记录时间的，每当新月出现，他们就开始了新一轮的记录，满12个月后，就合为一年。在上文已经提到，这种方式的12个月加在一起其实是不满一年的，于是，当他们发现与年末有了一个月时间差的时候，就会在记录里另

① 后来的元音字母和一些保留下来的图像符号并不在此列。这些图像符号的主要功能是提示符号的含义，与埃及文中的限定词类似。

外加一个月。这不是一种精确便捷的记录方式。后来，犹太人和波斯人沿袭了这种日历，东方的犹太人和伊斯兰教徒至今还使用这种日历。与埃及人一样，苏美尔人也用当年的重大事件而非时间顺序来纪年。

苏美尔人的数字系统采用的是六十进制，而不是十进制，他们的大数字是由若干个六十构成的。如今，人们沿用六十进制来分割圆周或计量时、分、秒。米纳是苏美尔人最重要的重量单位，一米纳等于六十个谢克尔。我们的磅就与那时的米纳相同，只是引进这种计量单位后，我们给它改了名字。

在希纳尔平原的中央地区，巴比伦人建起了一座高塔，高达300多英尺，底部的周长为300英尺。因为巴比伦没有石头，所以这座塔是用砖块建成的，表面由经过烧制的砖块砌成，足以抵御风吹日晒。就整体而言，这座高塔呈正方体形，塔身从下往上不断地变窄。塔前面有三段阶梯，大约有150英尺，并在高塔的入口处汇合，而入口处几乎建在了塔前部的半腰处。塔的顶部是一个方形的庙宇，前面有一个露天的厅堂，后面则用来供奉神灵。人们将这种建在塔顶的庙宇称为“塔庙”。尼普尔的塔庙是第一座塔庙，是恩利尔神的祭坛，恩利尔是大气神，在苏美尔享有至高无上的崇高地位。因此，在苏美尔人心中，这座塔庙是神圣不可侵犯的，所有的苏美尔部落都对这座塔庙心怀敬意。进入巴比伦尼亚平原前，苏美尔人长期住在山里，对于山中的一切都了如指掌，而进入平原后，他们还试图模仿山的样子来建造圣坛，以此来表达对大气神的虔诚与崇拜。在这种想法的驱使下，兴建了尼普尔的第一座塔庙。后来，这种思想又相继被其他城市接受，于是，塔庙在整个巴比伦平原上风靡一时。至今，希伯来人之间还流传着有关巴比伦塔的神话故事。气势恢宏的巴比伦塔代表着一种全新的建筑观念，为建筑艺术灌入了新鲜血液，后来的教堂尖顶就是受其启发演变而来的。

塔庙周围有一系列附属建筑，包括贮藏室和神庙事务的办公室等。为了避免神庙受到干扰，四周高高的围墙将塔庙及其附属的建筑物与城市隔开了。僧侣管理着这座神庙，他们特别富有，掌管着塔庙的土地和财富，还有一些抄写员作为他们的助手。国王或者城市的统治者也是僧侣出身，他们的地位比僧侣高，被人们称为“帕泰西”。这些帕泰西很忙碌，既要负责神庙事务，又要治理城市社区。

农民常常去神庙，在祭坛上供奉自己的贡品。贡品主要是山羊，还有水罐，水罐里还插着几支棕榈树枝，这样的水罐象征着土地的繁荣。大部分情况下，农民的祈祷都围绕着土地，他们祈求河水上涨，能润泽土地；也祈求土地能永远肥沃，永葆丰收。后来，这些插着棕榈树枝的水罐逐渐演变为“生命之树”，在希纳尔地区的各种遗迹中时常可以发现这种象征符号。朝圣者祭拜土地神、空气神、天空神和海神，祈求神灵保佑他们，不要遭受洪水的危害；也祈求能风调雨顺，大获丰收。他们的父辈曾教导他们，正是因为神灵们的放任，河水才会泛滥，他们的土地才被吞噬，他们才蒙受了巨大的灾难。于是他们从小就形成了对洪水的忧患意识，后来的希伯来人也继承了这种意识。

在宗教方面还有一点值得注意，那就是苏美尔人的丧葬方式不同于埃及人。苏美尔人死后，就直接埋在城里，甚至埋在自家的庭院里或房间的地板下。苏美尔人死后，既没有墓穴，也没有棺材，更没有能带去另一个世界享用的大量的陪葬品。对苏美尔人而言，死后的世界在地下，那是一个黑暗而肮脏的地方。无论生前高低贵贱，人们死后，都要去往那个污浊的世界。正如我们所知，埃及人很重视墓葬，一般情况下，坟墓里都有大量做工考究的陪葬品。埃及的墓葬对研究古埃及的历史有着重大意义，然而，在巴比伦我们却找不到这样的陪葬品。

塔庙的围墙外面，一墙之隔的地方就是市民的房屋，这些民房从塔庙的围墙外向四周延展。大部分的民房是长方形建筑，用晒制的砖块建成。每座房屋的北面都有一个庭院，庭院南侧是一间主屋，从主屋可以通往各个房间。最初，这个城镇只有几百英尺宽，后来不断扩张。大部分城镇建在人工堆成的山包上，这一点对我们今天的研究很有用。

对整个古代世界而言，晒制的砖块都是主要的建筑材料，今天的东方，许多普通民房的墙壁也是砖块垒成的。但是，这种砖块砌成的墙面并不能抵挡风吹日晒，随着时间的推移，大部分最终都会坍塌。因此，每当暴雨来袭，总有古屋倒下。即使对现代人来说，如果房屋倒塌了，唯一的办法也是将倒塌的房屋铲平，再在原地盖一间房屋。这种方式延续了数千年，耶稣曾在预言中描述过这种房屋坍塌的情景（《马太福音》七，27）。许多年过去了，村庄被坍塌的房屋垒成了一个大的垃圾堆，而城镇就建在垃圾堆上。

如今，这些古代的人造沙包上还残存着东方古代城镇的遗迹。这种山包在那些古老的国家随处可见，特洛伊、巴勒斯坦境内的耶利哥、哈密吉多顿或美吉多，以及埃及的安利芬坦都可以看到它们的身影。同样，如今的巴比伦尼亚也遍布着这种山包。然而，这些山包早就被遗弃了，徒留一片荒凉。

那个时代，泥板也很常见，被人们用来记录家务、写信、记账、开具收据、写便条等等。房屋倒塌后，泥板被压在了下面，所以，现在许多山包里还埋着泥板。那些掩埋在庙宇或公共建筑的废墟中的文件记录了政府许多重要的事务；而那些掩埋在统治者的住宅或办公室的泥板则大部分记录着战争或征服他国的战绩。有时候，统治者还会将自己修建的建筑物、获得的胜利或者其他的辉煌成就刻在泥板上，埋在某处建筑物的地基下面，留给后来的统治者们自己去发掘。除了文字记录之外，还有许多雕刻品、艺术品、家用物品埋藏在山包里，虽然这些建筑物的废墟不能像埃及遗迹那样，为我们展示那段逝去的古老历史，但是，这些山包仍然是大型的文物仓库，其中内容包罗万象，古巴比伦伟大的文明就寄存于此。下面，我们不妨来追溯一下这段历史。

苏美尔人的石雕作品掩埋在山包的最底层，这些作品大约创造于公元前3000年，那时，他们刚开始进行石雕创作，因此作品也略显粗陋、幼稚。后来，个人图章逐渐发展成为日常交往中不可或缺的信物印记，因此，石刻艺术也得到了大力发展。从在石头上雕刻图章到在石头上绘制各种小型的图案，雕刻艺术迅速发展，而那些长于雕刻的工匠们则被称为宝石工，早期苏美尔的宝石工很快就成为古代东方世界这一行业内技艺最高超的工匠。很大程度上，这些宝石工的创作也对我们的装饰艺术产生了影响，时至今日，我们仍能看到这种工艺。苏美尔人不仅创造了石刻艺术，还能在金属制品上进行雕刻，许多精美的金属制品就诞生于他们手中。

曾经的古巴比伦城如此喧嚣而繁华，如今却沉寂于沙丘之下。我们只能依靠残存的遗迹与泥板上留下的古老文字来追忆那段遥远的岁月和那时的城市生活。通过最早的泥板，我们发现了一个自由民阶级，这个阶级居住在城里，有自己的土地，还有大批的奴隶为他们耕种，甚至与沙漠中的商队以及河上的船只进行频繁的自由贸易。他们日复一日地过着闲适而惬意的生活。官吏和僧侣的地位比自由民更高，他们是城里的贵族阶级，在城市周围拥有几英里的土地。当他们聚在一起时，就形成了一个被称之为城邦的社会。因此，该地区最早的文明阶段名为“苏美尔城邦时代”。目前，我们尚未掌握最古老的巴比伦文献的确切日期[①]，因此，也没能确认这一时代的起始日期。但通过那些巴比伦早期文献，我们得知，苏美尔城邦时代可能可以追溯到公元前32世纪。我们所有的文献都来自乌尔，这是巴比伦尼亚历史上最早的城邦之一。乌尔曾有一位名为安尼帕达的国王，还有一块安尼帕达时代的石碑竖立在乌尔城外郊区的一间庙宇中，这块石碑可以追溯到公元前31世纪，上面的碑文是迄今为止所发现的最早的亚洲的皇家记录。这一城邦时代一直延续到公元前27或28世纪，持续了长达几百年的时间。

苏美尔城邦在当时的一众城邦中处于领先地位，南部许多城邦联合起来，组成了一个城邦群，占据了苏美尔地区。这些城邦群沿着幼发拉底河分布，后来，那些掩埋着城邦废墟的山包也逐渐形成了一条蜿蜒曲折的曲线。虽然那些城邦贵族不断压榨百姓，征收重税，还推行不平等的政治制度，但并不能因此抹杀掉帕泰西作为统治者的历史功绩。包括战争和水利灌溉在内的许多城市中的重要事务都需要由帕泰西统一管理。灌渠和堤坝需要不断地维护和修缮，这种护理一旦中断了，就会损害灌溉系统，水源也将被切断，农田也得不到有效的灌溉，这样一来，农民们就不能播种，也不能收获了。这种情况下，整个城邦都将面临饥饿的威胁。我们在墓穴的绘

① 近期（这里指20世纪30年代——编者注），发现了一份新的朝代表，于是，人们果断放弃了以前那种天文计算的方法。这份朝代表将从前盛行的有关早期巴比伦历史年代的考证全盘否定。有两种系统用来计算早期巴比伦的历史年代，两者之间存在120年的时间差。下面是早期的年代系，这些年代都可以减去120年：克伊斯最早的统治与最早的苏美尔君主文献可能都出现在公元前32世纪以前（或120年后）。苏美尔早期城邦国家可能在公元前2773年（或120年后）结束。阿卡德的萨尔贡王朝是闪米特人最早的辉煌时代，从公元前2772年持续至公元前2576年（或120年后）。萨尔贡一世的在位时间约为公元前2772年到公元前2717年（或120年后）之间的56或55年。苏美尔与阿卡德王国与第一巴比伦王朝的年代有重合部分，从公元前2418年持续到公元前2083年（或120年后）。闪米特人的第二个辉煌时代是第一巴比伦王朝，历经了公元前2169年到公元前1870年（或120年后）之间的三个世纪。汉谟拉比执政期间是早期巴比伦文明的巅峰时代，从公元前2067年持续到公元前2025年（或120年后）之间，总计43年。随着赫梯人和卡塞特人入侵，巴比伦文明的第一个伟大时代结束，大约从公元前2000年持续到公元前1900年之间（或120年后）。

画中可以了解许多战争的情况，大部分城市的统治者都会亲自率领军队，冲锋陷阵。那时，许多城邦统治者都骁勇善战，战士们在其率领下，也都士气高昂。他们头戴着帽盔，身穿盔甲，一手持枪，一手挽盾，排成方阵，威风凛凛地向敌军挺进。尼罗河畔孕育了最早的高度发达的和平艺术，而苏美尔人创造了人类历史上最古老且高度发达的战争艺术。一旦他们发现邻邦企图入侵他们的土地，哪怕是微不足道的信号，他们也会迅速采取行动，自发地在帕泰西身边聚集起来，发誓要追随他一起冲锋陷阵，坚决抵御入侵者，直到将敌人从自己的领地赶走。城邦之间的领土争端从未停止过，因此，在公元前28世纪前的几百年的岁月里，苏美尔的早期历史就是一部城邦斗争史。

虽然苏美尔各城邦之间的领土争端无休无止，然而，在特殊的时期，各个城邦也会联合起来，一起对抗外敌。很早之前，沙漠中的闪米特游牧部落就在苏美尔北部一个名为阿卡德的地区定居下来了，因此，巴比伦尼亚最早的闪米特人被称为阿卡德人。阿卡德最古老的城市是克伊斯，位于两河靠得最近的地方，是古代从两河前往东部山区的必经之路。作为一座古城，克伊斯培育了一系列皇族和王朝，在巴比伦尼亚的历史上占据着重要地位。最初，阿卡德人是沙漠中的游牧民族，他们不懂战略战术，也不会制定作战计划，而他们的敌人苏美尔人的战斗力却很强。战争中，阿卡德人主要的武器是弓箭，因为他们对近距离作战感到恐惧，所以练就了一身高超的射箭本领。随着敌军越靠越近，不能再射箭，他们的队形就会散开，与敌军展开肉搏战。然而，他们的队形十分松散，根本不能与苏美尔严密的方阵匹敌，因此常常战败。那时，阿卡德闪米特游牧民族定居在希纳尔平原的北部，来自高地的苏美尔人则在南部，这两个民族水火不容，时常交战。但是，他们之间的斗争不过是肥沃新月上游牧民与高地人之间各种斗争中的一种而已。

萨尔贡时代：闪米特人首创盛世

公元前24世纪的上半叶，一位名为萨尔贡的闪米特首领在阿卡德降生。

他不仅骁勇善战，还颇具组织才能，在他的率领下，一个战斗力很强的队伍将苏美尔严密的长矛方阵冲散了。后来，萨尔贡主宰了希纳尔平原，打败了原来的苏美尔王，占领了两河河口的城镇，而城民们也都成了他的子民。然后，英勇的阿卡德弓箭手在他的率领下，从东部的伊拉姆山口向西出发，溯幼发拉底河而上，直抵地中海海岸。当时，埃及正处于繁盛时期，埃及法老的舰队时常在腓尼基城的港口靠岸。我们相信，如果能找到一些当时留存下来的泥板，一定能在其中发现一些幼发拉底河君主与尼罗河君主之间的信件往来。这时，尼罗河统治者正处于伟大的吉萨金字塔时代。作为闪米特民族史上第一位杰出的领袖，萨尔贡当之无愧，他也是第一位在西亚建立国家的统治者。虽然他从不四处侵犯，胡作非为，肆意扩张领土，然而，他的威严时时刻刻都震慑着四方。他的影响力从东部的伊拉姆持续到西部的地中海，甚至影响着北部的两河流域。萨尔贡的后代们继承了他的事业，从公元前 2717 年至公元前 2576 年，在征服异邦的历史上谱写了新的篇章。其中，纳拉姆辛的功勋最为显著。

一路追随萨尔贡东征西伐，阿卡德游牧部落的生活也发生了深刻的变化。首先，这些牧民早已习惯了游牧生活，却不得不放弃从前游居的生活方式，寻找一片合适的地方定居下来，他们抛弃了帐篷，搭建起砖房，从此告别了四处漂泊的生活。其次，他们有了自己的文字，最初，这些游牧部落没有任何文字记录，也没有工业。而这时，他们当中有些人学会了用苏美尔的楔形符号来书写闪米特语，闪米特语第一次以文字形式表现出来。此外，在此之前，这些游牧者并没有管理定居社区事务和政府事务的任何经验，而他们现在积极地向苏美尔人学习，还采用了苏美尔的日历、度量衡、数字系统和行政管理方法。除了战争之术外，他们还掌握了和平之道。在作战时，这些从前的牧民学会了用皮革和铜制成的头盔来自保。一个头盔约两磅重，戴上头盔，可以避免作战时头部受伤。纵观人类战争史，金属头盔乃是用金属来保护身体的创举。后来，装有钢甲的战舰和炮塔也在战争中出现了，当然，这已经是现代了。

除了上文提及的文明进步之外，阿卡德人还掌握了雕刻艺术，而且他们的成就很快就超越了他们的苏美尔老师。在他们众多雕刻作品中，闪米特人创作的第一件伟大的艺术品纳拉姆辛浮雕是最出色的。这幅作品甚至完全可以列入早期世界真正的艺术成就之中。阿卡德人如此聪明能干，在他们的推动下，苏美尔图章艺术臻于完美。

就像英格兰诺曼人和英格兰人逐渐融合一样，沙漠中的闪米特人与巴比伦平原上的非闪米特人也相互融合，逐渐成为一个整体。此前，幼发拉底河畔的各城镇中只有苏美尔市民，他们留着短发，脸部刮得干干净净，还光着脚；而现在，这里随处可见阿卡德闪米特人，他们皮肤黝黑，留着胡须和长发，还穿着鞋。随着他们的出现，幼发拉底河地区的城镇增添了新的活力。挽着弯弓、留着胡须的闪米特人与衣着整洁、持矛挽盾的苏美尔人并肩作战。在足智多谋的苏美尔人的帮助下，闪米特贵族们才避免了陷入艰难境地的厄运。我们时常发现，那些国王的兄弟身侧常站着闪米特的随从，而与随从并肩而站的则是衣着整洁的苏美尔书吏。

新月联盟：苏美尔人与闪米特人的融合

在城市定居下来后，阿卡德闪米特人与萨尔贡的军队逐渐衰落，而南部的苏美尔城邦再次兴起，重新占据了国家的主导权。公元前2400年，该地区形成了以古城乌尔为首，三个苏美尔古城轮流执政的局面。从此，阿卡德闪米特人为希纳尔平原所接纳，成为这个统一国家的一部分。于是，希纳尔平原上第一个统一的国家“苏美尔与阿卡德”诞生了，这个国家的国王以“苏阿国王”自居，由苏美尔人和闪米特人轮番出任国王。这个新统一的苏美尔与阿卡德联邦并未留下任何宏伟建筑或其他辉煌的成就，但是，它却存在了长达三个世纪。

文学第一次在亚洲兴起，那时，人们最经常思考的是生死问题，他们一直希望解开生与死的谜题。通过一些流传下来的故事，我们可以发现，两河流域的人们已经尝试着解答这一自然难题。他们创作了牧羊人伊塔纳的历险故事，伊塔纳的羊群患有不孕不育症，为了让羊群繁衍生息，他必须找到生命之源的草药。于是，他坐在一只老鹰的背上，飞向长空，四处寻觅，然而，他即将接近目标时却突然跌落。这是历史上最早的与飞天有关的故事。

渔夫阿达帕的故事也同样源于人们对生与死的困惑。传说中，渔夫阿达帕正泛舟于水面，他的渔船突然间被南风女神掀翻了，他十分愤怒，冲动地上前去折断了女神的翅膀。于是，天神传召了他。他在天神的宝座前接受了训斥。最终，天神消气了，送给了他面包和水。如果当时阿达帕接受了这些来自天神的馈赠，那么，他将永远不必再面对死亡的威胁，获得永生。然而，他警惕性太高，怀疑那些食物有问题，他选择了拒绝天神的面包和水。这样一来，渔夫阿达帕连累了全人类，最终丧失了获得永生的机会。

还有一个故事是关于大英雄基尔噶米斯的。这位英雄一生多次立下汗马功劳，还经历了许多冒险与奇遇。他渴望获得永生，但最终他与阿达帕一样，与永生失之交臂。这些故事中，有一位英雄真的获得了永生。传说中，当时洪水泛滥，生灵涂炭，这位英雄和他的妻子乘坐在一艘大船上，免受劫难。神灵对他们满怀怜悯，将他们带去了极乐世界。当然，这不过是一个传说，是当时人们的理想，并不是事实。即使是苏阿国王也未能到达彼岸，进入极乐世界，普通百姓就更别提了。这些故事还有一些是关于创世记和大洪水的，时至今日，希伯来人之间还广泛流传着这些故事。

这些故事的来源是苏美尔人和闪米特人的日常生活，因此，这些故事以两种语言形式在民间流传着。在当时的人们看来，苏美尔语更神圣，人们将其作为一种神圣语言来使用，这与在罗马加尔文教堂里使用拉丁语很相似。公元前 23 世纪，古老的苏美尔城迅速衰落，之后，苏美尔语也逐渐失去了地位。不过，之后几个世纪里，虽然人们不再将苏美尔语作为口语，但仍用它来书写宗教故事。

总体而言，“苏拉国王”时期，有如下几个特征：大约从公元前 2418 年开始，处于乌尔城统治之下，这片地区一派繁荣；此后，乌尔的敌人占据了这里三百多年，闪米特国王们统治者苏美尔和阿卡德，局势动荡，矛盾日益尖锐，整个社会都逐渐衰颓。纵观希纳尔平原的文明史，苏阿国王时期极为重要。该地区最鲜明的商业特征也是在这一时期的文化基础上形成的，同样，这一时期所形成的许多文化特征都保留下来了，法律、商务形式、习俗、语言、文字以及其他许多文化要素都臻于成熟，并被苏美尔和阿卡德时代的人们广为接受。

汉谟拉比统治下的巴比伦尼亚

苏美尔和阿卡德的首领们迅速陨落，另一支闪米特部落开始向幼发拉底河流域挺进，就像昔日的阿卡德人在萨尔贡的率领下从高地入主平川一样。这支部落是叙利亚闪米特亚摩利人，他们来自地中海海岸。公元前2200年后，经过一代人的努力，这支闪米特新部落终于占领了巴比伦，当时，巴比伦只是幼发拉底河畔一个偏僻的小镇。随后，巴比伦亚摩利的首领四处征伐，开始了征服和统治苏美尔与阿卡德的漫漫征途。

在长达一个世纪的争夺后，巴比伦尼亚的亚摩利人终于迎来了他们的第六位首领——汉谟拉比，他的统治从公元前2067年持续到公元前2025年。汉谟拉比率领着大军，即将攻克苏美尔城，遇上了骁勇善战的伊拉姆人。这些伊拉姆人来自东部山地，与汉谟拉比展开了争夺苏美尔城的战争，这一场战争持续了30多年。最终，汉谟拉比获胜，将伊拉姆人从苏美尔城赶走了。返回巴比伦城之后，汉谟拉比将这座城市首次推上了至高无上的地位，他将这里作为都城。从时间上来看，直到公元前21世纪，巴比伦才最终获得了统治地位。因为巴比伦在历史上至高的权力和影响力，这一地区被命名为巴比伦尼亚。

汉谟拉比统治的王国持续了12年，比起历代国王，无论是战争年代或是和平年代，汉谟拉比都堪称是伟大而杰出的首领。如果说萨尔贡是第一位伟大的闪米特领袖，那么，汉谟拉比就是当之无愧的第二位。剃须既是闪米特人的特征，又是沙漠游牧部落的传统。和萨尔贡的先辈们一样，汉谟拉比的上唇也剃得干干净净。几代以前，汉谟拉比的先辈们还漫游在沙漠里，而汉谟拉比却在短短的时间里缔造了他们难以想象的功勋，他的威名在巴比伦王国的每个城镇里传播着。

在汉谟拉比的统治下，这个王国建立起了前所未有的秩序与体制，通过这位伟大的国王留下来的一封书信与一块刻着法律的石碑，我们可以更加了解他的辉煌功绩和独特的个性。

通过汉谟拉比的书信，我们可以间接了解这位东方统治者的工作与日常生活。他时常端坐在巴比伦宫廷里的行政办公室里，奋笔疾书，埋头处理着各种国家事务，一位苏美尔书吏站在一旁。可以想象，即使他已经统治了苏美尔的各个城邦，但他仍时不时向各地官员下达指令。他简洁明了地向身边的秘书下达口令；然后，那位苏美尔秘书从腰带上的皮带里掏出来一支芦苇尖笔，用楔形在泥板上飞快地记录着。写完后，他取出一层干土粉，撒在湿软的泥板上，这样一来，泥土的信皮就不会黏在信上了。然后，他将地址写在松软的泥土信皮上，再让人拿去烘烤，这样泥板信就制成了。那时，人们已经学会熟练地包装信件了。

有信使不断将这样制成的信件送到宫廷，这些信件都是来自官员的汇报或请示。苏美尔书吏是汉谟拉比的心腹，一直站在他身侧，他在国王面前将干硬的泥信皮敲碎，为国王念信件的内容，国王会快速地口头批复，他则将这些内容飞速记录下来。一次，乌尔城和拉尔斯城之间的幼发拉底河道被洪水堵塞了，阻碍了船只的通行，于是，国王在批复中责令拉尔斯的官员迅速疏通河道，以确保航运通畅。

也许是出于游牧者的天性，汉谟拉比一直对羊群怀有浓厚的兴趣。当春天来临时，羊群该剃毛了，他将官员们召集到巴比伦来，一同庆祝“剪毛日”。于是，为羊群剃毛的日子成为了一年一度的狂欢日。当时，立法与季节会之间有冲突，按照年历，有的年份有一个月的时间差。国王对这一情况很重视，他告诉所有官员，“如果一年的时间不足，那就将开始的这个月记为第二个月的伊洛尔吧”。

但是，汉谟拉比也时常警告那些税务官，让他们认真负责，即使中间插入了一个月，也不能将下个月应该收缴的税赋延迟，并告诫他们不能贪污受贿，否则将受到严惩。我们不难想象那样的画面，国王勃然大怒，下达命令逮捕宫廷门口的三名官吏。看到国王威严的神情，他们的腿都吓软了。国王时常严厉地警告拉尔斯的官吏们，让他们恪尽职守，提高工作效率。

那时，最早的诉讼程序已经形成了，如果案件没有得到地方法官的公正处理，人们可以去国王面前申诉。他们相信，国王会为他们伸张正义，做出公正的裁决。他们对此深信不疑，而国王也没有让他们失望。国王热衷于宗教性的宴会，这种热情丝毫不亚于他对主持公道的关注。一次，神庙的面包师卷入了一件重要的诉讼案中，当他接受审查时，他突然接到指令，必须立即赶往乌尔城，为即将举办的宗教宴会服务。于是，国王特意颁发了谕旨，将面包师的诉讼推迟了，以便让他迅速赶往乌尔城，去那里尽一个面包师的职责。我们由此可以发现，汉谟拉比很重视宗教宴会，在他口授的书信中，有许多关于神庙财产和管理的内容，这也间接反映了他对宗教的虔诚与热切。

汉谟拉比精力旺盛，才华出众，对国家的大小事务都很熟悉。他发现国家现行的法律和商务习惯过于冗杂，常常出现互相矛盾的情况。他认为当务之急是归纳与整理现行的所有法令法规，整合得到一部统一的国家法律。于是，他下令搜集那些古老的法律文书、商务与社会生活惯例，进行系统的归纳与整理，然后他再判断是否增减内容，最终进行编订，得到一部宏大的法典。不同于一些古老的用苏美尔语写成的法律文本，这部法典用阿卡德和亚摩利的闪米特语编成。该法典编完后，汉谟拉比命人将它刻在一根大的石柱上，还让人在石柱上端刻上了太阳神将法典交到他手中的场景。然后，这根巨大的石柱被立在了巴比伦伟大的马杜克神庙中。那根刻着《汉谟拉比法典》的石柱至今保存完好，是迄今为止所发现的最古老的法典。

根据《汉谟拉比法典》，寡妇、孤儿和穷人等弱势群体的正当权益应该受到维护与保障。当然，这部法典中有一些条例还比较保守，也不成熟。《汉谟拉比法典》最显著的特征就是主张“以眼还眼，以牙还牙”，在这一原则的指导下，对犯罪的惩罚就依照他对别人造成的伤害的程度来确定，换言之，罪犯对别人做了什么，法律对他施加相同的伤害。这种方式必然会导致某些非正义的结果，比如，建筑工没有确保某座房子的建筑质量，因此，房屋倒塌了，房主的儿子被压死了，根据法律规定，就必须杀死建筑工的儿子。这样一来，建筑工的儿子虽然无辜，却仍会被处死，这是极其不公正的。此外，汉谟拉比法典还详细地规定了男女之间的婚姻关系，男女的婚姻关系必须办理正式的法律手续，双方签订婚约后才能生效。与埃及一样，早期的巴比伦王国的妇女享有一定的权力，可以依据自身能力选择工作，甚至还能成为一名职业书记员，但前提是她们必须先在学校里接受培训。

因为统一而规范的法律，巴比伦社会获得了前所未有的繁荣。农业仍是巴比伦社会生产的主体，最主要的农作物是谷物和枣类。此外，巴比伦人还拥有大批的牛和羊，他们的羊毛业和皮革业也得到了大力发展。羊毛制成的服饰在西亚很流行，因此，羊毛纺织业成为一项极为重要的工业。那时，黄铜被青铜取代了，青铜器皿的制造开始迅猛发展。在一则文献中还提到了铁，但当时这种金属仍十分稀少，并未在工业中占据重要地位。大约在汉谟拉比时代后的1000年，人们才开始广泛使用铁这种金属。

巴比伦的边疆驻扎着一支常备军，以确保国家的安全。巴比伦的商人们带着毛驴商队自由而缓慢地穿行于各城镇之间，安安稳稳地做着买卖，商贸活动甚至扩散到了很偏远的社区。这些商人常年穿行于幼发拉底河上游一带，随着商贸的发展，这里出现了一个名为哈拉的城镇。哈拉源自巴比伦词“kharanu”，意思是“旅行”。在哈拉，许多人家的庭院里都堆着高高的货包，已经捆绑好了，上面还附有印着商人名称的泥章。打开货包后，这些泥章就会脱落，因此，巴比伦城的废物堆里高高地堆积着这种泥章。如今，人们在废墟中发掘出大量泥章，一面是商人的名字，另一面则是打包时留下的清晰痕迹。

在叙利亚，各城镇当地的商人都能轻松识别货包上的图章与泥板上的账单，在当时，这是一种人人认可的贸易方式，这种方式能让山地的商务往来更便捷。随着这种商务往来与日俱增，巴比伦楔形文字也在西亚广泛地传播，甚至连叙利亚的商人也开始在泥板上签单写信了。汉谟拉比的商业深刻地影响着西方，他死后，希伯来时代的叙利亚和巴勒斯坦地区的人们对他称赞有加。虽然巴比伦人的力量逐渐强大，甚至在某些地方成为“统治者”，但受宗教的影响，神庙才是商业真正的主导者。神庙资产雄厚，自然而然地成为商业中心。像今天的银行一样，神庙可以对外贷款，经销商品，还有大片的土地。那时，还没有用金属铸造的货币，但分量固定的银块已经出现了。因此，就用银子的重量来衡量商品的价值。那时的重量单位是“谢克尔”。当你询问商人一头公牛的价值时，你应该问，它值多少“谢克尔”的银子。当时，借贷很普遍，但是利率很高，年利率高达20%，借贷者可以分期偿还，每月还一次。当时还不常使用金子，因为金的价格是银的15倍，太过昂贵。

商业在巴比伦的日常生活中占主导地位，商业利益甚至还影响到了宗教。上文已经提及，神庙在商业活动中占据着主导地位，但是，我们都知道，宗教从不会维护穷人和下等人的利益，更不会支持穷人反抗富人或强权政治。因此，那些神庙各种仪式中的祈祷者，大部分都是一些心怀罪恶或羞愧的人。宗教的好处在于，它能让人们从神灵那里获得物质利益，还能取悦神，于是，越来越多权贵阶层开始关注宗教。

人们仍信仰着苏美尔神，然而，在巴比伦政治领袖的强迫下，他们不得不接受闪米特神马杜克，而且马杜克还取代了过去的苏美尔古神恩利尔，成为众神之王。后来，马杜克的名字开始出现于一些神话故事中，处于高高在上的地位。当时，亚洲的女爱神伊什塔尔成为巴比伦女神之首，后来，伊什塔尔横跨地中海，摇身一变，成了希腊的爱神阿美洛狄忒。

神的存在，一方面让人们在物质上得到满足，一方面让人们能预知未来。这种预知未来的活动就是占卜。占卜家就是那些从事占卜的术士。能力杰出的占卜家可以破译那些用于祭祀的绵羊肝脏上出现的神秘符号；能辨别恒星与行星的位置；能观察星座与行星的运行，从而推断神的谕旨和人的命运。因此，很多人满心热切地期待着自己即将到来的命运，并对占卜师的话深信不疑。后来，这种占卜术传到了西方，在罗马，一度十分盛行破解羊肝上的符号这类占卜活动。在巴比伦人解读星体运行轨迹的基础上，迦勒底人创造了占星术，也就是天文学的雏形。后来，希腊人开始研究占星术。此后，占星术一直保持着旺盛的生命力，流传至今。

占卜家、商务人员与政府行政人员分工合作，而且必须在学校接受专业培训。大部分巴比伦的学校设在神庙里，或者与神庙毗邻。在一所汉谟拉比时代的学校遗址中，我们看到了4000多年前学生用来练习的泥板还留在学校的地板上。这些泥板，将当时学生们漫长而艰辛的学习情景呈现在了我们眼前。他们要掌握三四百个书写符号，毋庸置疑，这是相当繁重而辛苦的学习任务。

学生们用很松软的泥板来记录，因此，随时可以用木头或石块将泥板上的书写练习擦去。他们先练习简单的楔形线，用芦苇尖笔在泥板上画上水平的、垂直的和倾斜的楔形线。当能将单独的楔形线画得整整齐齐后，就开始练习将楔形线组合起来，书写完整的楔形符号。最后，他们开始学习词汇和短语，并从古文献中摘录句子和段落。我们在已经发掘出来的校舍遗址中发现了一块书板，上面写着："擅长书写的人，会散发如太阳一般的光芒。"可见，古巴比伦人很重视文字写作，从事文字工作的人也很受人们的敬重。毫无疑问，古巴比伦的年轻人受到了这句话的极大的鼓励，也更加坚定了他们学习的意志。识字与写作是枯燥而孤独的历程，它既需要一丝不苟的态度，又需要长期不懈的坚持，在这种精神的鼓励下，那时的学生全情投入，乐此不疲。

那些伟大的艺术品与建筑物充分地展现了当时巴比伦的优越生活，但令人遗憾的是，这些作品很少留存下来。汉谟拉比城被彻底摧毁了，没有留下一楼一舍。如今，我们只能从那些残垣断壁中探寻当年发生的故事。通过这些从古山包里挖掘出来的遗迹，我们发现，当时的西亚还没有柱廊建筑，但在埃及柱廊建筑已经很普遍了。巴比伦建筑中有许多拱门建筑，是后来欧洲建筑中拱门的雏形。庙塔是早期的巴比伦最重要的建筑，但是，连一座神庙都未幸存下来，更别提庙塔了。迄今为止，我们还没有发掘出一座神庙[①]。

汉谟拉比时期，油画还没出现。刻着《汉谟拉比法典》的石柱上，有一幅浮雕，描绘了太阳神将法典授予汉谟拉比的情形（见下图）。

这件作品如此出色，让人过目难忘。石柱雕刻高贵而肃穆，但巴比伦人习惯了用衣服将自己裹起来，所以，雕刻家无法刻画人体的优美曲线，来展

①根据现在的艺术史与建筑史著作的相关记载，那些早期巴比伦神庙的图样都来自于创作者的想象。晚期巴比伦神庙已被德国探险队挖掘出来，还绘制出了复原图。

现人体的美。巴比伦人的这种穿着习惯影响了艺术雕刻的表达，甚至许多肖像画中的人物都难以辨认。图章艺术才是巴比伦时期最伟大的艺术，并在萨尔贡时期涌现了大批精妙绝伦的杰作。但辉煌如昙花一现，萨尔贡时期后，巴比伦的图章艺术迅速走向了衰落。可见，虽然巴比伦的商业得到了迅猛发展，艺术却不断地衰退。

艺术的衰退预示着巴比伦走向没落。汉谟拉比精力旺盛，才华出众，他一手创建了巴比伦王国，并为其制定了严密的制度，然而，他也逃不掉死亡的宿命，摆脱不了生老病死的自然法则。一段时间后，那些被汉谟拉比赶走的高地人再次下山，就像许久以前的苏美尔人一样，他们闯入了巴比伦平原。这支白人部落被称为卡塞特人，从其语言和体格上无从判断他们的族系。最初，他们的到来并未引起巴比伦的重视，但是，他们带来的一种新动物引起了人们的注意，他们牵着这种动物，穿梭于巴比伦的大街小巷。巴比伦人从未见过这种动物，也不知道它们的名字，于是称其为“山上的动物”。其实，这种动物就是马，马的出现影响了整个巴比伦地区。大约 4000 年前，卡塞特人将人工驯养的马带入了巴比伦这块文明之地。从出现的第一天起，马就开始在战场上和工业中扮演重要的角色[①]。

与此同时，赫梯人也从小亚细亚出发，向幼发拉底河挺进，进攻了巴比伦王国。战争开始后，巴比伦遭遇了卡塞特人与赫梯人的围攻。在巴比伦平原上，游牧部落与高地人之间展开了旷日持久的殊死之战。汉谟拉比的军队寡不敌众，全军覆没。公元前 19 世纪，来自高地的卡塞特马倌们最终赢得了战争的胜利，这也标志着古老的巴比伦文明彻底结束。卡塞特人采取的是野蛮统治，从此，巴比伦一蹶不振，并在之后漫长的 1000 年里都没有恢复过来。直到迦勒底人来到这里，这里的文明才再次兴起。

随着我们对两河流域文明史第一个重要阶段的考察不断深入，我们发现，这段文明始于公元前 3000 年城市首领时代的后半期，一直持续了近 1000 年的时间。在这段时间里，在希纳尔平原上，苏美尔的高地人为文明

① 虽然是卡塞特人将马带入巴比伦尼亚的，但有可能并不是他们驯养的。他们可能是在北方或小亚细亚通过贸易换回了马匹。在那些地方，那些使用印欧语系语言的部落很早之前就开始驯养动物。史前西欧的马车道可能要晚于这个时间。埃及在公元前 1700 年前后也出现了马，大约比巴比伦尼亚晚了 300 年。

打下了坚实的根基。苏美尔人与沙漠中的闪米特人一直在做斗争，虽然后来这两个民族结盟并实现了融合，但闪米特人还是成为最后的赢家。在萨尔贡（公元前 28 世纪）和汉谟拉比（死于公元前 2025 年[①]）两位伟大领袖的带领下，闪米特人获得了两次至关重要的胜利。在闪米特的强势影响下，苏美尔语消失了，闪米特语崛起并成为巴比伦的通用语。汉谟拉比时代，艺术不断衰落，但巴比伦文明却攀上了巅峰。随着汉谟拉比时代的终结，持续一千年的文明历程也就此结束，两河流域第一段伟大的历史画上了句号。接下来，我们要像考察尼罗河那样，追溯而上，考察两河流域历史上的第二个重要阶段。

① 也有可能是死于 120 年后。

第四章　亚述与迦勒底

早期的亚述和它的敌人

我们从巴比伦出发，沿幼发拉底河与底格里斯河一路直上，抵达位于东北角的沙漠湾，我们将在这里细细阅读两河历史的第二个篇章。在这里，东边是底格里斯河，西边和南边是沙漠边上的一块高地，易守难攻。当时，希纳尔平原上的城里人对这块高地的特别之处并不了解，他们只知道那个地方叫作亚述，后来，这片地方被他们称为亚述国。

亚述位于肥沃新月边缘上的高原带南坡，比起巴比伦平原，这里的气候凉爽许多。在亚述东部和北部的山中，延绵分布着许多肥沃的山谷，亚述的竞争者们早早在这里建造了城镇。山里的岩岬有石灰石、雪花石膏，还有其他坚硬石材，可以开发采石场；因此，亚述的建筑与巴比伦的建筑千差万别。巴比伦绝大部分建筑是土砖砌成的，少有石头建筑；而亚述石材众多，石头是最主要的建筑材料。东部河谷的草地上分布着大大小小的麦田，一阵风吹过，随着风，那一片绿色形成了碧浪；一群群牛羊漫步于绿色的山坡上，富饶、安逸、生机盎然。最初马还没有出现时，和巴比伦一样，毛驴是这里最主要的驮运动物。农业人口是这片土地上的主导，极少有人从事工业生产，他们也不会像南部近邻那样，四处奔走，从事商贸活动，这与巴比伦截然不同。

公元前 3000 年，一支闪米特游牧部落从沙漠湾出发，来到了亚述，和与他们同宗的阿卡德人在希纳尔平原上定居下来一样，他们在亚述定居了下来。和巴比伦人一样，这个部落也说闪米特语。亚述方言与巴比伦方言近似，还没有德国不同地区间的方言的区别大。和南方的苏美尔人一样，亚述人建立了一个小小的城邦，并保持着与苏美尔城邦的密切往来。他们还从苏美尔人那儿引入了许多他们原本没有的东西，比如雕刻艺术、文字、历法等文明成果。还有一部分苏美尔人住在亚述人的城镇中。

虽然早期的亚述文明起源于南方，但这座小城邦后来也受到了北部和西部地区的影响。小亚细亚北部的赫梯族一直将亚述视为敌人，而他们中间有的赫梯人已经来到两河流域。赫梯贵族相继统治过亚述，后来，萨尔贡、汉谟拉比和其他巴比伦贵族统治者又先后统治过亚述。萨尔贡之后的一千多年间，亚述人遭受南北夹击，只能将自己武装起来，誓死捍卫边疆。在纷飞战火的锤炼下，他们越发刚强，同时也将马匹和战车运用于战争中，这使他们的战斗力进一步加强。之后，亚述国王开始向西扩张，公元前 1300 年，亚述人将幼发拉底河的赫梯人赶走。同时，他们向南部的底格里斯河挺进。亚述人的势力盛极一时，甚至一度征服了巴比伦尼亚，成为那里的霸主。此前，亚述一直不敌巴比伦尼亚，但当时，东部的卡塞特人已经掌控了巴比伦尼亚的命运。这些半开化的卡塞特人将马匹带到了巴比伦尼亚，巴比伦尼亚也随之被推向了堕落的深渊之中。

当时，亚述有点类似俄国的缩小版，还只是一个内陆强国。如果想统治整个西亚，亚述的当务之急就是打开通往地中海的道路。但当时地中海海岸上活跃着一支新的敌对势力，那就是腓尼基人，他们的祖先是闪米特游牧人，如今腓尼基城邦富甲一方，它就是在闪米特人从前在地中海湾建立的城镇基础上兴盛起来的。这些腓尼基城邦的海运条件得天独厚，商业也获得了高度发展，毫无疑问，他们是亚述西进道路上不能忽略的绊脚石。这时，还有一些闪米特游牧部落离开沙漠湾，在公元前 1400 年攻占了地中海西岸，夺取了巴勒斯坦和叙利亚，这与亚述人当年在亚述的所作所为如出一辙。希伯来人占领了巴勒斯坦，在他们的北面，阿拉米人[①]（或叙利亚人）攻占了叙利亚，并迅速占领了肥沃新月的西端，这意味着他们将亚述和地中海之间的联系彻底阻断了。公元前 1200 年，阿拉米人在西部建立了一系列大大小小的王国，在赫梯文明和埃及文明的影响下，这些王国十分繁华。这些叙利亚王国的国王们兴建了繁华的都城，城里耸立着金碧辉煌的王宫。这些王国中最强大的就是大马士革。

阿拉米商人精力旺盛，生意越做越大，他们贸易的范围散向四面八方，

① 阿拉米人又称叙利亚人，叙利亚位于巴勒斯坦的北部。

远远超越了边界。阿拉米的商队沿着沙漠湾的边缘不断前行，抵达了遥远的底格里斯河的源头，并最终将整个西亚市场掌握在了手中。人们在尼尼微城的遗迹中发现了许多阿拉米商人遗留下来的青铜秤砣，这说明，曾有许多阿拉米商人活跃在亚述的市场上。虽然当时阿拉米还没有形成一个统一的国家，但就像与其同宗同族的现代犹太人一样，他们是那个时代的商业翘楚。

阿拉米人已进入高度开化的阶段，公元前1000年，他们就从腓尼基人那里引进了字母文字，并将其广泛应用于日常生活中。据说，这种字母文字是最古老的字母文字系统。此外，阿拉米人还从埃及引入了纸和笔，这是字母文字重要的书写工具，只有这两种工具才能方便地书写新的字母文字。就像早期巴比伦商人将楔形泥板在西亚传播开来，在西亚各地进行商业贸易时，阿拉米商人也通过账单和收据等方式将他们的字母文字传遍各个地区。比起楔形符号，这种字母符号更便于书写，楔形符号的地位也因此受到了挑战，从此不再受到人们的重视。腓尼基－阿拉米字母沿着幼发拉底河而下，传播到了波斯和亚洲内陆腹地，最后传入了东印度，几乎传遍了整个西亚。随着阿拉米商人的行动，这种东方字母广而传播。印度的梵文字母就是以这种字母为原型演变而成的，而印度以西那些文明地区的字母也多是以这种字母为原本。同时，随着阿拉米商人的商业活动范围的扩大，他们的语言也得以传播，阿拉米语逐渐在沙漠湾地区普及，最后各地的亚述人中讲阿拉米语的人比讲亚述语的人更多。在一些亚述建筑的废墟中，人们发现了一种亚述文泥板，上面记着阿拉米语的便函，因为当时阿拉米人收到用亚述语记录着各种商业信息的楔形文板，读罢，他们会写上一个便笺，他们为了图方便，就拿出笔，在阿拉米语的原板上写。可见，亚述语和阿拉米语是当时公共事务中的两种通用语言。还有一些阿拉米人在政府中任职，于是，一种有趣的现象出现了：在同一间办公室中，那些亚述帝国的阿拉米官员用蘸水笔在莎草纸上书写，而亚述官员却用尖笔在泥板上刻画。

最后，包括巴勒斯坦的希伯来语在内的其他语言都被阿拉米语取代了，成为整个肥沃新月的通用语言。与阿拉米语类似，希伯来语可以说是它的姊妹语言，很久以后，耶稣和其他巴勒斯坦的希伯来人依然使用这种语言。后来，在伟大的泽诺比的领导下，阿拉米商人在帕尔梅建立了一支实力强大的沙漠大军，他们不断入侵罗马帝国，这让罗马皇帝大为光火。比起亚述军事帝国对后世的影响，阿拉米商业文明产生了更巨大更深刻的影响。然而，令人遗憾的是，现代考古学家只在叙利亚发掘出了一个阿拉米城市的遗址，时至今日，许多废墟尚未被发现。因此，要考察阿拉米的发展历程，我们的凭据只有几处遗迹。

大马士革的阿拉米国王富甲一方，堪称是“商业之王”，他们有着雄厚的财力，修建了坚固的城池，并努力抵抗亚述人向地中海方向推进。虽然当时希伯来王国已经走向衰落，但在大马士革的庇护之下，他们并未遭受亚述人的攻击，当时阿拉米国王们雄厚的实力和强大的威慑力由此可见一斑。直到公元前 1100 年，亚述人才向西部推进到了地中海沿岸，在这里，强大的阿拉米人、腓尼基人和希伯来人顽强地抵抗了他们的入侵，因此，他们试图攻克并占领西部地区的计划泡汤了。公元前 8 世纪，亚述军队完全被敌军包围。

当亚述行将成为帝国时，它的势力已经大不如前了。现在，我们不妨来回顾一下亚述两千多年来的发展历程，也就是亚述从苏美尔人那里学到了楔形文字等相关文明成果之后的发展历程。北部和西部文明深远地影响着亚述，其中，赫梯人的影响最大。赫梯人曾在宗教和艺术方面贡献卓越，亚述借鉴并进一步发展了这些文明成果，将巴比伦的楔形文字符号引进后，亚述人为其增添了 200 多个符号。受北部叙利亚赫梯艺术的影响，亚述的雕刻家们学会了通过精巧的石画来展现国王的战绩。当时最常见、最好用的雕刻材料就是雪花石膏，石青板上的浮雕惟妙惟肖，人物栩栩如生，场景也被刻画得生动逼真。亚述王宫的墙壁上刻着许许多多这样的浮雕，然而，巴比伦并没有这种建筑浮雕。由于亚述人拥有大量优质石材，因此，他们的建筑和雕刻艺术以很快的速度发展着，而巴比伦的石料资源有限，相关艺术的发展也受到了限制。效仿赫梯人和叙利亚人，亚述人在建造建筑物之前，会先铺上坚固的石头地基，再在地基上用土坯砖建墙，这与巴比伦一样。

亚述人积极而广泛地接收着各种文明成果，其中包括巴比伦的神秘故事和象征符号。他们接受了这些神奇的故事，并满怀敬意地研究它们，但他们最敬仰的仍是民族神阿舒尔。他们的城市和部落都以阿舒尔命名。阿舒尔是一位英勇的战神，在亚述人心里，他就是太阳。在亚述人看来，正是在阿舒尔的指引之下，他们的国王才能靠着手里的弓箭四处征伐，征服敌人，不断获胜。亚述人引进了叙利亚赫梯人带有双翼的太阳圆盘，将其作为阿舒尔神的象征，这充分体现了亚述人对阿舒尔神至高无上的敬仰。最初，赫梯人的太阳盘是从埃及人那里引入的。在亚述人心中，爱神伊什塔尔是最伟大的女神，我们在巴比伦就发现了这位女神。亚述人和巴比伦人一样好战，而且对“因果报应”的说法毫不在意。此外，亚述人的丧葬风俗也与巴比伦人类似，一般将死者埋在房子的地板下或庭院中。

人们曾在阿舒尔王宫的人行道下发现了一系列砖砌的拱顶墓室，这些墓室里有许多大石棺的碎片，还有两个石棺没有被破坏，这是迄今为止所发现的最古老的亚洲王室墓葬，同时也是人们首次发现亚述王室墓室。这些亚述国王当年不可一世，而他们的尸体就曾躺在这些石棺之中。长达两千年的漫长历史中，他们生活在亚述，统治着亚述，最终还创建了亚述帝国。在亚述的发展历程中，他们发挥了举足轻重的作用。

亚述帝国

公元前 8 世纪中期，亚述开始向西部扩张。虽然大马士革与西部各城邦极力抵抗亚述的扩张，但所有的抵抗者都被它击败了。公元前 732 年，亚述攻克了大马士革与这些西部国家，并将其纳入了自己的属地。虽然曾经阿舒尔小城毫不起眼，如今却统治了整个西亚，在征服各诸侯国后，建立了亚述帝国。从此，两河流域进入了第二个辉煌时代。

亚述不断向西扩张，到达了希伯来人的撒玛利亚城，这时，亚述军队中的一名将领趁机夺取了王位。这位夺取王位的将领自称为萨尔贡。2000 年前，巴比伦第一位伟大的统治者就叫萨尔贡，而这位国王以萨尔贡自居，他的野心也可见一斑。他被人们称为萨尔贡二世，在他的统治下，亚述帝国到达了巅峰，他的后继者们个个都很杰出[①]，显然，他无愧于“萨尔贡”这个名字。

萨尔贡二世在尼尼微的东北部建立了当时亚洲最豪华的王宫，并称之为

① 萨尔贡二世王朝的国王：萨尔贡二世，他的统治从公元前 722 年持续到公元前 705 年；辛那克里布，他的统治从公元前 705 年持续到公元前 681 年；伊萨哈顿，他的统治从公元前 681 年持续到公元前 668 年；阿舒尔巴尼帕（希腊人称沙达那帕鲁斯），他的统治从公元前 668 年持续到公元前 626 年。

“都尔沙鲁金”，意思是“萨尔贡堡”。这座宫殿占地一平方英里，其中宫殿面积为25英亩，即使是昔日处于鼎盛时期的巴比伦，也无力负担如此奢华宏伟的宫殿，因此，这座王宫也彰显了西亚的霸主地位。

辛那克里布是萨尔贡二世的儿子，也是早期东方杰出的政治家。辛那克里布继承王位后，取得了比他父亲更非凡的成就。公元前700年，辛那克里布军队劫掠了底格里斯，还攻陷了遥远的东方——艾奥尼亚的希腊要塞，整个小亚细亚陷入了一片恐慌。亚述大军还将触角伸向了地中海，在地中海以南的地区攻克城池、掠夺土地，一路马不停蹄，铁蹄踏上了埃及边界。但是，在尼罗河三角洲的沼泽地里，他的军队染上了瘟疫，战斗力被大大削弱了。因此，辛那克里布无法跨越埃及边境，继续征服，但他对自己的老对手巴比伦并不手软，采取了最残忍的征服手段。巴比伦人奋起反抗，这越发激怒了他，他犹如一头暴怒的雄狮，咆哮着冲入沙场。巴比伦城无力抵抗，在纷纷战火中成为废墟。辛那克里布将运河水引来，冲刷了这座古老城市的废墟。

就这样，巴比伦灭亡了。亚述人不断地侵扰着尼罗河流域。在亚述的统治下，苛捐杂税多如牛毛，老百姓陷入水深火热之中，怨声载道，各个城邦国家的忍受到了极限，这给了埃及可乘之机。在埃及人的鼓动下，各附属国奋起反抗，亚述意识到，必须制止埃及人的这种行为。公元前674年，辛那克里布的儿子率领军队，向尼罗河三角洲的东部要塞挺进。起初，埃及人战胜了亚述军队，但辛那克里布的儿子很快又卷土重来，继续进攻尼罗。虽然在攻陷三角洲前，他就去世了，但最终亚述人还是征服了埃及。最终，辛那克里布的孙子统治了尼罗河下游。

公元前700年，亚述帝国将整个肥沃新月收入囊中，环沙漠地区和北部山区的许多地区也被纳入了亚述帝国的版图。亚述还征服了西部的埃及，尼罗河下游的河谷地区也成为了帝国的属地。但是，亚述帝国与这里相距甚远，鞭长莫及，无法进行有效的统治。在萨尔贡二世及其后两代人的努力下，亚述建立起了一支强大的军队。亚述之所以能统治整个肥沃新月地区，称霸天下，成为当时版图上规模最大的帝国，其根本原因就是拥有这支强大的军队。

帝国建立后，辛那克里布越发贪婪，扩建阿舒尔和萨尔贡堡的皇宫已经无法满足他了，他在阿舒尔北边的尼尼微大肆兴建，最终，这座城市被改造成日后名声斐然的亚述帝都。后来，一代代的亚述国王在底格里斯河畔兴建宫殿与庙塔，在这里，遗留着众多富丽堂皇的宫殿和雄伟恢宏的庙塔。辛那克里布在尼尼微的皇宫矗立在底格里斯河岸，一直延伸了25英里，它的宫墙高大、坚固、宏伟、壮丽。在这富丽堂皇的宫殿中，这位帝国的霸主压榨着各个属国的子民，在整个西亚称霸。

这位国王掌握了亚述帝国的一切大权，而他的办公室就是整个国家的行政管理中心。国王建立了一套皇家通信系统，还修筑了最早的公路，保存至今的最古老的那条公路就是萨尔贡二世修建的，这是一条从尼尼微皇城通往萨尔贡堡的公路。这条公路主道的每一个重要关口上，都有专职官员把守着，其目的是顺利将皇帝的物品运输到皇宫。这条公路还可以传送泥板信件、产品和货物，确保与外界的沟通往来，这就是后来邮政系统的雏形。在东方，这种形式延续了数百年。这样一来，来自60个省区官员们的书信和报告都可以顺利送达亚述皇帝手中。在亚述国王的统治下，各附属国的国王都通过这种方式与亚述国王通信。人们发现了一封辛那克里布在册封为王子时写给他父亲萨尔贡的书信。国家的首要任务是维系一支强大的军队，那时的帝国中，军队享有至高无上的权威，整个国家就是一个庞大的军事机器。我们不妨想象一下美国国防部在华盛顿所占据的中心地位，这样，我们就很容易理解当时亚述的情况了。政府的主要精力被国防部的事务占据了，国家与军队几乎是等同的概念，从古至今皆是如此。

亚述与西部赫梯人往来频繁，最终引入了铁。于是，亚述军队成为第一支拥有铁制武器的强大军队。在萨尔贡皇宫的一个武器库里，人们发现了两百吨铁制武器。毋庸置疑，通过运用这些铁制武器，军队的战斗力得到了极大提升，从而促进了亚述帝国的建立和壮大。

亚述军队的主力是弓箭手，在长矛队和盾牌手密不透风的掩护之下，他们几乎所向披靡。尼尼微马队和战车颇负盛名，威力巨大，在征服东方的过程中作用不容小觑。亚述人在战争中首次使用了城槌等其他攻城器械。面对这些有着巨大攻击力的器械，亚洲的土坯墙不堪一击，有的被穿破了，有的被撞倒了。没有任何城邦能长时间抵挡亚述猛烈的攻势，它们都不能避免被摧毁的悲剧。

亚述军队还拥有铁质武器等杀伤性很强的武器，但更让人生畏的是他们与生俱来的凶残本性。亚述的铁蹄遍布整个西亚，所到之处，只剩满目疮痍。在尼尼微大军的践踏之下，西亚民不聊生。他们摧毁了一座又一座城池，起义的领袖们被活生生地剥了皮，悬挂在废墟里的木桩子上。亚述士兵生性凶残嗜血，所经之处血流成河，百姓处在水深火热之中。亚述士兵将尸体堆积起来，用来炫耀皇帝辉煌的战绩与无上的权威，同时也震慑其他起义者，警告他们，如果意图谋反，就会落得这样的下场。他们从附属国掠夺来大量金银珠宝和牛、羊、马、驴，并将它们运回尼尼微。被征服者无家可归，在长长的俘虏队伍中，那些战败的国王首领走在最前端，他们的脖子上挂着自己子孙的头颅。借着强大的武力，亚述人攻城略地，胡作非为，还抢掠各国皇族及子民的财产。他们本性凶残，在历史上留下了血腥的一页。

亚述将大部分掠夺来的财富都用来供应军队，还有一部分用于发展建筑艺术等更高级的文明。那些富丽堂皇的建筑物正是用那些掠夺来的财富建立的，如果没有雄厚的物力和财力作为支撑，它们根本无法建立起来。亚述的建筑师们继承了巴比伦的拱门结构，拱门首次成为一种宏伟壮观而历时长久的建筑风格。亚述皇宫的大门就是由三重拱门建筑构成的，拱门的表面装点着绚丽多彩的琉璃砖贴。罗马的凯旋门很可能就是在这种门的基础上演变而来的。拱门两侧矗立着两座巨大的人头公牛像，用雪花石雕刻而成。拱门之上是用烧制的砖砌成的城墙。城墙高大而雄伟，站在上面向远处眺望，能将整个皇城尽收眼底。

宫殿的墙面下方镶嵌着几百英尺长的雪花石膏浮雕，比起帝国上一个世纪的建筑，这些浮雕取得了惊人的进步。大部分浮雕上都描绘着皇帝带兵作战与狩猎的场景，人物构图单调而缺乏个性。在亚述的浮雕中，人物普遍呈现出刚毅冷酷的特征，面部表情呆板，并未流露出人类或悲伤或喜悦的情感。然而，那些出自亚述雕刻工匠之手的野生动物却栩栩如生，它们的野性与动态都被表现得淋漓尽致。出自亚述雕刻家之手的人像反映了亚述人凶残的本性，可惜的是，他们的人物雕像还处于粗制滥造的阶段。亚述雕刻艺术的最高成就就是在对动物的表现力上，他们对动物的表情和动态观察入微，表现得入木三分。早在2000年前的萨尔贡一世时期，巴比伦就创造了精美的石刻图章，上面雕刻着雄狮和野牛等野生动物，这为亚述艺术家们提供了很好的素材。

1924年，有人在柏林博物馆中发现了一首特殊的诗，它还配有音乐符号，时至今日，这套音符还没有被破解。然而，据人们推测，它们是用于配乐的乐谱。这种古老的乐谱以五个音符作为一个音阶，每四个音阶作为一行。当时，这种乐谱可能是用于配合竖琴弹奏的，竖琴有22根弦，音色优美清透。后来，竖琴在埃及等地中海地区流行开来，亚述人很可能从巴比伦人那里引入了这种乐谱。

亚述的手工业和艺术在很大程度上都借鉴了其他国家的文明成果。亚述从埃及那里学会了琉璃的制作工艺和装饰艺术。出自腓尼基工匠之手的乌檀象牙家具也展现了埃及元素，尼尼微的腓尼基工匠们还制作了精美的青铜浅盘，并仿照赫梯宫殿建造了辛那克里布宫殿的正门。事实上，在很久以前，亚述的祖先们就开始模仿西部赫梯人的设计来修建正门。我们不难发现，亚述皇帝们最为显著的特征之一，就是利用一切外国资源并借鉴一切外国成果来促进本国的发展。

在尼尼微，众多花园散落于河流沿岸。在辛那克里布的花园中，分布着许许多多从帝国各地搜罗而来的珍奇植物，其中有一种从印度引进的棉花树。曾经在提及这种树时，辛那克里布说："这种树能长出棉毛，把棉毛摘下来，进行加工，就可以用来做衣服。"可见，在古代的亚述首次出现了现代生活中不可或缺的原料——棉花。

随着亚述人逐渐致力于培养一些高级的生活情趣，文学开始逐渐兴起。亚述最后一位杰出的皇帝是阿舒尔巴尼帕，他是辛那克里布的孙子，他的父亲教会了他骑马射箭，还教会了他写泥板字和许多其他的知识，对此，阿舒尔巴尼帕很自豪。在尼尼微阿舒尔巴尼帕图书馆的废墟中，人们发现了22万件泥板文书，这些文件至今已有2500年的历史了，现在被收藏在大英博物馆中。在皇帝的旨意下，阿舒尔巴尼帕图书馆对历代宗教、科学和文学等领域的著作进行了系统收藏。阿舒尔巴尼帕图书馆是亚洲历史最悠久的图书馆。在这些领域里，亚述人远远超越了巴比伦人，因此，亚述文明并不是巴比伦文明简单的翻版。

亚述在国家的大政方针上犯下了严重的错误，这一点与之后的众多统治者一样。亚述不断对外扩张，纷飞的战火严重危害了本国及其附属国人民的生活，无论是工商业者还是劳动者都深受其害。虽然亚述引进了棉花等纺织材料，但并未像巴比伦那样建立起工商业体系。亚述大多数百姓以从事农业生产为生，然而，这些农民随时可能被统治者征召入伍或短期从事边防军务。随着帝国不断扩张，那些临时征召起来的农民无法满足军事需求，于是，农民们被迫离开土地，加入常规部队。统治阶级趁机大肆购买田地，兴建庄园。据说，萨尔贡也曾试图恢复农业生产，换而言之，在那个战火纷飞的年代里大量田地成为荒地。总之，随着版图不断扩张，从前的军队已远远不能满足帝国的需求了。

尼尼微的人民起义再次爆发，统治者们心急火燎，只能强行向各个附属国征兵，用于扩充军队。然而，亚述帝国陷入了这样的境地：军事方面，军队里大部分是外国人；经济方面，手工业萧条，农业凋敝，商业完全由阿拉米商人掌控；语言方面，包括尼尼微在内的各大城市里，阿拉米语都更为流行。总之，亚述帝国元气大伤，开始走向衰落。

内部实力不断衰落，与此同时，亚述帝国还面临着与日俱增的外部压力。来自肥沃新月两翼的阿拉米游牧部落不断侵袭帝国边疆。在巴比伦的一场战争中，辛那克里布曾一次俘获了20万人，其中以阿拉米人为主。这时，另一支来自沙漠的游牧部落来到波斯湾的尽头，这个部落被称为迦勒底，他们在东部的山脚和海岸定居下来。他们是迦勒底人，属于闪米特人的一支，就像阿卡德人在阿卡德定居，亚摩利人在巴比伦定居，亚述人在阿舒尔定居，这支沙漠游牧部落也很快定居了下来。

此外，在米提亚和波斯等诸部落的带领下，印欧语族部落也从北部山区向亚述逼近，这威胁到了亚述帝国的根基。亚述人也从亚述的统治下解脱出来了。但是，因为担心北部野蛮部落会危及埃及，埃及法老还是派出了一支部队前去支援亚述。1923年，在大英博物馆中收藏的一块泥板上，人们发现了这样的信息：埃及军队曾在幼发拉底河与亚述军队并肩作战。就当时的局势而言，这让人们大吃一惊。当时，迦勒底已经占领了巴比伦，并联合东北山区的米提亚人一起攻打尼尼微城。

亚述面临着内忧外患：内部，统治者日益衰落，国力衰微；外部，各个敌国联手，不断发起进攻。公元前 612 年，盛极一时的亚述皇城最终被攻陷。通过希伯来先知纳洪的描述，我们可以想象当时的场景：人民的欢呼声响彻云霄，回荡于里海与尼罗河之间。最终，东方各国人民从亚述人的枷锁中解脱了出来，亚述人给他们带来的苦难终于终结了。亚述彻底灭亡了，两个世纪后，色诺芬率领着数万人组成的部队来到这片辉煌一时的土地上，这时，亚述帝国早已成为一个逝去的传说，在历史长河中成为一个模糊的剪影。作为昔日帝国的首都，尼尼微也成为一个巨大的废墟。亚述衰亡后，人们逐渐遗忘了亚述语，阿拉米语取而代之。正如当年的阿拉米语成为巴比伦的语言一样，类似的历史总是反复上演。亚述帝国灭亡后，两河文明的第二个辉煌篇章也结束了，它从公元前 750 年持续到公元前 612 年，只有一个半世纪的时间。

亚述帝国迅速而彻底地消亡了，这无疑带有一种戏剧性色彩，虽然它已成为历史，但它给西亚各国带来了深远而持久的影响。亚述帝国成立前后，这些帝国处于截然不同的两种境地。随着亚述的灭亡，地中海东岸的一系列国家建立了君主专制统治，这些国家还采取了与亚述帝国类似的组织和管理体系。亚述灭亡后 60 年，波斯帝国开始迅速崛起，并沿用了亚述帝国的行政体系，继续影响着历史的进程。亚述帝国拥有庞大的军事组织，因此，较之以前，称霸世界的思想已经先进了许多；而罗马帝国则将这种霸权思想发展到了巅峰。虽然亚述的残暴统治给人民带来了无穷无尽的苦难，但这并不能抹杀它为人类文明所做出的巨大贡献。在亚洲建筑史上，尼尼微城及其周边富丽堂皇的宫殿无疑是浓墨重彩的一页。此外，尼尼微还出现了亚洲最早的图书馆，这是对人类文明的重大贡献。值得一提的是，亚述还有一个重要的历史作用，那就是它推动了国家化环境的形成。正是在这种环境的影响下，希伯来人才将他们的神与亚述的战神相提并论，进而将自己的神推向了更高的位置。这种神圣观念的形成对后世人类的历史也有着深远的影响。

迦勒底帝国：最后一个闪米特帝国

新主人来到巴比伦，他们就是上文提及的卡勒底人或者迦勒底人，在这里，他们建立起一个短暂的帝国，两河文明史第三个重要篇章被缓缓打开①。迦勒底人是巴比伦尼亚最后的闪米特主人，在巴比伦兴建了都城，并重建了被辛那克里布摧毁的巴比伦城。迦勒底人以自己部落的名称来命名这里，现在，这个国家被称为迦勒底。公元前605年，在幼发拉底河畔的加西米斯，西部各个国家的联合部队被迦勒底人击败；后来，他们又打败了以埃及为后盾的亚述残余军队；最后，迦勒底人占领了整个肥沃新月。他们将米提亚人从北部山区赶走，并建立了迦勒底帝国。

尼布甲尼撒是迦勒底帝国最伟大的皇帝，在加西米斯之战中获胜后，他返回了巴比伦，他的统治持续了40年，他是东方历史上最伟大的人物之一，在《圣经》中也有关于他的记载。后来，埃及不断怂恿西部国家进攻迦勒底，这激怒了尼布甲尼撒，他严惩了所有起义者，其中，希伯来人的犹大王国受到的惩罚最严酷。公元前586年，他们的都城耶路撒冷被攻陷，许多希伯来人沦为俘虏，被送往巴比伦。

虽然战火纷飞，但迦勒底国王仍抽出一部分宝贵的精力，聚敛钱财，兴建巴比伦城。这里延续了亚述建筑的风格，但迦勒底人在亚述建筑的基础上取得了巨大的成就。在城南的神庙区，国王重修了一座神庙，用来供奉巴比伦人所信仰的神灵，还在神庙与宫殿之间修建了一条宽阔的节日大道。节日大道穿过一座门洞，这座门洞庄严肃穆，是为了供奉女神“伊什塔尔”而兴建的，因此被称为伊什塔尔门。伊什塔尔门的后面坐落着恢宏的皇宫与政府

① 两河文明史上的三大篇章：

一、早期的巴比伦尼亚（公元前32世纪至公元前20世纪：约公元前2772年，萨尔贡一世；约公元前2076年，汉谟拉比）；二、亚述帝国（约公元前750年至公元前612年）；三、迦勒底帝国（约公元前612年至公元前539年）。除了早期巴比伦尼亚那些特定时期之外，闪米特人是这三个时代的主角。第四个时代是公元前7世纪，穆罕默德死后，伊斯兰取得胜利。

部门。

在众多的塔式建筑中，有一座“通天塔”，就是颇负盛名的马杜克神庙。沿着台阶往上，直到皇宫的顶部，那里是宫顶花园，种植着各类热带植物，它的存在为宫殿平添了许多色彩和生机。站在花园上俯瞰，伊什塔尔门等建筑都尽收眼底；而置身于一片绿意的棕榈与蕨草之中，更让人流连忘返，沉醉其中。无论国王的事务多么繁忙，他也会在妻儿的陪伴下登上这片花园，享受难得的片刻安宁。当他极目远眺，恢宏气派的皇宫尽收眼底，我们似乎可以想象他得意的神情。

尼布甲尼撒的宫顶花园就是传说中的巴比伦空中花园，这座神奇而瑰丽的空中花园闻名遐迩，并被希腊人列入世界七大奇迹之一。正如亚述和埃及的许多王城一样，巴比伦城在历史上占据着重要地位。

在尼布甲尼撒的打造下，巴比伦成为规模空前的巨大城市，它的城区宽广，城墙坚不可摧，是一座易守难攻的城市。巴比伦有一道城墙从底格里斯河与幼发拉底河之间的广阔平原横穿而过，为此，人们不得不在幼发拉底河上修建一座桥，这是迄今为止世界上最古老的桥梁建筑。至今，幼发拉底河的河床上还留存着桥墩的遗迹，这是保存至今历史最悠久的桥梁建筑遗迹。尼布甲尼撒一手改造了巴比伦城，这座城市的辉煌持续了一百多年，希罗多德对此感慨良多，他在描绘巴比伦城时表达了自己的感受。基督教徒都知道，曾有大量希伯来俘虏被囚禁在巴比伦城内。现在，巴比伦城昔日的辉煌早已逝去，在 1899 年至 1917 年之间，发掘者们一直努力挖掘着这座古老城市的遗迹。最终，他们发现了一座座古代建筑遗迹，桥墩、节日大道和伊什塔尔门才呈现在我们眼前。纵观整个巴比伦国，伊什塔尔门是保留下来的建筑物中让人们印象最为深刻的。其他地方只残留了一些土坯墙，巴比伦城曾经的兴衰荣辱都无法通过这些残片再现。

与巴比伦平原上的其他闪米特入侵部落一样，在很大程度上而言，迦勒底的发展是以巴比伦文明作为基础的。在迦勒底时代，商业贸易逐渐兴起，手工业和艺术也取得了长足进步，人们也培养了更高的宗教和文学素养。与过去一样，宗教教条与文学作品还是在泥板上书写楔形文字，记录下来。

当时，科学与天文学迅速发展，迦勒底人继承了通过观测天体来预测未来的传统。占星术也得到了更为深入而系统的发展，事实上，它正在向天文学迈进。迦勒底人将赤道划分了 360 度，占星师第一次画出了 12 群恒星的图像，这就是我们现在所熟知的“黄道十二宫”。在历史上，迦勒底人最早绘制了天体图。

当时，人们已经认识了金星、木星、水星、火星和土星这五大行星，在他们看来，这五大行星是五种神力，控制着人类的命运，因此，巴比伦人的五大神相当于这五大行星，他们还用这五大天体来给巴比伦神命名。时至今日，巴比伦神仍流传于各地，只是古代巴比伦神经欧洲传播到这里时，其名称已被翻译为罗马文。迦勒底人的爱神伊什塔尔星是我们的金星“维纳斯”；大神马杜克星是我们的木星“丘比特”；等等。迦勒底的占星师们能够对宇宙中的天体进行越来越精密准确的观测，甚至还能预测日食。后来，希腊人继承了迦勒底人天文观测的传统，在观察的基础上，大力发展了天文学。占星术一直流传至今，人们现在仍使用“幸运星”“灾星”等词语。虽然我们有时会忽略了这一点，但是占星术确实对人们影响深远。

巴比伦城的那些新式建筑体现了迦勒底人统治下的巴比伦达到了更新、更高的文明阶段。毋庸置疑，亚述文明是这一切的基石，但是，迦勒底人仍尝试恢复汉谟拉比时代的巴比伦文明，并为此不懈努力：书吏们坚持使用古代文字和语言；国王们不断挖掘着神庙地下祖先留下的文字记录，试图找到今天被我们称之为奠基石之类的东西。

一味尊崇古代甚至复兴古代文明无疑会让文明倒退。迦勒底在尼布甲尼撒时期走向了巅峰，而尼布甲尼撒死后，这块古老的东方大地仿佛在一夕之间失去了所有开拓与创新的精神。与尼罗河历史如出一辙，两河流域的历史也先后经历了三个重要的历史时期。随着闪米特民族从早期世界的舞台上谢幕，新的印欧语系族群又在历史舞台上闪亮登场。这些骁勇蛮族来自东部、北部山区，他们相继征服了南部沙漠的游牧民族，翻开了历史新的篇章。现在，我们不妨一路追寻着印欧人的脚步，去了解下古代文明另一段动人的故事。

第五章　米底－波斯帝国

印欧民族的迁徙与扩张

我们都知道，南方游牧民族从阿拉伯沙漠而来，他们从沙漠边缘的草原纷纷涌入城镇，并在那里定居下来。北方有一片与南方草原类似的草原，这片草原从地势低平的多瑙河流域一直向东延伸，沿着黑海北岸，经过南俄罗斯，一直延伸到亚洲北部与黑海东岸。这片草原上四处游荡着古代的游牧民们，随着时间的推移，就像南方闪米特人在肥沃新月定居一样，这些北方牧民也源源不断地涌向欧洲和西亚。

这些游牧民来自北方，被称为印欧人，是一支白色人种，可以认为是现代欧洲人的先祖。正如我们所知，美国人的祖先来自欧洲，因此，这些印欧族牧民也算得上是美国人的祖先。这些来自北方草原的游牧民想寻找一块宜居之地，结束他们四处漂泊的生活，很久之前他们就开始了大规模的迁徙活动。最初，他们选择了几条不同的迁徙路线，后来，又开辟了一条迁徙的主线。这条主线从东方的印度边界向西出发，横跨整个欧洲，然后抵达大西洋。沿着这条主线，他们到达了今天欧洲人居住的地方，并定居在那里。南方闪米特民族也有一条类似的迁徙主线，从东方的巴比伦尼亚横跨腓尼基、希伯来，向西延伸到迦勒底和地中海西部，那里是腓尼基闪族人定居的地方。要追溯古代世界史，就要围绕着这条源自南方草原的闪米特迁徙线与源自北方草原的、在南方与更古老的闪米特文明相遇的印欧线之间的斗争来展开。在亚洲到大西洋之间的广袤区域里，这两个勇敢的民族犹如两支剑拔弩张的军队，在地中海地区保持着敌对状态。罗马与迦太基在闪米特迁徙线的左翼展开了战争，波斯与迦勒底则在右翼开战，最终波斯取胜。

经过长时间的不懈斗争，印欧人获胜，征服了中央和两翼地区，还在希腊和罗马时代成为整个地中海世界的绝对统治者。战胜闪米特族之后，印欧族系的各个成员之间为了争夺统治权又展开了一场旷日持久的拉锯战。统治权逐渐从北方线的东端向西端转移，从波斯人手里转到希腊人手里，最后落入了罗马人手里。

现在，我们不妨回溯一下印欧人离开北方草原之前的那个阶段。迄今为止，研究者仍不能确定最初的印欧游牧民居住的地点，相关证据表明，印欧人的祖先们最初可能居住在黑海东部和东北部辽阔的大草原上。最初，他们是一个民族，说着共同的语言，包括英语[①]在内的现代欧洲文明居民所使用的语言，就是在这种语言的基础上演变而来的。

迁徙之前，印欧民族还处于石器时代。虽然当时铜已经出现了，但他们还没学会使用。我们由此推断，直到公元前2500年之前，他们才分散开来，向四处迁徙。他们分为许多部落，各部落逐草而居，以放牧牛羊为生。当时，他们已拥有了牛、绵羊等家畜，其中以马为主。而直到汉谟拉比时代，那些东方的开化民族才知道马的存在。这些早期的印欧人不仅把马当作坐骑，还用它来拉二轮马车。还有一些部落定居了下来，他们开始种植谷物，主要是大麦。在耕地时，他们把轭套在公牛上，用牛来拉犁。他们没有文字，社会单位的规模也很小，但纵观古代世界，他们仍是天赋颇高、极富想象力的民族。

随着不断的分散，部落与部落之间的联系逐渐减少，语言与风俗习惯之间的地理差异与日俱增。如果比较一下源于同一种语言的英语与美语之间的差别，我们就很容易理解那些源于同一族系的部落之间的差别为何会如此巨大了。最初，如果印欧语系的两个部落相遇，他们还能互相理解，但是，随着双方语言差异不断增大，后来两个部落再相遇，就难以理解对方的表述了。随着时间的流逝，他们有关祖先的共同记忆逐渐模糊。直到最近，人们才重

①　现在使用印欧语的民族并不一定有印欧人的血统，而一些继承了印欧人血统的民族却丢失了原来的语言，接受了其他语言。人类历史上，语言与血缘间的交错融合频频发生。但是，我们不能因此而断言，印欧人与更古老的欧洲居民之间相融合，从而失去了自身的特性。对于印欧人的身体类型，我们知之甚少，但是我们可以根据事实得出以下结论：在印欧人的迁徙过程中，继承了纯正的印欧血统的人身上所具备的包括语言在内的大量天赋与才能也被分散了。

新发现了他们之间的亲属关系，现代欧洲的各种语言就是在此过程中发展形成的。如果以西方的英国为起点，向东横跨整个欧洲，最后来到北印度，在沿途的不同语言中，我们会经常听到各种相同的单词。于是，“印欧语系”一词应运而生。我们不妨比较一下下面这几个单词：

西方			东方		
英语	德语	拉丁语	希腊语	古波斯和阿维斯陀语	东印度语（梵文）
brother（兄弟）	bruder	frāter	phrāter	brātar	bhrāter
mother（母亲）	mutter	māter	mētēr	mātar	mātar
father（父亲）	vater	pater	pitēr	pitar	pitar

早在公元前2000年，这些来自北方草原的游牧者就已经从西方出发，越过多瑙河流域，抵达了巴尔干半岛，他们中的一些人来到意大利，我们对石器时代的欧洲游牧民族的迁徙研究也佐证了这一点。这些人是希腊人、罗马人的祖先，他们一边在草原上流浪，一边逐水草放牧牛羊，在不断迁徙的过程里，他们分散开来。我们下面会讲述他们对地中海地区的征服。在这之前，我们不妨先了解一下印欧语系繁杂的东部分支，以及在向南推进过程中，他们与闪米特语系的右翼之间发生的冲突。

雅利安民族琐罗亚斯德

公元前2000年左右，印欧语系最东端的部落开始离开祖居地，前往黑海东部广袤的无树草原上放牧，这是人们所公认的史实。在那里，这个印欧部落的牧民被称为雅利安人①，他们没有留下任何著述和遗迹，但根据他们

① 最初的雅利安人并未给他们的大部落群体这一整体命名，其实，用“雅利安”来称呼他们的初民是不正确的，“雅利安”（后来的“伊朗”和“伊朗人”就是由其衍生出来的）只是一个部落群的名称，是初民的一个分支，他们分散后，过了几个世纪，才来到黑海东部，并定居下来。当人们用雅利安来称呼欧洲的印欧人或是说我们是雅利安的后代时，我们应该知道，这种说法在历史上是站不住脚的。雅利安人是印欧初民的东方后代，我们则是印欧初民的西方后代，雅利安只能算是我们的远亲，而不是我们的祖先。

后人的信仰，我们可以推断，雅利安人已经拥有了比较高级的宗教文明。这种宗教主张人们“善思，笃行”，很重视火，人们将该宗教的教士称为“播火者”。

大约在公元前 1800 年，雅利安人分为了两支。东部的一支向南迁徙，一直到印度，通过他们的梵文“维达斯”圣书，我们可以感受到那个时代雅利安人作为一个整体的脉动。圣书中还有许多有关雅利安人在黑海东部的故乡的记录。

还有一支也保留了“雅利安”的称呼，即后来的伊朗。这些雅利安人离开故土，向西部和南部出发，来到肥沃新月附近的山地，成为后来的伊朗人。其中最强大的两个部落，分别是米底和波斯[①]。在上文已经介绍了，在亚述帝国的统治下，米底人曾从北部山区退到了尼尼微。最后，向南推进的印欧系东翼击败了闪米特系右翼，这支印欧系东翼控制了肥沃新月。

公元前 600 年，亚述帝国灭亡，在底格里斯河东部的山区，米底人建立了一个强大的伊朗帝国。伊朗帝国从波斯湾开始，沿山脉向西北扩张，一直到黑海地区。这时，印欧系东翼的边缘已与底格里斯河平行，但是，他们并没有就此打住。尼布甲尼撒和他的后继者们密切关注着米底人的一举一动，这些迦勒底人统治着来自南方草原的闪米特族，时刻虎视眈眈地盯着幼发拉底河。后来，他们的权力被从北方草原来的印欧族夺走了。面对米底人和波斯人强大的攻势，迦勒底人被迫退缩。我们现在正在追溯人类历史上一次规模浩大的种族变迁过程。新的波斯东方统治者是我们的远亲，而 5000 年前印欧初民在遥远的亚洲内陆草原上放牧为生，他们是我们共同的祖先。这些伊朗人继承了远古雅利安祖先所信仰的宗教。大约在公元前 1000 年前，一个名为琐罗亚斯德的伊朗人在东部山区的某个地方努力探索着生命的奥秘，他试图寻找一种信仰，以满足人类的生活需求。他观察着世界上不断上演的各种斗争，他认为，这些斗争都是善与恶之间的较量。他将神圣的善神称为“玛兹达”或“胡拉玛达”，意为“智慧之神”，胡拉玛达的身边有一群助手，

① 他们用辽阔的伊朗高原来命名自己的部落，伊朗高原从扎格罗斯山脉向东，一直延伸至印度洋。在希腊和罗马时代，该地区被称为“雅利安那”，显然，“伊朗”一词也是源于“雅利安”。

他们组成了一个善的群体。其中最伟大的是光明神“密特拉”。与善的群体相对的就是以罪恶之神“阿里曼”为首的恶的群体。犹太教和基督教中的撒旦就是在阿里曼这个罪恶之神的基础上演变而来的。

琐罗亚斯德教起源于生命自身的斗争，这是人类最高级的宗教之一，也是人类思想史上一股生机勃勃的力量。它试图告诫世人，在人生道路做选择时，应该将灵魂交给善神和光明神，而不要沦为罪恶神与黑暗神的奴隶。在琐罗亚斯德教看来，无论选择哪一条道路，末日审判都不可避免，这是亚洲最早有关末日审判的宗教信仰。琐罗亚斯德还坚信，古雅利安人之所以对火如此崇拜，就是因为有了光明神、善神的存在，因此，他在宗教中保留了古代的“播火者”传教士。

虽然收效甚微，但琐罗亚斯德一直努力向伊朗人宣传他的新宗教。这位伟大的先知留下了一组赞美诗，诗中体现了他对这一宗教所寄予的巨大希望，以及他对世事的种种担忧。据传说，琐罗亚斯德曾奇迹般地将一位伊朗国王的跛马治愈，与所有伊朗人一样，这位伊朗国王生性爱马，于是，他皈依了琐罗亚斯德所创立的新宗教。

直到这位伟大的先知去世前，他的新宗教才被人们接受。此后直到公元前 700 年，他的宗教在肥沃新月山区一直颇受米底人重视。琐罗亚斯德是历史上首位伟大的宗教创始人。

那时，伊朗人还没有文字，因此，琐罗亚斯德不能读书、写字。上文提及的赞美诗与他传教的故事都是通过早期基督教的《阿维斯塔》一书流传下来的。对于波斯人来说，这本书是类似《圣经》的存在。

居鲁士与波斯帝国

波斯人是伊朗人中的一支，他们是琐罗亚斯德教虔诚的信徒，我们就是通过他们来了解琐罗亚斯德教的。公元前 612 年，尼尼微陷落，波斯人在扎格罗斯山的东南端，波斯湾的北部地区已经定居了很长一段时间。波斯湾沿岸的生存条件比沙漠里好不了多少，但山区的山谷地区土壤肥沃，十分宜居。波斯人占领了这片山区中一块长约 400 英里的地带，在此建立了系统的农业社会，他们是山地野蛮民族，但简单的社会制度已经在此形成。他们没有文字、文学或艺术，但他们深切地缅怀着自己的祖先。在闲暇时光，他们时常聚在一起，回忆起他们的祖先雅利安人，并为他们创造了古代先知的宗教故事。

在波斯人中有一个名为安闪的部落，定居在埃兰山区，并在此创建了一个小王国。在尼尼微失陷后的60年内，居鲁士统治着一个小王国。他利用亲属关系与几个波斯部落联合起来，逐渐形成了一个国家。然后，居鲁士开始奋起反抗米底人的统治，他组织了一队农民士兵，向米底发起进攻，三年后，成功征服了米底地区。居鲁士的超凡气魄与独特经历吸引了所有西方对手的注意力。这个不久前刚崛起的征服者与他的农民士兵有着一股强大的力量，所向披靡。波斯农民都是杰出的弓箭手，因此，弓箭手是他们军队的主力。即使在距离敌人很远的地方，这些弓箭手也能用强弩发动进攻，他们的箭如疾风，似骤雨，让敌人无力招架，几乎已无须近距离交战。波斯的弓箭手的两翼还有骑兵，在弓箭手克制住敌军后，这些骑兵再投入战斗，将敌人彻底歼灭。这战术是从亚述人那里学来的。弓箭手一度是东方最具战斗力的战士。为了对抗居鲁士，巴比伦尼亚（迦勒底）、埃及、小亚细亚西部克雷兹王统治下的吕底亚与希腊的斯巴达结成了联盟。该联盟的目标就是共同抵御如闪耀星辰般在东方天空冉冉升起的居鲁士。面对这种情况，居鲁士伺机而动，先发制人，他首先进攻了联盟的领头人吕底亚的克雷兹。公元前546年，居鲁士攻克了吕底亚的首都萨蒂斯，并俘虏了国王克雷兹。随后，居鲁士又占领了小亚细亚的南部海岸，在短短5年时间里，这个来自埃兰山区的波斯王国越战越勇，陆续攻克了从小亚细亚到地中海的广袤地区，并最终成为整个东方世界的霸主。

居鲁士再次将目光投向了东方，轻松战胜了由年轻的摄政王伯沙撒率领的迦勒底军队。如果我们翻阅一下《但以理书》的第五章，就会发现，伯沙撒在基督教世界几乎是人人皆知的名字。虽然尼布甲尼撒为巴比伦修建了固若金汤的城墙，但在公元前539年，波斯军队仍攻陷了这座都城。

73年弹指一挥间，不过是短短两代人的时间，始于尼尼微陷落的北方草原与南方草原之间的斗争，以印欧人彻底征服东方闪米特人而宣告结束。大约在10年后，也就是公元前528年，居鲁士在一次与东北部伊朗游牧民族的战斗中战死沙场，他的遗体被安葬在了帕萨尔加德一座巨大的坟墓内，在那里，居鲁士创建了波斯帝都，现在，历史上具有印欧血统的首位强大的征服者还长眠在那里。

彼时，亚洲所有国家都处于波斯国王的统治下，但居鲁士王国仍不断向外扩张。公元前525年，在居鲁士死后第三年，居鲁士之子冈比希斯征服了埃及。最终，这一次征服让波斯王国成为波斯帝国。所有东方文明古国都成为波斯帝国的领地，帝国的疆域从尼罗河三角洲、整个地中海东端一直延伸到爱琴海，并以此为西部边界，向东几乎抵达印度。以击败米底人为开端，居鲁士只花了短短25年时间就完成了这项伟大的征服活动。当然，在一定程度上，居鲁士的这次征服是在亚述帝国的基础上完成的。现在，波斯人开始从自己所征服的那些伟大文明中努力汲取养分，来壮大自身实力。

波斯帝国的璀璨文明

进入巴比伦后，波斯人发现这是一座令人叹为观止的伟大城市。在两河之间，尼布甲尼撒修筑了宏伟的防御工事，还有众多富丽堂皇的宫殿和庙宇，即使在遥远的巴比伦草原上都能望到，这一切都让这座城市更为宏伟瑰丽。此外，巴比伦还是西亚的商贸中心与早期东方世界最大的市场。现在，波斯国王已统治了尼罗河畔那些伟大的城市，在此之前，我们已经看过那些巨大的石碑。很快，来自尼罗河和幼发拉底河的文明就会持久而深刻地影响波斯人。

在巴比伦繁荣的商业区里，阿拉米商人都使用阿拉米语，如今，这种语言成了肥沃新月地区的通用语。在莎草纸上，各种商业文件都是用阿拉米语书写而成的。人们不再使用那种刻在黏土板上的楔形文字，在管理税收、商业的时候，波斯官吏也习惯于使用阿拉米语。在波斯帝国的西半部，阿拉米语已经普及开来。哪怕在遥远的小亚细亚、尼罗河，那些由波斯官吏发出的官方文件也是用阿拉米语写的。

波斯国王同时采用了阿拉米语和古波斯语这两种语言，此外，就像罗马字母被运用在英语中一样，阿拉米字母还被广泛应用在波斯的书面语之中。也许是在阿拉米字母的启发下，波斯抄写员们发明了一套新字母表，由30

个楔形符号组成，用来在黏土板上书写波斯文。这种文字还出现在巨型纪念碑上。在进入肥沃新月后，波斯人一直没有自己的文字，这次，他们终于开始用文字来书写自己的历史，那些巨大的纪念碑就是早期波斯文献，一直保存至今。

波斯帝国的疆域从印度洋延伸至爱琴海，与今天美国东西部之间的距离类似，此外，还包括从印度洋到黑海的沙漠。要为这样一个庞大的帝国建立一套完整的组织与管理体系，毋庸置疑，任务相当艰巨。在此之前，没有任何一个统治者尝试建立过这样的体系，单靠居鲁士一人之力是难以完成这项浩大的政治工程的。这个宏伟的历史任务一直从居鲁士到大流士，也就是从公元前521年到公元前485年，才最终完成。可以说，大流士时代的波斯组织管理体系是古代东方乃至整个古代世界的卓越成就。在政治层面上，被统治阶级毫无发言权，但是，大流士的统治基本上确保了理性、公正、仁慈。国王在大流士的统治体系中享有绝对权威，他的话如同法律，任何人都要臣服于他。贝西斯敦的一段铭文记录了大流士的话，“胡拉玛达神的慈悲在上，这些土地全部听命于我；我发出的命令，他们必须无条件服从。”我们由此可知，这一统治体系以个人集权为核心，这个庞大的帝国处于个人的绝对权威的统治之下，这成为让后人们难以忘怀的典范。

大流士没有新的征服计划，他希望让自己的帝国维持并壮大，并成为巴比伦尼亚和埃及的国王。他将帝国的征服地划分为20个“行省”，由总督担任行省的最高长官，由波斯君主，也就是国王直接任命。

这与迦勒底、亚述和埃及的统治体系类似，但波斯帝国将这一体系进一步完善。为了实现国家的高度组织化，波斯帝国最早采用了划分行省的办法，也就是行省制。各行省要及时纳贡，还要为国王的军队提供兵员，此外，在地方事务方面，各行省有高度自治权。国王还直接委派官吏，前往各行省，以监督并预防行省总督或人民发动叛乱。沿用古老的埃及风俗，人们称这些官吏为“国王的耳朵和眼睛”。这些官员会及时向国王汇报各行省内可能发生的叛乱。这些制度都是以亚述帝国的统治体系为基础而建立的。

农业用地被划分为一片片大领地，有权有势的贵族和其他大土地所有者享有这些大片的土地，而小片的土地的所有者数量却很少。土地上大部分的产物都要纳贡给帝国。东方自古以来的传统就是用实物纳贡；而在西方，那些居住在吕底亚和小亚细亚西部的希腊移民，早在公元前600年前，就开始使用金属铸币，也用金属铸币来纳贡。很久之后，包括埃及、巴比伦尼亚和波斯在内的东部地区各国才开始采用这种便利的方式。大流士也开始铸造金币，并允许各行省的总督铸造银币，这两种货币的比率是13:1。由国家发行金属货币的方式终于在东方出现，这极大地推动了商业的发展。

大流士堪称第一流的政治家，他预见了海洋的重要性，并努力将波斯发展成为海上强国。但波斯深处内陆腹地，与海洋之间隔着一片广袤的沙漠，对波斯而言，控制海洋绝非易事。为了实现这一目标，大流士做出了诸多努力，这些努力大概可以与德国皇帝为了创建强大的海军所做出的努力相媲美。与威廉皇帝不同，大流士只能雇用一些外国水手。大流士曾雇用了一个名为西拉克斯的地中海水手，此人极有航行的天赋，先是被大流士派去考察通往印度河的航线，然后接到命令，沿着亚洲海岸从印度河出海口一直向西航行，直到苏伊士地峡。西拉克斯是迄今所知的第一位沿着亚洲南海岸线航行的西方水手，而当时，也就是公元前500年左右，亚洲南海岸还鲜有人知。

当时，古埃及运河淤塞已久，大流士派人疏通了那里，这条运河再度畅通，重新使尼罗河与红海连接起来。这条古老的航线上还曾出现了大流士兴建的巨大石碑的碎片，在这些碎片上，我们可以看到有关大流士修复运河的种种描述。其中有这样一段话："我下令开凿了这条运河，它连接着埃及的尼罗河与波斯湾延展出来的大海（红海），现在，正如我所愿，船只可以从埃及经过运河，一直航行到波斯。"此外，当时印度与地中海世界之间的贸易往来越来越多，大流士也希望波斯南海岸参与进去，但他的这个愿望最终落空了。当时波斯的小土地所有者很少，也缺少积极进取的小商人，因此，商业贸易也缺乏强有力的推动者。

与亚述人的残暴统治不同，大流士对腓尼基人的城市采取了相对仁慈的政策，他也因此成功建立了一支强悍的腓尼基舰队。大流士之子薛西斯正是靠着这支舰队，才得以在地中海地区发动战争并运输物资。波斯国王取得了亚述帝王们所未能取得的辉煌成就，波斯在他的带领下成为亚洲第一个拥有强大海上力量的国家。

波斯帝国境内遍布着大路网，帝国的交通靠这些大路网维持，这些大路对波斯帝国而言就像今天铁路对我们而言那么重要，只是规模要小很多。波斯帝国又在大路网的基础上建立了比亚述帝国更完善的邮政系统。那时，把苏撒的商品运往爱琴海，几乎与我们现在环绕世界一周需要的时间那么长，那时的邮政使仍小心谨慎地干着自己的工作，传递着商品和信件。一个事例能说明这些大路的作用，鸡是我们现在很熟悉的家禽，但对于当时的地中海地区而言，鸡是一种很陌生的动物，人们甚至从未听说过这种东西。直到波斯人通过这些大路将鸡从它的故乡印度运往爱琴海后，欧洲人才开始了解并饲养它们。此外，大流士还引进了埃及历法，按照这种历法，每年分为12个月，每个月又分为30天。5个世纪后，尤利乌斯·恺撒将这种历法引进了罗马。大流士对被征服民族的科学产生了浓厚的兴趣，他在埃及创建了一所医校，这也是迄今为止所知的最早的医校，同时也是最早的专科学校。

波斯君主主要在苏撒古城埃兰居住，这座古城位于扎格罗斯的山区里，也是波斯的都城。巴比伦尼亚平原气候温暖，于是，每年到了寒冷的季节，波斯君主就会迁往巴比伦城中，在以前的迦勒底王宫里居住。早期的波斯国王们坚持在故乡居住，居鲁士曾在帕萨尔加德附近修建宫殿，他就是在这里击退米底人的；大流士也曾在波斯波利斯建立了一座富丽堂皇的宫殿，距离居鲁士宫殿大约40英里。居鲁士、大流士和薛西斯等波斯皇帝的陵墓就坐落在这些建筑物的废墟旁，它们静静地矗立在一旁，见证着历史的更迭。

波斯的建筑师们不断向那些古老的东方民族学习，在这一过程中，他们将许多不同的艺术形式糅合在一起。他们模仿巴比伦尼亚的样式，兴建了波斯宫殿下面的巨型平台；他们还向亚述和西方学习，在宫殿大门上修建了用于装饰的双翼公牛；宫殿正面和宽敞的大厅里耸立着廊柱，这些亚洲最早的廊柱则是借鉴了两千多年前尼罗河畔的建筑；虽然王宫门口的门楣可以视为亚洲式的拱门，但它仍是以埃及的设计为原型的；宫殿墙壁上镶嵌着绚丽多彩的瓷砖，它们来自尼罗河，经过亚述和西方，最终传入波斯。波斯的建筑师们用其他国家的文明成果装点自己的家园，并将它们与帝国生活融为一体。

破译波斯文件与楔形文字

对现代人来说，波斯人在肥沃新月地区对东方文明的融合与吸收极具科学意义。我们通过研究波斯人用楔形文字所写的文件，才最终破译了西亚的楔形铭文。如果他们没有留下这些文件，现代学者们可能永远也不能理解那些黏土板上的内容，我们对于巴比伦和亚述的历史研究也将永远搁浅于无休无止的争论之中。

阿拉米语取代巴比伦尼亚和亚述的语言后，人们不再用古代楔形文字在黏土板上书写。大约2000年前，最后一位懂楔形文字的人也死了。巴比伦尼亚和亚述的历史从此被掩埋在两河沿岸的城市废墟之下。1800年，在波斯王宫的遗迹中，一些欧洲旅行者发现了大批的楔形铭文，他们复制了铭文，带回了欧洲。经过一系列研究发现，这些铭文中包含的楔形符号的种类并不多，因此，破译铭文并没有那么困难。1802年，一位名叫戈罗特芬德的德国教师在这些波斯铭文中辨认出了大流士和薛西斯的姓名以及其他一些单词和名称。后来，他又译出了两个楔形铭文的短篇，这是近代人第一次破译出波斯铭文，这极大地鼓舞了该领域的相关学者。然而，这两篇铭文的篇幅实在有限，只涉及了波斯字母表上的几个楔形符号，而绝大多数的波斯铭文仍是神秘而难以理解的。这时，一些欧洲学者发现了波斯楔形字母表上所有其他符号的音调。与此同时，一位杰出的英国军官亨利·罗林森爵士在波斯驻扎时搜集了大量波斯铭文，这在欧洲是不可能实现的。他搜集到的铭文中就包括著名的大流士贝西斯敦铭文。1847年，罗林森发表了一套字母表，其中包括39个语音符号的古波斯楔形文字，此外还有贝西斯敦铭文上的波斯语部分的完整译文。这说明他已经完全破译了古波斯楔形文字。需要说明的一点是，罗林森当时在东方生活，并不了解欧洲学者的研究情况，因此，他是在没有任何借鉴的情况下独立完成破译的，这更体现出他的成果弥足珍贵。

现在，学者们可以解读古波斯铭文了，在破译现存波斯铭文的过程中，尤其是破译著名的贝西斯敦铭文时，发现了大量有价值的信息。但是，保留至今的波斯铭文少之又少。学者们之所以努力破译古代波斯楔形文字，其最终目的就是破解古巴比伦尼亚楔形文字。

学者们发现，贝西斯敦纪念碑上的铭文C中的楔形符号与巴比伦尼亚的黏土板和石碑上的楔形符号是一样的。与此同时，巴黎和伦敦的博物馆中收藏了在尼尼微和萨尔贡王宫中发掘的巨型雪花石膏雕版，雕版上的铭文与贝西斯敦纪念碑上的铭文C也是一样的。学者们据此推测，破译贝西斯敦的铭文C是重中之重，只要能解读铭文C，就能解读巴比伦尼亚和亚述的那些古代文件，从而帮助人们更深入地了解那个远去的时代。

许多相关证据表明，贝西斯敦铭文C就是罗林森已经破译出来的波斯文的巴比伦尼亚文。因此，当我们试图破译古巴比伦尼亚语的时候，贝西斯敦铭文也许正是重要突破口，就像罗塞塔石碑是指向古埃及语最终答案的桥梁一样。我们可以更直观地将二者进行对比：

罗塞塔石碑中包含：

1. 学者将埃及语铭文与2进行对比并成功破译；

2. 学者已经破译并理解的希腊文。

贝西斯敦铭文包含：

1. 学者将巴比伦尼亚楔形铭文与2进行比较，以此为突破口，进行破译；

2. 已经被罗林森破译的波斯文。

学者们发现，破译巴比伦尼亚的楔形铭文比破译波斯文更难，因为波斯楔形文字只有40个符号，然而，目前已发现的巴比伦尼亚符号已多达500个。最终，罗林森还是完成了这项艰巨的任务，1850年，他的研究成果正式发表，第二年，他又发表了贝西斯敦铭文上巴比伦尼亚语部分的全部译文。此后，我们能进一步理解巴比伦尼亚和亚述的城市废墟呈现在我们面前的两河流域的三大历史篇章，那一段关于西亚民族的2500多年的历史几乎已经被世界遗忘。在巴比伦尼亚和亚述城市的废墟中，考古学家发掘出了大量文字文献，于是，相继涌现了一批又一批研究黏土板和石板上的楔形文件的学者，他们被称为亚述学者。这是一门新学科，这门研究古代西亚历史的学科得以建立，要归功于波斯国王留下的那些宝贵文件。

波斯帝国统治下的波斯宗教

在波斯帝国的统治下，整个东方世界度过了近 200 年的和平与繁荣的日子，一直持续到公元前 330 年。但是当居鲁士和大流士的时代过去后，波斯国王们的实力大不如前。他们纵情享乐，将大部分的统治职责送到了行省总督和其他管理者手中，帝国的统治变得腐败而软弱，最终走向了没落。

后来的世界，尤其是希腊世界，视波斯统治者为野蛮残忍的东方暴君，然而，这只是人们的偏见罢了。早期的波斯皇帝们坚持以公正、仁慈的原则对待各民族。在贝西斯敦铭文上，记载着大流士这样的一段话："我和我的家人既不是邪恶者，也不是说谎者，更不是暴君。因此，我得到了胡拉玛达神的帮助，我依据正义的原则统治国家。"这段话说明，波斯帝国作为古代世界最强大的帝国，奉行的统治比任何一个东方国家都更为仁慈、公正。

通过研究大流士其他话语的相关记录可知，波斯统治者虔诚地信奉着琐罗亚斯德教，努力践行着该教教义。随着波斯不断扩张，这一伟大的宗教在整个西亚尤其是小亚细亚地区普及。在波斯，琐罗亚斯德教中胡拉玛达神的助手密特拉神变成了光明神，并最终演变为太阳神，后来，他的光辉甚至超越了胡拉玛达神。密特拉神还经过小亚细亚传入欧洲，我们将在下文提及。罗马帝国虔诚地信奉着伟大的波斯神，对于基督教而言，这种信仰是一个强劲的敌人。

和其他方面一样，波斯帝国的宗教也超越了民族的界线，进入了一个漫长的纠纷时代。在这一时代，东方各主要宗教为了争取波斯国教地位互相斗争，其中希伯来人的宗教最值得一提。随着波斯王族与东方贵族们逐渐走向衰落，之前毫不起眼的希伯来王国作为波斯帝国的一个西方属国，开始引起人们的注意。比起同一时代世界上其他大国，这个小王国对人类文明产生了更深远的影响。

第六章　希伯来人与东方的衰落

巴勒斯坦：希伯来人之前的居民

现在被称为巴勒斯坦的地方是希伯来人的故土。巴勒斯坦是海洋与沙漠之间的一块狭长地带，坐落在肥沃新月的最西端，也就是地中海的西南角上。它西邻海洋，东边是向北延绵的沙漠和荒地。这块狭长地带比佛蒙特州也大不了多少，长约150英里，面积不足一万平方公里。

巴勒斯坦南部是一片不毛之地。在沙漠的侵蚀之下，这片土地成为石灰岩山丘，这片贫瘠的土地环绕着耶路撒冷。巴勒斯坦北部的山谷地区土壤肥沃，但夏季缺乏雨水，灌溉土地只能依靠冬天的雨季。因此，比起那些夏季降水丰沛的地区，这里的收成要少得多。巴勒斯坦北部的良港一直处于腓尼基人的掌控下，巴勒斯坦与海洋之间的联系也被阻隔。因此，巴勒斯坦因为缺乏自然资源，一直没有发展起来，也没能像尼罗河畔与幼发拉底河畔的国家以及与其相邻的叙利亚和腓尼基那样，在经济和政治上取得长足进步。

肥沃新月西端的北部山区与其东端一样，当地居民和来自沙漠湾的闪米特游牧民也在这里混居着。这些来自北方的居民身上保留着来自小亚细亚的赫梯人在巴勒斯坦的闪米特人身上留下的特征。人们一直认为，闪族人，尤其是犹太人有着高高凸起的鹰钩鼻，其实，那是来自赫梯人（非闪族）的血统。赫梯人与巴勒斯坦的闪族人通婚，将这一赫梯式的脸部特征遗传给了闪族人。异域面孔在巴勒斯坦的集市上随处可见，还可以听见各种各样的方言。这里有闪闪发光的珠宝、铜盘、尼罗河畔工匠打造的象牙家具，还有来自爱琴海的陶器，来自赫梯的红陶，还有来自巴比伦尼亚的毛织品。喧嚣的集市中时不时传来毛驴的叫声，它们跟随着来自北方的主人，沿着尼罗河与幼发拉底河，一路跋山涉水，来到了这里，它们和它们主人的身影时常出没于巴比伦庙塔之下、泰班方尖碑旁。在与巴比伦尼亚的商业往来中，这些西方闪米特人学会了书写楔形文字。巴勒斯坦是亚洲和非洲过渡地带的延伸，多种文明交汇于此。巴勒斯坦附近有埃及、巴比伦尼亚、腓尼基和小亚细亚诸王国。来自这些文明古国的商品汇聚在巴勒斯坦的市场上，早期东方世界任何其他的地方都无法实现这一点。

那些来自文明古国的商品在巴勒斯坦的市场上展开和平的竞争，然而，他们的军队却在这里剑拔弩张。长达几个世纪的时间里，巴勒斯坦夹在尼罗河畔与幼发拉底河畔两个强国之间，成为强国角逐的场所。位于中部的卡尔迈勒山脉是巴勒斯坦进入内陆的唯一障碍，后来希腊战争中的要塞美吉多把守着这条交通要道。如此显著的地理位置让哈米吉多顿平原成为长期以来各国角逐的场所。和 1914 年德法战争中西班牙等一众小国一样，巴勒斯坦一次次承受着战争带来的苦难。在长达几个世纪的时间里，巴勒斯坦被埃及占领着，后来又被迦勒底人占领，再后来归顺于波斯帝国。总之，希伯来人从拥有这块土地的那一刻开始，从未从外国的压迫中解脱出来。

希伯来人定居巴勒斯坦

希伯来人原本是游牧民族，来自阿拉伯沙漠中，他们四处放牧牛羊，然后不断迁徙至巴勒斯坦地区，在那里定居下来。他们的迁徙大约从公元前 1400 年到公元前 1200 年，持续了两个世纪。埃及人掠走了一支希伯来人，并将他们驯化成奴隶，在一位残忍的埃及法老手中，这支希伯来人饱受折磨。后来，英雄摩西带领着这些希伯来人从埃及逃离，他们拥立摩西为领袖，并永远铭记着这位伟大的民族英雄。最初进入巴勒斯坦的那些希伯来人发现，迦南人早就占领了那些被坚固城墙环绕着的繁荣的城镇，他们只能去攻占那些势单力薄的迦南人的城镇。迦南人修筑的城墙很坚固，将希伯来人挡在了城墙外，于是，他们只能分散开，在巴勒斯坦北部山区中住下来。在数百年时间里，耶路撒冷人一直在约旦的高地上顽强地抵抗着来自希伯来人的进攻。

值得一提的是，那些迦南城镇在被征服之前，它们的文明已经持续了1500年，他们居住在舒适的住宅中，拥有制造业、商业、文字和宗教，还成立了政府。粗鲁的希伯来人与固若金汤的迦南城镇展开商贸往来，彼此间的联系加强，并吸收了后者的文明，这深刻地影响了希伯来人的生活。大部分希伯来人搬出了帐篷，纷纷效仿迦南人，修建了住宅；他们不再穿又粗又硬的羊皮衣，喜欢上了颜色艳丽、材质柔软的迦南羊毛衣，经过一段时间后，希伯来人的外貌、职业和生活方式都与迦南人如出一辙。就像新移民现在积极地吸收着我们的服饰和生活方式，希伯来人也从迦南文明中汲取着养分。迦南人与希伯来人通婚，于是，赫梯血液融入了希伯来人的血液之中，所以他们才拥有了与赫梯人极为相似的脸型。

但是，不同地区的情况也不尽相同。南部相对贫瘠落后，希伯来人仍和他们的祖辈一样，在沙漠里生活着，他们中的大多数人不愿意离开帐篷，也不肯失去沙漠中的自由与惬意。当年约旦高地上牧民的印记如今仍残存在耶路撒冷的城墙之上。这时，希伯来人分化为了两种生活方式：一些希伯来人生活在富饶的巴勒斯坦北部，在城镇过着定居生活，在城外的土地耕种；一部分希伯来人生活在南部，与他们的祖祖辈辈一样，过着古老的游牧生活。希伯来人数百年来都不和睦，这种生活方式上不可逾越的鸿沟是重要原因之一。

公元前1100年，埃及走向末路，亚述还未征服西方，而地中海的腓尼基人却离开了克里特岛，来到了巴勒斯坦西南部的沿海平原上，腓尼基人在这里建立了一个国家，这个国家拥有高度发达的文明，人民崇尚武力。当时，这个腓尼基国家更类似于城邦集合体，不断压制着希伯来人。这时，希伯来人的地方领袖“执政官”发现，他们很难建立自己的国家，这需要付出长期而艰巨的努力。大约公元前1100年前，希伯来人推选出了一位领袖，这位领袖众望所归，成功建立了希伯来王国，成为国王。他就是扫罗，来自南方，他没有改变古老的游牧习俗，仍喜欢居住在帐篷里。在扫罗的带领下，希伯来人与腓尼基人频频交战，然而，希伯来人打不过腓尼基的军队，最终在一场激烈的厮杀中被全歼。扫罗眼睁睁地看着自己的军队被打败，他有心杀敌，却无力回天。公元前1000年，扫罗自尽。

大约公元前1000年至公元前960年，大卫凭借着出色的能力，获得了南方的支持，当上了国王。他曾经是扫罗身边的得力干将，后来因为扫罗的私心成了罪犯。当上国王后，大卫意识到必须建立一座坚固的城堡，他从迦南人手中夺取了耶路撒冷一个陡峭山岭，那里矗立着一座古代城堡，并住在了那里。作为一个南方国王，大卫为王国创立了一些功绩，富饶的北方成为他的后盾。作为一名英勇的战士，大卫击退了腓尼基人，统治了整个希伯来王国。在大卫的统治下，王国进入了一个相对稳定、繁荣的发展时期。大卫既是英勇无畏的战士，又是颇具才华的诗人与歌手，他的民族永远铭记着他。

所罗门是大卫之子，他是一位商人国王，这与汉谟拉比类似。他组织马队，开展商业贸易，还与腓尼基国王希兰联合起来，创建了一支船队，积极开展海上贸易。通过这一系列的商贸活动，所罗门聚敛了巨额财富，并迎娶了埃及国王的女儿。他对东方的奢侈品情有独钟，并喜欢对外炫耀。希兰将许多腓尼基的出色工匠借给了所罗门，于是，所罗门抛弃了希伯来人原来的帐篷神殿，在耶路撒冷修建了一座富丽堂皇的宫殿。所罗门向希伯来人征收重税，以维持奢靡的生活，这让臣民十分不满。到了所罗门之子统治时期，大约公元前930年，北方各部落相继从统一的希伯来王国退出，建立了自己的王国。成立不到一个世纪，统一的希伯来王国就分裂成了两个王国。

两个希伯来王国

希伯来王国分裂成了两个王国，并陷入了敌对状态，甚至相互斗争。以色列是希伯来人的北方王国，该王国土壤肥沃，生产能力高，制造业和商业也很发达，人民过着富足而繁荣的城镇生活。而南方王国犹大则很贫瘠，除了巴勒斯坦之外，整个王国再也没有其他大城镇，大多数人还是过着四处漂泊的游牧生活。

两个王国在生活方式上存在着巨大的鸿沟，这引起了其他方面的冲突，其中，宗教信仰方面的冲突尤为激烈。几百年来，每个迦南古城镇都有自己的地方神，他们将其称为“巴尔”[①]或主。城镇中的希伯来人很自然地接受了迦南人的崇拜。

但在保守的希伯来人看来，这种崇拜是对古老的希伯来神“耶和华”[②]的不敬。虔诚的希伯来人以南方人为主，他们对信仰不同神的城镇居民心生抵触，在他们看来，迦南神只会庇佑那些在城市里过着奢靡生活的富人阶级，对于他们这些在沙漠中过着游牧生活的穷人而言，耶和华才是真正的保护神。

随着这种观念不断强化，双方的矛盾愈演愈烈。希伯来一分为二后不到一个世纪，发生了一件事。北方王国一个名为那波斯的臣民拥有一座葡萄园。他的国王亚哈为了夺取这座葡萄园来扩建王宫花园而逼死了他。一位居住在约旦东部沙漠中的希伯来游牧民被这一举动激怒了。这位牧民名为以利亚，他来到葡萄园中，站在国王面前，痛斥他的罪行，他的行为挑起了一场战火。但就其本质而言，这场战争是由希伯来耶和华信仰与迦南神信仰之间的矛盾引发的。最终，以利亚消灭了北方王国的王族，还屠杀了迦南神巴尔的教士。在很多希伯来人看来，耶和华是战神，这也是他们崇尚武力的一种方式。然而，暴力手段永远不能带来真正的和平与安宁。

以利亚是崇尚武力的领袖。有许多希伯来人渴望着和平，但他们同样深陷于城镇不公平的待遇之中。他们对过去在辽阔的沙漠上游牧的生活心生向往，那时，希伯来人民之间团结友爱，没有诸如压榨穷人等罪行。我们可以在有关希伯来族长亚伯拉罕、以撒、雅各布和约瑟夫的故事中发现相关的描述。这些故事是关于希伯来人祖先的叙事诗，透过这些诗，我们可以想象到希伯来人在沙漠上自由自在放牧的场景。这些故事是从远古流

① 巴尔：闪米特族中某种神的名字或称号，原意为“主人”；它也被用作敬称，在阿卡德语中称为 Bel。

② 希伯来人称他们的神为“耶和华”，写作 YHVH，这个单词里没有元音字母。后来，他们认为这四个字母所组成的单词过于神圣，以至于人们不能读出来，于是，他们在单词中间插入了三个元音字母 e、o、a，然后又忽略了这个单词中的辅音字母，将它读作他们的常用词“神”（1ord）的读音。最后，人们逐渐遗忘了耶和华这个词的古代读音。YHVH 的发音中加入了 lord 中的元音字母 e、o、a，于是 Yehovah（Jehovah）这个词出现了。不到 600 年前，Jehovah 的发音才正式出现。

传下来，是伟大文学作品中的一部分，在《创世记》中的第 24、27、28、37 章以及 39 到 47 章的第 12 节中，我们都可以读到这些故事。这些希伯来人的故事代代相传，一直流传至今，它们是最早以散文形式写就的历史著作。人类历史上最早的历史学家创作了这些希伯来故事，令人深感遗憾的是，就连希伯来人自己也没有记住这位杰出的历史学家姓甚名谁，最终，他们让伟大领袖摩西负责保存这些作品。经历了一个世纪，约公元前750年，在伯特利的街头出现了一个披着邋遢羊皮的身影。这个城市里坐落着北方王国一座重要的神殿，此人是牧羊人，来自南部犹太山，名为阿摩司，长时间以来的牧羊生活让他对耶和华产生了新的认识与理解。他认为，耶和华不仅是沙漠中的战争之神，他还是上帝，拥有一颗父爱之心；耶和华并不赞同以利亚及其后代发动那种血腥冲突；他虽然是富有阶层，却厌恶残暴自私的行径，谴责一切恶行，主张人们向善。对于耶和华的新领悟让这个牧羊人激动无比，他将毕生的精力投入到了这种耶和华精神的传播之中。他千里迢迢赶往北方王国，告诉城里奢靡的富人们：“你们现在的生活充满了罪恶，你们必须弃恶从善。”

在富裕的北方王国城镇的街道上，一个身披羊皮的粗野牧人向人们激动地发表演说，那些富裕的希伯来人的华服、豪宅和精美的家具都成为他斥责的对象，他还谴责他们生活奢靡，并残忍地剥削穷人，他们夺走了穷人的土地来抵债，让希伯来同胞们沦为了自己的奴隶，还将他们的劳动成果占为己有。他告诉人们，这些邪恶的行为在沙漠里从未出现过。阿摩司堪称亚洲首位社会改革家，他冒着生命危险在街头宣传他对于耶和华新的领悟，试图唤起希伯来人的良知，因此，人们称他为“先知”。阿摩司为人们指明了一条全新的道路，可以通往友爱而无私的理想世界。

其实，埃及早就有人做了与阿摩司一样的事情，他们尝试着引导人们以公正、仁慈的态度对待苍生，尤其是穷人。阿摩司对埃及的情况可能有所了解，他知道，口耳相传不足以让其教义一直流传下去。于是，他将教义用文字记录下来，从而流传到了今天。

这时，和肥沃新月的祖辈们一样，学会了书写的希伯来人抛弃了黏土板，开始用埃及的笔墨在莎草纸上书写。腓尼基和阿拉米商人的字母文字极大促进了希伯来文明的发展。最早的希伯来史学家对游牧生活充满了向往之情，但游牧生活没有文字，他们必须接受城镇生活，因为那里有极具生命力的便利的书写工具。对于埃及的笔墨和莎草纸，他们也全盘接受。人们在埃及的一个希伯来人社区中发现了一份用希伯来文和阿拉米文书写的文件，文件写在莎草纸上。最早的希伯来著作的主要内容是有关希伯来族长的动人传说和阿摩斯先知教义的有关记录，同时，它们也是希伯来最早的文学作品。希伯来人没有绘画、建筑、雕塑等艺术形式，他们只拥有文学。一旦他们有其他艺术方面的需求，就会从埃及、腓尼基、大马士革、亚述等文明高度发达的邻国引进。

被摧毁的希伯来王国

当时，大多数希伯来人的注意力还集中在内部矛盾上，诸如阿摩司等智者则预见到了来自巴勒斯坦边界的危险，亚述在那里蠢蠢欲动。阿摩司曾预言，人们的生活方式罪行累累，将最终导致北方王国的灭亡，而亚述就是这个毁灭者。阿摩司一语成谶，亚述人攻占了大马士革，以色列王国暴露在了他们面前，成为他们的下一个目标。公元前 722 年，亚述人攻克了以色列首都撒玛利亚，很多希伯来人沦为了俘虏。北方王国以色列在建立两百多年后，灭亡了。

这时，希伯来人只能把民族复兴的希望寄托于犹大了。这个小国顽强地斗争了下去，然而，亚述仍是这场世界大冲突中绝对的胜利者。希伯来人一直坚信，他们的上帝居住在巴勒斯坦，并统治着这里，但这位上帝并未顾及这个沦为多个强国相互厮杀的世界战场的小国家。那么，既然亚述人的阿舒尔神让他们所向披靡，它不是应该比希伯来人所信奉的上帝耶和华更强大吗？于是，当亚述军队的铁蹄踏上巴勒斯坦丘陵的时候，希伯来人陷入了绝望，他们不由得认为，也许希伯来人的上帝耶和华远不如亚述人的阿舒尔神那般强大。

公元前 700 年前，希伯来人在怀疑和恐慌中垂死挣扎。这时，在耶路撒冷的街头，一位出身于王族的希伯来先知以赛亚出现，他在那里慷慨激昂地演讲。当时，辛那克里布已经兵临城下，绝望的希伯来人似乎已经能看到亚述强悍的战争机器将城墙摧毁，就像摧毁大马士革和撒玛利亚那么轻易。这时，毫无畏惧的以赛亚仍在坚持发表演说，他的演说满怀信心与豪情，消除了人们的绝望，鼓舞了他们的斗志。他告诉人们，耶和华不仅是巴勒斯坦的王，他也是世界竞技场的王，而世界竞技场远远比巴勒斯坦要大。在耶和华的指引下，最终的胜利不可能属于阿舒尔，虽然它将巴勒斯坦洗劫一空，但那只是耶和华在利用他们惩治犹大的种种罪行。在赛亚看来，亚述人只是耶和华用来惩治希伯来人的“鞭子”，《以赛亚书》第十章第 5 至第 10 节也是这么讲述的，这个比喻很高明，集中体现了以赛亚思想的特点。

当人们坚信耶路撒冷必遭毁灭时，以赛亚的预言应验了。亚述人大难临头，希伯来人即将要迎来他们充满光明的未来。那时，一场瘟疫在尼罗河三角洲东部沼泽地区爆发了，辛那克里布几乎全军覆没，希伯来人也因此获救。人们认为，这是耶和华的毁灭天使在惩罚亚述人，在《列王纪下》第十九章 32 至 37 节也有相关记载。于是，希伯来人开始深信，耶和华统治的世界远远比巴勒斯坦大。

最终，希伯来人从辛那克里布的威胁中获救。一个世纪后，迦勒底摧毁了尼尼微。希伯来人原本认为，亚述灭亡后，不会再受到外国的威胁，他们万万没料到，世界局势瞬息万变，只是压迫他们的国家换成了另一个而已。迦勒底统治了巴勒斯坦，尽管希伯来人不愿意承认这一事实。以色列的命运在犹大王国重演，公元前 186 年，迦勒底国王尼布甲尼撒摧毁了巴勒斯坦，所有居民被流放到了巴比伦尼亚。从扫罗即位起，希伯来王国持续了近 450 年，最终灭亡。

波斯解救被流放的希伯来人

一部分被流放的希伯来人逃到了埃及，这其中就包括耶利米先知。他曾预言，巴勒斯坦会与耶和华神殿一同被毁灭，他还劝诫世人，不如在自己内心建立一座耶和华神殿，哪怕巴勒斯坦的耶和华神殿被摧毁了，人们心里的神殿永远也不会崩塌。通过最近的考古发掘，我们发现，埃利潘蒂尼地区的希伯来侨民并没有遵循耶利米的教导，在内心修建耶和华神殿，而是在那里又修建了一座新的耶和华神殿，在那里继续跪拜自己的上帝。

那些被放逐到巴比伦尼亚的希伯来人内心也同样郁结，他们并没有真正信服伟大先知向他们宣讲的教义，他们内心充满了忧伤与难以解答的困惑，这些都在他们充满忧愁的歌谣中体现得淋漓尽致：

在巴比伦河畔
我们悲伤哭泣着
我们思念锡安（巴勒斯坦）
在杨柳林里
我们的竖琴悬挂着
在这异国他乡
我们如何再把耶和华之歌唱起

耶和华还在巴勒斯坦吗？诸如此类的不解萦绕在人们心头。后来，一个不知名者在这些被流放的希伯来人中出现了[①]，在他的帮助下，这些希伯来人才从持续了数百年之久的痛苦中解脱了出来。这是希伯来人中最伟大的先知，他告诉人们，耶和华是唯一的上帝，他缔造了宇宙，而人们所经历的苦难和不幸都是为了向上帝献身而经受的锻炼和磨难。耶和华之所以让他的子民受苦，是为了训练他们服务于世界的精神，最终，他将恢复他们的力量，让他们完成效忠于全人类的伟大使命。对于居鲁士和波斯的兴起，这位先知感到很高兴，他说，对于耶和华来说，所有的国王都只是工具，耶和华会利用波斯人将迦勒底人消灭掉，还会把希伯来人送回故土。这时，希伯来人对耶和华的整体构思已完成。最初，耶和华是局限于沙漠

① 这是一位伟大的讲诗者，但他的姓名已经失传。他的演讲有 16 章流传了下来，但不知何故，在古代版希伯来著作中，这些演讲被收入到了《旧约》中的《以赛亚书》中（第 40 到第 55 章，包括首尾两章）。

的部落战争之神，强大凶悍，后来，他被认为是整个世界的公正统治者，满怀着仁慈。经历了数百年的磨难与苦痛后，希伯来人的认识终于上升到了这一层次，他们开始将耶和华视为世界上唯一的上帝。正如我们要不断从自己的错误中汲取教训，并从错误导致的结果中谋求发展、完善品质一样，希伯来人的思想也在痛苦与磨难中不断发展完善着。正如最伟大的导师耶稣的训语："先长苗，后抽穗，穗上结出饱满的籽粒。"[①] 整个世界都将获益于希伯来人丰富而有意义的宗教经历。当居鲁士来到巴比伦时，那里的希伯来游牧者将他视为救星。希伯来人处于波斯人的统治下，波斯国王允许他们重返故土。除了一些已经在巴比伦安定下来的希伯来人不愿回去以外，大部分希伯来人都相继返回了耶路撒冷，在那片狭小的土地上重建他们的家园和神殿。

波斯政府赋予了希伯来领袖一定的权力，他们返回故土后又制定了一部宗教法典。法典沿用了许多早期宗教教规的内容，其中包括流传已久的《旧约》前五篇，此后，犹太人有了自己的宗教法典。我们现在所说的犹太教，就是巴比伦尼亚希伯来领袖重返家园后创建的宗教。这些希伯来人并未试图复兴古老的希伯来王权，他们的统治者是一位耶路撒冷的高级教士。实际上，犹太国只是一个宗教组织，教堂是他们的最高组织机构，里面端坐着一个高高在上的教士。

这座教堂的领袖们一直潜心研究他们手中的本民族古代著作，这样的著作原本很多，《旧约》中就曾提及一部分，但其中大部分著作已失传。我们如今熟知的一些希伯来著作包括律法书、《诗篇》和《启示录》等只以卷册的形式流传了几百年，并未被编集成书。这时，教堂领袖们开始着手进行这项工作。一段时间后，重建的神殿中的礼拜仪式不断完善，而这些领袖也整理出了一部著作，其中包括150篇宗教赞美诗，这部著作就是第二神殿赞美诗——《诗篇》。他们将先知们的语录、不知名史学家的故事、不知名先知的演说以及其他的古希伯来著作汇集在一起。这时著作权的概念还未形成，因此，在完成这项工作时，他们偶尔会将不同作者的作品归入同一个人的名

① 见《马可福音》第四章第28节。

下，他们并没有考虑到这样做可能会误导读者。

直到基督教时代，犹太教的领袖们才最终将他们手中所有的古代著作汇集为了一本书。最初，这本书以希伯来文写成，是犹太人的圣经。现在，这部希伯来文著作也成为基督教国家的圣书，它的英文版本就是《旧约》。《旧约》是迄今为止发现的基督教诞生之前东方最珍贵的文化遗产。一个野蛮游牧民族从阿拉伯的荒漠中来，《旧约》记载了他们的起源与发展，他们最初在沙漠里过着游牧生活，后来在巴勒斯坦定居，他们在此期间饱受磨难，最终崛起为闻名世界的宗教导师。值得注意的是，基督教的创立者是在犹太教的基础上产生的，在希伯来践行宗教信仰的过程中逐渐形成。当然，其中波斯人也功不可没，因为他们让希伯来人返回故土，因此，我们才有机会从《旧约》以及基督教创立者的相关故事中了解到希伯来人所缔造的伟大的精神遗产。

东方的衰落与对东方文明的回顾

古代东方最后一支能统治世界的力量就是波斯。从公元前 400 年开始，波斯走向了衰落，很快，崛起于欧洲的印欧民族希腊取而代之。现在，我们需要了解一下这一时期的历史。在这之前，我们先回顾一下东方文明以及它在此前 3500 多年里所创造的辉煌成果。古代东方经历了驯养动物、发明农业、发现金属、发明文字直到尼罗河的三部伟大的历史篇章，这一过程从大约公元前 3000 年持续到公元前 1150 年，两河流域同样经历了另外三部同样伟大的历史篇章，从公元前 3200 年持续到公元前 539 年。随着这六部伟大的历史篇章走入尾声，波斯开始统治东方。公元前 539 年起，印欧人开始统治东方。

在这漫长的时光里，古代东方缔造并发展了最古老的实用艺术。在东方，金属工艺、纺织、玻璃、造纸等制造业陆续出现，还出现了最古老的海船，修建了第一条道路与第一架桥梁，以便将制造业的各种产品贩卖到世界各地去。时至今日，当谈及东方人运输货物、修建宏伟建筑物的本事，人们仍交口称赞。一直到近代，人们才超越了这些早期东方世界的发明创造。

石屋、柱廊、拱门、塔和尖塔等人类最早的建筑也是东方创造的。此外，东方还首次创造了精美的雕塑，这些雕塑最初是栩栩如生的人物，后来是埃及的巨型石雕，再后来又成为早期巴比伦尼亚制作精良的印章；在文学方面，东方发明了最早的叙事作品，包括叙事散文、诗歌、历史著作、社会评论和戏剧等；东方还出现了最早的历法、字母表以及数学、天文学和医学学科；在政治方面，世界上最早的大型政府行政机构和有关制度在东方第一次出现，它有效地将官吏组织起来，让他们负责政府的各项事宜；在宗教方面，对世界上唯一的上帝耶和华的信仰也最早在东方萌生并发展。耶和华对全人类如慈父一般的仁爱，人类第一个共同的宗教由此开启，以此为基础，现代文明世界的主导宗教迅速发展起来。这时，东方已取得了非凡的成就，而欧洲尚未开化，仍处于野蛮状态。

现在，我们来了解一下东方文明走向没落的原因。对于统治者，东方人民有着一种近乎偏执的信任，在他们看来，所有的统治者都是善良而公正的，因此，国王和皇帝的专制独裁也是理所应当的，从来没有人认为，人民有向政府表达诉求的权利，也没有人认为政府里应该有人民的代表。他们从来没想过，作为一个自由公民与爱国者，他们有权利也有义务通过投票的方式参与到政府的管理中去。但是，对于我们所说的自由，东方人并不理解，也从未思考过我们所提倡的民主。换而言之，与西方公民不同，东方人身上缺少那种积极的参与感与责任感。这种对公共问题的关注度与责任感可以让人们的头脑处于灵敏的状态，而希腊和罗马之所以能产生那些伟大的人物，原因也在于此。

人们无条件地接受了东方国王的绝对统治，还盲目接受了神的统治。这种传统让东方人难以对外部世界展开独立思考与认知，在他们看来，每一场暴风雨都来自神的谕旨，每一次日食都是因为神或恶魔的怒火。他们从未试图探索这些自然现象背后的规律，宗教和传统彻底禁锢了他们的心智，他们的思想戴上了枷锁。因此，在自然科学方面，东方并未取得任何突出成就；在迷信和僵化的思想中，宗教也失去了活力；因为缺乏思想上的刺激，文学艺术的灵感也枯竭了。

如果站在整个人类文明进步的立场上来看待东方古代文明，我们会发现，人类在政治、自然、文学、艺术以及其他很多领域尚有许多未竟的事业，于是，欧洲大陆承担起了这一历史性使命。现在，我们将返回欧洲，去探索地中海正在冉冉兴起的文明。早在四五千年前，古代东方文明就传到了早期的欧洲。

第七章　东地中海世界的崛起

欧洲文明的发端

我们已经对五万年的早期欧洲发展史进行了回顾，因此，我们已经对欧洲早期人类的生活有所了解了。为了对人类文明史有更全面的了解，我们离开欧洲，来到东方，探索了东方文明的产生及发展过程。当时，大部分欧洲地区仍处于石器时代，那里遍布着人类的足迹。人类的定居地遍布于森林、瑞士的湖泊和山谷等地，他们散居在平原上和海湾边，并沿着河流和河谷逐渐从平原和海湾向欧洲腹地推进。随着畜牧业和农业的发展，欧洲人，尤其是瑞士以南的欧洲人的生活得到了极大的改善。西西里地区位于欧洲与埃及之间，发挥着桥梁的作用。这是欧洲在东方文明的影响下取得的第一次进步。约公元前 3000 年，欧洲东南部仍处于石器时代，但它这次奋起直追，赶上了金属时代的黎明。

一些来自地中海沿岸的商人偶尔会来到这里，他们很受当地人的欢迎，因为他们会带来一些很受当地人喜爱的商品，比如一些带有花纹的陶罐和蓝色的珠子等。当然，这些商品也会为这些生意人带来丰厚的利润。每当商人拿出一些闪闪发光的珠子或是一些形状奇特而有分量的红色项链时，当地人都会自然而然地流露出羡慕的神色。村民们争相抢购那些漂亮的装饰品，实际上那些不知用什么材料制成的匕首（见下页图）或斧头才是最受欢迎的。这些斧头比石斧轻薄许多，但却更有韧性，砍出来的切面也更为光滑。

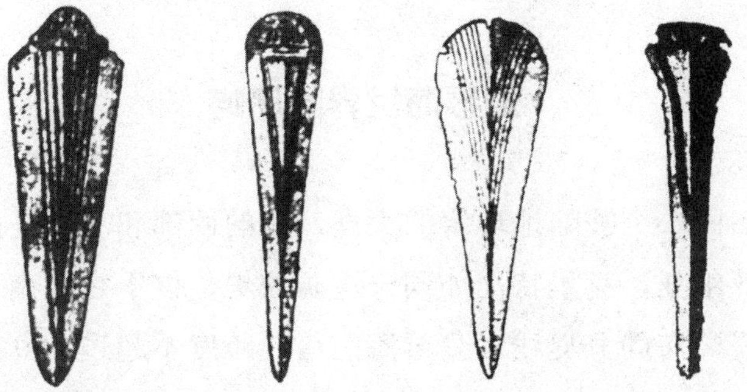

这些商人还给欧洲内陆腹地的居民们带来了商品出产地的有趣故事，并为当地居民讲述地中海以外辽阔天地中各个民族的传奇故事。一些晚石器时代的欧洲人可能还隐约记得他们的祖先说过，遥远神秘的东方正是谷物、亚麻和牛羊等物品的产地。

这些村民津津有味地听着商人们向他们描述巨大的海船，他们深感震惊，因为比起商人口中的那些大船，他们制作的那些粗糙的独木舟不值一提。那些海船的两侧排列着划手，船上木桅杆高耸着，巨大的船帆鼓起来，借助风力，这种大船可以从一块陆地迅速驶往另一块陆地。这些大船满载着货物，从尼罗河出发，横渡地中海，驶向群岛、东南欧海岸或邻近的亚洲地区。商人们说，尼罗河是全世界最大的河。就如第一批登上美洲的欧洲人让北美印第安人感到惊奇一般，欧洲人还未开化，他们想象着地中海彼岸的尼罗河文明，或是听商人们讲述那些伟大民族的故事时，也是类似的感觉。

公元前 3000 年至公元前 2000 年期间，欧洲人慢慢学会了使用金属，但他们并没有因此进入更高级的文明，但他们日常生活的文明水平仍得以提高，并且掌握了较为先进的造船技术。这些欧洲人仍没有文字，没有修筑石头建筑的工艺，也没有大船能进行远航贸易。他们在建筑方面取得了一些进步，但比起之前的石窝仍好不了多少，这也证明西方和北欧在这方面仍是落后的。在青铜时代，欧洲并未发展出像东方那样高度发达的文明，但爱琴海周边出现了这种文明。这一点并不令人费解，因为这里是欧洲最接近埃及的地区。

爱琴海世界的岛屿

爱琴海如同一个被陆地环绕的大湖，它的西部和北部是欧洲大陆，它的东部是小亚细亚，克里特岛如同一道防波堤，位于它的南部。克里特岛是地中海和爱琴海的分界线。爱琴海的南北跨度不超过400英里，不同地方的宽度有所不同，大部分地区比密歇根湖宽很多，有些地方甚至比密歇根湖宽上了一倍。许多深深的海湾和港口分布在爱琴海的海岸线上，几百个小岛屿散布在爱琴海之中，人们在这里航行，每隔一两个小时就会看到一座小岛。横渡爱琴海时，陆地不会完全从人们眼中消失。有时，人们甚至在同一时间可以从不同方向看到陆地。虽然密歇根湖的周围地区没有铁路，但湖岸却散落着芝加哥、米尔和沃基这些商业城市。和爱琴海的情形类似，这里所有的港口都由航线连接在一起。古文明中心与爱琴海海岸以航船为纽带联系在了一起。爱琴海及其群岛与周边的海岸连成了一条经济链，构成了爱琴海世界。

爱琴海世界一路向北延伸，横跨北方高地，因此，这里的气候特征多种多样。在爱琴海世界，大部分地区气候温暖，阳光充沛，但地中海地区则有所不同，冬季温和多雨，夏季炎热干燥。总体来说，爱琴海世界地形支离破碎，但美丽的海滨与河谷散布在这里，海岸边上坡度平缓，分布着大大小小的平原。这里种植着小麦、大麦、葡萄和橄榄等作物，甚至不需要引水灌溉。面包、葡萄酒和橄榄油是当地人的主要食物，对他们来说，葡萄酒就像咖啡、茶一样，橄榄油则像黄油一样。根据《荷马史诗》的描述，这里包括孩子在内的所有人都啃面包，喝葡萄酒。雨季来临后，茵茵的绿草在高地上萌芽、生长，各个山头上遍布着放牧羊群的牧羊人。这番景象很难在世界上的其他地方出现，这里似乎是上天恩赐的富饶之地，因此，这里的人们对众神心怀感激，感谢他们能将这样的大海与陆地赐予他们。

爱琴海包括欧洲大陆东南端的一个半岛，也就是希腊，还有一系列作为前哨的岛屿。其中，克里特岛跨越了东方水域，很早之前，埃及船队就在此穿梭往来，这也是北地中海世界的高级文明最早孕育于此的原因。这时，亚洲对爱琴海产生了深远的影响。小亚细亚是亚洲最西部的高地，一直延伸至爱琴海海岸，欧洲和亚洲在此隔海相望。一条重要的贸易通道从小亚细亚穿过，它是连接着爱琴海世界与肥沃新月的桥梁。

爱琴海主要通过两条路线接触古老的东方文明：第一条是埃及船队穿越地中海的路线，也是最早的一条；第二条从幼发拉底河流域出发，越过小亚细亚的陆路。爱琴海诸岛成为连接东方和欧洲的纽带，早在石器时代，它们就成为伟大的东方文明的前哨。这里说的东方文明指的是在尼罗河及幼发拉底河流域所发现的文明。这也就意味着，在北地中海地区的爱琴海诸岛上，欧洲的高级文明发展起来了。

人们将最早居住在爱琴海地区的人们称为爱琴人，约公元前 3000 年，他们就居住于此了。爱琴人在这里居住了漫长的许多个世纪，创造了璀璨的文明，一直到希腊人闯入他们的家园。这些爱琴人是地中海民族，也是白种人的一支，是今天北地中海地区希腊人的祖先，但与古希腊人没有直接关系。在还没有文字记载的年代，他们就已经在地中海北岸开始扩张，占领了希腊半岛和爱琴海诸岛，随后进入了爱琴海东岸的小亚细亚。

克里特岛远远地向地中海延伸，这让人们不知道究竟应该将它划入欧洲，还是非洲。一直以来，它都是爱琴文明的先驱。在欧洲文明的黎明时期，“克里特几乎被视为东方世界的一部分……与今天的君士坦丁堡类似”[①]。水手们驾驶着古老的船只从尼罗河口西北方出发，只要短短几天，他们就能看到克里特山脉。克里特的北部与爱琴海相连，南部与埃及遥相呼应。

晚石器时代，克里特村落的房屋都是用晒制的泥砖建成的。早在公元前 3000 年，来自尼罗河的商船队就将铜带到了克里特。后来，克里特的工匠们开始在北地中海地区开采铜矿。这些工匠将铜和锡混合在一起，制成了一种比纯铜更坚硬的合金，这就是青铜。公元前 3000 年，克里特岛的青铜时代正式开始，在之后持续 1000 年的时间里，他们掌握了多项重要技能。在埃及金字塔时代，克里特工匠向埃及人学习，掌握了陶工转轮和封闭式火炉的

① 布罗斯，《在克里特的考古发现》。

使用方式，还有各种石材的雕刻方式，制作了各种精巧漂亮的花瓶、碗和坛子；在他们的努力下，设计陶器样式和烧制的技术也大大提升，涌现了一大批精美的陶罐和花瓶。在很长一段时间里，克里特人只会用粗糙的图形记事，受古埃及文化的影响，他们的书写系统开始从图形符号向真正的语音文字转变，爱琴海世界最早的文字在这里出现了。

公元前2000年，克里特民族的文明已高度发达。在一些交通便利的海岸线附近，他们修建了手工业城市，以陶瓷和金属为主业，他们还在这里与其他民族相互贸易。岛屿内陆的山谷土壤肥沃、生机勃勃，这里散落着富足的村落，这里的农人们有的种地，有的放牧。这时，在北方海岸中部不远处的克诺索斯，一个王国兴起了，这个王国最终统治了该岛屿的大部分地区。晚石器时代，克诺索斯城镇已成为了一片废墟，在这片废墟上，后来的几代克里特国王建立了一座埃及式的宫殿。还有一座宫殿在南部内陆地区兴起，可能是王朝的另一支系所建，也可能是另一个王国的都城。这些宫殿与周围的城镇都没有城墙，不能作为军事堡垒，但这并不意味着克里特王国没有任何防御工事。他们在宫殿里设有军械库，在那里储藏着黄铜铠甲和武器。在克诺索斯宫殿已经坍塌的军械库中，人们发现了烧焦的箭杆，上面装有青铜箭头，同时还有物品清单，详细地列着武器、铠甲和轻便马车等装备。这些武器的存在意味着王国拥有军队，他们有能力使用这些武器。在战争中，克里特国王还曾使用过船只，时至今日，他们仍被称为“克里特的海上之王”[①]。

至此，克里特进入了空前的繁荣时期，克诺索斯的陶工们制作出了许多能与现代陶瓷茶杯相媲美的杯子，它们又细又薄，杯子、陶罐和花瓶上绘制了各种各样绚丽多彩的图案。即使在东方，这些器皿也堪称精美绝伦。生活在遥远的尼罗河流域的富人们很喜欢购买这种精致的器皿，就像法国人以外的人们也对法式瓷器餐具青睐有加一样。这些花瓶色彩绚丽，样式精美，深受封建时代的埃及贵族们追捧，这些贵族不仅使用并收藏这些陶瓷器皿，甚至还将其作为陪葬品。考古学家在埃及墓地里发现了一些类似器具，我们从

① 近代作家们对克里特人海上力量的形容有夸大的成分。古代克里特的海上国王被称为弥诺斯，早期的克里特文明也被称为弥诺斯文明，这是现在提及克里特文明时最常使用的词，就像我们将“迈锡尼文明”称为“爱琴文明”。

中可以得知，在公元前 20 世纪到公元前 19 世纪之间，克里特制造的手工艺品深受当时人们的欢迎。能够想象到，在公元前 30 世纪，因为那些往来于东地中海的埃及船只，克里特港口肯定一度热闹非凡。同时，夏季的北风也能为克里特人横渡大海，前往尼罗河口学习制造帆船的技艺贡献一份力量。埃及人的许多文明都值得克里特人学习，因此，克里特与尼罗河流域之间往来越来越频繁。

现在，对克里特人而言，图画符号过于繁杂，他们需要一种更简洁的文字。这就需要他们将原来的图画形式大大简化，将原来的符号大幅度地省略并缩减，成为一些只由一些线条构成的符号。这种文字更便于书写，被称为线形文字，经常被刻在陶片上。在宫殿的兵器库中，每一个武器箱上都挂着一块标签，上面标注着箱子中武器的名称和数量，使用的都是这种线形文字。此外，武器箱里还有许多记事本、清单以及用来处理王室资产的重要文件，这些也都被刻在陶片上，现在，大多数陶片都被掩埋在了宫殿的废墟里。尽管学者在这方面付出了巨大的努力，但还是没能完全破译这些珍贵的记录。线形文字是我们迄今为止所发现的欧洲边缘世界最古老的文字。不同于东方皇帝，克里特的国王们并不喜欢为自己立碑，也不喜欢在建筑物上刻字，来彰显自己的赫赫功勋，因此，我们在那里没有发现碑文之类的文字记录。对于历史研究者而言，这一点是很遗憾的。

几百年后，也就是公元前 1600 年至公元前 1500 年，克里特文明进入了顶峰时代——格罗特时代。原来的克诺索斯宫殿被一座更恢宏的建筑物所取代，克里特人的生活也随之发生了很大的变化。这座新的宫殿占地面积很大，里面的大厅宽敞明亮，楼梯设计合理，堪称地中海地区第一座真正意义上的建筑物。宫殿墙壁上的图画取材于人们的日常生活，大多呈现出运动中的状态，形象生动，充满活力。克里特人喜欢将一些玻璃装饰画镶嵌在墙上，因为他们从埃及人那里学会了玻璃的制作工艺。这时，陶器上不再是绚丽多彩的颜色，陶器的绘工们开始用暗色在亮色的背景上绘画，还设计了浮雕造型。一般来说，花瓶体积越大越贵重，其图案大多数取材于陆地上的植物和海洋中的生物。克里特人对大海越来越熟悉，他们艺术作品中所表达的内容也越来越丰富。这些陶器代表着早期东方世界最具生机、最伟大的装饰艺术成就，它是人类有史以来创造的最成功的装饰艺术品之一。无论是制作方法还是外观，这些陶器都体现了埃及深刻的影响力。早在2000年前，埃及人就开始用彩色琉璃来绘制装饰画，以便装点墙壁。但克里特的艺术家并没有盲目地模仿埃及的模式，虽然埃及绘画中的那些植物显得呆板而僵硬，然而到了克里特艺术家的手中，却显得那么流畅而舒展。克里特艺术家创作的植物惟妙惟肖，仿佛能让人们侧耳听见风从绿叶上抚过的声音，还有花朵在微风中摇曳的声响，这是古代克里特最具生命力的装饰艺术。时至今日，克里特人的象牙雕刻和他们的金匠与青铜匠制成的各类艺术品仍堪称世界上最杰出的艺术品之一。

这些排水管用陶制成，长2.5英尺，直径从4到6英寸不等，它们构成了宫殿的排水系统，由工匠精心设计铺陈而成（见下图）。

这是欧洲历史最悠久的排水系统。世界上最早的排水系统是铜制的，最初在埃及的金字塔神庙中出现，比克诺索斯的排水系统早了1000年。

克诺索斯宫殿的附近平原上有一座城镇，那里的房屋都是由晒制的泥砖筑成的。我们不难从中推测，当时居住在这里的有商人、陶工、金匠和画匠等。还有一些国王雇佣的工匠住在宫殿里。耕种的农人们居住在城郊和山谷中，在庆祝丰收的节日里，他们会组成游行队伍，穿梭于城镇宽敞的街道上。这时，贵族们端坐在宫殿里，纷纷向下张望，他们过着悠闲而自在的生活。即使在现代的纽约或芝加哥，那些优雅的女士也是近几年才开始流行穿戴当时的贵族女人们的衣服和服饰；那些贵族女士身着华服，挤在宫殿的台阶上，观看拳击比赛，参赛者们头戴着沉重的金属头盔，在相互搏斗；这些贵族女士高声为勇猛的斗牛士喝彩。早在1000年前的欧洲晚石器时代，人们就开始狩猎公牛这种巨兽。现在，场上那头公牛的野性尚未完全泯灭，怒气冲天，它对面的勇士牢牢抓住它的双角，与它展开殊死搏斗。在宫殿里，这些斗牛士拥有舒适的住所，里面还有浴室和排水管道。

克诺索斯宫殿位于距港口三英里半的地方，克里特国王从宫殿的北大门坐上轻便的马车出发，仅需一个半小时，就能抵达港口。站在港口向北眺望，近处的爱琴海岛屿清晰可见。通过这些爱琴海岛屿，国王的贸易船队将克里特的艺术品和工业产品运往地中海广袤的地区。克里特船队是北地中海地区最早的海上力量。比起晚石器时代的独木舟来说，克里特船队已经强大许多，但这时的克里特国王仍然臣服于埃及法老。公元前15世纪，埃及王图特摩斯三世授予了他手下一位将军“海上诸岛总督”的头衔，所谓的“海上诸岛”就是爱琴海群岛。

可见，克里特岛是一个全新的世界。受高度发达的埃及文明的影响，克里特人创造了新的文明，从早期欧洲晚石器时代蒙昧的停滞状态中挣扎出来，步入了史无前例的活跃期。于是，除了尼罗河流域和两河流域这两大古文明之外，第三个伟大的文明中心在东地中海的爱琴海及克里特岛崛起了。这个新的文明中心是一座桥梁，连接着东方文明与后来的希腊文明。

爱琴海世界的大陆

就文明程度而言，岛屿远远领先于欧洲、小亚细亚，但埃及和克里特船队仍与希腊大陆维持着贸易往来。他们逐渐深入到南部的各个海湾，包括与南面的克里特遥遥相望的阿戈斯海湾。铁拉和迈锡尼位于港口后面阿戈斯平原上，它们用石头堆砌了一些防御要塞，这就是公元前1500年后开始建立的爱琴王国。爱琴王国引入了克里特和埃及的陶瓷工艺与金属工艺。时至今日，宫殿的废墟和坟墓之中还掩埋着许多来自埃及的玻璃工艺品和墙壁装饰工艺品的碎片，这些碎片标志着欧洲最早的文明生活。迈锡尼时代就是大约公元前1500年到公元前1200年之间的时期，因为在迈锡尼最早发现了这种文明。

但是，大陆地区仍没有追赶上岛屿的脚步，因为文字并没有随着克里特的贸易来到大陆，而欧洲大陆自身还未产生任何用于书写的文字。一些有着较高文化水平的人居住在铁萨利等希腊北部的高地地区，但这里的文明水平只是比晚石器时代略高。当时，铁萨利人已经对金属有所了解，但是，直到公元前1500年左右，他们才开始普遍使用金属。克里特文明几乎没有影响这些北方地区。爱琴海地区在亚洲的那部分是一片高地，这里的文明远远超出它在欧洲的那部分。显然，克里特的贸易活动影响了这里，虽然这种影响并不深刻。至于亚细亚海岸，则没有受到克里特文明的影响。公元前3000年，当克里特人刚开始使用金属时，小亚细亚北方一个偏僻的角落里出现了一个晚石器时代的小村落。这个小村落就是特洛伊，它可能是一些商人的聚集地，那些往来于欧亚之间的船只时常停泊在这里，将这些商人也吸引到了这里，逐渐形成了这个小村庄。

从引入金属到公元前2500年，在这几百年间，特洛伊逐渐发展成为一个商业王国，富甲一方，这个曾经破败不堪的小村庄很快成为爱琴海世界最早的要塞，比迈锡尼和铁拉的城堡还早了1000年。在公元前2500年至公元前1500年期间，这1000年的时间里，特洛伊城重建了数次，始终一派兴盛繁荣，最终统治了小亚细亚北部的一大片土地。早在约公元前1500年，神奇的特洛伊城已经发展成为一座有着雄厚实力的要塞，它被称为第六座城。特洛伊经济繁荣，实力雄厚，完全可以与我们曾在南方见识过的克诺索斯相媲美，这两座城市隔着爱琴海，遥遥相望。直到今天，我们仍不知道特洛伊人是否会书写，很多人因此认为当时克诺索斯拥有更高级的文明。

从特洛伊和爱琴海世界向大陆腹地挺进，然后穿越小亚细亚连绵起伏的山丘，我们就抵达白色人种的定居地了。这里的白色人种与爱琴人不属于同一人种，但他们的文明与爱琴文明同根同源。他们之间有几种人体型特征明显，以赫梯人为主。这些赫梯人头形较扁，长着高高的鹰钩鼻，他们拥有的土地大部分分布在爱琴海世界以外，其中一端一直延伸到了爱琴海的东岸。与得克萨斯州类似，赫梯人的土地是一个大的半岛，长600英里，宽300至400英里。他们的土地主要构成了高地地区，内陆还有一片高原，高原周围环绕着高大的山脉。因此，这里一边靠着海，一边临着高原。山脉两侧分布着山谷平原，十分富饶，这里出产丰硕的谷物。这些山脉的山坡面对着海洋，生长着茂盛的森林。小亚细亚北部和哈里斯河东侧的大山里，还蕴藏着丰富的铁矿，因此，在地中海世界与东方的青铜器时代结束时，赫梯人成为最早的“播铁人”。

上文在介绍东方对爱琴海世界的影响时，提到了小亚细亚是一个纽带，联系着爱琴海世界和两河流域，而赫梯人就是这条要道上最重要的人群之一。凭借着得天独厚地理优势，赫梯人可以轻易从国土东部地势较高的幼发拉底河流域进入地势较低的肥沃新月，他们与肥沃新月的人民之间关系融洽。我们对这里的历史已经很了解。我们知道他们是如何占领亚述的，又是如何对抗巴比伦的；也知道他们从古巴比伦那里借鉴了盾形徽章，甚至还包括单狮头、双狮头和鹰的图案。“鹰”的形象被他们从爱琴海世界传播到了后来的欧洲，并一直传播到现在的美国，最后演变为了“美利坚雄鹰”。赫梯人的特征，比如突出的鹰钩鼻早已深深烙在了他们领土两端的爱琴海世界和肥沃新月的邻居们的身上。希伯来人的面部特征也类似，这说明赫梯人曾大规模进入肥沃新月的最西端。赫梯人对西方的小亚细亚爱琴海沿岸城市产生了深远的影响。后来，赫梯人的这种影响一直存在于希腊人中，尤其体现在宗教和建筑方面，以及铸币等商务活动中。

赫梯人与肥沃新月之间保持着密切的联系，这促进了高级文明的产生，文字是这种文明中最重要的标志。这种文字最早的传播者就是巴比伦的沙漠商队。早在汉谟拉比时期或更早的时候，巴比伦商队就沿着幼发拉底河出发，来到小亚细亚，并将用楔形文字记录着账单和商业文件的陶片带到了这里。于是，早在公元前2000年，和其他西方民族一样，赫梯人在频繁的商务往来中学会了楔形文字。考古工作者在小亚细亚发现了一些泥板，它们是当年赫梯人学习楔形文字的拼读和书写时用的字典。克里特人使用的泥板很有可能是从赫梯人那里引入的。埃及文明通过叙利亚北部的萨马尔等城市，对赫梯人产生了深远的影响。受埃及象形文字的影响，赫梯人发明了第二种文字系统，含有图形符号与声音意义。赫梯人效仿埃及人，将他们的象形文字刻在石头上。如今，在爱琴海到幼发拉底河的大部分小亚细亚地区，我们还能见到这些刻在岩壁和石墙上的文字。这样一来，赫梯人就拥有了两套文字系统以及两种书写方式，那就是楔形文字和象形文字。让人深感遗憾的是，时至今日仍未能破解赫梯人刻在石头上的那些楔形文字。但象形文字已经被成功破译了，赫梯语言那层神秘的面纱也因此被揭开。和英语一样，赫梯语言也是一种混合语言。就其整体而言，赫梯语是印欧语系中的一支，只是其中还掺入了一些印欧语系以外的因素，我们尚不清楚这些外来的语言因素源于哪里。

赫梯人在建筑方面也取得了一些进展。国王宫殿的前面中央有一个门廊，两根柱子支撑着屋顶，门廊两侧分别立着一座方塔，人们因此将这座宫殿称为“双塔屋”。亚述帝国曾引入过这种门廊建筑，这种建筑还一度传入波斯。赫梯人还受到了埃及的斯芬克斯的启发，在门廊入口处的两侧雕刻了两只威风凛凛的狮子。后来，叙利亚也效仿赫梯人，在宫殿门口放置上猛兽雕像。赫梯的宫殿门廊也有装饰性的墙裙，以刻在石板上的浮雕为主，这也可能是受到了埃及艺术的启发。亚述人从赫梯人那里学会了这种装饰艺术，他们在亚述王宫的墙壁上刻了一排排的浮雕，但亚述人的雕刻水平远远在赫梯人之上。事实上，赫梯人的雕刻技术本来就不过关，不过他们仍在亚述人的影响下有所提高。从上述这些画中，我们可以看到埃及和巴比伦文明对赫梯人在宗教方面的影响。巴比伦的鹰和尼罗河畔的带翼日轮在这些画中出现了，之前，我们已经对这种影响有所了解了。赫梯人主要崇拜的神是地母，和克里特人以及后来的希腊人一样。

大约在公元前1500年前后，正值埃及帝国的兴盛时期，克诺索斯正处于格罗特时代，北方的特洛伊在大兴土木。这时，赫梯诸王国中有一个王国在哈里斯河东部崛起了。这个王国在哈提（赫梯的旧称）城邦建起了坚固的首都。国王们在哈提兴建了气势恢宏的宫殿和庙宇，还环绕着城邦修建了坚固的城墙。公元前1400年后，这个王国四处征伐，先后攻克了附近几个赫梯和非赫梯王国，在这些征服地的基础之上，他们建立了一个帝国，它的版图囊括了小亚细亚的大部分地区。

公元前1400年到公元前1200年，这个赫梯帝国都存在着。那时，赫梯已经有马了，赫梯人可能在巴比伦人之前就开始驯养马了。赫梯帝国涌现了许多杰出的战车驾驶者，他们效忠于国王，战斗力极强。因此，他们在埃及第一帝国时期的地中海东部诸国中扮演着极为重要的角色。在阿克那顿革命时期，叙利亚的埃及势力被削弱了，公元前1400年，赫梯国王们抓住了这个千载难逢的机会，夺走了埃及帝国的北方海湾。正是因为赫梯国王的这一举动，一种有着深远意义的国际政治形势形成。这是东西方之间的较量，也是巴比伦与亚述旷日持久的战争的延续，还是新兴的赫梯帝国与古老的埃及之间的角逐。在这场较量中，东方帝王们留下了许许多多有趣的信件和条约，它们以楔形文字被写在泥板上。正是在这些资料的帮助下，我们才对当时的政治形势有所了解。赫梯皇帝是一位出色的政治家，他先与周边的邻国签订和平条约，然后与南方的对手埃及签订了和平条约。他清醒地意识到，赫梯帝国最主要的危险来自东方。当时，亚述已经占领了巴比伦。在互相敌视的四方角逐当中，亚述人成了最后的赢家。公元前1200年后，亚述开始染指西方，并对强大的赫梯施予毁灭性的打击。赫梯受到了尼尼微军队和在欧洲崛起的希腊军队的双重打击。希腊人突袭了特洛伊城，由此，希腊人正式开始入侵赫梯西部，这成为压倒赫梯帝国的最后一根稻草。公元前1200年后，赫梯帝国灭亡，只延续了一代君王。

赫梯人留给世人的最后的故事就是他们曾在黑海沿岸开采铁矿，正因为这样，铁才在爱琴海世界出现。某位赫梯国王写的一封泥板信留存了下来，我们由此得知，他曾将一整船的纯铁运送给拉美西斯二世，这正是出自于收信人的要求。与此同时，公元前13世纪，他将一把铁剑送给了埃及国王。总之，赫梯文明作为爱琴文明众多的邻居之一，虽然长期落后于巴比伦文明和埃及文明，却肩负着难以言喻的历史使命。

东地中海世界的崛起

几年前，我们在上文提及的爱琴文明的故事还鲜为人知。在不到半个世纪前，甚至没有人相信，在希腊人出现之前，在地中海东端的北部地区还有文明人出现过。人们难以相信，在爱琴海世界还有早于希腊人的文明遗迹。然而，爱琴文明还是被人发现了，这个人就是海因里希·谢里曼。

谢里曼是美国人，出生在德国，年轻的时候，他在去美国前一直过着一种属于商人的浪漫生活。当荷兰海岸的船只发生海难时，他还只是一个孩子，但他那时就开始在一家杂货铺子里干活儿了。这是一个合格商人不可避免的经历。他主要的工作是出售熏鱼和成卷黄油，忙碌工作的间隙里，他坚持自学希腊语并阅读《荷马史诗》。萦绕在这个少年耳畔的是特洛伊平原上回荡着的古希腊英雄的呐喊声，是那个昏沉的小杂货铺子里喧杂的声音夹杂着书页翻动时发出的声响。在这种交响乐的陪伴下，他逐渐长大，而学习的热情却从未消减半分。多年后，他退出生意场之前，他仍热切地关注着人类世界的早期历史。当他在俄国的石油生意大获成功后，他开始努力实现自己的梦想。

1870 年，谢里曼前往特洛伊，对那里的土堆展开考古调查，陪伴他的还有一个土耳其工人。他花了四年左右的时间，就在那个大土堆里发现了九座港口城市的遗址。这些城市按照历史顺序被掩埋在了土堆中，相对较新的城市下面掩埋着更久远的城市遗址。在第二座城市入口处的塔楼附近，谢里曼发现了一颗精致的金珠，他惊喜地发现，这就是《荷马史诗》中所描绘的属于英雄的特洛伊城。我们现在得知，事实上这第二座城市比荷马的特洛伊城要早了 1000 年，荷马的特洛伊城应该是第六座城。

为了对史前的迈锡尼要塞和城堡展开考察，谢里曼横跨希腊大陆。在市场错综复杂的街道下面，他发现了一系列石墓室，还在墓室里发现了一顶精美的金皇冠，以及许多精美的金器和饰品，这说明这一系列的墓室里一定有一位国王。谢里曼认为，这些东西是特洛伊战争中的英雄们留下来的，但其实这些东西的年代更悠久。在附近的史前铁拉城堡，谢里曼也得出了类似的结论。于是，在短短几年内，这位既没有精湛技术也没有受过专业训练的考古学家将一个全新的爱琴文明世界呈现在世人面前，此前，从未有人发现过这个世界。这让人们意识到，早在希腊人出现之前，爱琴文明世界就已经繁荣了好几个世纪。

然而，谢里曼没能发现早期爱琴文明的发端。从 1900 年开始，考古学家就致力于论证克里特岛是否是爱琴文明的发源地。在他们看来，克里特岛是爱琴文明的发祥地，后来，文明中心从这个岛屿转移到了其他的一些岛屿，并最终转移到了铁拉和迈锡尼希腊大陆。美国考察者的结论也与此类似，他们主要以英国考古学家亚瑟·伊文斯在克诺索斯的考察作为依据。伊文斯发现了克里特宫殿，他一层层地清理，从中挖掘出大量克里特的艺术品和工业品。他发掘出来的工艺品将我们带回了那个远古的时代。在土堆的最底层，他还找到了晚石器时代人们的定居点，第一座宫殿也坐落在这里。

这时，在小亚细亚发现了更多赫梯遗址，其中，维克勒的发现最重要。维克勒在 1906 年到 1907 年的冬季带领着德国考察队开始考察哈提。维克勒发现在一层薄薄的泥土下面还埋藏着一些赫梯泥板，经过这里的人们随时可能踩到它们。在赫梯帝国的兴盛时期，这些泥板曾将哈提王国的宫廷资料室占得满满当当的，其中还有赫梯国王与邻国王室成员之间的通信，以及来自埃及、巴比伦、亚述等国国王的信件。在其中一封信里，赫梯国王告诉拉美西斯，自己会送他一船铁矿，还有来自埃及皇后的求援信，我们从中发现，这位皇后就是阿克那顿的女儿，也就是图坦卡蒙的妻子。除了这些信件外，人们还发现了大量协议，这些是迄今为止所发现的人类最古老的协议文件。令人遗憾的是，随着第一次世界大战爆发，关于这些重要文件的研究工作也随之中断了。后来，随着奥地利学者赫罗兹尼相关研究成果的发表，人们才能读懂那些用楔形文字写的文件。这些研究成果为他带来了巨大的荣誉。后来，福瑞尔又翻译了这些历史资料，我们的视野又一次被大大地拓展了。对于公元前 400 年以前的早期东方和史前希腊，我们有了更清晰而全面的认识。此前，那些史前希腊人物只存在于传说中，现在，他们变得栩栩如生。赫梯人用楔形文字记录的文件与资料中有大量这些历史人物的名字。此外，德国考察队还在这里挖掘出了古城墙和主建筑，于是，我们有机会一窥当时的建筑艺术。

虽然我们还没破译克里特人的文字，对赫梯文字的破译工作也处于起步阶段，但对那片土地开展的考古成果让我们在一定程度上了解了东地中海北部地区的文明状况。如果将东地中海北部地区的考古发现与在东方和地中海南面发现的早期人类联系在一起，我们就能大致了解考古学家和相关学者的探索和研究工作了。从尼罗河河谷到肥沃新月，再到小亚细亚和爱琴海，这些考古学家的考察工作几乎遍布地中海东端与周围的所有地区。

发现爱琴文明后，对于地中海东端的所有古代文明，我们都有所了解了。我们考察了他们的商业、工业还有缔造高度发达的文明世界的历程。有一点值得注意，那就是爱琴文明所在的爱琴海只是一个北方港湾。之前，我们曾看到过埃及船只在大约公元前3000年从尼罗河驶向东地中海的情景。现在，我们掉过头来，探索了地中海东部和北部地区的文明。随着克里特的格罗特时代走向终结，璀璨的爱琴文明与尼罗河文明等古老的东方文明已相互融合了数百年。爱琴文明与小亚细亚赫梯文明水乳交融，最终，它还将肥沃新月的文明联系了起来。

在东地中海地区，艺术、商业、工业迅速发展起来，吸引了世人的目光，也引来了巴尔干山脉和黑海野蛮人的侵略。这些野蛮人就是来自北方的希腊人，他们迅速征服了这个文明世界。正是因为他们的入侵行为，东地中海地区的历史翻开了全新的一页。

第八章　被希腊人征服的爱琴海世界

希腊人进入爱琴海世界

希腊人是印欧族部落的一个分支，我们在追溯希腊先辈印欧人的足迹时，发现他们在大西洋到北印度一线按照相同的路线迁徙。当希腊人的东方亲族顺着黑海东岸向南迁徙时，黑海东岸的希腊人正越过辽阔的草原，沿着多瑙河向南迁徙。

赶着羊群，驾驶着笨重的马车的希腊人，拖家带口，一路狂奔着驰骋，向南迁徙。很快，当一望无垠的美丽的铁萨利草原、银装素裹白雪皑皑的奥林匹斯山，以及湛蓝的爱琴海映入这群迁徙者眼中的时候，他们终于找到了自己梦寐以求的栖身之所，于是下定决心在此定居了。这个落脚地就是希腊半岛，大约 25 万平方英里大小[①]。这个半岛上有连绵起伏的山脉和北海水环绕着的平原和半岛，它们彼此间隔水相望，或背靠着大山，或面朝着大海。东海岸的海湾附近散布着 500 来个小岛，它们让这个海湾看上去就像一把锯齿。

这群希腊人就定居在这里了，这群游牧民曾多次入侵肥沃新月，如今想要安定下来。当他们侵入爱琴城邦之后，做出的选择与铁拉人和迈锡尼人相同，那就是在这里定居。作为后来者，当他们向海上眺望时，能望见海上若隐若现的小岛。在这些小岛上有许多繁荣的城邦，人们井然有序地进行着工业生产，以生产陶器和金属制品为主，这些产品拥有很大的贸易

① 比南卡罗来纳州小六分之一。奥林匹斯山占据着醒目的位置，站在希腊半岛大部分的地方都能看到它。站在斯巴达的山上还可以望见一片群山，它横跨 225 英里，从克里特延绵至科林斯海湾北部。

市场。

我们甚至能想象到，当这群野蛮人第一次看见航行在海上的白色帆船时，他们会发出怎样的感慨和困惑。当然，我们也不难理解，对这群人而言，他们要花极大的勇气和很长一段时间才能真正打开那扇他们自己的海上探险之门。然而，这群希腊人踏入了伟大神秘的东方世界边缘，看见了穿梭于爱琴海各岛屿之间的帆船，感受到了强大的东方国家的繁荣盛景，而他们也由此步入了缔造高度文明的历史轨道。这一举动意义重大，甚至足以撼动史册。最早到来的希腊人（亚加亚人）逐渐涌入了南方的伯罗奔尼撒，有的希伯来人与铁拉和迈锡尼城外的爱琴居民混居在了一起，就像希伯来牧民与迦南的市民混居在一起一样。一些希腊领袖占领了爱琴世界的某些要塞，就如当年大卫控制了耶路撒冷一样。但因为当时那里的居民还没有文字，他们无法保留相关的史料，因此，我们很难更深入地了解希腊当时的具体情况。但是我们至少有一点能确定，公元前 1500 年，第二次希腊游牧民迁徙浪潮（多立克人）开始，他们的足迹遍布整个伯罗奔尼撒，征服了先到的亲族亚加亚人，然后征服了早就定居于此的爱琴居民。

公元前 1400 年，多立克人从爱琴人那里学会了一些航海技术，此后，没在希腊半岛南端停留多久，就开始入侵克里特。显然，多立克人很快就占领了没有城墙的克里特，随后，他们还控制了爱琴海的其他南方岛屿。公元前 1300 年至公元前 1000 年之间，希腊人在该地区进行了大扫荡，最终，所有的爱琴海岛屿都落入了他们手中。

在新发现的赫梯文字资料中，我们又幸运地找到了一些有关希腊人入侵小亚细亚的史料。在这些资料中，希腊人被称为亚加亚人；在与叙利亚国王订立的条约中，赫梯皇帝指出自己享有与埃及、巴比伦、亚述以及亚加亚等强国的君主同等的地位。公元前 1325 年，亚加亚国王厄特俄克勒斯自称为伊奥利亚的安德鲁斯之子，在小亚细亚南海岸迈出了征服异邦战争的第一步。他与赫梯皇帝缔结“兄弟”盟约，这种关系与埃及、巴比伦同亚述国王之间的友好关系类似。有趣的是，当翻阅那些最早的希腊神话中的名字时，我们发现，在古代西亚的历史记载里，很多人都自称为厄特俄克勒斯或安德鲁斯之子。两代人的时间转瞬即逝，大约公元前 1250 年前后，亚加亚国王与赫梯皇帝的关系崩塌了。亚加亚国王阿特疏斯遭遇了一次战败，但他不甘心认输，于是，又亲自率领着100艘船，在卡里亚海岸登陆，并重新攻克了这一地区。赫梯人骁勇善战，很快就发起了反攻，并打败了阿特疏斯。福勒[①]发现，赫梯人在记录关于小亚细亚西部动荡局势的文字资料的时候，他们用“亚苏瓦”来称呼特洛伊，而所谓的“亚苏瓦”可能就是“特洛伊”的词源。相信很多读者对阿特疏斯这个名字很熟悉，他的儿子阿伽门农是率领希腊远征军对抗特洛伊的首领。当然，在我们看来，希腊人远征特洛伊是确凿无疑的事实。公元前12世纪，特洛伊在被希腊长期围困后最终被攻陷，并被付之一炬。对于希腊人而言，这场远征是难以忘怀的胜利，希腊世界也因此涌现了大批歌颂那些在战场上冲锋陷阵的英雄的赞歌。

最后，希腊人征服了小亚细亚地区，多立克人住在南方，爱奥尼亚人主要住在中部，而伊奥利亚人则住在北方。公元前2000年到公元前1000年，希腊人首先占领了整个希腊半岛，又进一步征服了整个爱琴海世界。

小亚细亚内陆也同样被希腊人亲族入侵，这是另一支印欧人。他们一路追随着希腊人的脚步不断向南推进，在这个过程中，他们发现，比起继续向希腊推进，穿越赫勒斯蓬特，进入小亚细亚，似乎更容易实现。于是，公元前1500年左右，赫梯人被外族入侵了。新传入的印欧语很快将赫梯人自己的语言取而代之。在赫梯人的楔形文字泥板中，我们发现了大量印欧语词汇，而这些词汇的语法规则与希腊语很接近。而最近的赫梯文字解读成果也与此相印证。历史并未停止前进的步伐，到了公元前1200年，弗里吉亚人、亚美尼亚人等印欧人开始第二次入侵小亚细亚。

最终，印欧人攻克了地中海北端到地中海东端的所有领土。也就是说，

---

① 并不是所有学者都认可福勒所发现的赫梯泥板上的楔形文字所记录的人名是古希腊人名这一说法。楔形文字中的人名和希腊人名互译是一项新的工作。在研究过程中，相关学者可能会遇到以下问题：资料中出现的希腊人名的出现时间比希腊人学会写字的时间早了几个世纪。在这种情况下，自然有人会提出质疑。笔者认为，在对许多用楔形文字写成的希腊名字的辨识过程中，受到政治和词源学的综合影响，或多或少会产生一些交叉的地方，这并非偶然。我们相信，随着对赫梯古文字资料研究的逐渐深入，这项辨识工作会取得更大突破。

印欧人既战胜了爱琴人，还战胜了他们在小亚细亚的邻居——赫梯人。赫梯帝国也因此分崩离析，在外来入侵中，曾经璀璨一时的爱琴文明瓦解了。在纷飞的战火中，爱琴世界的城邦被尽数毁掉，富丽堂皇的克里特皇宫、精致的珠宝和克里特艺术都在滚滚浓烟中随风而去，爱琴人只能匆忙从海上逃走。当然，逃跑的人中少有普通人，他们别无选择；但贵族和富人，比如那些身穿华服的克里特女士雕像所代表的阶级，则会想方设法逃走。

公元前1200年，在北方印欧希腊人的大肆入侵中，大批的爱琴人逃走了。他们穿越海洋，奔赴地中海东南海岸，从尼罗河口岸最终抵达腓尼基。对于埃及帝国来说，这并不是一件好事，这场爱琴人的大逃亡让原本危机重重的埃及帝国以更快的速度灭亡。有一幅埃及浮雕展现了当时在叙利亚海岸附近最早发动的一场海上战争。在这场战争中，末代埃及皇帝击退了一支爱琴海军。

值得注意的是，虽然很多爱琴人都成功逃走了，但只有逃到了巴勒斯坦南部的那部分爱琴人集中在了一起，并建立了一个国家。这个克里特部落被称为腓尼基人。他们在上文提到的海战中失利，并遭受了一定的损失，但最终还是成功地建立起了属于他们自己的国家。公元前12世纪，他们甚至建立起了一系列繁荣的城邦。正如一些对历史感兴趣的读者所知道的，这个国家的实力不容小觑，在那场几乎摧毁希伯来民族的战争中，腓尼基人几乎取得了战争的胜利。有趣的是，巴勒斯坦这个地名正是从“腓尼基”这个名字演变来的。

于是，印欧侵略者将爱琴海世界已经高度发达的社会摧毁了，其中被摧毁的克里特显得尤为明显。公元前1200年，爱琴文明盛极一时，又倒退回了很久以前的状态，可能只比欧洲晚石器时代好那么一点。同时，随着希腊的入侵，爱琴文明中的一些重要部分也随之消失，比如克里特文字。当然，凡事皆有例外，很多爱琴手工业品都被保留了下来，后来它们还成为希腊人打造古代世界最高级的文明的最关键的基石之一。

我们在上文提到，入侵的希伯来游牧民与文明的巴勒斯坦迦南人混居在一起，能逃走的爱琴人也夹杂在希腊征服者之中，继续生活。当爱琴人与希腊人杂居后，一个被称为希腊民族的混血民族诞生了。虽然我们不能得知这类混血民族身上所流淌的血液到底有多大比例来自爱琴人，但我们至少能肯定一点，古希腊人涌现了大批的天才，这在某种程度上得益于他们与克里特人混血，还从希腊人那里继承了宽容对待异族并拥有良好艺术天赋的特点。

希腊人与爱琴人产生混血的必然结果是语言的混合，但是，这并不是几种语言之间平等的混合，不同于英语和法语与盎格鲁－萨克逊语的平等混合。作为征服者的语言，希腊语逐渐成为爱琴海世界的通用语言，但是希腊人并没有就此将爱琴语言的痕迹彻底抹去，而是继续沿用爱琴语言来称呼城市名、河名和山名，如帕纳塞斯山等。就像美国也沿用了印第安语中的地理名词，时至今日，仍使用古老的印第安名称——密西西比来称呼美国最大的河流，意思是“众水之父”。如今，我们仍能从那些正在使用的希腊地名中找到爱琴语的痕迹，但在任何地方都不能找到作为语言的爱琴语。有意思的是，希腊语中并没有指称文明生活设施的名词，所以那些爱琴人用于描述这类设施的名词都被保留了下来，比如希腊语中的“浴盆”一词就源于古爱琴语词。希腊人是游牧民族，本来没有浴盆之类的生活用品，但爱琴人却拥有“浴盆”，我们也早就发现了这一点。显然，在沿用这一词语的同时，希腊人也学会了如何使用这种生活器具。后来，希腊语不断发展，成为人类历史上最丰富而优雅的语言。

希腊人：从游牧到定居

夏季，爱琴海上一派风平浪静，只要乘坐一艘小船，就能在希腊与小亚细亚之间一座座小岛上自如穿梭。基于这种地理因素，希腊游牧部落成功控制了爱琴海诸岛屿与小亚细亚海岸。希腊人最初不是航海民族，也不会驾船出海。正如我们所发现的，在面对大海时，希腊诗人赫西奥德的眼神并不是憧憬，而是畏惧。正是因为如此，在占领爱琴海后很长一段时间内，希腊人一直不愿放弃游牧生活，并没有发展海上贸易。如果想要进一步了解爱琴海世界之后的情况，我们首先要明确游牧生活的含义。在亚洲的肥沃新月，我们曾见识过这种游牧生活，他们并没有建立政府组织，同时，因为他们没有可以征税的土地，所以这些游牧民迄今为止都不纳税。政府官员、诉讼法庭和法律事务等，都与游牧民的生活毫不相干，只有诸如“血亲复仇”之类的传统习俗能约束他们。而作为游牧民的希腊人，在入侵爱琴海的时候，就像上面所描述的那样生活着。

入侵以后，希腊人仍像曾经在草原上放牧时一样，松散地建立了大大小小的部落。每个部落都由若干个亲密程度更高、规模更小的“胞族”家庭构成。由老人（长老）会组成的议会对胞族之间的纠纷以及部落的重要事务进行处理。“大会”由部落中全体武装人员参与，一般每年召开一次，如果遇到重大的节日也有可能召开“大会”，其主要内容是对是否对外宣战或部落迁徙等重大问题进行表决。后来欧洲的政治制度和如今美国的制度就是以希腊当时的管理体系为基础形成的。①

当对迈锡尼城的君主制度有所了解后，希腊人决定效仿希伯来人，设立一个国王。于是，游牧民族的国王诞生了，在此之前，他们是那些游牧民头领，主要负责率军作战、主持宗教仪式和处理部落事务。同时，随着局势逐渐稳定下来，游牧民开始积极利用周围的土地，这意味着他们开始从事农业生产。他们结束了四处漂泊的生活，在这里修建起房屋，过上了真正意义上的定居生活。但是，他们并未完全割舍游牧民族的习惯，这里男性的主业仍是战争和放牧，而耕种只能算是一项副业，由妇女来完成。希腊人一直保留着这种传统认知，即使他们从事了数百年的农业生产，其内心深处仍认为牲畜和家禽是自己最主要的财产。

随着各部落定居下来，村落逐渐形成，人们决定通过抽签的方式来对住房周围的土地进行分配，但有一点需要明确，那就是他们只有土地的使用权，而部落拥有土地的所有权。后来，家族土地私有制逐渐在这片土地上产生了，并不可避免地导致了一系列关于地界、土地继承等方面的纷争，随之而来的连锁反应是有越来越多的事宜需要当权者来处理。于是，迫切需要设立一个专门的政府部门来处理这类事务。从公元前1000年到公元前600年，定居下来的希腊人发生了种种纠纷，各土地集团之间出现了斗争，贫富差距也越

① 比较一下英国上院（相当于“长老议员”）和下院（相当于“大会”）或者美国的参议院（由拉丁文“年长者”衍生而来）和众议院。

来越悬殊。在定居和土地私有制之后，阶级分化也随之出现了。

希腊人如今所面临的各项需要处理的事务同样也曾在肥沃新月的闪族游牧民当中出现过。但是，因为闪族游牧民沿用了曾经定居在肥沃新月的人们的文字，他们能更容易地解决这些问题。然而，爱琴人的克里特文字却在纷飞的战火中灰飞烟灭了，希腊人定居下来的时候，已经找不到会写希腊文的人。政府在处理各项事务的时候也面临着更多的麻烦。于是，一种新的角色——专门的“记忆人员”——在一些共同体中出现了。这类人负责记忆各种合同用语、贷款数额以及居民签订的各种协约。这些事务在文明社会都需要以文字形式记录下来，在当时则被记在心里。随后，希腊进入了其政治发展史中的一个重要阶段——部落中的那些核心村落联合在了一起，合并成了一个城市。它的重要性源于希腊人在心中认为城邦是国家组织的最高级形式。一个城邦就相当于一个主权国家，每个城邦有各自的法律、军队和神祇，城邦公民只需忠于本城邦并对本城邦尽到爱国义务。国王是城邦的最高统治者，他的城邦被称为“城寨”或“卫城”，建在城市中心的山顶。后来，为了使城邦更安全，人们又陆续修建了城墙，以保护位于山脚的房屋和市场。国王是城市统治者，还掌管着祭祀，既受到人们的敬爱，也拥有至高无上的权势。每天，他和议员们都会在市场中处理、审判和裁决各种事务和纠纷。尽管这种统治方式很原始，而且腐败、不公的现象频频发生，但它在历史上仍享有很重要的地位。因为它第一次建立起了城邦和不受干涉的政府，不得不承认这是一种进步。

城邦数量越来越多，由此孕育了希腊文明。在希腊大陆、爱琴海沿岸和各岛屿上，数百个城邦拔地而起。随着希腊人定居下来，这种小国家共同构成了爱琴海世界。国王统治着这些小城市王国，希腊人就在这里定居下来。虽然早在公元前 1000 年以前希腊国王就出现了，但在此之后的两个半世纪里，希腊文明才开始真正兴起，也就是从公元前 1000 年至公元前 750 年期间。

第九章　希腊的君主时代

爱琴文明的遗产：腓尼基商业

在某些重要的方面，希腊人的运气远远好过他们的爱琴前辈。正如我们所知道的，公元前 13 世纪左右，铁已经在希腊出现，是从赫梯传到东方的。当然，这时他们还没有铁制工具和武器，这些物品出现并完全取代铜制品，还需要再过好几个世纪，就像汽车完全取代马在现代人生活中的地位一样缓慢。即使铁器已经在希腊普及了 500 多年，希腊诗人埃斯库罗斯仍用“从海那边来的陌生人”或“迦勒底的陌生人”来称呼铁器，这里所提到的迦勒底是小亚细亚铜的主要产地。到了公元前 1000 年，铁器在希腊普及了，这标志着长达 2000 多年的铜器时代正式结束了，这个时期几乎与爱琴文明的历史时期是同一时期。因此，我们可以说爱琴文明的历史与青铜时代完全同步，也就是从公元前 3000 年至公元前 1000 年，而进入铁器时代后，也就是大约公元前 1000 年，希腊文明也逐渐兴起。

在公元前 1000 年后很长一段时间内，“粗鲁”“野蛮”等词语就是希腊人的代名词。昔日灿烂无比的爱琴文明成为人们心中的记忆，被永远地保留在了阿戈斯平原之上。但是，古代爱琴王国巨大的石墙仍耸立在迈锡尼的希腊村庄上方。在许多希腊人看来，曾经的独眼巨人建造了这些石墙，所以他们怀着敬畏之心观摩着它们。有时，他们还会怀着崇敬的心情抚摸着那些遗留下来的金属制品，因为这些金属制品是由古代的爱琴工匠锻造的。在希腊人看来，传统十分重要，他们一直牢记着克里特是他们文明的故乡。但落后仍笼罩着希腊牧民和农民的生活，那里没有工匠，因此在建造房屋、开办工厂以及从事手工业生产时，他们表现得很粗鲁而笨拙。

但是，与书写方面相比，希腊这一方面可能更加落后，因为正如我们所提到的，他们并没有沿用爱琴人的文字。在很长一段时间里，希腊人的住宅粗陋不堪，即使是希腊国王的住所也是用晒制的泥砖堆砌的。而这种房屋与农舍几乎毫无差别，就连国王的厅堂也可以让家禽肆意进进出出，它们甚至可以挤在王宫门前的空地里晒太阳。此外，虽然希腊有了制铜业，但铜制品粗制滥造。就陶器制作而言，1000 年前，克里特人已经拥有了高水准的制陶工艺，虽然这一点被保留了下来，但单看这些粗陋的作品上所装饰的劣质图画我们就能感受到，这些曾经优秀的工艺技术在某个衰落的城邦里严重地倒退了。

东方文明曾深深地影响着爱琴文明，而如今，它也深深地影响着希腊人。城里的希腊人脱下了游牧时代破破烂烂的旧羊皮衣，穿上了羊毛织成的衬衫，这种新的羊毛衬衫被称为“科同”，这并不是一个希腊名词，而是沿用了外国商人的称呼。

当城里人需要像“科同”等他们不会制作的东西的时候，他们就会去海边购买，因为这里有靠岸停泊的商船，商船被希腊的男男女女们团团围住。那些留着大胡子的商人站在高高耸立的船尾上，向希腊人展示着那些来自埃及的玻璃、雪花石膏水瓶和精美的蓝色瓷碟。虽然希腊妇女对这些东西并没有太大的兴趣，但总有一种物品让她们心动不已，那就是象牙梳子。这些梳子上有透雕出来的狮子，在阳光的照射下惟妙惟肖。当时，富有的希腊人对那些用象牙镶嵌的精美家具感到十分好奇，他们的目光总是紧紧追随着那些铜制或银制的大圆盘，上面雕刻着精美的图案。同时，商人们还细心地装点船尾，让那些陈列出来的金首饰更加绚丽夺目。除了希腊人以外，科同人也常常来到这里，科同人是希腊人对那些跨海而来的黑皮肤的外邦人的称呼。其实，他们是腓尼基人，上文提及的希腊人穿的衬衫名称就是来自腓尼基语。

腓尼基人统治了东地中海。公元前 1200 年前不久，赫梯国王曾给拉美西斯二世的孙子写了一封信，信上提到，埃及人每年都会驾驶满载着粮食的船，驶向小亚细亚南海岸。但短短几十年间，随着埃及地宫的衰落，埃及舰队逐渐从爱琴海及其周边海域退出了。公元前 1000 年，再没有任何商船在东地中海出没，于是，腓尼基人抓住了这个机会。正如我们所知，腓尼基人原本和希伯来人一样，在沙漠里生活，但他们很快就占领了叙利亚沿海城市，成为那里最出色的水手。腓尼基商人所提供的精美的器具是当时希腊工匠的手艺无法媲美的，东方商人无论身处何地，都有广阔的市场在等待着他们。当然，腓尼基人的生活并不是只有爱琴世界的商贸活动，他们继续西进，打开了西地中海的商业市场，最后又在西班牙的大西洋沿岸建立起了大规模的殖民地。后来，他们的殖民地迦太基成了西地中海地区最重要的商业城邦，而且这座城市崛起为罗马最强劲的对手。

在公元前1000年之后的三个世纪内，腓尼基商人借助先进的交通工具，频频活跃于地中海，并不断向外拓展市场。他们逐渐搭建了一个伟大的地中海商业世界。然而，遗憾的是，他们没有军队和政治组织，因此只有迦太基这个殖民地发展成为了一个实力雄厚的城邦。

腓尼基人从埃及人那里学会了制作各种商品，如制作玻璃和瓷器，编制亚麻，染色、切割、捶打和雕刻金属等。1922年，考古学家发现了某个著名的腓尼基国王的墓地，它坐落在腓尼基最古老的港口贝布罗的一处坡地上。这位国王大约在公元前2000年在位，那时正值埃及的封建时代。人们在陵墓里发现了一些制作精良的金银制品，我们从中可以清晰地看到模仿埃及风格的图案和工艺。但是，腓尼基人并不局限于向埃及人学艺，这一群人颇具国际主义精神，还借鉴了亚洲风格的图案，并且我们也能从那些已经发现的金属盘子上找到类似的图案。尼罗河与两河流域的东方艺术混合在一起，共同影响着腓尼基艺术。我们清楚地了解到，亚述国王们曾雇佣腓尼基工匠，来为他们制作家具和金属器皿。希伯来国王所罗门也一样，他的希伯来神殿坐落在耶路撒冷，也是由受雇的腓尼基工匠完成的。因此，从公元前1000年开始，作为手工艺术品的制造者，从东部的尼尼微到西部的希腊，腓尼基人都所向披靡。

同时，东方装饰艺术也开始逐渐影响希腊装饰艺术。各种金属盘子和象牙雕刻家具从腓尼基传播到希腊的，上面装饰着各种荷花、棕榈树、亚述的生命之树以及尼罗河边狩猎场景等图案。甚至还有装饰图案是那些东方人虚构出来的带有双翼的怪物，比如斯芬克斯、鹰头狮身怪和飞马等，很有特色。

这些图案开启了希腊人的模仿创作，于是，他们开始大量引进东方的装饰艺术并进行模仿。也是从那时开始，西方文明民族的装饰艺术就一直被影响着。我们可以大胆推断，希腊人也许常常在爱琴诸岛的腓尼基作坊里与那些工匠展开合作，并学会了埃及人发明的制作空心青铜模具的技术以及许多其他技术，这些技术让腓尼基人在商业上斩获成功。但是，格罗特时代的爱琴艺术精品并没有被大量保留下来，加之希腊人的模仿能力有限，因此，这时期的希腊手工艺品甚至还不如中石器时代的一些制品。

腓尼基人传入欧洲的字母

公元前1600年左右，西闪米特人发明了一套字母，他们在发明过程中参考了邻居埃及人发明的象形文字。这套字母一共有22个符号，随后就被腓尼基人用于系统地记录他们的语言。这套字母系统没有音节，也没有元音符号，每个符号只代表一个辅音。而由西塞姆人发明的书写系统纯粹由字母组成，是世界上真正意义上最早的文字。公元前12世纪，腓尼基人进口了大量的埃及莎草纸作为他们的书写工具，取代了极其不便的巴比伦泥板。

为了便于学习，腓尼基人对22个字母的顺序进行了重新调整，将其列成一个表（见右图，第一栏）。

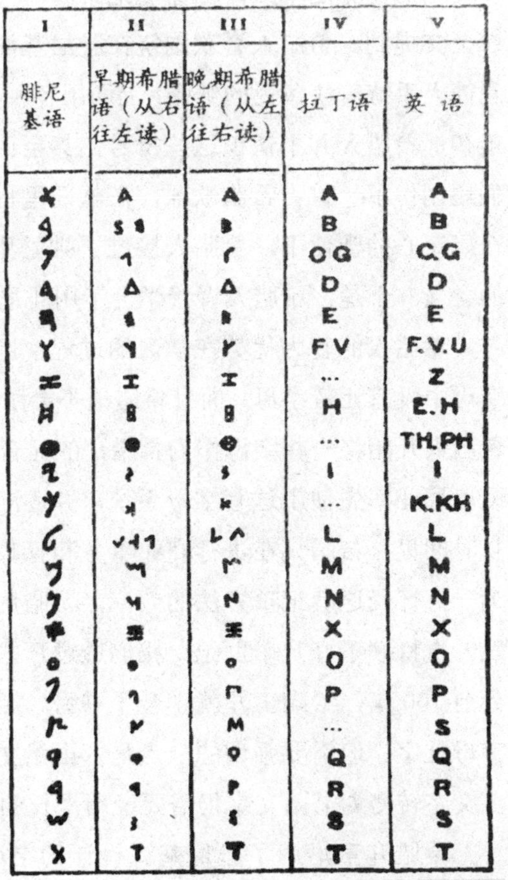

他们发现，如果每个字母都有名字，那么就会很容易掌握这个字母。于是，他们分别为每个字母取了名字。他们将第一个字母称为“公牛”，公牛在腓尼基语中就是“aleph”，由第一个字母开头；依照相同的方法，他们采用腓尼基语中的“berth”，即“房屋”来称呼第二个字母，由表中的第二个字母开头。按照这个方法类推整个字母系统，与我们现在常用的识字课本类似，我们的父母常常根据课本来读，“A 就是斧子（Axe），B 就是床（Bed）”等等。而腓尼基商人的孩子在背诵字母表时，也和现在的小孩一样，他们在记忆时会说“公牛、房屋”等，而我们的小孩在学习字母时也会用“斧子、床”来代替“A、B”，以加深记忆。

腓尼基人并没有留下文学作品，他们唯一留下的文字资料就是商人们用上述文字书写在纸草上的商业文件。阿拉米商人将腓尼基文字传入了亚洲和印度，而在腓尼基人向西穿越地中海时，欧洲人也接触到了这种字母。我们在上文提到，希腊人喜欢围绕在腓尼基商船周围，他们因此经常能看到腓尼基商人手持着淡黄色的纸张，上面用各种黑色符号标注着商品的名称和价格。最初，希腊人并不认识这些符号，甚至认为这是一些神秘而可怕的符号，他们还创作了一首古希腊歌谣，在歌谣里将它们称为“有害的符号”。后来，在好奇心的驱使下，希腊人接过了腓尼基商人的“纸”，并了解了那些符号的含义。于是，希腊人慢慢学会了用腓尼基字母拼写希腊词语。

希腊人的智力优势在学习的过程中逐渐凸显了出来。他们发现了腓尼基字母中没有元音字母，而且希腊语不会用到里面的几个辅音。公元前 900 年，希腊人开始将一些字母作为希腊语的元音，形成了一套完整的字母书写体系。爱奥尼亚率先使用这套字母系统，并逐渐在希腊各城邦普及开来。但是，很长时间里，希腊只在进行商业事务和行政管理的时候才会使用这套系统。因为一直怀疑这套记事方法的效率，希腊贵族并不愿意掌握它，他们的这一质疑一直持续了好几个世纪。我们透过那些带有花纹的陶瓶可以发现，早在公元前 700 年，绘陶工匠就学会了书写。后来，希腊各阶层都逐渐接受了这种字母文字。但需要强调的一点是，虽然文字已经开始在商业中使用，但从口头文字转变为书面文字仍需要经历漫长的时间。

希腊儿童沿用了腓尼基人设计的字母名拼读方法，但希腊人并不懂腓尼基语，因此，他们并不知道这些字母名称的意思。于是，希腊人民改变了一些字母名称，但腓尼基字母的顺序被保留了下来。希腊儿童按照原来的顺序记忆这些字母并将其读作“alpha、beta”等，希腊儿童学习alpha、beta等就像如今的儿童们在学习A、B、C一样，而如今字母表“alphabet”也是由此衍生的。“字母表”（alphabet）一词中包含了“公牛”和“房屋”两个腓尼基词，这不断地提醒着我们，要对东方人心怀感激，而我们重点要感谢的对象就是腓尼基人，正是他们，我们才拥有了字母文字这一瑰宝。腓尼基文字从希腊传入了意大利，最后在整个欧洲普及开来。其实，印度以西的文明世界中的任何一种文字都是以腓尼基字母为基础演变而来的。

当时传入欧洲的不止字母，还有笔、墨、纸等书写工具。“Paper”一词就是由“纸草（papyros）”演变而来的。希腊人沿用了这个外来词，它在这里指的是埃及莎草纸。希腊人使用的全部纸张都是腓尼基人从贝布罗这座古老的城市运来的。正如我们将那些来自中国的餐具称为“瓷器”（china）一样，希腊人将贝布罗城运到希腊的纸张称为“贝布路斯”（byblos），同理，用这种纸书写而成的书才被称为“比不利阿”（biblia），“圣经”（Bible）一词也从这个词衍生而来。可见，在英语里“圣经”一词最初的意思也是一个腓尼基城市名，这也是希腊人深受古代东方影响的一个有力证据。因为无论是书籍还是纸张，对希腊人而言都很重要，而它们都来自东方。

为希腊战士唱起英雄赞歌

那时，希腊贵族热衷于战争，他们甚至将战斗和劫掠视为自己的职业。在希腊的艺术作品中，我们时常能看到表现战士告别家人，背井离乡，驾着战车奔赴战场的场景。在瓶画中，类似的战士形象也很常见。希腊人常常重现当时残酷的战争场景——英雄们手持青铜武器，奋勇杀敌。然而，他们明显犯了一个错误，虽然当时战士们的铠甲是青铜制成的，但很多武器已经是铁制的了。

这些身穿铜制铠甲、手持铁制武器的人在战争中发挥着主导作用，而且这些装备价格不菲，只有财力雄厚的人才能置办。没有铠甲的普通人是不可能在战场上发挥作用的，因为一系列在两个英雄之间展开的较量组成了当时的这种战斗。他们凭借着自身的武艺、经验和胆识取胜，而不是进行训练有素的团队作战。失败者身上的铠甲和手中的武器就是战胜者的战利品，他们会将战败者的尸体拖到战车后面，从战场上飞驰而过。他们还会将战败者丢弃在荒郊野岭，任凭飞禽走兽啃食他们。也因为如此，敌对双方会为了争夺战死者的尸体而再度作战。当一个希腊城市被攻陷后，平民是最可怜的，有的人被杀戮，有的人沦为奴隶，甚至连他们的房屋也会被付之一炬。对于胜利者来说，这样的暴行是一种享受和愉悦，在他们看来，这种行为非但不野蛮，反而为战胜者平添了荣耀。在这样的背景下，战争业绩和英雄们的英勇事迹为人们所津津乐道。众神之邦奥林匹斯山在辽阔的铁萨利平原上耸立着，在缭绕的云雾间若隐若现。这里涌现了一批最早的歌颂众神和英雄的歌谣，这是古希腊最早的文学作品。它们的主要内容是追忆远古战争，深受当时的人们喜爱。其中最著名的当数描写希腊人攻克并摧毁特洛伊城全过程的歌谣。公元前 1000 年左右，这些歌谣作品传入爱琴世界亚洲地区的爱奥尼亚海岸和群岛。

随着歌谣的出现，一个新阶层应运而生，那就是职业吟游诗人。他们在各地游荡，抱着竖琴，吟唱着国王和贵族的战斗和冒险故事。这些充满激情的诗歌时常回荡在各个宫廷中，作者们大多采用非常古老的语言形式，套用固定形式来进行创作。由此，欧洲最古老的文学应运而生。这类歌曲数量越来越多，吟游诗人将其汇集起来，合成了一个整体。于是，希腊人征服特洛伊的各种传说被编为了一部瑰丽宏大的史诗，它并非出自某一个人之手，而是由许多歌手作者，甚至是好几代作者共同创作的智慧结晶，其中有的作者甚至出生于公元前 700 年之后。有一点需要强调，这部史诗作品是当时第一部用文字书写的作品。

在众多古代歌手之中，荷马恐怕是最杰出的一位，很多人认为这部宏伟史诗正是出自他之手。然而，比起现在流传的版本，史诗最初的篇幅还要长得多，各方面都表明荷马无法一个人独立完成这部宏大的作品。后来，就连希腊人也认为这整部史诗不可能出自荷马一人之手。于是，他们转而认为荷马撰写了两部作品：其一是《伊利亚特》，展现了希腊人远征特洛伊的场景[①]；其二是《奥德赛》，讲述了英雄奥德赛从特洛伊返回故乡的流浪经历。如今，整部史诗中也只有这两部作品被完整保存了下来。即便如此，在关于作者认定等问题上仍存在着诸多疑惑，比如古代就有人质疑荷马创作《奥德赛》的真实性。然而，无论有多少疑惑声，《伊利亚特》这部伟大的史诗作品被吟游诗人保留了下来，并代代相传，其中还以文字的形式记录了他们有关神和人的世界的看法，在历史上也是首次。那时，希腊人没有别的神圣典籍，于是他们将《荷马史诗》奉为圣经。在各个城邦里，它是人们通用的文学读本，其中记载了他们一同对抗亚洲的往事，很容易唤醒希腊人内心深处共有的信念。

最早的希腊宗教及其发展

《荷马史诗》是希腊宗教的圣经，也是一部有关战争与英雄的历史。因此，荷马也成为希腊人的宗教导师。对于当时的希伯来人来说，他们如果想了解上帝，只能通过父辈的讲述，而如今，《荷马史诗》却用生动的文字为希腊人提供了一个了解众神的捷径。正如希伯来宗教经历了漫长的发展历程，希腊宗教从比较低级的宗教发展成为更高级、更高尚的信仰也经历了一段漫长的时间。早在《荷马史诗》之前，希腊人就有了自己的宗教。

在《荷马史诗》之前，我们将希腊的宗教称为原始宗教。因为当时的希腊人就像原始人一样，他们认为树木、泉水、岩石、山岭、各种动物都有神秘的力量。在他们看来，地球深处有一个黑暗的洞穴，那里住着很多精灵，能让谷物发芽、树木开花；而这些精灵不仅存在在陆地上，在深不可测的海水中也有让海水瞬息万变的精灵；同理，天空中也有精灵，它们统治着那无法触碰的太空。对于从天际划过的闪电和震耳欲聋的隆隆雷声，希腊人都感到害怕，相比之下，他们更喜欢绵绵细雨。当他们遥望在长空中展翅翱翔的

① 因特洛伊的希腊语名称伊利乌姆而得名。

雄鹰时，他们能感受到，在这神秘的苍穹之下，正是那神秘的鸟儿在统治着天空中的一切。如果树木被雷火焚毁，那就意味着天空发怒了，而只有在心平气和时，天空才能有清凉甘甜的雨水。在他们看来，天空的精灵是神鸟，它们在天空中自由翱翔，因此，当时的人们认为老鹰统领着天空。希腊人希望，每个精灵都能满怀善意，不再因为生气而惩罚人类，因此，他们认为精灵无论好坏，都需要人们馈赠的礼物，尤其是食物。于是，他们屠杀绵羊，将鲜血洒在大地上，以此来讨好大地的精灵；为了得到天空精灵的青睐，他们焚烧羊腿，让羊肉的香味随着缕缕青烟飘入天空。后来，在古希腊人心中，精灵又逐渐演变为男神和女神的形象，于是，新的宗教崇拜出现了。当时没有固定的神庙或房屋来开展崇拜活动，他们聚集在山洞中或家中的露天庭院里，在那里举行各种活动。

希伯来人虔诚地崇拜着天神耶和华，从一而终，而且还将这种信仰传入巴勒斯坦。希腊人也是如此，他们也将游牧于草原时对天神的崇拜传入希腊。最初，不同地方的希腊人所信仰的神的名字也不同：他在这个山谷里也许被称为“雨师”，而在另一个山谷里则被称为“雷火”。后来，人们将其统称为“宙斯”，这个名字是古印欧语中“天空”一词的希腊语形式。作为希腊人最尊敬的神，宙斯成为凌驾于所有男神、女神之上的大神。

希腊人的宗教发展并没有因为进入爱琴世界而停滞不前。在这里，他们得知爱琴人最崇敬的精灵是地母。在爱琴人看来，正是因为有了地母的庇护，谷物才得以发芽，树木才得以结果，从而维持着人类的生息繁衍。希腊人也引入了这位神，并将她视为希腊宗教中的女神。正如希伯来人从巴勒斯坦那里吸收了迦南太阳神一样，希腊人的宗教也吸收了爱琴世界的男神和女神。

进一步来看，早期希腊宗教的一个突出特点是神祇具有动物形象。《荷马史诗》中也有描述与神祇相关的动物形象，比如，史诗中提到了某位女神拥有“猫头鹰的脸”，还有一位女神是一张“母牛脸”。快乐的森林精灵萨提斯长着山羊蹄子和羊角，而人头马什则是马身人首的神。我们从《荷马史诗》中可以了解到，作为男神和女神，这些自然界精灵都拥有着无上的地位，他们拥有人的品质和模样，他们还拥有无穷无尽的法力，永生不灭。

倘若要问，为何希腊人知道众神居住在云雾缭绕的奥林匹斯山上，那么，在《荷马史诗》和各种原始希腊神话传说中也许能找到答案。那里的宫殿高耸入云，天神宙斯就住在里面，他手持闪电，像人间的君主，统治着众神。自然界的每个领域或人类的某些事务都有神祇专门负责，太阳神阿波罗的光芒来自金色的利箭，因此，他是掌管着能够致命的弓箭的精灵，同时，他还是一位音乐家，他负责保护牧羊人的牲畜和农夫的耕地。他知道宙斯一切的安排，只要人们能通过他能接受的方式向他咨询，他就能满足人们，告诉他们未来会有什么事情发生。正因为阿波罗的这些品质难能可贵，他在希腊人心目中的地位超越了宙斯。实际上，太阳神是希腊世界中最受人爱戴的神。

雅典娜则是希腊世界中最卓越的女神。起初，她主要负责控制空气和暴风雨。在希腊人的想象中，她应该手握耀眼的兵器，日夜守卫着希腊城市，她于是成为女战神。在和平年代她还掌管着手工业和艺术，集智慧与优雅于一身。她帮助陶匠为坛坛罐罐塑形，帮助铁匠锤炼金属，还帮助妇女纺织羊毛。此外，希腊人还相信，正因为有了雅典娜，希腊才有了橄榄枝。她在众神之中是公认的最具智慧的女神。据说，她从父亲宙斯的头脑中诞生。她是希腊人生活中当之无愧的保护神。在希腊人看来，正是这位智慧女神时刻地保护着整座城市和城里的人们。宙斯、阿波罗和雅典娜就是希腊宗教中的三位主神。

在希腊人的崇拜中，古代的自然精灵也成为大神，这些神掌管着各个领域。波塞冬是住在大海深处黄铜宫殿中的大神，因此，他统治着大海；古老的地母神墨忒耳掌管着土地的生产。此外，还有一位专门掌管葡萄收成的土地神，那就是狄奥尼索斯，因为他的出现，葡萄酒受到了人们的青睐。古老的月亮神成为赫尔墨斯，他的双脚有翅膀，是众神的信使，为他们传递信息。他还是人们交往的保护神，并守护着商业和贸易。希腊人曾经认为夜空中的月亮是一位女神，但当他们看到皎洁的月光洒落在林间的时候，又认为月亮一定是一位英姿飒爽的女猎神，在夜间匆匆赶路，并称她为阿耳特弥斯。当然了，还有不少人认为月亮是宙斯的妻子赫拉，她也因此成为婚姻保护神。我们曾在肥沃新月看见的闪米特人的爱情女神伊什塔尔，从叙利亚城市出发，途经塞浦路斯，来到希腊，她在那里被人们称作阿芙罗狄忒，是当地人的爱情女神。

无论希腊人曾经多么重视这些神灵，如今，他们都被赋予了人形。荷马甚至还描述了众神之父宙斯及其妻子赫拉之间发生的种种家庭纠纷。虽然他采用了一种比较荒诞的写作方式，但这些与普通的希腊人在家庭生活中的点点滴滴差不多。我们从中可以看到希腊众神身上充满着人性的弱点，他们甚至会为了骗人而要各种把戏。这些神祇的性格没有凌驾于普通人之上，因此，就培养人们良好的行为举止和性格号召力等方面而言，希腊宗教并不占据优势。希腊人当时所经历的宗教属于早期宗教，就像我们在东方文明中所看到的那样。

我们免不了要问，为什么希腊众神身上没有汇集人类各种美好的品性和举止呢？也许当时人们对于死亡的认知影响到了这一点。在他们看来，所有人死后都会坠入幽暗的地下王国，在那里，无论生前好坏都会受尽折磨，而冥王哈得斯和他的妻子佩尔赛福妮女神则掌管着这个地下王国。众神会赐予英雄和圣人永生，他们也因此进入美丽的埃里斯草原，或者抵达遥远的西方极乐世界，在未知的大海中有一座祝福岛，他们在那里享受着无穷无尽的快乐。希腊人坚持火葬死者，这是早期漫长的游牧生活形成的习俗。即使他们在希腊定居了下来，这个习俗仍被保留了下来。当然，他们同时也接受了爱琴人的习俗，与埃及人保存与埋葬尸体类似。此外，原始观念中为死者供奉食物和饮品的习俗也被延续了下来。于是，人们将祖先的坟地视为圣地，每隔一段时间就在那里摆上食物与饮品，供死者享用。

在希腊城镇居民心中，赫斯提女灶神是掌管家庭安全的神。在君主时期，希腊家家户户都设有神位，王宫中还有圣殿用来专门供奉这些神祇。为了便于露天举行献祭，人们还在前庭中设立了一个神坛。在民间，人们认为神就住在自己家中，因此不需要专门建立神庙。在一些团体中逐渐出现了精通与神相关的知识的人，当普通人想了解关于献祭和崇拜仪式的知识时，他们就可以去向这些人咨询。随着咨询的人逐渐增多，就产生了祭司。

第十章　希腊的贵族时代

君主制的消亡与贵族的统治

受东方文明的影响，希腊文明的进化历程开始了。但是，随着希腊政治的发展，希腊文明与东方的差距越来越大。在东方，随着时间的流逝，早期的城邦在尼罗河和两河流域分别联合发展成为两个强大的国家；然而，在希腊，在各种因素的限制和阻碍之下，各城邦联合成为一个国家的可能性变得很渺茫。就地理区位而言，希腊被高山、海湾分割成很多个小块，各城邦被隔绝开，更何况身处各岛屿和小亚细亚的希腊人只能够与身处大陆的同胞隔海相望，这些因素都阻碍了希腊统一的步伐。

在追溯希腊历史传统时，我们发现，在希腊这片土地上从未出现过联邦国家。然而，在公元前 14 世纪的赫梯文书里，我们也发现过关于早期联盟的记载：当时希腊的大部分地区曾被亚加亚的阿利安国王联合在了一起。到了公元前 1000 年，希腊人已经在各不相同又相互隔离的社会环境中生活了很长一段时间，他们彼此有了不同的语言和风俗习惯。我们无法将他们之间的这种差异同路易斯安那州与新英格兰州之间的差异相提并论，因为希腊人之间的差距更大，可能与分别居住在北方和南方的德意志居民之间的差距更相似。各城邦的居民只效忠于各自城邦的神灵。综上所述，想让希腊像东方国家那样联合成为一个整体，可能性微乎其微。公元前 1000 年以后，许多小城邦国家在希腊出现。这时，不仅各个岛屿和小亚细亚的各城邦没有统一成为一个整体，反而分化成为更多小城邦，即使这些城邦都处于同一个岛屿上，光是克里特岛上的小城邦就多达 50 多个。

希腊大陆被划分成四块区域，彼此相对独立，如拉哥尼亚半岛和阿提卡半岛，这样的划分形式又为统一联合成一个国家提供了某种可能性。阿戈斯是其中最古老的国家，它成功攻克了平原上古老的迈锡尼、铁拉以及邻近地区的要塞，建立了阿戈斯国家。因此，这一片平原被称为阿戈斯平原。

斯巴达国王征服了南部两个半岛，又夺取了西部美塞尼亚的土地，接着建立了联合国家。至此，阿戈斯和斯巴达占据了伯罗奔尼撒的大部分地区。

雅典开始慢慢吞并阿提卡半岛上的小城邦，最后掌握了整个半岛。而在阿提卡半岛北部边境，虽然比奥提亚被底比斯占领了，但因为该地区各城邦国家的实力雄厚，底比斯无法完全统治他们，这也是为何比奥提亚地区最终没有发展成为一个统一国家的原因。他们成立了一个以底比斯为盟主的城邦联盟。然而，纵观希腊历史，从未有一个联盟能长久存在下去。即使作为希腊两个最重要的联盟盟主，斯巴达和雅典仍是联邦国家。但因为雅典掌控了阿提卡半岛上的国家，所以这个半岛上所有的居民都被称为雅典人。

公元前 750 年前后，希腊城邦国家的政府机构发生了一些东方国家从未有过的变化。在那些东方国家，即使政府行为引起了普通民众强烈的不满情绪，这种不满也不会影响国王及其继承者的地位，至于罢免国王或大臣这种事情也是闻所未闻。除了君主制，古代东方没有其他任何政府形式。

希腊民众不甘于继续这样的生活，为了争取自己的利益，他们进行了长达几百年的斗争。在他们不懈的努力下，一种新的政府形式最终在一些希腊城邦确立了起来，这称得上是真正意义上的民主制政府。“民主”是一个希腊词，意思是“人民统治”。希腊民族是世界上第一个享有民主的民族。

通过人们的长期斗争，君主制退出了历史的舞台，但让希腊人没有想到的是，紧随其后登上舞台的却是贵族的压迫。那些富人从腓尼基商人那里购买各种奢侈品，他们最大的乐事就是压榨剥削民众。这群富人想方设法抢夺土地等财产，比如欺诈、非法侵占以及家族联姻等。他们享有大片土地和大笔财富，还有继承权，于是，一个新阶级诞生了，那就是贵族阶级。

贵族占领了越来越多的土地，他们的扩张范围甚至延伸到了城邦周围数里以外的村庄。随后，贵族们离开了自己的土地，进入城里，因为唯有如此，才有更多的机会接近国王，在议会中分到一杯羹，进而对政府产生影响。随着贵族势力的崛起，他们最终完全掌握了议会。

在战争年代，贵族也是保卫国家的中坚力量，因为在那时候，只有他们有充足的资金购买昂贵的武器，并有大量闲暇时间进行练习。也正因为如此，贵族开始凭借着武力不断对外掠夺扩张。他们慢慢熟悉了海洋，开着船，从一个港湾航行到另一个港湾，打砸抢烧，聚敛了大额财富。因此，人们常用“海盗”一词来指代贵族和巨额财富拥有者。

城市贵族与农民之间的贫富差距越来越大。农民深陷在贫困的泥潭之中，他们的土地越来越少，到最后，只能与其兄弟一同分享家族中少得可怜的土地。他们不仅要辛勤劳作，还要勤俭节约；他们既没有时间去训练使用武器的技巧，也没有充足的资金购买武器。因此，他们无法在战场上发挥作用。然而，那时的农民也并未奢望他们能为国征战，他们唯一的心愿就是利用有限的土地维持一家老小的生计。很多农民负债累累，到最后，他们只能将土地抵押给贵族，自己也因此沦为富人的雇佣劳动力。有的农民已经失去土地了，到最后，他们只能以身抵债，将自己卖给富人，沦为奴隶。作为雇农和奴隶，他们不享有任何政治权利，当然，也无法在公民大会上投票。

城里会定期举行公民大会，这是公民可能在政府发挥影响力的唯一路径。但现实情况却是，那些灰头土脸、身着粗制滥造的山羊皮的农民几乎没有机会在公民大会上露面。在富裕贵族的支持下，公民大会的议员们身着东方式的华服，佩戴着制作考究的武器，这些人都曾征战沙场，拥有一定的意志力和谋略。在贵族阶级的操控之下，公民大会已彻底丧失了它原本的定位，从一个部落中所有拥有武器的人的集会沦为了在贵族控制之下只有少数农民和市民参与的会议。然而，即使如此，比起旧时代，农民和市民们所享有的权利并没有增加，他们只享有表决权，唯一的选择是同意那些早就由君主和议员们决定好了的议案。因此，当农民们参加过公民大会后，他们逐渐丧失了对这种集会的兴趣，认为不如待在农庄里。

遗憾的是，贵族们得寸进尺，不仅剥削百姓的权利，还大肆扩张着自己的权利，他们甚至认为自己应该享有与君主同等的权利。他们将自己视为君主维持统治的顶梁柱，如果失去了贵族的支持，君主将无法对外作战，当然也不能治理好国家。到了公元前 750 年，在某些希腊城邦里，君主制政府已经名存实亡，或直接被武力推翻。在许多城邦国家里，贵族推选出官员来处理那些本应由国王处理的事务，毋庸置疑，国王的权力被大大削弱。在雅典，贵族们会推选一位贵族作为战争时期的领袖，还会推选另一位贵族来协助国王处理国家事务，这位贵族就是“执政官”。就这样，贵族阶级以和平的方式从君主手里接过了权力，到了最后，君主只需要管理宗教事务。在斯巴达，贵族会选举出第二国王，以此来限制和约束君主的权力，在这种情况下，斯巴达的君主名存实亡。从公元前750年到公元前650年，君主制在希腊迅速消亡，只在一些小城邦中持续了一小段时间。贵族在这场政治较量中取得了绝对胜利，最终，他们成为很多城邦的统治者。随着君主制的消亡，皇宫成为一座座空楼，这些殿堂和大厅最终成为宗教场所。等我们介绍古希腊建筑时，就会介绍这些从皇宫转变而来的神庙了。其中有一座神庙尤其著名，它就是被称作雅典围城的古代阿提卡国王的皇宫。

贵族时代的希腊扩张

在贵族时期，希腊历史上又一次伟大变革悄然发生了。在这一时期，希腊贵族尤其推崇在海上漂泊并四处掠夺的生活。随着希腊海上贸易的发展，希腊对于船只的需求越来越大。希腊工匠们开始兴建船只，这是当时尤为关键和重要的一件事。腓尼基船是当时唯一能够借鉴的船只，希腊人按照它的模样打造了自己的船只。后来，腓尼基商人在爱琴海港进进出出，他们看到各海港停泊着许多希腊船只。当时，希腊东部亚洲海岸各城市与欧洲的阿提卡以及优卑亚之间的交通非常重要，而爱奥尼亚城邦则是在亚洲区域的海上贸易之中发展最好、控制程度最高的。希腊商人对爱琴海水域越来越熟悉后，海上交通也因其方便快捷而超越了陆上交通。举例而言，陆路比海路短，但是，途中会遇见各种障碍，比如需要穿越森林或翻越高山。

同时，受到贵族压迫的希腊农民越来越穷，他们被迫逃离爱琴海世界，到更广阔的天地中去寻觅新的土地和家园。希腊商人不仅得到了爱琴海北部，还继续向外推进，抵达了更远的北方海域，那里被称为“本都”，也就是现在的黑海，旧石器时代欧洲人的后裔现在居住在那里。希腊商人在这里修建了商站，那些对政府不满的希腊农民在这里获得了大片的土地。于是，越来越多的希腊农民迁来这里，早在公元前600年以前，希腊人就在黑海沿岸建立了家园和城市。希腊人在南部多瑙河流域开垦出了一片片麦田，还占领了黑海东南海岸古赫梯王国的铁矿。令人遗憾的是，受到恶劣的气候环境的限制，这里的希腊人并没有像居住在爱琴海地区的希腊人那样，涌现许多天才人物。伟大的艺术家或者文学家仿佛跟这块北方的土地绝缘了一般。因此，尽管有粮仓之称的本都为希腊提供了充足的粮食，却鲜少为希腊的思想和文明做出贡献。

回顾一下东方，亚述帝国处于辛纳克里布的统治下，成为希腊沿着小亚细亚南海岸对外扩张的过程中的“绊脚石”。大约公元前700年，在西里西亚，希腊军队被辛那克里布击败，这场战争也是希腊与东方世界的首次冲突，希腊人只好在塞浦路斯停留。我们通过公元前13世纪的赫梯文书可以得知，很长时间里，希腊世界的最东端都位于塞浦路斯。此外，希腊人在南方与埃及人建立并保持着友好的关系，有一个例子可以加以佐证：在亚历山大之前就有希腊人在尼罗河三角洲的诺克拉底斯建立了一个贸易市场。诺克拉底斯的地理位置很重要，是大型商船南来北往的集散地。后来，希腊人又在三角洲的西部建立起了西奈城。

对早期希腊殖民者来说，当时的西方就是他们的“美洲”，它散发着陌生、神秘甚至危险的气息，吸引着许多“哥伦布”从希腊出发，抵达遥远的世界边界。人们坚信传说中的祝福岛就在这里，那里居住着他们心目中的英雄们。当人们从希腊西海岸向西方极目远眺，可以看到50英里外的靴子形状的意大利海岸，只要横渡海面，就可以沿着西西里岛的海岸向前航行，继续深入西方。对希腊人而言，这就如同打开了一扇通往新世界的大门，如此诱人。尽管腓尼基人已经在他们之前进入了意大利，但这个地方对希腊人的意义就如同美洲之于欧洲人一样。

公元前750年前后，希腊人开始闯入西方世界，他们攻克了意大利南海岸的边缘地区，只花了不到一百年的时间，而这一地区的范围从意大利靴子的根部一直延伸到足背的北方那不勒斯，因此，南意大利地区被称为“大希腊”。希腊殖民者在这里向北方眺望，能看到聚居在此的一些野蛮人。这个毫不起眼的小城镇后来竟发展成为了世界霸主，它就是日后盛极一时的罗马。更让希腊人意想不到的是，他们的子孙后代无论多么骄傲，最终都成为了罗马的臣民。因为希腊文明远远超过意大利所有地区，因此，随着希腊人的进入，意大利也开始了它的文明进程。从这时起，在希腊文明的指引之下，意大利的文字、建筑和艺术都加速发展。

腓尼基人原本掌握着西西里的贸易，随着希腊殖民者的进入，他们将除了西西里岛西海岸之外其他地方的腓尼基人都驱逐走了。他们在西方过着同希腊本土居民一样的生活，西西里岛东南角的叙拉古一度成为希腊世界文明程度最高的一座城市。随后，希腊人在后来的法兰西海岸的马赛建立了一个城镇，并在此垄断了莱茵河以上的所有贸易。他们甚至将势力扩张到了西班牙的地中海海岸，目的是夺取塔特苏斯银矿。

在贵族统治时期，希腊的扩张路线就如上文所描述的那样，从黑海沿着地中海北岸，一直抵达大西洋。希腊人的扩张是印欧线向西延伸的一部分，与此同时，腓尼基帝国在西闪米特线的西翼沿着南地中海延伸，并与北面的印欧人对峙。

在希腊和腓尼基人的扩张中，一个伟大的地中海世界逐渐形成了。那么，希腊文明或是东方文明，究竟谁才是地中海文明的主导者？我们知道，希腊文明的地域范围涉及希腊本土及其殖民地，而东方文明则依靠点对点方式进行传播，并且是以腓尼基平底船和各地腓尼基居民作为基础的。要回答这个问题，需要先了解爱琴海地区希腊文明的形成及发展过程。那么，这就是我们下面要探讨的问题。

贵族时代的希腊文化

我们通过上文了解到，希腊城邦一直处于分裂状态而没能形成一个统一的国家。但这并不意味着希腊城邦中没有促进统一的因素，比如战争和体育赛事。体育竞技从希腊的早期风俗孕育而生，在英雄的葬礼上，古希腊人经常举办体育竞技，来表达哀思和缅怀。尽管人们免不了在各地区的比赛之间展开一番竞技，但会与缅怀英雄和筹备体育比赛的过程中人们的心情和动力融合在一起。最终，这种活动被在固定季节里为祭神而举办的体育比赛取而代之。早在公元前776年，每隔四年，希腊人就在奥林匹克举办一场盛大的体育比赛，后来这慢慢演变为一个公众节日，所有希腊人都会参与其中。除了体育，宗教也能推动希腊统一的进程。希腊人共同的神祇被供奉在希腊的神庙里，正因为有了这些神，各城邦国家会组织一些共同的宗教理事会，各城市的代表会定期出席。每个城市在这个神庙组织当中都有自己的席位。这些理事会的意义与古代世界的代议制政府类似，其中以负责奥林匹亚比赛的理事会和负责在提洛岛上组织一年一度的阿波罗节的理事会最为重要，后者就是服务于德尔斐的阿渡罗。在理事会上，城邦代表们使用不同的希腊方言，但在沟通上并没有障碍，他们能明白彼此的意思，这一点与美国类似，缅因州的公民不用担心不能理解路易斯安那州的人说的话，当然，我们不能排除，他可能会嘲笑一番对方有些奇怪的口音。而各城邦之间语言相通这一点，对他们的联合大有裨益。《荷马史诗》是希腊人共同的遗产，它讲述了希腊人齐心协力对付亚洲特洛伊城的故事，这有利于各城邦间的联合。

我们由此可知，有诸多因素可以促进希腊联合，诸如他们共同的风俗、宗教、语言和传统等，这些都可以唤醒根植于他们心中共同的民族情绪。在这些情绪的影响下，希腊人产生了本民族与其他民族的意识，开始称所有非希腊民族为“野蛮人”。之所以这样称呼外族人，一开始并不是因为希腊人看不上他们，而是为了让与“他们自己”相关的词语更加明显，当然，这其中也包含了希腊人的联合情绪。后来，希腊人用“海拉斯”一词来自称，他们认为海拉是自己的祖先。有一点需要强调的是，希腊人的这一自称并不是特指某一个希腊国家或城邦，它包括所有说希腊语的人或者城邦。

然而，即使共同的民族情绪已经在希腊人之间萌生，但他们在政治上也并没有表现出联合的意愿，这一点在战争、贸易关系等方面都可以看出来。任何一个城市的商人前往其他城市时，他都不享受当地的权利，他不是当地的公民，因此，他的各项权益乃至生命安全也不能保障。希腊城邦中从未出现过保护陌生人的法律，前往其他城邦的商人只能通过古老的友好习俗，那就是成为某个市民的客人来寻求庇护。也就是说，如果商人在当地找不到一个这样的“主人”，那么为了认可这位异乡人，城邦政府将为他指定一位公民作为名义上的主人。而这一方式将希腊人性格上的弱点暴露无遗，那就是各希腊城邦之间有着浓厚的地方主义情结。也正因为这一点，希腊联合以失败告终。当地人满足于自己城邦的特色，互相嫉妒，满怀偏见。在这种情况下，这些城邦统一成一个大的联盟，或者建立一个囊括全希腊人作为公民的大国家是不可能的。

在贵族时代，希腊人过着简单而粗俗的生活，虽然这时他们已经从东方引入了各类奢侈品，比如精致的华服和假发。希腊在诸多方面仍比较落后，在各希腊城邦中，这里所有的房屋都是用晒制而成的泥砖砌成的，道路狭窄，甚至都不能称为是大道，而只是一条条小巷。君主的皇宫和城堡都是用长方形的泥砖堆砌而成的建筑，它们在城市的最高处耸立着。皇宫前面有一个带有一排木桩的大门廊，宫殿有一个尖尖的屋顶，还有一堵山墙，四面都是三角形。最早的希腊神庙就是这类简陋的建筑物。这个时代里，人们将神雕刻在木柱上，在其上端砍凿雕刻出模糊的头像，再为其披上特制的衣服。这样一来，这些木桩就成为神的代表。

那时候，很少有人能阅读书籍，《荷马史诗》手抄本的拥有者或阅读者则更少。为了教育小孩子，希腊人常常给他们讲述寓言故事。他们会讲许多与动物有关的故事，借助这种象征手法让小朋友懂得美丑与善恶，从而传递某种道德观念。这一时期，希腊人开始思考人类自身的行为问题。当时，希腊人不仅将在战场上骁勇杀敌视为一种美德，也将对人友善和无私视为一种美德。就这一点看来，爱国主义情感已经开始逐渐在希腊人心中萌芽。他们认为，哪怕身为神灵，也不能作恶，更认为贵族去做海盗是很不光彩的。

于是，随着希腊人对各种行为产生新的认识，一种新文学诞生了。在荷马生活的时代，那些诗人致力于为古代英雄歌功颂德，却从不刻画自己，也从不展现现实世界五彩斑斓的生活。如今，这样的诗人和诗歌都不复存在，他们开始考虑更多现实问题。人们看到农民持续与艰苦的环境做斗争，意识到现实生活才是最重要的。因此，当时伟大的文学就是以刻画普通农民的生活日常为主题的。

从公元前 750 年至公元前 700 年，英雄赞歌不再回荡于欧洲上空，人们转而为穷人、卑贱者歌唱。作为在奥提亚赫利孔山脚下耕作的农民，赫西奥德开始为他自己而活，为那些被生活折磨的农民创作诗歌。他的作品是为那些和他一样的贫困者所吟唱的，他们都饱受残酷的现实生活的欺凌。

在这些创作中，他向人们讲述了一个这样的故事：他的兄弟珀西斯贿赂法官，最终获得了父亲留下的土地。

在欧洲农民反抗贵族之际，地中海地区的希伯来人也并没有安于现状，他们同样也站了起来，为了争取自己的权利而战。赫西奥德高声呼吁着公民平等，那些生活在巴勒斯坦地区的希伯来人也努力追求着正义与平等。就这样，一种崇尚世间兄弟情义的宗教在巴勒斯坦地区萌生；一种新的由人民统治的民主政权也在希腊出现。在这一新政权下，少数权贵无法继续压榨希腊民众了。接下来，我们将介绍希腊人民统治的希腊民主的形成过程。

第十一章 僭主时期的手工业革命

手工业与商业的革命

希腊引导了一场殖民扩张和手工业发展方面的变革。欧洲广大地区成为希腊手工业产品的市场，在各新建的殖民地人民心中，这些手工业产品是生活必需品，而希腊成功地以此为突破口，展开了内陆商业贸易活动。为了满足各殖民地商品市场的需求，希腊本土立刻展开了相关的生产活动，地点始于爱奥尼亚城邦，逐渐扩张到附近的群岛，最后直接影响了希腊的大陆地区。

希腊通过贸易获得越来越多的利益，科林斯是最早分享这些利益的城市，随后雅典也参与进来。很快，商船满载着希腊金属器皿、羊毛织物、陶器等物品，从地中海北部、西部和南部海岸出发，驶向远方。当然，这些商船不会空手而归，而是从异域带回了大量矿物原料、粮食和手工艺品，比如出自意大利伊特鲁里亚人之手的精美的青铜器等。因此，在提洛岛节日的集市上，人们都能看到来自伊特鲁里亚的青铜器和瑰丽精美的东方地毯。

希腊工匠积极改良生产工艺，希望以此来平衡日益增长的贸易需求，并在与腓尼基人的竞争中占据优势。他们的改良卓有成效，在公元前7世纪时，希腊的手工业原本远远落后于东方，但到了公元前600年后，希腊人的技术已经超越了他们的东方老师。萨默斯人还掌握了埃及人铸造空心青铜器的技术，发展到后来，他们开始在陶器上装饰自己设计的图案。这些图案来源于生活，又高于生活，它们是从神与人的生活中演变而来的，既生动活泼，又充满了人情味儿。陶器上的装饰渐渐开始出现越来越多希腊人自己设计的图案，而那些从东方漂洋过海而来的半人半兽的形象开始逐渐淡出人们的视野。从这一点可以看出，希腊在手工业方面逐渐开拓了自己的道路，不再受到东方的束缚。

随着贸易的发展，希腊小手工作坊承载着越来越大的需求量，很快就供不应求，小作坊不能再满足更大的需求了。为了不局限于小范围的市场，在扩大生产规模的同时，作坊主也意识到，工人的需求量正随之不断增大。为了填补工人数量上的缺口，解决找不到工人的难题，有钱的作坊主购买了大量奴隶，让他们接受训练，从而成为合格的工人。于是，小作坊成为大工场，奴隶也成为希腊手工部门的重要劳动力。

在向手工业领域进军后，雅典人成就斐然，虽然爱奥尼亚城邦在他们之前开始进入手工业。而且，雅典手工业的成就可以同其在艺术、文学、哲学、军事等方面的成就相媲美。本来，雅典工匠们早就提出了在城市中设立一个专门的手工业作坊区的要求，结果，这一行以迅猛之势发展着，雅典手工业工场范围与规模的增长速度让工匠们大吃一惊。在当时的希腊，雅典有最大的工场，这单从考古工作者的发现中就能略知一二：纵观如今出土的希腊绘制陶瓶，其中有近半数来自雅典的六个工场；考古学家还在小亚细亚的墓穴中发现了带有雅典陶瓶画匠记号的陶瓶作品，而在北非尼罗河三角洲和意大利伊特鲁里亚城市公墓中发掘的陶瓶上也有一模一样的记号。这些事实让人惊叹不已，这说明在古代庞大的商业世界里，雅典手工业者已经扮演起了不可或缺的角色。商贸开始对外扩张，在此期间，先进的海上运输工具变得尤为关键。很快，造船工匠就嗅到了其中的商机，他们建造了一种体积远远比“50桨”帆船更大的新式商船。早在几个世纪前，埃及人就发明了一种带有风帆的船只，如今被这些新的“生意人”拿来使用了。因为这些船只体积庞大，无法在海滩上停泊，于是，避风港和锚应运而生。同时，为了保护这类商船，还建造了威力更强大的军舰。因为目的不同，它们的设计与商船也存在着较大的差异。科林斯人造出了第一艘双层战舰，为了确保战士的需求，里面有许多房间；它比商船更平稳；它能在不依靠风力的情况下向前推进，因此，它们航行的动力是划桨，战船下层还有专门的装备用于保护桨手。桨手们分为三列，每人手持一只桨，每三人一组，每组坐在一张长凳上。这样组合起来，在体积相同的前提下，战船的动力比老式“50桨”帆船增大了3倍。公元前500年，这些发明已经被广泛运用。在海上武器装备的强大配合下，希腊手工业和贸易的发展更上一层楼，很快，地中海市场的腓尼基人就不敌希腊人了。

希腊出现了货币，这进一步推动了希腊商业的发展，从此进入了一个崭新的交易时代。这种以商品交易方式以贵重金属的重量作为价值依据，最初在东方产生，由爱奥尼亚人从小亚细亚内陆引入。最早巴比伦尼亚以米纳作为基本的重量单位，60 米纳的价值等同于一个特兰特，一个特兰特的价值等同于 1225 美元。公元前 700 年后，小亚细亚的吕底亚国王为了将货币价值处于国家的保护之下，对银子的重量、尺寸和价值进行了严格规范，并在每个银子上印上了国王或城邦的标志，这就是我们所知的最古老的货币。

在货币流通的基础上，商业贸易更加便捷。爱奥尼亚城邦是最早使用货币的地区，随后，约公元前 7 世纪早期，这种便利的交易方式就传入了海上诸岛和欧洲希腊。雅典的百分之一米纳是当时通行的最小货币单位，雅典人将米纳银块等分成 100 份，每份小银块相当于 18 美分至 20 美分。直到一战爆发，欧洲大部分地区仍流行着这种货币单位，当然，法国的法郎、意大利的里拉和澳大利亚的克朗价值为 20 美分。在日常交易中，雅典人可以用货币交换“一把”铁条或铜条，他们将这种类似铜板的货币称为德拉克马，意为“一把”。五个德拉克马的价值是一美元，但是雅典的一元钱相当于四个德拉克马。古代的德拉克马价值很高，共购买力远远超过了今天的美元。我们可以通过一些例子说明其高价值：一个德拉克马可以买到一只绵羊，五个德拉克马可以买下一头公牛；如果一个人的土地年收入超过 500 德拉克马，那么，他绝对富甲一方。

希腊曾经只用土地和牲畜作为衡量财富的标准，但如今，货币也成了标准之一。于是人们开始收集货币，希腊的借贷行业随之产生。一开始，希腊人并不知道利息是什么，后来从东方引入了这一概念，借贷才开始逐渐普及，年利率一般为 18%。一部分出身卑微的农民也许此前从未想过自己有朝一日会发财，但随着手工业与商业的不断兴起，他们获得了千载难逢的机遇，并发家致富。作为富有的工商业阶层，他们的队伍越来越庞大，于是，他们开始希望能在政府中占有一席之地，发挥同其他阶层一样的作用。他们极富号召力，很快就发展成了一股庞大的政治势力，甚至连贵族阶层都不能小看他们。到了公元前 6 世纪初，就连梭伦这样的贵族也为这一阶层的力量而惊叹，并感叹“金钱成就了人”[①]。

当然，有一点要明确，即使希腊已经如此富有而繁荣，但凭借他们当时的实力，依然不能打造出像今天这般的摩登都市。雅典和科林斯分别有约 25 万居民，农业依然是希腊人最主要的收入来源。但与现在相比，这些作为希腊主要收入来源的农场与地产在规模与面积上不值一提。当时最大的农场还不足 100 公顷，富裕阶层的标准就是拥有 50 公顷的土地。

僭主时期：民主权利的兴起

绝大多数农民并没有像富裕的资产阶级那样崛起与发展，他们的处境每况愈下。当时，希腊人习惯用一块特定的石碑来表示资产抵押，而这种石碑时常在农民的土地上出现。但为了获取更多土地，有钱的债主时常想尽办法取消这种抵押。他们或将土地原来的主人卖到国外成为奴隶；或逼迫他们逃往海外，躲避债务。即便如此，眼看着农民们遭受这般待遇，贵族统治阶级也没有行动起来解决问题，他们还利用职务之便从手无寸铁的农民和小农场主身上谋取私利。他们一心从农民阶层身上剥削钱财，却不知道自己早已四面楚歌。首先，这些贵族并没有得到新兴的富裕阶级的支持，相反，资产阶级对贵族充满了憎恨。其次，普通人已经有机会得到武器和铠甲，因为随着雅典手工业的发展，金属制品越来越便宜。此外，因为斯巴达人的领导和贡献，古代战术得到了长足进步。于是，长矛兵团出现了，他们组织严密、人数众多、骁勇善战，战斗力极强，与我们曾在巴比伦见过的那种兵团类似。在战场上，每个军团都像城墙一般无坚不摧，战车在他们面前也败下阵来。于是，战车退出了历史舞台，成为赛车场上才能看见的竞技用具。普通公民在军队中的作用和地位都大幅提升，下层阶级在城邦中的势力逐渐壮大。

贵族阶级内的党派之争越来越激烈，最终导致了内部分裂。这些党派时常以代言人自居，他们宣言自己服务于那些对现实不满的人，是他们的领袖。很快，大批农民与新兴工商业阶层就成了他们的追随者。因此，在大量民众

① 有人认为这句话不是出自梭伦，而是阿里斯托德摩斯说的。

的支持下，贵族得以顺利战胜他们的对手，进而夺取了城邦的统治权，并最终统治了城邦。

我们用“国王”一词来称呼他们。但要说明的一点是，这个新国王和旧国王意思并不一样。新国王能坐在皇位上统治城邦依靠的是暴力或其他手段，并非像旧国王那样通过继承皇室血统获得统治权。因此，他很难像以往国王那样，获得人民群众的尊敬和忠诚。即使人们对他心怀感激，但这样的感情基础对统治者来说未必靠得住。希腊人为这样的统治者取了一个新名字，即“僭主”。这个词在当时并不含有贬义，它是用于代表这类位高权重的统治者的。在这种君主的统治之下，越发丧失自由的民众往往会对僭主不满，当有人最终站起来并杀死僭主后，人们就会拥戴这个如同救星一般的人物。

早在公元前650年，希腊就有僭主出现，但我们所定义的僭主时期仅限于从公元前600年至公元前500年间的这一百年。僭主主要出现在小亚细亚的爱奥尼亚城市和群岛，当然，在优卑亚、雅典、科林斯和西西里的殖民地也有过僭主的统治，这些地区有一个共同特点，那就是它们都是希腊城邦中依靠工商业致富的那些地区。从历史层面来看待僭主出现的问题，我们认为，人民权利的增长直接推动了它的产生，无论公众对其怀有感激或憎恨的感情，他们都有资格被称为最早的民主斗士。但需要明确的一点是，并非所有的僭主都一味削弱公民的权利而从不庇护他们。比如科林斯的佩里安德、雅典的庇西特拉图等，他们更注重维护人民权利。他们努力削弱贵族势力，同时，积极兴建并维护公共设施，比如城市建筑、港口、神庙等，还大力推动艺术、音乐、文学等的发展。可见，这些僭主注重一切文明建设。很早以前，在东方，法律条款就以书面形式存在着了，但直到这时，希腊法律还局限于口头。这样一来，为了偏袒贿赂者，法官可以随意曲解口头法律。于是，人民要求将祖辈流传下来的口头法律转变为正式的书面形式。为了实现这一愿望，他们展开了长期斗争，最终在公元前624年，一个名为德拉古的人编写了一部成文法典，实现了雅典人共同的心愿。这部法典十分严苛，以至于当“德拉古式”这一形容词进入英文语言后，成了“严厉”一词的同义词。

当时，雅典内忧外患，形势十分严峻。撇开内部矛盾不谈，雅典在外部也与邻国矛盾重重。从萨拉米斯岛能俯瞰整个雅典港，当时迈加拉商人却占领了那里。萨拉米斯失守一事本就让雅典人民群情激昂，而贵族统治者多次试图收复，都以失败告终了，这更激化了雅典人的愤怒。于是，一个名为梭伦的人挺身而出，此人出身于古老的贵族世家，曾靠海贸探险发家致富。在雅典的危急关头，他站了出来，写下了慷慨激昂的诗歌，来鼓励他的同胞们，希望他们携起手来，收复萨拉米斯。最终，他们收复了萨拉米斯，梭伦也因此备受雅典各阶层推崇。

公元前 594 年，梭伦被选举为雅典执政官，他开始致力于改善农民艰苦的生存条件。他禁止继续抵押土地，债主也不能限制公民的人身自由。作为政治家，梭伦的思想很成熟，他并没有一味地满足下层阶级的所有要求，他拒绝了他们希望重新分配贵族所占土地的要求。他制定了一项法律法规：但凡年满 30 周岁的公民都可以以抽签的形式组成陪审团，和曾经败诉的赫西奥德一样，任何公民都可以向陪审团提出上诉。这些改革让公民有了更多机会追求公平与正义。梭伦的法律被人们用文字记录了下来，成为希腊的第一部法典。按照法律规定，自由人在法庭上是平等的，每个人都享有同等的权利。

同时，梭伦的新宪法也诞生了，其中规定，每个公民都享有参与管理国家的权利。根据公民总收入的不同，他们被分为四个等级。只有贵族才能担任最高职务，同样地，农民只能担任最低职务。这样一来，贵族就牢牢控制了政府机构，但生活贫困、地位卑贱的自由民也被赋予了参与公民大会的权利，还获得了投票权。

梭伦不仅是一位伟大的政治家，还是一位卓越的诗人，历史评价他是希腊第一位因其流传的诗歌而闻名于世的政治家，这一说法一点儿也不夸张。他拥有中庸思想，对时局的判断也很准确。当所有雅典人都认为他即将成为“僭主”时，他毅然选择了放弃早已超过了任期的执政官一职。为了论证自己的宪政有充足的实践检验机会，他头也不回地离开了雅典，几年后才返回。正是因为有了梭伦，一场似乎会在雅典发生的巨大的社会灾难才消弭于无形之中。也正是因为梭伦推行的改革，雅典才在工商业方面快速进步。然而，令人遗憾的是，梭伦并没有在宪法中确保富裕的工商阶级参与政府管理的权利，因此，这一阶级仍努力斗争着，试图获得同等的权利。总而言之，梭伦尽力地调和了雅典各阶层的矛盾，但仍然没能从本质上改变雅典的僭主统治。

后来，庇西特拉图成为雅典城邦的僭主，因为他在流放时获得了一支雇佣兵的支持，而这支雇佣兵是由某个实力雄厚的贵族家族成员组成的。他很英明，许多雅典人选择了支持他。他成立了一支舰队，该舰队有 48 艘战船，成功攻克了控制黑海门户的赫勒斯蓬特海峡。后来的历史发展进程再次证明了这一举动是何其重要，它极大地促进了雅典的发展。同时，庇西特拉图大力推动了雅典许多公益事业的改革，比如说，城市引进了农民在春季举行的酒神节，从而促进了剧院和雅典戏剧的发展和壮大。在他的带领下，雅典手工业和商业也得到了空前发展。庇西特拉图的统治具有延续性，他与波斯王居鲁士一样，他在公元前 528 年去世，然而，雅典未来的发展都已经在他的蓝图上规划好了。

庇西特拉图有胆识、有魄力，他的儿子们西帕库斯和希庇亚斯也都极具才干。然而，不幸的是，雅典人对这两位僭主心怀偏见。雅典人被激发了强烈的爱国热情，两名雅典青年哈莫狄乌斯和阿里斯托基顿为此付出了生命的代价，最终杀死了西帕库斯，并逼迫希庇亚斯流亡他乡。公元前 500 年前不久，雅典的僭主时代结束了，雅典终于解放了。

在贵族克里斯蒂尼的领导下，人们将贵族阶级赶下了历史舞台，夺取了新的权力。为了分散贵族势力，克里斯蒂尼改变了部落划分的规则：从前部落按照血缘关系进行划分，现在则按照地区来划分。于是，旧贵族氏族被强行分开了。但是，克里斯蒂尼并未就此停下分散势力的脚步，那些已经被分开的贵族又被他安插在了不同地区的部落之间，贵族在各部落里所占人数的比例被削减到了最低。这样一来，贵族的力量大大削弱了，即使他们想采取联合行动，也无能为力。

克里斯蒂尼还颁布了法律，来进一步防止僭主统治的出现。按照法律规定，公民每年可以投票选出一人，如果认为此人威胁到了城邦的安全，这个人将被流放 10 年。而要完成这个投票，公民只要在市场上捡一片碎陶片，在上面刻下某人的名字，再将它投入投票罐里。这种陶片被称为“奥斯特拉空”，直译为“投他以陶片”，意译为“放逐”某人。如果某人遭受了这种惩罚，那么他也将失去他的行政职务。就像上文提及的，只有贵族能担任高级职务，但随着这条法律的出现，贵族权力在一定程度上受到了制约，这相当于赋予了其他没有土地的公民相当大的政治权利。至此，雅典成为了民主制城邦，建立的政府让人民享有了极大的权力。

斯巴达的势力，尤其是在军事方面不断发展壮大。斯巴达人在战争中不断获胜，并最终将伯罗奔尼撒半岛的三分之一纳入版图之中。公元前500年左右，斯巴达人成立了一个“斯巴达同盟”，几乎所有伯罗奔尼撒国家都加入了，这也得益于他们以武力逼迫邻近城邦加入。斯巴达是该同盟领袖，也是希腊实力最雄厚的城邦，这里没有发展手工业，因此，富裕的工商业阶级没有出现，那么僭主统治作为连锁链条的一部分，也不可能出现在斯巴达。因为僭主之所以产生，就是源于工商业阶级对贵族的打击。斯巴达会指派两位国王共同执政，确保王权的有效划分，它反对民主，在斯巴达人的眼中，雅典的民主制度空洞无物。

僭主时期的文明

雅典贵族仍然执掌着国家最重要的职务，处理着社会各项重要事务，即使他们被迫放弃了很多政治权力。贵族头衔如太阳一般照耀着他们，引领着社交潮流，吸引着公共场合人们的目光。在体育赛事里，那些希腊贵族青年奋力表现，希望拔得头筹。对于奥林匹克竞赛中的优胜者来说，他们不仅能摘得桂冠，还能获得额外的奖励，也就是500德拉克马奖金和在城邦的公共餐桌上进餐的机会。而且，当时还有许多伟大的诗人，会为优胜者赋诗并送上祝福。

大多数时间里，贵族青年会去公共体育馆锻炼身体。文字对于年轻人而言，已经成为生活中不可或缺的东西。贵族青年将在体育馆锻炼视为接受教育的主要内容，他们进行训练并不只是为了在竞技场上角逐优胜，而是为了追求艺术，在他们看来，体育锻炼是一种强身健体的艺术。于是，他们不再在意自己是否获得体操训练场旁围观者的掌声，而是严格遵循艺术的要求展开训练。然而，令人遗憾的是，妇女并没有在光辉璀璨的希腊文明中占据一席之地，她们受到了严格的限制，既没有受教育的机会，也没有参与各项社会活动的权利。于是，妇女成了城邦生活的附属品。

当时，人们对培养音乐素养极其重视。在他们看来，音乐训练是教育体系中极为重要的一环。到了僭主时期，希腊音乐成为真正的艺术形式。亚述人曾发明了一套音符，音符之于音乐就好比字母之于文字，都很重要。如今，希腊也发明了一套类似的音符系统。在当时，笛子深受人们青睐，很早之前，它就从埃及传入克里特，随后又传到了希腊，在希腊得到了极大的改进。有一位希腊音乐家还曾经以笛子为核心，谱写了一首曲子，用来展现阿波罗与巨龙搏斗时惊心动魄的场景。除了笛子，希腊人还改进了里拉琴。最初，这种琴只有四根弦，但希腊人将其增加到了八根弦。希腊人很喜欢这种里拉琴独奏，因为它既可以为歌曲伴奏，还可以为青年男女的合唱伴奏。值得一提的是，如今合唱伴奏的交响乐就起源于此。

音乐对文学的影响也不容小觑，诗人们开始创作一种名为“里拉”的诗，它们能与里拉琴曲结合起来，进行演唱。诗歌创作的内容也相应发生了变化，从最开始倾向于呈现如梭伦式的严肃探讨，开始转而表现普通人的心情、愿望、梦想、希望与情感的积淀。底比斯的品达可以说是该时期最卓越的诗人，他为自己的身份而自豪，他出身于一个贵族家庭，同时，他是僭主和贵族最亲密的朋友，也是勇敢无畏的进谏者。同时，他还享有巨额财富并需要履行对应的义务，对此，他也引以为豪。在他的诗歌中，我们总是有身临其境之感，仿佛能看到正在飞驰的战车，听到胜利者佩戴上桂冠时来自群众的欢呼声，这都是因为他总是用生动而感人的诗歌来歌颂那些他眼中气势磅礴的场景。与此同时，他也时常慷慨陈词，在演讲中充满激情地赞美贵族的生活和统治。品达还用诗歌表达对神的虔诚信仰与赞美，后来，这些都成为不朽之作。他的偶像是阿波罗，在他看来，阿波罗是一位伟大的预言家。在这个行将成为历史的时代里，品达是最后一位，也是最伟大的贵族代言人。随后，人民统治取代了贵族统治，掀开了历史的新篇章。当然，在这一时期，女诗人萨福也是当时最伟大的一位里拉歌手，她是最早的女性文学家，也是世界上最伟大的女诗人之一。

当时，合唱是最受欢迎的音乐形式，每当庆祝节日时，乡民们就喜欢用合唱来表达喜悦之情。这一时期里，西西里诗人斯特斯卡洛通过创作合唱歌曲来讲述那些古老的神话。表演时，歌手们常沿着乡间大道游行，他们披着山羊皮，把自己装扮成奇特的样子，有的在脸上涂酒糟，有的戴上了面具。这种表演很早之前就在东方出现了，被人们称为宗教化妆表演。表演过程中，合唱队和领唱分别演唱歌曲。为了吸引农民观众的注意力，让他们更好理解歌曲所讲述的故事内容，领唱者常常会辅以手势或相关动作。因此，领唱者不仅是歌手，还成了演员，可以说，他们是现代舞台表演的先驱人物。渐渐地，领唱从一个人变成了两个人，两人之间甚至还有对话表演，这大大增强了合唱节目的趣味性和观赏性。虽然增加了一位领唱，但合唱队仍承担着大部分的台词朗诵任务。随后，音乐剧出现了，合唱队和两位演员都可以分配剧中的表演和台词。因为大多数合唱队都披着粗糙的山羊皮表演节目，希腊人将这种戏剧称为悲剧，它最初似乎就是来自“山羊剧”这个名字。

合唱队时常选择在卫城山的山坡上表演。在观看演出时，雅典人可以站在这里，眺望远处乡村和大海的优美景色，甚至还可以看到大海另一边的阿戈斯山。在卫城南面有一座神庙，这是庇西特拉图为酒神而建的。此外，庇西特拉图所修建的最早的剧院也在这里，在这个过程中还慢慢出现了布景。必须要提的是，现代的剧院设计就是从这里继承过来的。

修建宗教建筑似乎是僭主们所特有的共同爱好，他们甚至还在修建过程中大刀阔斧地改造这类建筑。当时的希腊，城市建筑最常见的是砖瓦结构，政府建筑也是如此。尼罗河畔那些石头建筑气势恢宏，但是，在爱琴时代之后，在欧洲就再也找不到它们的痕迹。如今，僭主建造了很多石灰石建筑，取代了砖瓦结构，神庙也从原来简陋的风格变得恢宏大气起来，比如德尔斐的阿波罗神庙前门就是用大理石砌成的。如果按照建造神庙数量的多寡来对历史上各个时期进行排序的话，希腊的僭主时代应该位居榜首。如今，我们仍旧能在西西里和南意大利看到这一时期所建造的气势恢宏的神庙，它们都向我们展示着希腊建筑别具一格的古朴之美。在这一阶段，神庙用一行行整齐围绕着神庙的多立克式石柱取代了贵族时期那种木柱。虽然人们还很重视埃及廊柱建筑形式，但僭主时期的希腊建筑师对其设计已经做了很大的调整，修改后，新的廊柱绽放出了前所未有的光彩，这些都是早期建筑师们未曾料想的。同时，就像尼罗河畔的神庙一样，希腊神庙也染上了各种绚丽缤纷的色彩。

希腊神庙中的雕像艺术也突飞猛进地发展着。这类神庙中有三角形的山墙充当装饰，墙上有一组组浮雕神像，讲述着各种神话故事。希腊的雕刻家曾深受东方浮雕艺术的影响，但他们并没有安于现状，而是不断在艺术上寻求突破。于是，人们在这一时期的神庙墙上的浮雕中再也寻觅不到往昔那种借鉴或模仿的影子，它们全是希腊人的原创作品。埃及雕像也深深影响着希腊早期的雕塑，因此，那时的作品难免让人觉得呆板无趣。如今，在爱国主义精神的鼓舞之下，雕塑家们为体育竞赛的优胜者雕像时，竭力追求艺术上的突破，努力排除来自东方艺术的干扰，创造出了许多风格独特的优秀作品。通过他们的不懈努力，希腊雕塑摆脱了外界的干扰。有两位青年为了刺杀庇西特拉图两个儿子而牺牲了，他们为其雕铸了一座纪念雕像，由青铜铸造而成。我们依然能从这件作品中窥见一些旧日的影子，它生动地表现了人体剧烈运动下的状态，比起过去的作品已经大为进步。

这一时期，希腊的绘画艺术也不甘示弱。在文学方面，诗人逐渐习惯了根据客观事物进行创作；在绘画方面，陶瓶画师同样也不再局限于刻画传说当中的神或英雄等虚幻人物。他们在日常生活中寻求灵感，提升自己的绘画技巧。最终，在他们不懈的努力下，他们创作的人物作品越来越真实，这在早期艺术家的作品中是很难一见的。同时，他们还掌握了一个全新的绘画技术，就是从不同的视角来表现同一个物体。也就是说，希腊艺术家终于解决了“透视”问题。僭主时期，陶瓶绘画艺术主要源自于现实生活，因此，现代人得到了一个了解希腊真实生活的机会。由此，我们不由联想起尼罗河的墓画，它引领着我们走近并了解 2500 多年前埃及人的真实生活。

总体而言，通过分析这些希腊的文学和绘画，我们可以从中感受到希腊人对生活的热爱和激情。这些文学艺术作品体现了人们对品性、道德的关注，比起以往，这种关注有过之而无不及。同时，他们对于是非善恶的理解和认知也加深了。人们不再接受荷马诗篇里神对种种恶行的放纵。斯特斯克卡洛非常强调妇女的忠贞，因此，他在节庆诗里改写了自己所不能忍受的有关美丽的海伦的传说故事，重新编写了一个完全不同于原著的古代故事。同时，人们关于善恶的理解也深化了：任何人都应该有端正的品性，无论他是凡人，还是神，即使是宙斯和他的奥林匹亚，也必须树立正确的善恶观。人们开始相信，恶人死后终将受到惩罚。为此，他们还将哈得斯视为专门折磨坏人的神，而他的狗克伯鲁斯就像怪兽一样可怕。这种狗来自东方，最早的形象是吉萨的守卫者斯芬克斯。

人们相信，现实还有另外一个世界，是只有好人才能居住的世外桃源。在埃里西斯的神庙，祭司们会向新来者展现一些描绘幸福生活的图画，内容大部分是墨忒耳和狄奥尼索斯的尘世生活。据说，人们只要看过这些图画，就能获得永生，死后住进祝福岛。在过去，只有古代的英雄才有资格出入祝福岛，但现在，这条规定被打破了，哪怕是穷人或奴隶，只要能证明自己是好人，就有进入祝福岛的资格。

当今生来世的概念出现后，人们迫切地想要获悉与它有关的所有信息。在人们眼中，阿波罗的神谕就是未来每次冒险确凿无疑的结果。于是，位于德尔斐的阿波罗神庙一夕之间成为希腊世界的宗教殿堂。

同时，一部分思想独立的人彻底抛弃了信仰，也不再相信神统治着世界的说法。爱奥尼亚城邦是爱琴海地区的商业领袖，在很长一段时间内都是思考这类问题的领头羊。随着与埃及、腓尼基越来越频繁的接触，这些独立的思想者逐渐接受了东方的数学和天文学的基本知识，并将其逐渐消化。他们何曾能想到，如今一个爱奥尼亚的思想家成功制造出了埃及影子钟。一个叫泰勒斯的政治家在爱奥尼亚的米利都成功地预测了日食，因此一举成名。他曾去过许许多多地方，在巴比伦时，他有幸得到了一卷天体观测记录，上面记载了巴比伦人推测日食出现的大致时间。根据这份记录，泰勒斯推算出了下次日食发生的时间，并将结果告诉了米利都人。不出所料，日食果然如期发生了，泰勒斯也因此名声大噪。

同时，巴比伦在推测日食方面的成就也深刻地影响了他的思维。此前，人们并不知道日食等自然现象产生的原因，而将其归结于神灵发怒所引起的异象。如今，泰勒斯告诉人们，天体运行并不是因为神灵的影响，而是其自身遵循着某种固定的自然规律。在人类思想史上，这样的思考是尤为关键的一步。因此，天界神祇被赶走了，以宙斯的统治为核心的神秘苍穹被瓦解了。如果每个希腊旅行者都像泰勒斯一样去参观东方那些巨型建筑，比如当时就已经昂然挺立了两千多年的吉萨金字塔，他们肯定会从内心里否认神的存在。于是，历史中再也难以寻觅神的痕迹，同时，神被人们从世界开端的说法中驱逐出去了。

在泰勒斯之后，另一个米利都公民就动物起源问题提出了全新的观点，据我们推测，这位公民可能是泰勒斯的学生。他指出，低级物种逐渐演变就成了高级物种，这与现代的进化论类似。通过对大量的海洋物种和陆地物种进行考察，这位公民绘制了一幅世界地图，以地中海作为中心。虽然埃及和巴比伦在此之前已经出现过地图，但它们所展现的区域很有限，因此，我们将这幅世界地图定义为目前世界上最早的地图。

还有一位米利都的地理学家——赫卡泰乌斯，他曾为了撰写一本地理书而四处游历，甚至一度来到了尼罗河上游地区。这本著作以地中海为中心，周围则围绕着这位地理学家曾亲自前去考察过的海岸附近区域。除了这本地理著作之外，他还编写了一部历史书，以早期的希腊神话和他游历东方时听到的各种传说为主要内容。继那位希伯来历史作家之后，他成了早期世界中最早的历史作家。毕达哥拉斯是一位爱奥尼亚思想家，后来移居意大利，他沉浸在数学和自然科学的知识海洋里。正是他和他的学生发现了“直角三角形斜边的平方等于另外两边的平方之和”这一定律。他们甚至还发现乐器中隐藏着的数学奥秘，那就是琴弦的长度与音调高低之间存在的数学关系。后来，他们又发现地球是一个自转的球体。当提及地球起源时，还有一个爱奥尼亚人指出，要格外注意岩石中那些海洋植物和鱼类的化石，因为它们都证明了陆地曾被海洋淹没了。

就这样，古代神话的迷雾一点点被爱奥尼亚的思想家们吹散了。在这场交战中，自然界最终战胜了神。思想家也纠正了“神是自然界统治者”的古老观念。作为后世自然科学和自然哲学的先驱者，他们一直试图弄清楚人类世界的起源，试图探索出是怎样的自然规律在统治着这个世界。他们探索着全新的领域，那是早期东方思想家未曾涉及的，这些被我们称为科学和哲学。泰勒斯等爱奥尼亚思想家们为这个时代做出了巨大的贡献，这是人类思想史上空前的伟大成就，他们也因此获得了后世的尊重。正是因为这些思想成就，僭主时期成为历史上最伟大的时代之一。在商业、政府和社会等方面越来越激烈的角逐中，人们的思想逐渐先进了起来，最终，他们摆脱了古老思想的枷锁，缔造了一个以科学与哲学为核心的世界。这些活力与激情被成功注入了希腊生活之中，成为希腊勇往直前的内在精神动力，影响着当时希腊的政治家、文学、宗教乃至雕塑、绘画和房屋建筑的风格。此外，当时那些杰出的人物形成了一个个群体，其中有一个群体被人们称为“七贤”，它的成员以僭主为主。作为希腊最早的政治家和思想家，这些僭主分别在各自的领域中取得了非凡的成就，并永远为后世所敬仰与推崇。时至今日，他们的名言还时常被人们挂在嘴边，比如刻在德尔菲的阿波罗神庙大门上的那句谚语——“认识你自己”，还有梭伦的那句名言“凡事有度，过犹不及”等。然而，当庇西特拉图儿子的统治被推翻后，僭主制在历史的长河之中慢慢消散了。虽然小亚细亚的西西里等城邦的僭主制得以延续，但就其总体而言，在约公元前 500 年，僭主时期就已经在希腊结束了。

第十二章　击退波斯

波斯人的到来

在僭主时期，爱奥尼亚获得了领导地位，但它仍经常受到外部威胁，它的小亚细亚邻居就是不可忽视的威胁之一。赫梯人的后裔及后来的入侵者都居住在这里。在上文提到过，吕底亚王国的首都萨蒂斯是小亚细亚最坚不可摧的城市，处在国王克罗伊斯的统治之下。在这里，希腊人开始使用货币。后来，吕底亚人几乎征服了除米利都之外小亚细亚爱琴海沿岸所有的希腊城市。

虽然吕底亚能轻易控制住米利都，但它依然成为波斯居鲁士入侵小亚细亚时的手下败将。那时，来自波斯的居鲁士打败了克罗伊斯，并占领了萨蒂斯。爱奥尼亚是不幸的，它的城市文明才刚刚攀上巅峰又被迫跌回了谷底，换而言之，当它被夺去自由并附属于波斯这个东方专制国家时，城市文明才刚刚步入最辉煌璀璨的时期。波斯人扩张的脚步并未在爱琴地区停下，它开始入侵正在崛起的希腊世界。

人们惯于用高级文明来定义波斯文明。它的统治是开明的，同时也带有东方政治传统的典型特色，那就是缺乏自由的公民权。在波斯的科学领域，东方人的思想处于宗教传统的控制之下。可想而知，在这样的波斯文明的统治之下，那些希腊天才自由发展的空间受到了极大的限制。希望和光明似乎与这些希腊小城邦渐行渐远，即使他们联起手来，也不是这个东方帝国的对手，因为当时它已经如此庞大，甚至我们已知的所有古代东方国家都处于它的统治之下。然而，一场大规模的起义仍在爱奥尼亚城市里爆发了，对抗的正是他们的主人波斯。

在这场起义中，爱奥尼亚人并不是孤军奋战，雅典派出了20艘战舰作为支援。雅典也因此成了波斯军队报复的对象，大流士军队正式向欧洲发起进攻。但是在穿越赫斯蓬特和色雷斯的远征途中，大流士的陆军人数锐减，同时，公元前492年，当他们企图绕过阿陀斯山海角时，随行舰队又发生了海难。因此，大流士只能放弃了已经规划好的入侵希腊的路线，重新制定了一个新的入侵计划，那就是穿越爱琴海。

公元前490年夏初，波斯舰队离开了萨摩斯岛，这支庞大舰队由运输船和战舰共同组成，他们穿过爱琴海，来到位于优卑亚和阿提卡之间的海峡。在这里，波斯人焚毁了曾向爱奥尼亚人提供援助的小城埃拉特里亚。接着，他们在位于马拉松海湾的阿提卡海岸登陆，准备在此入侵雅典。雅典前僭主庇西特拉图的儿子希庇亚斯已经垂垂老矣，为了成功统治雅典，他选择了为波斯人指路，并将他们带入了雅典。

随着波斯人的到来，所有希腊城市都陷入了一片恐慌之中，爱奥尼亚起义的失败、波斯占领米利等一系列事实让他们深刻地了解了波斯雄厚的实力。当时还有一个小插曲，一位雅典戏剧作家根据这座城市所经历的种种磨难编写了一出戏剧。随着这部戏公映，雅典人深受感动，几乎所有人都是流着眼泪离开剧院的。然而，在看完戏剧后，雅典人问责了那位剧作家，并对他处以罚款。

在征服爱奥尼亚之后，波斯在距雅典只有几英里的东北方驻扎了下来。雅典公民惴惴不安，急忙向斯巴达派出信使求救，但他们并不奢望斯巴达会伸出援手，这让他们陷入了更深的恐慌之中。雅典的防备等级较低，于是，大流士只派出了一支不到两万人的军队，向雅典发起进攻。即使这样，雅典人能与之对抗的军队人数加起来也不足波斯人的半数。种种现实情况都残酷地打击着原本就很脆弱的雅典人民的心。然而，他们也足够幸运，一位经验丰富而足智多谋的雅典指挥官挺身而出，他就是米尔提阿德斯。这位指挥官深受克里马库斯元帅器重，因为他有勇有谋，而且曾在赫勒斯蓬特住过，对波斯军队的战术了如指掌。响应军队号召，雅典公民们集体武装起来，聚集在城里。米尔提阿德斯成功地说服了其他将领，他们不再继续在雅典被动防御，一味地等着波斯军队进攻，而是主动率领着军队穿过半岛，在东海岸的群山中阻击波斯军队，以确保通往雅典的道路不落入对手手中。这一战术让人满怀希望，希腊人满怀斗志，决定与波斯背水一战。

然而，在进山安营扎寨后，他们刚建立起来的信心就瓦解了，因为马拉松平原在他们面前一览无余，上面驻扎满了波斯军队，还有数几百艘战船作为侧翼（公元前 490 年）。这支雅典军队根本没有任何战斗经验，当他们面对着职业化的波斯军人时，难免觉得恐慌。看到这番情景，米尔提阿德斯开始鼓舞士气，取得了一定效果，随着几千名普拉提亚希腊人加入雅典战队，他们再次燃起斗志。希腊人死守着通往雅典的大道，他们驻扎在能俯瞰大道的山坡上，成功抵御了波斯人的轮番进攻。这些入侵者开始考虑是否放弃原定的进攻路线，否则雅典人很可能会进攻其侧翼。

波斯人占据着有利地位，但与雅典人僵持了七天，他们仍未取得先机，一直没能将雅典人引诱出来。于是，他们打算继续原定计划，在通往雅典的路上继续推进，同时，他们派出一支精锐部队保护军队侧翼，以确保雅典没有可乘之机。上文提到过，米尔提阿德斯对波斯的战术很熟悉，他知道波斯人会将人数最多的部队安插在军队中间，这样一来，波斯军队两翼的力量就会相对薄弱。于是，米尔提阿斯德反其道而行之，强化了自己部队两翼的力量。正如我们所知，波斯与雅典之间的较量是弓箭与长矛的较量。虽然波斯人的箭如疾风骤雨一般，但雅典人没有胆怯，他们看准了弓箭手所在的位置，凭借着强有力的两翼向波斯盾牌手发起进攻。雅典强大的两翼频频进攻，让这支亚洲军队节节溃败。波斯人的弓箭丝毫不能再威胁到雅典，相反，希腊人却将长矛的作用发挥到了极致，并杀死了大批波斯人。战场上，波斯战士的尸体高高堆起，多达 6000 具，但雅典却只有不足两百人牺牲，为了避免全军覆没，波斯人最终逃回了船上。波斯统帅不愿意投降，然而，当他率领着舰队绕过阿提卡半岛抵达雅典海港时，他发现获胜的雅典军队一直严密地守护着雅典及其周围城镇，这样一来，强行登陆就不再是波斯军队的首选。于是，波斯军舰退回了海上，也就是说，他们最终选择了撤退，对于雅典公民而言，这一刻意义非凡。

击退波斯人和腓尼基人

塞米斯托克利斯是希腊最有天赋和能力的政治家，他曾经担任过雅典城邦执政官，还是马拉松战役中雅典军队的成员。很早之前，他就意识到强大的海军对于希腊有着不同寻常的战略意义，就连庇西特拉图也认可这一观点。于是，在担任执政官期间，为了抵抗波斯入侵，塞密斯托克利斯竭尽所能，只为了说服雅典人通过他的提议，将雅典打造成为地中海的海上霸主。然而，他并没能如愿，这一提议最终没有被批准。如今，波斯人的舰队横跨爱琴海，在马拉松登陆时，雅典人开始明白，也许只有拥有一支强大的雅典海军才能阻止波斯的铁蹄，确保雅典的安全。

一直到死，大流士一世也没能如愿为波斯军队在马拉松的惨败一雪前耻。后来，他的儿子薛西斯继位，他发誓要完成其父的遗愿。他重新制订了一套征服计划，范围从希腊延绵至西西里。在他看来，在受其控制的腓尼基城市的帮助下，实现这套计划是很轻松的。波斯人拥有一支强大的腓尼基舰队，而这完全得益于薛西斯父亲大流士的海军政策。如果未来要从海上进攻希腊，那么将这场战争称之为闪族人的战争也许更准确。同时，薛西斯强制命令腓尼基的迦太基向西西里发起进攻。因此，腓尼基人组成了两支充满战斗力的军队——东方和西方闪族大军，作为波斯的两翼，他们与希腊人组成的东方和西方的印欧防线展开直接的正面交锋。同时，薛西斯还采纳了波斯将军马多尼乌斯提出的进攻策略。波斯军队将经过赫勒斯蓬特，向希腊挺进。

当波斯整装待发，准备再次展开侵略时，希腊的防御准备工作也没有停止。他们发现，为了尽可能将风险降低，薛西斯在绕过要塞时，尽可能避免遇到舰队，他派出将领，去阿戈斯的海角的背面挖凿运河。很快，这个消息就传到了雅典。这一次，当塞密斯托克利斯再次竭力说服雅典公民时，他成功了，雅典公民大会决定组建一支庞大的舰队，大约由180艘三排桨组成。希腊第一次拥有了从海上和陆地上同时与波斯抗衡的军队。

此时，塞米斯托克利斯的英明果敢再次展现得淋漓尽致，针对波斯军队的进攻计划，他专门制订了一系列相应的作战计划。波斯军队采取海军陆军相结合的方式，从希腊大陆东海岸出发。为了一击致命，塞米斯托克利斯决定先以希腊全部兵力与波斯海军交锋。一旦海军获胜，希腊舰队就可以在希腊东海岸顺利登陆，波斯军队的运输补给路线到时将受到直接威胁。北部关隘只需要少量兵力驻扎，除非希腊军队能在此地尽力拖延波斯陆军的时间，否则，势单力薄的希腊军队完全抵挡不住波斯实力强大的陆军发起的正面进攻。然而，希腊军队最终还是没能将各城邦联合以来，一同对抗波斯。斯巴达最终接受了塞米斯托克利斯的谈判条件，同意联合雅典，一同对抗侵略者。而斯巴达同意塞米斯托克利斯的作战计划的前提条件是要掌握希腊联合舰队的指挥权。

优卑亚岛西端对面有一个温泉关隘口，公元前 480 年的夏天，亚洲军队抵达那里。这时，亚洲军队的人数已经有 20 多万，随军家属也是 20 万左右。波斯舰队原本拥有 1000 艘舰船，其中一多半是战舰。然而，在这个过程中，波斯舰队经历了一次海上风暴，数百艘舰船被摧毁，只剩下约 500 艘可以参战。在关隘口，波斯人将与斯巴达国王里奥尼达亲自率领的 5000 名战士正面交锋；而在优卑亚北海岸的阿特密斯乌姆，希腊舰队的 300 艘三排桨战舰将直接迎战波斯海军。从这一刻开始，两片大陆的海军和陆军的交战一触即发。

观望几日后，波斯的陆军和海军全面展开进攻。即便如此，他们的压倒性优势也没能很快展现出来，希腊舰队顽强地抵抗着波斯军队，机动而有效率，而在与波斯军队对抗一整天后，里奥尼达成功地守住了温泉关隘口。

这时，波斯海陆两军的主要作战计划是迂回包抄。他们决定派出一支陆军，翻山越岭，向里奥尼达的后方发起进攻。同时，为了进攻希腊舰队的背面，波斯派出了一支由 200 艘战舰组成的舰队，从优卑亚包抄。一场突如其来的风暴摧毁了一支波斯舰队，两军的主力舰队必须进行正面较量。波斯在海上的夹击行动失败了，但是，他们在陆上关隘口取得了胜利。希腊陆军因为遭遇两面夹击，在冲锋陷阵的过程中，里奥尼达牺牲了，他的军队也全军覆没，希腊陆军惨遭失利。波斯军队继续推进，遭受重创后，希腊只能向南撤退，最后驻守在了萨拉米斯湾。这时，斯巴达的主力部队及盟军也在撤退，他们来到科林斯地峡。因此，这个地方变得尤为关键，成为希腊陆军在下一次交锋中唯一的决胜之地。

塞米斯托克利斯眼看着波斯军队攻破温泉关隘口，并继续向南进军，但他并没有投降，他将雅典居民转移到了萨拉米斯的小岛和埃及那以及阿戈斯的海滩。希腊舰队在这里得到休整，实力大增，数量上超过了300艘。然而，当人们从萨拉米斯向北极目远眺，可以看见密密麻麻的波斯军队成群结队，在道路上缓慢推进。南边的情况让希腊人更绝望，因为亚洲人的舰队正从雅典古老的港口驶来。卫城火焰熊熊燃烧，将耸立入云的阿提卡山上空照耀得通红，滚滚的浓烟遮盖住了东方的地平线。雅典人眼看着这一切，他们清楚即将会失去家园。塞米斯托克利斯再次展现了他非凡的聪明才智，他重新振奋了将领们的斗志和信心，将他们团结在了一起。然后，他散布假情报，说希腊舰队要悄悄从海湾溜走。薛西斯舰队上钩了，他们出军进行拦截。

波斯国王薛西斯在山顶上摆上了宝座，那里可以俯瞰萨拉米斯湾，从而及时了解整个战况。希腊人恰好处于萨拉米斯海角的突出部分和阿提卡之间，而这个狭窄的位置并不利于排列大型舰队。不出所料，因为受到地理限制，在这片水域里，亚洲舰队乱了阵形，在希腊人发动进攻前，他们已经不堪一击，到最后甚至失去了逃跑的机会。这场交锋持续了一整天，当夜幕降临时，萨拉米斯海湾上的波斯舰队所剩无几。从此，雅典人成为海上的霸主，也将薛西斯军队的嚣张气焰浇灭了不少。希腊组建了一支完全属于自己的强大舰队而最终获救。毋庸置疑，塞米斯托克利斯是最大的功臣，他也因此成为希腊最伟大的政治家。

这时，薛西斯开始为自己的退路忧心忡忡，因为获胜的希腊舰队很可能乘胜追击，在其撤退路线上进行拦截。当然，塞密斯托克利斯确实有此打算，但是，他竭尽全力也没能说服斯巴达继续与雅典合作，进行截击。斯巴达人生性小心谨慎，他们拒绝了这个看上去不太稳妥的提议。如果塞米斯托克利能派出希腊舰队封锁赫勒斯蓬特，到了第二年，希腊就不必再与波斯军队纠缠了。与此同时，在疾病和供给不足的双重打击之下，薛西斯军队的大部队从赫勒斯蓬特撤回了亚洲，与此同时，薛西斯命令将军乌多尼乌斯率领着一支约 5 万人的军队，继续留在铁萨利，度过冬天。此外，希腊获悉，当迦太基军队从非洲进攻西西里时，叙拉古的僭主基隆打败了他们。至此，公元前 480 年，希腊击退了亚洲这支从东西两面进犯的部队。

很多人都知道，塞米斯托克利斯提出的作战计划极具前瞻性，但雅典人并没有意识到这一点。冬天结束后，雅典人终于察觉他们之前在战略上犯下了重大错误，那就是没有在萨拉米斯战役之中彻底摆脱波斯军队，而现在留守的马多尼乌斯则有了在春季反扑阿提卡的可能性。本来，塞米斯托克利斯提出在战争后期继续由海军进攻赫勒斯蓬特，从而完全将波斯军队逐出希腊。然而，城邦中有人对塞米斯托克利斯心怀戒备，并毫无理由地夺走了他的指挥权。然而，虽然受到了威胁，雅典并没有放弃自由的权利。为了引诱雅典与之合作，马多尼乌斯开出了相当诱人的条件，但雅典仍拒绝与波斯结盟。

冬天的雨季过去了，果不其然，马多乌尼斯率军向阿提卡发起了第二次进攻。这时，雅典人和曾经一样，纷纷逃到了萨拉米斯。至于斯巴达人，每次遭遇危险时，他们的反应总是慢上半拍，到了最后关头才能下定决心走上战场。斯巴达国王保萨尼阿正穿越科林斯地峡，准备逃走，而他的小伎俩被正在阿提卡的马多尼乌斯发现了。马多尼乌斯决定向北撤退，这让阿提卡的大部分地区遭受重创。于是，在斯巴达、雅典和其他同盟城邦的联合部队的支援下，保萨尼阿的 3 万步兵一路追击马多尼乌斯，一直来到了奥提亚。

几天后，在普拉提亚，保萨尼阿和马多尼乌斯之间展开了决战。在这次军事行动中，波斯人智取保萨尼阿，攻陷了希腊后方的南侧山隘，并攻克了他们的武器库。马多尼乌斯率领着弓箭手，跪在盾牌后面，向希腊人发起了如疾风骤雨般的猛烈进攻。虽然这样的快速强攻让希腊将军们伤亡惨重，但这丝毫没有动摇他们的斗志。在这场马拉松战役中，希腊长矛队拼死冲破了波斯的盾牌阵。最终，弓箭手没有抵御住长矛队的猛攻，很快，波斯的防线被突破了。这时，尽管马多尼乌斯仍在竭力挽回阵形，但收效微乎其微，最后，他自己也战死沙场。波斯军队沦落至此，在波斯骑兵的掩护下才幸免于被全歼。

位于欧洲的希腊安全了，处于亚洲专制统治之下的爱奥尼亚也重获自由。在希腊的三排桨战舰在米利都的迈加拉半岛彻底歼灭了波斯在此地的残余舰队。雅典人甚至还控制了亚洲去往欧洲的通道，因为他们夺下了赫勒斯蓬特的欧洲部分塞斯图斯，这足以确保他们不再受到波斯入侵的威胁。波斯本来将统治范围向西扩张到了爱琴海，但遭受了这些重重打击之后，最终，它只能无奈地从欧洲撤走了。此后，波斯军队再也没有染指欧洲希腊的领土。

第十三章　雅典与斯巴达之争

雅典与斯巴达的冲突

雅典军队归来时，迎接他们的只有满目疮痍的雅典城，他们为雅典付出了如此之多，同时，也获得了举世瞩目的成就。此情此景，让他们不由回想起雅典卫城的凄凉景象。危难当头之际，斯巴达却不能及时施以援手，雅典人只能自己站起来对付敌人，并最终打败了那个古老的东方强国。这让雅典人在世界之林中产生了一种唯我独尊的感觉，他们对过往的种种不再纠结，而是满怀期待地关注未来，一个更加强大而繁荣的新雅典即将崛起。

然而，斯巴达人却缺乏这些感性的想法，他们大部分是从军士兵，他们的责任与义务就是军事训练。国家中的男性都是军人，国家为他们提供公共午餐，15 人是一个小组，每天大家都一起享用午餐。为军人提供这种公共午餐是每个斯巴达公民的义务，他们也通过这种方式获取了公民权。公民不需要耕种，他们平时唯一的任务就是参与军事训练。整个国家就像是一部处于军事操控下的机器。

士兵公民总计约几千人，规模并不大。但斯巴达的公民组成了小规模的贵族阶层，这样一来，较之拉科尼亚半岛上那些没有选举权的人，他们显得如此与众不同。因此，我们将斯巴达的统治定义为一定程度上的僭主统治。军人从事的一切活动都是为了战争在做准备，他们不开展任何商业活动，对艺术和工业事业也没有兴趣。他们固执而自大，对本国的军事实力信心十足，因此城市周围也没有修筑围墙。当时，斯巴达算不上是一座真正意义上的城市，它仅仅由一些分散的村庄组成，甚至连公共设施也没有，也没有修建一座纪念性的建筑来对城市属性进行说明。他们建立了类似军事俱乐部的组织，一心致力于发展军事实力，而耕种则由奴隶完成。虽然奴隶属于这些组织，但他们没有选举权，一切劳动成果也会被这些军事组织剥夺。斯巴达的两位国王在战争期间则充当军事指挥官。

我们通过上文的介绍已经对斯巴达人的特点有了大致了解，他们缺乏感情，想象力也被军事组织的盔甲束缚住了，因此，面对这个深受希腊文明影响的世界，他们感到茫然失措。他们也渴望着希腊成为军事强国，但同时又不愿意担负对外扩张的重任。希腊分裂成两大对立阵营，即斯巴达和雅典，斯巴达象征着传统，代表了少数特权阶级；而雅典象征着先进文化，代表了大多数民众的权利。在为自由而战的时候，两大城邦结成了有良好情感基础的同盟，然而，如今面对无法调和的矛盾，这个同盟破裂了。两大城邦的内部斗争持续了一个世纪，其最终结果是，希腊失去了它的世界霸主地位。

如今，为了谋求进一步发展，雅典开始对外扩张，塞米斯托克利斯再次挺身而出，成为关键人物。他认为，雅典想要成功，是不能复制斯巴达的建设理念的。为了在新雅典城筑起一道牢不可破的城墙，他设下圈套，成功地迷惑了对修建城墙持反对意见的斯巴达人。同时，雅典港口比利埃弗斯要塞的防御等级也被加强。而塞米托斯克利斯还带领着希腊联合舰队赶走了波斯人，迫使斯巴达人放弃了指挥权，并摇身一变成为了强大的雅典舰队，同时也是爱琴海的主人。

民主的胜利：雅典帝国崛起

雅典人与爱琴岛以及亚洲的希腊城邦结成了一个长期防御同盟，以防止波斯再次报复亚洲的希腊城邦。于是，同盟中那些富有的城邦提供战船，其他城邦则每年缴纳一笔贡金，由雅典负责征收。此外，雅典还要负责指挥联合舰队。雅典委任亚里斯泰迪兹处理征收贡金和调度等重要事务，以便更高效、合理地管理同盟、处理关系。亚里斯泰迪兹公正无私，被当时的人们称为“公正的人”。他的人生起起伏伏，曾因为反对塞米斯托克利斯发展海军的计划失败而被流放；后来，在萨拉米斯战役和普拉提亚战役中，他又立下显赫战绩，威名远扬。虽然他与塞米斯托克利斯的理念不合，但如今却抛下了成见，积极参与到新组建的防御联盟的相关工作中并为其出谋划策。他花光了所有积蓄来保护提洛岛的阿波罗神庙。从此，联盟以提洛同盟而远近有名。提洛建立于萨拉米斯战役之后的第三年。就这样，由众城邦组成的联盟依附于雅典的帝国指日可待。然而，随着雅典逐渐崛起，斯巴达人开始猜忌并忌恨雅典。

在奇蒙的率领下，联盟舰队将波斯人彻底赶出了希腊的海域。奇蒙是马拉松英雄米尔提阿得斯的儿子，然而，他却在雅典内部引发了一场政治分歧。他忽略了雅典统治希腊的重要性，一味想与斯巴达结盟。贵族、富人以及思想保守者是奇蒙的支持者，雅典的那些进步人士却反对保守落后，他们站在了塞米斯托克利斯这一边，支持向斯巴达开战。

塞米斯托克利斯没有得到公民大会的一致支持，最终被流放。公元前472年至公元前471年，他又因被判处叛国罪而逃亡他乡。雅典曾将他从波斯人手中解救出来，但他的下半生却在为波斯国王效劳。他是雅典历史上功不可没的政治家，却没能亲眼见证雅典崛起并成为这个帝国的灵魂。

波斯海军一直在西方海域徘徊，最终于公元前468年被奇蒙击退。他满载着荣誉，返回雅典。后来，斯巴达爆发叛乱，在斯巴达的再三请求下，奇蒙派出雅典军队进行支援。然而，奇蒙没有料到斯巴达人竟然过河拆桥，叛乱还没有完全平息，斯巴达人就无礼地要求雅典撤军。奇蒙对斯巴达友好相待，此时却显得如此苍白可笑。雅典人忍无可忍，在公元前461年通过投票的方式将奇蒙流放。

奇蒙被流放，这意味着平民反对贵族统治取得了胜利。但他们没有沾沾自喜，也没有停止斗争的脚步，而是开始将矛头指向长老会，这是一个完全由贵族统治的组织。长老会又名阿利奥勃古斯，这一名字的由来是因为他们常在市场附近的阿利奥勃古斯山上开会。平民制定了新法律用来限制阿利奥勃古斯的政治权力，这样一来，他们就只能审判谋杀案和处理国家宗教问题。同时，根据当时的实际情况，还专门成立了一个500人的小议会，以便管理剩下的绝大多数政府事务。他们以50人为一个小组，一共分为10个组，每一年，每个组有一个多月的时间来行使权利。此外，由梭伦成立的公民陪审法庭的人数规模也逐渐壮大，到最后扩展到了 6000 人。陪审法官共 501 人，他们被分为更小的陪审法庭。这些陪审法庭的权责类似于现在处理各种案件的法庭。为了养家糊口，贫穷的公民无法参与陪审，因为他们每天都要做繁重的农活。于是，平民颁布法律，支付报酬给从事陪审的人员以满足贫民的需求。就这样，公民法庭享有的权利越来越大，最后成为国家最高立法机构。在公民大会的帮助下，法庭开始制定并颁发法律。从此，平民真正掌握了国家的实权。

此外，担任官职的机会进一步向公民开放，所有的公民都有资格出任执政官，而不再是那些没有任何财产的劳动阶层才有资格担任了。曾经由选举产生高层官员的方式被取消了，而是从全体合格的公民之中通过抽签的方式来决定高层官员。其直接影响是，如今国家官员轮流坐庄，他们的号召力大大减弱了。当然，更多的公民能够承担国家公务，于他们而言，这是一种有效的实践教育，对他们的人生大有裨益。因此，比起其他古代国家，雅典拥有了更多的智慧公民。

当然，唯一不能抽签确定的官员就是执政官（strategus），这一职位对国家很重要，会直接影响国家政策的发展方向，因此，一般由有能力又有威望的公民出任。克里斯蒂尼有 10 个部落，每个部落都处于一位执政官管理之下，共 10 名。除了带兵作战，他们还要管理政府、国家财物、帝国事务以及外交事务。作为国家最具影响力的人，首席执政官，或称为总统，也是通过选举产生的。因此，只有那些接受过严格的军事训练的贵族才有可能获得权势；只有那些能为国家发展拟构合理蓝图并登上普尼克斯山说服公民大会的雄辩演说家才能为大众所接受，让他们心服口服。

奇蒙被流放后，伯里克利坐上了他的位置，他是贵族克里斯蒂尼的后代，仪表堂堂、聪慧过人。和塞米斯托克利斯一样，他渴望建立一个强大的雅典帝国。伯里克利代表着先进文明，在他的努力下，平民权利不断扩大。对于平民而言，他的出现就如同一剂强心针，也正是因为得到了平民的支持，他才得以连任，成为雅典真正意义上的首领。换而言之，从公元前 460 年开始，伯里克利成为雅典真正意义上的政治“寡头”，直到 30 年后他突然逝世。

金钱是胜负的关键：第一次伯罗奔尼撒战争

在希波战争胜利后，希腊成为商贸领袖，就像第一次世界大战爆发前的英国在世界商贸上的领头羊地位一般。此后很长时间里，希腊商业发展迅猛。埃吉那岛是阿提卡的门户，与科林斯城与雅典相邻，它很快就成了希腊最繁华的商业城市。同时，港口小城比利埃弗斯也一并发展了起来。在塞米斯托克利斯的指挥下，这座小城建立起了雅典的港口，如今他的深谋远虑体现得淋漓尽致。伴随着腓尼基人在东西方的失败，腓尼基的商业也逐渐衰败，他们的货物大多从腓尼基商贸中转移到了希腊人手里，因此，那些停泊在繁忙港口码头上的商船也大多来自希腊。阿提卡生产的粮食供不应求，它必须进口粮食。因此，在港口看到那些并排停泊着的黑海商船、埃及大船以及叙拉古商船，满载着鱼和谷物，也就不是什么稀罕事儿了。码头上还堆放着许多雅典作坊生产的商品，它们被一队队大汗淋漓的搬运工搬上了船，即将运往地中海的各个港口。海岸线上，船坞的旗帜随风飘扬，码头上的工人忙忙碌碌、来回穿梭，这一切共同构成了希腊港口这幅喧嚣繁荣的场景。

虽然希腊航海业发展迅猛，但这并不意味着希腊船只的体积会随之增加。在公元前5世纪的希腊，人们所说的大船指的是那些250吨至300吨的船只。这些船只能在海岸线附近的海域小心地行驶，鲜少有船员能驾驶着希腊船只驶入冬天里风大浪高的深海里。当时，海上贸易是一项危险与挑战并存的事业，因为那时还没有罗盘和航海图，也没有灯塔，还有可能遭遇海盗，这些甚至会威胁到船员的生命。而且，希腊人尚未发明油漆，因为成本过高，他们也舍不得使用埃及人用融化的蜂蜡制成的油漆。因此，受到海水的腐蚀，船只的使用周期都较短。

当然，风险与收益同在。虽然海上贸易危险重重，但也能为人们带来巨额利润。只要商船能顺利抵达黑海北岸或海盗时常出没的亚得里亚海岸，他们就能以高昂的价格将船上的商品售出。扣除成本以后，这样高昂的价格仍能确保商人获得巨额利润。面对金钱的诱惑，很多人宁愿选择借贷来投入这项冒险事业之中。当时的借贷利率在10%—12%之间浮动，比梭伦时期的借贷利率要低很多。制造业也有丰厚的回报率，有时高达30%。

当然，我们不能用现在的标准来评判或衡量雅典当时的经济成果。因为一万元在当时已经是一笔巨款，如果有人拥有两万元的财富，他就完全可以称得上是富豪。当时，无论哪个工种，都能通过自身努力赚取或多或少的工资。工人每天的工资在6美分至10美分之间，至于那些熟练的工匠每天的工资则能达到20美分。希腊军人经过严密的武装之后开始为外国国王打仗，每月佣金高达5美元。然而，包括建筑师在内的脑力劳动者每天的工资却只比熟练的工匠多一点，在20美分至30美分之间。这样换算下来，修辞学等教学周期长达数年的课程的学费只需要60元至80美元。

在波希战争结束后的30年间，在雅典获取公民身份不再是一件难事。因此，很快就有3万移民涌入雅典，并在此定居下来。在伯里克利时期，雅典的人口突增至10万，阿提卡的人口就更多了，将近20万。这其中，作为社会最廉价的劳动力，奴隶的人口为8万左右。

随着贸易额的增大，雅典的货币量也不断增大。也就是说，雅典需要大量贵金属来铸造新币，而充足的贡银和阿提卡的银矿确保了雅典新币稳定发行。在地中海世界的市场上，雅典的银币成为第一货币，此外，波斯的金条也大量涌入市场，每一根金条大约相当于5美元。但负面影响很快也随之而来，因为无论何时何地，货币大量增加会导致货币贬值都是一条亘古不变的真理。于是，市场上的物价不断攀升，相同数额的钱再也无法购买与过去等量的物品。相较于梭伦时期，小麦的价格翻番，而羊的价格贵了将近5倍。以今天的眼光来看待这一现象，当时的生活水平并不高。即使是富裕人家，每天的生活花销也不会超过20美分，如果有人拥有200美元左右的家具，则会被人们视为铺张浪费。

在政府的运行过程中，钱发挥着越来越重要的作用。对于以前的农牧业国家，公职人员无偿为国家服务是合情合理的。现如今，随着货币、商贸的出现以及工场数量大增，就很难继续让公民无偿为国家服务了，因为对大多数雅典公民来说，他们需要用前一天的工资去购买第二天家庭所需的吃穿用度。这么算下来，将陪审法官和500名议会议员全年的工资加起来，总共需要10万美元。然而，这并不是政府资金运营的所有经费，当他们开始修建气势恢宏的大理石神庙时，人力和物力方面都需要花费巨额的政府资金，这一切放在今天也是一笔巨额开销。当然，政府还需要投入资金举办各类活动，比如各种神庙的献祭、宴会和庆祝活动等。

毋庸置疑，军事仍是政府最大的一笔财政支出。武装或供养士兵，都需要国家筹集资金并予以支持，其中花费军费最多的部分是与战舰相关的经费支出。无论是使用前的制造和装备，还是投入使用后的维修和保养，战舰都需要巨额资金的支持。除去战舰本身的费用，比如说一艘三排桨战船需要配备200名水手和桨手，每人每天的工资为半个德拉克马，也就是10美分，这样算下来，政府每个月需要支付600美元的工资。而一支由200艘该级别的战舰组成的舰队每月光是工资政府就需要支付12万美金。

同理，在行政管理和安全防御方面，国家也需要提供巨额资金支持。就雅典而言，虽然阿提拉的银矿能为国家提供充足的贵金属来发行新币，但政府仍需要征税来缓解国家的财政负担。只有在国库紧张时或战争时期，执政的民主派才能征税，平时并没有设立固定的税收项目。当然，除了税收，比利埃弗斯港征收的进出口关税也可以用来充实国库。雅典的关税标准并不高，除了特殊的战争费用之外，通常情况下关税率不会超过进出口产品价值的1%。我们在上文提到过，各属国会向雅典进贡，然而，帝国的总收入仍不超过75万美元，甚至连伯里克利时期的帝国收入还不如。

虽然从如今的眼光看来，希腊诸国的集资和消费能力不值一提，但在当时已经让其他各国不可望其项背。因为缺乏商业竞争意识，斯巴达继续以保守而古老的传统方式生产，因此在财力方面与希腊的差距越来越大。斯巴达依旧使用铁币，而不是银币。虽然斯巴达拥有常规军，可以直接作战，一般不需要花费国家财产，一旦需要统率伯罗奔尼撒同盟的联合军队，斯巴达仍需要投入资金来维持军队的正常运营。然而，他们当时所有的资金也只能维持军队不足三周的供给。如果要确保规模巨大的舰队的正常运营，所需资金让人咋舌，而这也正是斯巴达及其盟国所欠缺的。国家资金雄厚与否开始直接决定战争的胜负与否了。因此，雅典凭借着繁荣发展的商业和得天独厚的资金优势，将其他城邦远远甩在了身后。同样，我们就能明白，为何斯巴达人对逐渐繁荣起来的雅典如此忌恨和恐惧了。

伯里克利敏锐地察觉到那些支持他的公民都希望斯巴达能接受惩罚，而且他也预感到了雅典与斯巴达之间那场不可避免的战争已经一触即发，于是，他开始着手加强雅典的防御。他成功说服了人们，修筑了两道长墙，这样一来，就将雅典城与比利埃弗斯港的防卫要塞连接起来了，由此形成的由两道围墙护卫着的大道也能够从雅典直通港口了。

伯里克利成了雅典的领袖后不久，雅典与斯巴达之间的战争就爆发了，从公元前459年到公元前446年，持续了15年。战局扑朔迷离，双方僵持不下。埃吉那岛在阿提卡门户之外，那里的商业蒸蒸日上，这让作为竞争对手的雅典商人极为不满。最终，埃吉那岛在雅典长期的围剿中沦陷了。伯里克利的雅典舰队以同样的方式围剿了科林斯，因为它既是雅典的商业竞争对手，又是斯巴达的盟友。这样一来，科林斯商人再也无法开展海上贸易了。

同时，埃及爆发了反对波斯的叛乱。雅典派出了一支由200艘战舰组成的舰队，赶去支援埃及。从这时起，雅典一边与斯巴达交战，一边支援埃及与波斯作战。最终，前去支援埃及的雅典舰队全军覆没，从此，雅典海军就深深陷入了失败的泥潭之中，并一蹶不振。波斯随时可能袭击提洛岛上提洛同盟的银库，出于安全方面的考虑，伯里克利将银库从提洛岛转移到了雅典，从此，雅典正式成为了雅典帝国的首都。

最终，雅典和斯巴达达成协议，双方维持30年的和平，第一次伯罗奔尼撒战争结束了。当和平再次降临时，雅典得到了埃吉那岛，优卑亚岛也成为雅典的一部分。然而，伯里克利在海上的军事领导才华并未在这场交战中完全体现出来，同时，雅典与波斯重修旧好，从马拉松战役开始，两国之间的和平持续了40年。但是，雅典与斯巴达之间的争霸并未就此结束，很快，第二次伯罗奔尼撒战争就拉开了序幕，这场战争持续时间更久，损耗精力更大。当然，在详细介绍这场战争前，我们不妨简单回顾一下伯里克利时期稳步前进、欣欣向荣的新雅典。

第十四章　伯里克利与雅典的繁荣

雅典人的社会生活

阿提卡人可以分为三类，即公民、奴隶和外国人。在社会中，他们所占的比例分别是每10个人之中，大约有4个奴隶，1至2个外国人，其余的都是自由人。当时价值最高的财产就是土地，因此，土地所有者通过土地获得的收入可以过上优渥的生活，他们是国家的贵族阶层。有钱的制造业主发现，只有拥有更多的土地并成为贵族地主，才能扩大家族号召力。于是，他们开始大量囤地。然而，即便如此，他们也不可能成为真正的贵族。

从另一个角度来看，当时，一个人能否从事体力劳动决定了他的社会地位，如果不能，他就会遭受众人的鄙视。雅典拥有各种各样的人才，比如大量的技术纯熟的工匠和小商业主。在此基础上，各种行会应运而生，其性质与工会组织类似，比如石匠行会、木匠行会、陶工行会、珠宝行会等。除了这一阶层之外，雅典还有处于更低阶层的劳动者和自由民，他们一无所有，地位与奴隶类似，比如比利埃弗斯码头上的搬运工。公民来自各个阶层，但雅典公民的主要成员还是阿提卡的地主和农民。然而，因为波斯的侵略，他们能耕种的土地已经大大削减了。

雅典致力于重建被波斯焚毁的城市建筑，为了追求更高的效率，房屋结构并没有改变，因此，这一时期并没有出现气势恢宏的建筑。即使欧洲建筑已经有长达数千年的历史，但仍然不能与尼罗河畔那些精雕细琢又气势非凡的建筑相媲美。富人一般住在单层房屋里，墙上没有装饰物，黑砖裸露着，只有极少数富人会采用大理石来装点墙面。这些房屋没有窗户，大门是唯一的出口。当然，对于两层楼房，人们会在房屋的二楼安装一两扇窗户。这种楼房的门直接通往四周都环绕着廊柱的露天庭院。希腊温度适宜，这样舒适的气候让家庭成员能在起居室里度过居家的大部分时间。起居室的正中央摆放着家神宙斯的祭坛，庭院四周分别有通往起居室、卧室、餐厅、储藏室和厨房的门。

在希腊人的家中很难看到生活便利设施，甚至没有专门的烟囱，只是在房顶上挖了一个洞，以便生火做饭时产生的烟能飘散走。然而，这个洞根本无法替代烟囱，烟气很难通过它排出去，而是充斥了整个房间，最终从大门散去。随着冬天到来，因为大门没有门扇，人们也不知道窗格玻璃为何物，于是，猛烈的寒风直接灌入整个屋子。希腊人是何其幸运，希腊拥有绝佳的地理位置，冬天的温度并不太低，只要在屋子里生一盆木炭火，人们就能御寒。夜晚，希腊人唯一的照明设备就是一盏昏黄的橄榄油灯。家中没有管道，更别提排水系统和卫生设施了。如果人们要用水，就让奴隶去附近的泉水或水井那里挑回来。

泥土和石子是希腊房屋地板的原材料，石子主要用来夯实泥土，让地板更加坚硬。那时候还没有油漆，只有一种用来粉刷房屋内墙的刷墙水粉。虽然它也可以涂在外墙上，但这样很不划算，短时间内就会脱落，里面的泥砖就会露出来。单单从上文的描述中，我们就能感受到希腊房屋的简陋，那时，人们也很少考虑房屋装饰的美感。然而，希腊工匠打造的家具却与之形成鲜明的对比，几乎每一件都是精雕细琢。希腊人有很多金属质地的日用品，其中最盛行的就是女士用的铜手镜，除此之外，还有大量绘有精美图案的罐子、花瓶和碟子。即使当时那些不太漂亮的日用陶器还在流行着，但这些希腊陶器仍是古代世界最别具一格的精美陶制品。

如果我们站在高高的卫城上，向远处眺望，一片矮小的、没有烟囱的平房屋顶直接映入眼帘。新城区的规模比老城区大，然而，它显然没有像现今一样规划设计城市的街区布局。整个城区从东到西横跨了十个街区，南北延伸得更远。城区中有一片片用泥砖建成的低矮房屋，彼此之间由蜿蜒交错的小巷连接了起来。这里没有马路，也没有人行道。如果下雨了，人们就只能蹚着泥泞从城区穿过。当时还没有专门的排污系统，人们都随手丢弃家庭生活垃圾。如果从一座两层楼房下面经过，路人随时可能听到二楼的提醒声，然后快速闪到一旁，因为这表示楼上要朝楼下泼污水了。几眼水井和几口泉水为城市提供着有限的生活用水，却不足以冲洗街道，当时也没有清洗街道的专门机构。因此，炎炎夏日到来时，雅典更脏了。

雅典人热爱户外活动，虽然过去他们曾一度掀起强调装饰之美并追求绚丽多彩的东方服装的风潮，但是，如今的雅典人更倾向于一种朴实之美。在那里，几乎所有公民都穿着一袭白色长袍，如今，这已经被视为古希腊最鲜明的特征。他们不再热衷于华服，这种对朴实服饰的追求可以说是从他们的祖先那儿继承来的。当然，凡事皆有例外，并非所有的人都彻底抛弃了绚丽的色彩，比如一些心灵手巧的人就偏爱绚丽多彩的华服，并以此为荣。他们将这种华丽的审美倾向保留了下来，在注重服饰整体美的同时，对波浪线条情有独钟，并由此演变为衣褶。

希腊妇女只需要花费精力操持服饰和治家，因此，她们并不愿意放弃古代服饰的华美。希腊妇女就像管家，她们的丈夫是公民，她们在家中操持家务。社交圈等男人之间展开各种严肃对话的场合，妇女们都不能参与其中。她们无权观看奥林匹亚的体育比赛。可见，她们的地位甚至还不如暴政时期妇女的地位。在希腊后期，再也没有出现过像萨福那样杰出的女诗人。

希腊的房屋没有花园，于是，庭院成为小孩子嬉戏玩耍的场所。他们在那儿或玩着玩具车或玩具狗，或四处跑着，或留恋于保姆怀中撒娇。当时，对待男孩、女孩有很大的区别。女孩没有资格接受教育，男孩达到学龄后，则送入学校。他们交由一位年长的奴隶照顾，这种奴隶被称为“Pedagogue”，也就是“孩子的引路人”，这位引路人还要负责管理孩子的书包和行李。纵是如此，学校也不是由国家创办的，也没有正规的教室。这里的学校都是那些穷困潦倒的公民为了养家糊口才创办的。他们当中不乏年长的士兵和外国人。家长支付给他们相应的报酬，但他们的社会地位很低，很多人都瞧不起他们。同时，他们还处于国家委任的专门管理学校的官员的监督之下，以保证教学内容和教学质量。

这些老师不是专业的教师，也没有经受过任何专业训练。他们能传授给学生的，就是他们在青年时期学到的那些古老学科。希腊人历来注重培养人们良好的音乐素养，在他们看来，音乐不仅可以供人们娱乐，还能培养和规范人们的行为举止。学生要学很多内容，比如古人读书和书写的方法，还要背诵古代诗人写下的那些优美诗篇。如果学生技艺超群，还可以背诵《伊利亚特》和《奥德赛》全文。但是，学生们并不热衷于学习数学、地理和自然科学，因为他们的老师太过严苛，学生们厌恶学校，也不喜欢那些老师。

作为雅典青年，如果他的父母都是雅典公民，那么，当他年满 18 周岁并从学校毕业后，就可以获得雅典公民的身份。这一身份始于他们庄严宣读公民誓约，其目的是让他们确切了解自己未来所承担的义务。梭伦制定了这套公民誓约，主要内容是："永远不要玷污自己神圣的双臂，永远不要背弃自己的战友。无论是孤身一人，抑或是团队作战，都要为了神殿、为了人们共同的利益而奋战至最后一刻。为了祖国能一直繁荣向前，要付出自己的一切，让祖国更加繁荣富强。听从执政官的指挥，遵纪守法，尊重国教，你的一切都是在为祖国而战。"

宣誓完毕后的一年里，青年公民都驻扎在比利埃夫斯港，在那里接受军事训练。一年后，当他们年满 19 周岁时，他们会身着国家颁发给他们的一套盔甲，手持一支矛，前往剧场，在演出开始前，与汇集在那里的雅典公民会面。随后，他们将前往阿提卡，在那里度过为期一年的驻守生涯，服役期就结束了。当然，如果青年有能力维持自己的生计，还可以加入雅典骑兵队。

对于那些家境富裕的青年来说，服役结束后，他们常常会在城外新开辟一片场地，当然前提是他们的家距离这里比较近。这片场地名叫阿加德米，坐落于帝帕隆门外，奇蒙曾在这里开辟了一片橄榄树林。如今，这里有着浓密的林荫大道，还有供人休憩的躺椅，成功吸引了大批雅典人。阿加德米很快就成为雅典人最喜欢的娱乐休闲的地点。当然，城东还有一片名为吕克昂的场地，功能与这里类似。后来，陆续有人来到这些场地讲学，这些地名，比如阿加德米和吕克昂的意义正是这些讲学之人所赋予的。

当时主要的竞技项目有拳击、摔跤、跑步、投标枪以及掷铁饼等。除了拳击之外，其他项目在奥林匹亚中被合并为一个名为"五项全能"的综合比赛。谁成为这项比赛的冠军，将享有无上的荣誉。说起奥林匹亚，我们就必须提到 200 码短跑。这可能是历史上最古老的竞技项目，希腊人称之为 stadium，意思是 600 希腊尺。随后，奥林匹亚的项目越来越多，到了伯里克利的时代，拳击（或拳击与摔跤混合的比赛项目）、五项全能、马车比赛、赛马等项目都囊括在内。雅典青年踊跃报名，希望能在相关项目中获胜。几十年后，有一部分哲人开始批评人们对体育竞技浓厚的热情。在他们看来，将过多时间和精力投入在这些体育竞技上是不合时宜的。

纵观希腊盛行的消遣形式，流行似乎无关乎高雅。每天，雅典青年会在市场上与朋友闲聊，然后才动身去竞技场。到了下午，他们有的在港口的商店中闲逛，有的在酒馆里掷骰子，有的花上几个德拉克马玩一些其他形式的赌博。到了黄昏，他们三五成群，动身去某一个朋友家中小聚喝酒，伴随着竖琴曼妙的音乐，纵情高歌，喝得酩酊大醉。喝醉后，他们有时会在街头闲逛，惹出一连串麻烦，就像现在的一些醉鬼会做一些遭到拘留的事情，或举止不检点，或寻衅滋事。

雅典人的智慧：技艺与哲学

雅典并不是只有热衷于消遣的年轻人，这里还有许多严肃的思想者。在他们看来，朋友聚会比简单的把酒高歌要有意义得多。这些聚会都是朋友之间交流艺术、文学、音乐和个人品行的好机会。于是，家庭教师出现了，他们的思想很进步，是当时的诡辩论者，他们改变并发展了雅典生活的方方面面。这些老师曾在各国游历过，他们才思敏捷，才华过人。很多年轻人不再满足于在腐朽落后的私人学校学习那些古老的学科，比如音乐、阅读和写作等，他们开始让父母资助自己，拜师于这些新派教师门下，聆听他们的教诲，在新知识的海洋里遨游。

最初，雅典年轻人将在奥林匹亚运动会上获胜视为最高理想，还希望能身着盔甲，伴随着雅典骑兵的马蹄声，威风凛凛地彰显自己的魅力。然而，他们现在开始接触高等教育，随着新派教师的出现，年轻人的理想也改变了，希腊新的历史篇章也随之揭开。当然，这些影响目前还局限于雅典。更为重要的一点是，当面对公民法官或民众大会进行演讲时，这些诡辩论者意识到了雄辩演讲的威力和魅力。他们向雅典青年传授着各种修辞与演讲的技巧。

于是，青年们成为公共演讲者，这让很多青年人的父亲激动不已，因为他们这一代人大多数不具备演讲才华。除此之外，在诡辩论者的影响下，希腊第一批优秀诗歌也出现了。同时，他们还开始关注语言研究，在此过程中，希腊自己的语法也产生了。为了让雅典青年有机会接触到真正的自然科学，诡辩论者还教授他们数学、天文学的相关知识。于是，泰勒斯时代的真理终于在平民之间传播开，其实，早在150年前，希腊哲人就已经发现了这些真理。

雅典青年的思想越来越新潮，他们与父辈之间的知识鸿沟越来越大。后来，父辈越来越不能理解这些新思想。父辈们认为，孩子们所追捧的诡辩论者之书从一开篇就怀疑神的存在，简直是鬼话连篇。尽管整个雅典最伟大的人也在家中阅读这些书，但愚昧和冥顽不化依旧蒙蔽了他们的双眼。他们投票将新派老师驱逐出了雅典，并将他们的书籍付之一炬。这些受迫害的诡辩论者之中，有几位重要人物与伯里克利私交甚笃。于是，伯里克利挺身而出，想方设法营救这些因为教学而受到迫害的教师。纵是如此，越来越多的希腊人受到了从泰勒斯时期就开始萌芽的思想革命的影响，然而，在保守派的眼中，这些变化都是人心不古的原因所在。

通过诡辩论者不懈的努力，知识广泛地传播开来。然而，大多数雅典人的科学知识水平还是较低的。他们没有精确测量时间的观念，比如，他们无法准确说出上午的某一个时间，而只能用具体场景来描述，比如“满市场的时候”。即使埃及影子钟已经在市场上出现了，但希腊人还是不能自如地运用数字来表示一天的时间。然而，这样的计时法，在埃及已经使用了数千年。当时，一种水漏的计时方法还出现在了法庭上。为了限制公民发言的时间，法庭就会用一个底部有小孔的罐子来计时，里面的水流光了，公民就要结束发言。希腊人还一直沿用“月历”，他们习惯于在某些年份增加一个月。公民大会一般在普尼克斯山上举行，那里有一块特殊的牌匾，这是由建筑工程师密顿设计的一种新式日历。它很精确，能准确推算出一年的长度，与真实的时间长度仅有半小时的误差。后来，他又设计出了一种仍以太阴月为基础的新日历，极为精巧，以至于每过19年，太阳月历的与太阴历的最后一天能完美地重合在一起。然而，对于雅典的普通公民而言，这一切都很难理解，因此，他们仍沿用着那套太阴历，虽然它确立年代较早，而且很不方便也很不准确。即使使用太阴历，每 8 年中还是会有 3 个 13 个月的年份出现。

这一时期，科学取得了突飞猛进的发展。有位科学家认为，太阳就是一块熊熊燃烧的石块，它的体积甚至比“整个伯罗奔尼撒”还大。他认为，月亮与地球类似，它的光芒来自太阳，上面有山川，也有峡谷，甚至还可能有生命。因为当时还没有客船，人们想外出旅行也很不方便。即使在东方，修路架桥也是一件新鲜事，在那时的欧洲也还没有开始，因为这里还没有方便快捷的道路网。除了简陋的马车，公路上没有别的交通工具。因此，人们外出旅行，除了乘坐马车之外，就只能骑马或步行。虽然交通条件如此恶劣，但富有的希腊人仍热衷于外出旅行，当然，他们远行并不是为了寻欢作乐，而是为了去各地搜集信息，再过 150 年真正消遣游玩性质的旅游才会出现。希罗多德就曾前往埃及和其他东方国家旅游，搜罗了大量有效信息，比如红海与印度洋相连这一事实，其前辈赫卡泰乌斯并不清楚，但他根据搜集到的信息绘制了一张地图，向世人展示了这一事实。当然，科学家们并没有找到造成北方寒冷而南方温暖这一现象的原因，现有的知识和信息不足以帮助他们理解这一气温差别背后的原因。

希腊医学也得到了迅猛发展，虽然他们还没有显微镜，也没有足够的化学知识。需要注意的一点是，希腊医生终于明白了疾病之所以产生，并不是因为恶魔，因此，他们开始探析疾病产生的自然原因。为了全力探寻病因，医生们需要深入了解人体各个器官的构造，而埃及医学的相关信息为他们提供了帮助。在埃及纸草医书的启发下，希腊人知道了大脑是控制人体关节活动的枢纽，而这一点认识就如同一座桥梁，推动了他们日后的认知，他们认识到大脑是一个思维器官，控制着人的意识。但是，对于动脉、血液循环和神经系统的医学知识，他们仍缺乏了解，所以外科医生不敢随便进行截肢手术。就整体来说，希腊医学取得了前所未有的发展，要知道，当时希腊最著名的医生希波克拉底正是科学医学的奠基人。当时，波斯王国宫廷也聘请了希腊医生，可见，希腊医学已经发展到了一定的高度。

但是，到了伯里克利时代末期，希腊自然灾害频发。也正是这一时期，希罗多德长期致力于研究历史，还发表了个人历史著作。书中阐明，每个希腊人都必须承认，雅典在希腊享有绝对的领导地位，如果没有雅典，希腊人不可能成功摆脱波斯的统治。这部著作对希腊人产生了深远的影响，至于影响到了什么地步，我们可以通过一个例子来了解：虽然因为希腊的财政资金而使战事吃紧，但雅典公民仍然通过投票决定给希罗多德 10 塔仑的奖金，约合 12 万美元。希罗多德并没有按照自然发展规律来编写历史事实，因为他是在神的启发下开始探索历史事件根源的。

后来，众多雅典青年组成了一个智慧公民群体，这得益于两件事：其一，他们接受过诡辩论者提供的高等教育；其二，他们在参与管理公共事务的过程中积累了丰富的经验。在 500 人议会中，公民学会了如何合理而有效地管理政府日常事务。有时，陪审法官的人数甚至有 600 人，这说明有五分之一的公民担任过陪审法官这一职位。这些都能丰富他们在法律、商业事务等方面的专业知识和实践训练。而且，在担任这些职务时，还能让公民们明确自己对国家和社区所承担的义务。

此外，在参与公共事务管理的过程中，公民们慷慨捐献的热情也被激发了。每个公民都会负责除了船体和桅杆之外某一艘战船的某一个设施或部分零件。当然，这一行为还带有政府强制的意味。在全国性节日期间，富人慷慨出资，有的设宴款待全体“家族”成员，有的斥资在公共场合举办合唱表演，尤其是在剧场当中的表演。在这种表演中，富人们需要为排练、服装等提供资金支持。有一位公民在 9 年的时间里花费了 14000 余元用于公共宴会和合唱，在当时可以称为一笔巨款了。

公共节日开始在雅典占据着重要地位。每年春天，雅典都会举办狄奥尼索斯戏剧节，在此期间，为了获得国家颁发的大奖，每位有名的剧作家都会推出三幕悲剧和一幕喜剧，来参与戏剧节的比赛。对于雅典人而言，这实在是一桩幸事。这段时间里，他们会去剧场看戏，街上常常空无一人。每四年举办一次庆祝活动的泛雅典娜节算得上是国家最盛大的节日了。雅典妇女会为雅典娜女神精心设计并绣制出华丽的新袍子，然后在年轻英勇的雅典骑兵、政府的高级官员、祭司以及各种牺牲贡品等组成的游行大军的簇拥之下，伴随着激昂的音乐声，穿越整个市场。到了卫城，这件新袍子会被放置在琳琅满目的祭品当中最显眼的那个位置。此外，这段时间还会开展音乐比赛、竞技比赛、军舞以及在萨拉米斯海峡举行的赛船比赛等一系列活动，以便让节日内容更加丰富多彩，成千上万的观光者也收获了更多的节日乐趣。

雅典人的审美：艺术与文学

虽然斯巴达战争和波斯战争给雅典留下了伤痛，在伯里克利时代的前15年间，国家一直处于遍体鳞伤的状态，但这并不能阻碍雅典高雅艺术的长足进步。我们前面提到了雅典发生的各种变化，这对雅典的诗人、画家、雕刻家和建筑师的创作同样产生了深远的影响，他们的作品无不憧憬着雅典美好的未来。当然，不止艺术家们受到了鼓舞，就连地位卑微的匠人和商人也焕发了新的活力。随着各阶层人民加入其中，社区公共生活变得丰富多彩，欧洲人的生活焕然一新。音乐、戏剧、艺术和建筑的设计灵感无不彰显着他们对祖国的美好希冀。公民们也发现，这一件件伟大的艺术作品也正启发着他们的未来与理想，因此也成为他们奋斗的目标。

在伯里克利兴建的新雅典街头悠闲地漫步，映入我们眼中的是许多纪念性建筑。追寻着雅典公民的脚步，走入市场，当人们在梧桐树下闲谈时，我们会看到在市场中心有几处突出来的柱廊。其中有一座柱廊是奇蒙家族贡献的，因为它的墙壁上描绘了马拉松之战的显赫战绩，而被称之为“画廊”。它的作者是来自雅典某个属岛的某位艺术家。这些画能帮助我们深入了解先辈们的历史贡献。而在群雕之中，塞米斯托克利斯、米尔阿提得斯和克利马库斯战死沙场的场景以及著名悲剧诗人埃斯库罗斯的雕像是最为突出的。当然，除了雅典的辉煌历史之外，这些雕塑还表现了波斯人仓皇逃离战场的情景。在游历过程中，如果你能幸运地碰见一位老兵，那么，他将会为你详细地讲述当时发生的一件事：埃斯库罗斯的兄弟拦下了波斯战船，最终，波斯人恼羞成怒，抄起板斧，砍下了他的一只手。在听故事的过程中，如果有一位听众在一直追问老兵故事的种种细节，毋庸置疑，这个人就是希罗多德。为了顺利完成自己的历史巨著，他不断从幸存者那里搜集相关的信息素材。

在视线无法企及的前方，有一座名为“市场山”的小山，政府的办公处就坐落在这座山附近。这片建筑物群朴实而简陋，其中就包括了阿利奥勃古斯和500人议会的议会厅。上文提到的一共10个组、每组50位议员的500人议会就分组在这里处理政府的各项事务。许多公民都担任过议员，因此，在这个地方他们都留下了许多美好的回忆，比如在这里处理各自政府的政务，或者享用国家提供的免费餐食。当然，不仅议员有资格在这里享用免费的餐食，奥林匹亚运动会的获胜者以及名扬四方的公民也具有此等殊荣。国家不断发展，但政府朴实的作风并未因此而改变。雅典议会厅等公共建筑仍是用泥砖搭建而成的，对于当时的政府而言，用粗糙石块建成的建筑已经是最豪华的建筑了。地中海世界乃至整个欧洲世界的人们都从未思考过政府办公处的建筑应该如何调整才能显得气派而华丽。

值得注意的是，希腊最宏伟的公共建筑并不是政府办公建筑，而是神庙。原因很简单，他们对国家的崇拜和热爱与个人对神的敬仰之情密不可分，他们爱国热情的基础就是强烈的宗教感情。当公民们从“画廊”经过的时候，会碰见许多满载着大块白色大理石的马车，并与其擦肩而过。这些马车就是在为正在修建的忒修斯神庙运送大理石。在雅典人的心目中，正是在阿提卡这位保护神的庇护之下，才有了国家今天的繁荣昌盛。

卫城山的海拔有 1000 多英尺高，那里有两个雅典的街区。显然，矗立在雅典最高点的正是雅典娜的雕像，她张开双臂，守护着雅典城。虽然波斯人早已被驱逐出了雅典，但卫城仍遍布着伤痕，就连那座由庇西特拉图修建的雅典娜神庙也饱受烟熏火燎，一直没有得到妥善的修复与重建。伯里克利时代，一场史无前例的大规模修复工作在卫城展开，场面蔚为壮观。这项修复工作计划斥资 250 万美元，这在当时，除了雅典之外，希腊任何别的共和国都无力承担这笔高昂的修复费用。每当经过鲁国公民法院时，人们总听到老议员们坐在议会厅中，大声地讨论着，他们对将如此巨额的资金花费在修复上面感到不满。但如今这些议员所能做的，也只是坐在这里发发牢骚罢了，因为这个保守的古老议会的辉煌时代早已一去不复返，他们已经无力与人民的议员作对。在这里，人们还可以看到普尼克斯山，伯里克利很多次登上这座山，向公民大会慷慨陈词，描述他雄伟的野心和蓝图，这曾让公民大会深深为之动容，纷纷投票支持。这些热闹非凡的场景也深深地刻入了在场的每一个人的心中。

面对宏伟、坚固的大理石柱，人们无不由衷地发出一声感叹。这个以卫城为代表的辉煌建筑处处都将雅典人民的创造力展现得淋漓尽致，它每一个细节都近乎完美，凝聚着每个雅典人的心血。在雅典人的共同努力下，通往卫城入口处的大理石廊柱一步步兴建了起来。工程尚未结束，建筑师穆莱西·克利曼正在图纸上比画着，指导着工匠们。在他的努力下，一种新的廊柱问世了，被称为爱奥尼风格。相较于庄重的多立克风格，这种新的风格让廊柱显得更精美而修长，上面还装点着更丰富的装饰品。同时，远处的高山上时常会传来铁锤敲打的声音，石匠们正在工作。他们要切割大理石来修建帕特农神庙，在那里供奉着雅典娜女神。伯里克利常常亲自来到工地，检查并督促施工情况。有时候，雕刻师菲狄亚斯和建筑师伊克提努还会向他汇报工作进程。在此期间，这两位大师奉献了许多，他们目标一致，那就是让这些宛如奇迹一般的希腊建筑能顺利竣工。

雕刻家菲狄亚斯在雅典名气很大，他和他的弟子们用那一双双巧手雕刻了帕特农神庙柱廊内侧那座大理石巨型雕像。这座雕像刻画了在泛雅典娜节庆的时候雅典领袖们游行的热闹场景。也就是说，雕像的主角并不是雅典的普通公民，也不是参照当时真实的游行队伍来雕刻的，而是出自雕刻师们的想象。无论是设计还是工艺，这座雕像都堪称完美。在这座雕像面前，那座被波斯人焚毁的神庙里的雕像被衬托得越发粗糙不堪。于是，建筑师将卫城山顶清理干净，将那些古老雕像的碎片掩埋在垃圾下面。巨大的雅典娜雕像用黄金和象牙雕琢而成，在新庙之中绽放着璀璨夺目的光芒，这座耀眼的雕像也出自菲狄亚斯之手。菲狄亚斯将众神雕像放置在建筑物的房顶山形架处，因此，即使人们在山下也能看到它们。在柱廊入口处后面有一片开阔的空地，菲狄亚斯另一件杰出的作品就耸立在那里，那就是铜雕雅典保护神。为了表现它的高大与威猛，这座铜雕抛开底座仍高达 70 多英尺。这位雅典娜女神手持长矛，身披盔甲，日夜守卫着这里，象征着庄重与威严。在阳光下，镀金的长矛枪头光芒万丈，就像是高高矗立在海边的灯塔，任何东西都无法掩盖其光芒。即使是绕道伊米特斯山岬角的水手都能看到它。

雅典人崇敬神庙中的众神，诡辩论者的怀疑也没能让人们对它们产生丝毫的不敬。他们认为，如果没有雅典娜和其他诸神的帮助，雅典绝不可能战胜敌人，并在帝国享有如此崇高的地位。雅典公民毕生都难以忘记埃斯库罗斯的戏剧《波斯人》当中的场景。正是在这部戏剧中，剧作家以诗人的智慧和优雅再现了萨拉米斯战役的壮观场面和辉煌战果，也神化了雅典人与波斯人作战并争取自由的伟大事件。戏剧中，剧作家竭力刻画出诸神为了营救希腊所做的各种贡献，这让雅典人深深为之动容。

绕过卫城山的悬崖，走向神殿，剧场就呈现在雅典公民面前。狄奥尼索斯早就同邻居一起从国库中拿到一笔入场费了，他的盛宴早已准备就绪，观众们正井然有序地入场。毋庸置疑，公民们感到他们就是剧场及场内一切的主人，尤其是当他们俯瞰山下并在合唱队中看到自己的朋友、邻居和儿子的时候，这种主人公意识更为强烈。剧场的木制座椅是依照卫城山脚的斜坡角度建造的，这种设计能保证座椅的稳固性，因此，即使不用木头支撑，它们也不会坍塌和砸伤观众。这样周密的考虑并非灵光一现，而是因为之前在市场临时搭建的剧场里就发生过坍塌并砸伤观众的类似事故。对于戏剧，所有人都抱有着满腔热情，即使是一般公民也会和大家一样，从剧场门口蜂拥而入。如果他们与精彩戏剧失之交臂，就会放肆地吹响口哨，甚至将手中的食物扔向演员，以示不满。那时的戏剧和如今的截然不同，它们奇怪到甚至不能称之为戏剧。那时的剧院里没有专门的布景，只有戴着各种面具的男性演员。这是远古时代流传下来的传统。故事一般以合唱的形式来表现，如果更换了演员，道白也会随之改变。

如果是索福克勒斯的戏剧作品正在公演，人们的注意力会被观众席上的一位公民吸引，他正使劲伸着脖子，为旁边的公民讲述有关索福克勒斯的故事。多年以前，16 岁的索福克勒斯刚刚和家人一起逃难到萨拉米斯。在这里的海岸边，他和身边的人群一同目睹了波斯舰队战败的惨况。这一悲剧性的场景给了这位敏感多思的诗人心灵上无比震撼的一击！他反问自己，其中难道没有体现神的意志吗？他引导着公民，重现宙斯创造的辉煌，以此来克服雅典陷入极度危机时人们的恐慌，这难道不是在赞颂宙斯的伟大吗？索福克勒斯从不与诡辩论者来往，因为他心中满怀着对神的敬意。而这样的态度，正与公民们的心声不谋而合。这位诗人生活的时代是新世纪，却赞颂着古老的神，他的戏剧创造性地放弃了过去那种两位演员的表演方式，而是有三位演员，这是一种创新，就连埃斯库罗斯也认可这种创新，并做出了相应的让步，它让戏剧变得更有趣、更充满戏剧的张力。但这种戏剧的革新并不是每一位公民都能接受的。

从欧里庇得斯的新剧中，我们可以一窥公民们对于革新的态度。欧里庇得斯的父亲是萨拉米斯岛上的农民。在某段时间里，他曾出演了戏剧并参与了春天的戏剧节。他还与诡辩论者交朋友，因此，他心中很怀疑宗教。在新剧中，他探讨了与神有关的问题以及由此引起的精神纷争。一系列连锁反应也由此产生。只要观众接触了他提出的这些问题和困惑，并认识到了问题的存在，就会记住这些问题，而且这些记忆是难以磨灭的。因此，老派的雅典公民想方设法阻止欧里庇得斯获得戏剧奖，因为他们更喜欢索福克勒斯的立场。因此，即使欧里庇得斯才华横溢，他也很难获得戏剧奖的肯定。

如果上午演出的戏剧是庄严肃穆的，那么到了下午，公民们就更想看一些轻松活跃的娱乐活动，比如喜剧。最初，乡村欢宴庆典上经常出现面具游戏、滑稽喜剧等娱乐活动，最后逐渐演变为舞台喜剧。这些喜剧演员似乎有着与生俱来的让人捧腹大笑的魔力，他们用自己滑稽的表演赢得台下观众雷鸣般的掌声和欢笑声。包括伯里克利在内的国家权贵们的形象也逐渐被喜剧作家们搬上了舞台。接着，即使是再严肃的人，也会被写入这些喜剧中，供人娱乐消遣，其中也包括伟大的哲学家和剧作家欧里庇得斯。喜剧演员在台上哗众取宠，雅典公民则在台下无所顾忌地放声大笑，他们希望通过这些喜剧忘掉现实生活中种种烦恼与不如意。喜剧作品中还时常会出现打油诗，这得益于雅典人的聪明才智和他们对于传统文学深刻而敏锐的洞悉力，在他们的努力下，才创造出了这些朗朗上口的打油诗，并在大街小巷传开。

在各种活动结束后，一直要到第二年春季新一届的狄奥尼索斯春季庆典开始时，人们才能看到新戏剧。同时，公民们也期待着究竟谁才是各类戏剧奖项的获得者。对此，公民陪审法庭会尽快评选出悲剧奖、喜剧奖的获得者并为最出色的合唱团颁发铜鼎奖。人们越来越关注戏剧和剧场。为了第二年戏剧节能如期进行，近2000名雅典公民和男生在空闲的时候展开各种不同合唱类型的训练，将写在纸草上的诗句背得滚瓜烂熟，同时，成千上万的公民不知疲倦地阅读着那些已经演出过的剧本。

在雅典人的生活中，书籍慢慢占据了举足轻重的地位。在雅典公民图书馆里，卷成圆筒状的书籍整整齐齐地码放在一排排书架上。人们在纸草书卷上摘抄和誊抄着《荷马史诗》和其他古代诗人的作品，书卷有150英尺至160英尺长。直到这时，希腊才允许当地那些有学识的人坐在图书馆阅读部分书卷，要知道，早在很久之前，埃及人就开始阅读。因为照明设施不足，人们只能在白天读书，但希腊人迫切地渴望着汲取知识的养分，他们甚至尝试着借着微弱的橄榄油灯在夜里阅读。除了文学书籍，希腊还出现了其他题材的书籍。雕刻师创作了有关雕刻技艺的著作，伊克提努还根据帕特农神庙的相关设计写了一本书。医学书籍也开始在人群中广泛流传，其中大多数书籍上都署有希波克拉底的名字。数学和修辞学方面的专著也大量涌现，雅典的管家甚至能在书店里找到关于烹饪的书籍。

沿着尼罗河，我们能在古埃及发现许多天才，早在希腊伯里克利时代之前的一千多年前，他们就出现了。凭借着自身才华，他们在底比斯创造了一个拥有各类气势恢宏的建筑的帝国大城市。然而，因为这些埃及人没有公民身份，绝大多数底比斯人无权参与管理国家和规划城市，因此，他们的聪明才智并未能在这个国家的发展中展现出来。在伯里克利时代的新雅典，这一切终于被颠覆了。这里有大量的智慧公民，随着社区生活不断充实，加之参与国家管理，他们的才能也得到了最大程度的锻炼。他们肩负着历史的使命，要想方设法解决各类国家、社区的问题，与此同时，他们也频频接触文学、戏剧、绘画、建筑和雕刻艺术。于是，无论是在东方还是在西方，他们都成为古代世界中最具智慧的伟大群体。

雅典是如此的独特，它不仅不同于我们之前已经探讨过的其他古代国家，就其自身而言，当其处于不同时期也会呈现出不同的风格，这一点通过对比伯里克利时代的雅典与波斯战争前的旧雅典就能体会到。全新的生活带给人们的不仅是发展与惊喜，还让那些身处城市各个角落中的人开始思考各类问题。雅典人意识到自己是大国的子民，于是，他们开始努力思索自己的权利与义务。正如他们所知道的，新公民享有权利与义务，同时，也会或多或少与国家、传统发生摩擦。随着社会文化的发展，他们对神产生了某些质疑，但是对古代众神和传统伦理，他们仍心怀敬畏。伯里克利时代的雅典逐渐成为希腊世界的领头羊，而这也正是伯里克利本人期盼的雅典所要扮演的角色。然而，未来的路究竟走向何方，这还需要雅典人的共同努力、精诚合作。雅典的命运掌握在他们自己手中，他们能否明智地引领希腊世界并维持新权力？这一切都需要时间的检验。然而，令人遗憾的是，当雅典公民正竭力寻找一位英明领袖之际，一个令人心痛的情形在这个伟大的社区里出现了。

第十五章　雅典帝国的灭亡

暴政引起的衰弱：第二次伯罗奔尼撒战争

到了伯里克利时期，雅典成为希腊文明程度最高的地区，但在许多方面，它所面临的内外形势仍然十分严峻。虽然波斯的威胁已经没了，但希腊很多岛屿城邦仍试图脱离雅典的统治。显然，它们很难成功，雅典将战舰派往各个反叛岛屿，要求他们上缴船只和贡银。各个岛屿上的居民都遭到雅典移民的驱逐，土地也被瓜分了。雅典派出一支舰队，没日没夜地在爱琴海上巡逻，靠着武力的威慑征收贡银。在伯里克利时代，雅典的那些恢宏建筑就是靠着这些钱财建造而成的。

此外，在外邦人看来，雅典的民主本质上是不民主的。雅典之前曾赋予外邦人公民权，在伯里克利时期，这一开放政策被废除了，并重新规定只有父母双方都是雅典公民的人才能获得雅典公民权。事实上，这项法令将帝国人民视为外人，因此，雅典也流失了大批忠诚的属地公民。

这一时期，当雅典帝国的人们面临法律纠纷时，唯一的解决途径就是前往雅典通过公民陪审法庭处理。因此，居住在偏远岛屿城邦上的人民就必须花费大量钱财，经过长途跋涉，才能抵达雅典。帝国人民之间缺乏一致的情感基础，过去会议由帝国各城邦代表参加，有管理国家事务的权利，现在会议却根本无法顺利进行。雅典独揽大权，根据自己的意愿管理着帝国。在这样的情况下，斯巴达联盟的成员国拥有着相对轻松和缓的生活环境。于是，一些城邦派使者前往斯巴达，与之密谋推翻雅典统治的计划。

雅典帝国的内部事务也是一片混乱，外部形势又尤为严峻。雅典帝国的暴政让它陷入内忧外患。兴隆的商业、剧增的权力影响力、繁荣发达的民主以及对外部敌对势力的严苛都是雅典表面上的兴盛与强大，这一切都使雅典不可避免地沦为斯巴达这一保守的军事帝国的眼中钉、肉中刺。斯巴达的大部分公民不能阅读，主要流通的货币还是铁币，城市也没有城墙或其他防御设备。斯巴达并不是唯一敌视雅典的国家，在希腊的各个城邦之中广泛存在着这种敌视。科林斯商人一直对雅典怀恨在心。雅典位于北爱琴海的属地爆发了叛乱，科林斯和斯巴达都为叛乱提供了援助，也就是说，科林斯与雅典之间的30年和平条约才维持了不到一半的时间，战争就一触即发了。

希腊不属于雅典帝国管辖范围内的欧洲部分也团结在了一起，意图反抗雅典的统治，这是因为斯巴达控制着除了阿戈斯以外的整个伯罗奔尼撒地区。底比斯统治下的阿提卡北部的比奥提亚以及比奥提亚的西部邻国也对雅典怀恨在心。只有附近的几个小国和组成雅典帝国的各爱琴海城邦表示支持雅典。在这场战争中，雅典投入了大量的财力和物力，尤其在战舰上斥以巨资，而雅典战舰也让它一度成为海上霸主。然而，一旦与敌人的陆军交锋，雅典就完全方寸大乱。敌方做好准备，预计在公元前431年春天，在伊斯莫斯投入3万兵力，与雅典正面交锋。在这种情况下，伯里克利准备将雅典全部的财力投入到海上防卫，但并没有对海上保护阿提卡采取任何举措。伯罗奔尼撒的军队轻轻松松就攻克了阿提卡，当地居民在伯里克利的带领下逃离家园，躲在雅典的市场、广场、神庙以及通向皮埃乌斯的长墙后面。这里的防御设备和港口或多或少给他们带来了几分安全感。为了将斯巴达军队对阿提卡的破坏降到最低，雅典唯一能做的事情就是频繁发动海上攻击，在伯罗奔尼撒沿海尽可能予以敌人打击，或者像以前那样对科林斯商船进行封锁和打击。

在雅典城墙内的有些地方卫生条件极差，人们在那里缩成了一团。雅典城内随时可能爆发大规模的瘟疫。随后，从东方传来的瘟疫在雅典城里肆虐了好几个月，这场瘟疫使三分之一的人丧命。因为这场灾难的重创，雅典也变得萎靡不振。平民不断接到保卫城墙的命令，但他们根本没有打击敌人的机会，只能眼睁睁看着家园成为废墟。最终，他们积压已久的不满情绪爆发了。

事实上，早在战争爆发前，伯里克利的权力就出现了衰落的迹象。伯里克利公开与诡辩派交朋友，还对他们的观点表示支持，这表现了他倾向于支持当时的进步思想。为了便于我们理解雅典公民对此事的看法，不妨试想一下，现在的领袖公开宣称自己是异教徒。伯里克利有一位诡辩派的朋友，曾因背弃了国家宗教的观点而被平民迫害，并接受了法律的严惩。在伯里克利的帮助下，他逃出了雅典。同时，伯里克利的朋友、伟大的雕塑家菲狄亚斯因为诚实而饱受平民指责，最终入狱，并在那里死去。最后，伯里克利彻底失去了权力，还因为资金使用不当而被告上了法庭并被处以罚款。

雅典人意识到，伯里克利的统治能力与影响力日益衰微，因此，许多政治家开始对公民大会的控制权虎视眈眈，然而，没有人足以取代伯里克利。公民们发现，这些政治家如此软弱无能，于是将目光再次转向了伯里克利，并推选他为执政官。然而，伯里克利的时代远去了。他的两个儿子先后在瘟疫里丧命，不久后，他也染上了瘟疫。公元前439年，伯里克利在重新执政后不久就去世了。虽然伯里克利是一个杰出的政治家，但他留给雅典的却是一个软弱无能的政府。雅典帝国丧失了这样极具权威的领导人，已经危在旦夕。

现在，像暴发户一样的制造业主们掌握了领导权，他们不仅缺少贵族的社会地位和超凡的影响力，也缺少政治上的才能与远见，而且没有能让平民钦佩和信任的优良品质。此外，这些新领袖并没有像伯里克利那样领导军队与舰队作战的能力，也没有率兵打仗的经验。当然，也有特例，亚希比德就是其中最为突出的一位。这个年轻人天资聪颖，自幼在伯里克利的家中长大，是他的养子。伯里克利的两个儿子相继去世，其中有一个是他的私生子，如果亚希比德继承了养父的政治才能，那么，在几年后，他就可能拯救希腊和雅典。然而，让人扼腕的是，正是这个年轻人带着雅典帝国和希腊走向了灭亡。

因为没有才能卓越的政治家，雅典也就没有用心制定的政策与规则，因此，也无法形成强有力的领导力和影响力。雅典的管理变得混乱无章，实施着各种变化不断的政策，雅典也因此丧失了稳定强大与从容繁荣。领袖们随意改变政策，局势越来越糟糕。看上去，再也不会有强有力的领袖挺身而出，力挽狂澜了。阿里斯托芬在他的许多喜剧作品中对当时雅典摇摇欲坠的局势与皮革匠克莱奥恩等平民作为执政家的丑态进行了辛辣的讽刺。

公民大会的不当决策在米蒂利尼公民的叛乱事件中体现得淋漓尽致。随着米蒂利尼叛乱被平定，普尼克斯山上的居民大会通过投票的方式决定将那里的所有居民都杀掉并派出一艘军舰执行这项命令。幸运的是，公民大会中的温和派从中斡旋，举行了一次听证会，成功说服了公民大会，这次野蛮而残酷的惩罚因而被阻止，改为起诉并镇压叛乱首领。第一艘军舰还没靠岸时，第二艘军舰恰好赶到，及时地阻止了这场米蒂利尼全体公民的灭顶之灾。

各地叛乱频发，但雅典仍保持了它的海上霸主地位。战事不断，陆军和舰队都需要巨额资金来维持运转，因此，雅典陷入了财政危机之中。皮革匠克莱奥恩有着旺盛的生命力和理财天赋，他下令征收所得税，并提高了爱琴海各城邦缴纳贡银的金额。然而，他最初从事制造业，没有任何军事方面的经验。在旷日持久的战争中，交战双方都展开了许多出色的军事行动。其中尤为经典的一个案例是，克莱奥恩封锁了希腊沿海的一个岛并成功俘虏了400名斯巴达战士，迫于战争形势，斯巴达人不得不求和。这场战役让人难以忘却。后来，在爱琴海北岸的一次远征中，因为克莱奥恩的指挥失误，雅典有1500名战士丧命，他自己也在其中。

联盟军的进攻既没有摧毁雅典帝国，也没有动摇雅典在爱琴诸邦的统治地位。对雅典来说，肆虐的瘟疫才是最致命的打击。雅典和整个希腊世界早已人心不古，世风日下。这场战争无论如何也无法激发起人们在希波战争时所感受到的崇高的使命感和顽强的斗志。大量与米蒂利尼式惩罚未遂的类似事件频频发生，这是前所未有的，一时之间，这场战争充斥着兽性。对待俘虏时，连最基本的尊重都没有了，良知和人性在战争之中彻底泯灭，战争期间的雅典不再具备那些优良品质。克莱奥恩去世后，贵族尼西亚斯成为雅典的统治者。战争持续了十年，因为尼西亚斯，雅典迎来了50年的停战与和平。双方一致同意放弃新占领的土地，只保留原有领地。

雅典帝国的灭亡：第三次伯罗奔尼撒战争

双方履行和平条约时碰到了很多困难。雅典帝国北方的一个城邦投奔了斯巴达，拒绝重回雅典联邦。在雅典强硬的要求下，斯巴达不得不迫使这个城邦遵循和平条约。此时，雅典迫切需要一位像伯里克利那样的政治家。然而，当时雅典正处于尼西亚斯与亚希比德这些生命力旺盛却毫无原则的人的领导下。

尼西亚斯长期以来对斯巴达妥协，最终在选举执政官时落败。亚希比德天资聪颖，性情鲁莽，但这一次他抓住了这个千载难逢的好机会。他全力附和主战派，当选为执政官。虽然斯巴达因为内忧外患不得不向雅典求和，但在公民大会的支持下，亚希比德又与阿戈斯结成了同盟，一同对付斯巴达。阿提卡饱受着肆虐的瘟疫和长达十年战争的折磨，早已筋疲力尽，如今又一次卷入了一场生死之战中。

尼西亚斯签订的和平条约形同虚设，此后，海上军事行动又维持了几年，没有任何组织或战略可言。斯巴达人没有立即采取防御措施，也没有派出军队进攻阿提卡。最后，亚希比德成功说服了雅典人，准备在海上展开一次大规模的联合出征，目标直指西西里。西西里岛上的叙拉古城是西方反雅典联盟中最重要的一个城邦，它附属于科林斯。雅典人将这次远征行动全权委托给了亚希比德与尼西亚斯。

舰队即将起航之际，有人故意破坏了雅典的部分圣像，这是大不敬的行为，亚希比德也因此受到牵连。亚希比德当即要求进行审判，但雅典公民大会决定将审判推迟，直到他从西西里返回。然而，舰队刚抵达意大利时，雅典人又突然下令，让亚希比德马上回国，接受审判。这样一来，不仅使远征军失去了一位强劲的领导人，也给亚希比德提供了一个投靠斯巴达的契机。他确实正盘算着这么做，并且也这么做了。亚希比德每一次为斯巴达人出谋划策，都给雅典造成了致命的打击。

随着雅典舰队抵达海岸，叙拉古人感到诚惶诚恐。叙拉古人惊慌失措，城市的防御体系也没有竣工，然而尼西亚斯却没有抓住这个千载难逢的机会，白白浪费了很多时间。后来，由尼西亚斯发起的进攻并没有太大杀伤力，拿叙拉古人的陆战部队毫无办法。最终，尼西亚斯听从了手下指挥官的意见，决定封锁叙拉古城，而这时叙拉古人已经鼓足了勇气，并做了充分的防御准备。

雅典人在叙拉古人背后的陆地岬角处修建了一道围墙，以此来阻断叙拉古人与外界的联系。叙拉古人陷入了绝望之中，他们明白，投降似乎是迟早的事。然而，这时，一个名为吉利普斯的斯巴达将领采纳了亚希比德的建议。他率领着军队攻破了雅典的防线，扫清了进城的道路。顿时，叙拉古人斗志昂扬，雅典人被迫从进攻转入了防守。这时，叙拉古人组建了一支舰队。虽然雅典的舰队已经开入了叙拉古人的港口，但那里是岬角，雅典人无法实施偷袭，也不能运用最擅长的海上战术。最初，雅典人取得了几次小规模的胜利，但最终取胜的却是叙拉古人。

在几乎没有希望占领这座城市时，尼西亚斯准备撤军，但雅典本土的将领们却不同意。即使雅典已经遭受了斯巴达的进攻，但是雅典的民主领袖们仍派出了一支舰队与更多的陆军展开援助。在希腊，一个城邦派出这样规模的军队远渡重洋作战是史无前例的。获得增援后，在一场夜袭中，雅典军队遭遇惨败，远征计划面临着终止的危险。

劫难即将降临，除了撤军，雅典人别无他法。然而，月全食恰好这时出现了！尼西亚斯很迷信，他坚持要等到吉利的月份才撤军。逗留的一个月给雅典人带来的打击是致命的。叙拉古人封锁了港口入海，将雅典舰队困在了港口内。雅典舰队强行突围，伤亡惨重。绝望之下，雅典人抛下了老弱病残，拼命逃往内陆，然而，一切都为时已晚。雅典军队全军覆没。叙拉古人残酷地虐待雅典俘虏。在处死那些将领后，他们将全部俘虏关入监狱，总共 7000 人。叙拉古人将这些俘虏当作奴隶卖掉，或者让他们去叙拉古的采石场干苦力活，多数人惨死在那里，生还者少之又少。公元前 413 年，随着这一场惨败，雅典的远征也宣告结束。这次惨败与先前的瘟疫一同将雅典推向了灭亡的边缘。

斯巴达最初采取的是观望态度。表面上，斯巴达遵守尼西亚斯的和约，没有侵略阿提卡。但是，当西西里远征军出发后，雅典的防御能力每况愈下，斯巴达立即向阿提卡发动侵略，并采纳了亚希比德的建议，攻占了德赛利亚城。德赛利亚城距离雅典很近，斯巴达人派重兵把守着这里，甚至修筑了永久要塞。于是，雅典陷入了包围圈，农业彻底荒废，只能依靠进口粮食度日。人们这时候才意识到，派军队远征是何其错误！此时，陷入内忧外患的国家正迫切地需要他们。

与斯巴达之间的这场战争始于公元前413年，终于公元前404年，持续了9年，历史上被称为“德赛利亚战争”。

在重重打击之下，雅典帝国濒临灭亡。在战争指挥方面，民主政治昏庸无能，这给了贵族指责平民的由头来夺回权力。内部暴力与流血事件频发，加剧了外敌入侵的风险；同时，雅典财政也濒临崩溃的边缘。于是，统治者将贡银制度取消，开始统一向所有进出口货物收取5%的关税。最初，这个制度的变更成效还不错，税银急剧增长。但是，这个制度既无法让帝国统一，又不可能平复各个属国的怨愤和不满。不断有属国摆脱帝国的统治。此时，在爱琴海上，斯巴达的舰队正蓄势待发，准备着援助发起叛乱的属国，正是斯巴达的支持给了那些叛乱者起义的底气。

位于小亚细亚西端的波斯总督为斯巴达提供了援助，这将雅典推向了穷途末路的深渊。其实，雅典和斯巴达早就试图改善与波斯的关系，以获取援助，但斯巴达抢先一步承认了波斯对亚洲的希腊诸邦的统治权。为了摆脱波斯的统治，小亚细亚的希腊城邦和岛屿与雅典曾结成了提洛联盟，如今，他们却携手斯巴达，与雅典为敌。希腊联盟曾经与亚洲劲敌展开长期斗争，如今却只能放下身段，向波斯求援。

这时，受到波斯总督庇护的亚希比德正极力煽动雅典叛乱者，他希望雅典在面临这些痛苦与苦难时，能向他求助并召他回去。很快，公元前411年，雅典一支还保留着一定战斗力的小舰队向他发出了求救信号，他也如愿获得了这支舰队的指挥权。但是，雅典并不认可他。亚希比德在接下来的几场战斗中充分发挥了他超凡的军事才能，舰队在他的带领下摧毁了伯罗奔尼撒的舰队并为雅典夺回了制海权。

斯巴达无奈地向雅典求和，但是亚希比德巧妙地利用舰队中的抗战情绪，拒绝了斯巴达的求和。同时，统治雅典的民主领袖也拒绝了斯巴达的求和。

公元前407年，亚希比德当选为执政官，拥有了舰队的法定指挥权，虽然在此之前他已经接连指挥了舰队4年时间。8年之后，亚希比德又一次从西西里返回了雅典。人们曾经施加给他的种种宗教诅咒都取消了，还将没收的财产归还给了他。

想要将一盘散沙似的希腊城邦统一起来，焕发新的活力，最为迫切的需求就是一位像亚希比德一样的伟大领袖。然而，在这个最关键的时候，亚希比德却没有执掌政府的勇气和魄力，很快就失去了这个千载难逢的机会。他又一次派出了舰队，却没有亲自督战，使舰队蒙受了一次失败。他第二次参加执政官竞选，以失败告终，于是来到赫勒斯蓬特的一座城堡里，开始了隐居的生活。从此，他永远离开了故土，最后惨死于波斯人的刀下，成为望乡台上的鬼魂。

虽然雅典又一次失去了一位卓越的领袖，但雅典人仍在全力奋战。公元前406年，在阿吉纽西群岛周围的小亚细亚沿海，雅典予以了刚组建起来不久的伯罗奔尼撒舰队致命一击。刚刚结束战斗，雅典士兵就遇上了风暴，他们紧紧趴在船板上，随时都可能葬身鱼腹，指挥官们只能干着急，却无力救助他们。雅典公民大会以渎职罪的名义指控这些指挥官并将他们处以死刑。尽管多方势力从中斡旋，但这8位将领中仍有6位被判处了极刑，其中就有伟大政治家伯里克利的儿子——小伯里克利。另外两位指挥官预料到了这样的结局，早早逃走了。

因为缺乏出色的指挥官，雅典舰队遭受的损失越来越严重。民主派领袖做了一个荒唐的决定，他们派出一批指挥官，让他们轮流指挥这支由180艘战舰组成的舰队，每人指挥一天，如此循环。而那些民主派领袖竟然满怀信心，让这支舰队拔锚远征，继续投入战争。雅典拒绝了斯巴达求和的请求，于是，这场战争无限制地持续下去。连续几天，雅典人的舰队陆陆续续从赫勒斯蓬特附近的港口里开出来，伯罗奔尼撒拒不迎战。于是，这些雅典士兵完成手头的事情后，就将战舰停在岸边，然后返回岸上。这时，亚希比德走出城堡，对雅典的将士们说，不要把战舰停泊在距离敌人这么近的地方，但是，这些雅典将领并没有听从他的忠告。于是，作为伯罗奔尼撒的指挥官，斯巴达人莱桑德抓住了这种一天一次的演习规律，他趁着雅典人停船上岸之际发起突袭，几乎将雅典的全部船只都拿下了（公元前405年）。

如今，距离伯里克利对斯巴达发动战争已经过去了27年，雅典的资源已经完全枯竭。当这个让人悲痛扼腕的消息传入雅典时，人们寝食难安。而莱桑德的舰队封锁比利埃弗斯的事实又一次证实了这个消息，来自黑海的运粮船再也无法驶入雅典港口。斯巴达的国王来到了阿加德米的树林，试图说服雅典投降。但是，在雅典民主派领袖看来，如果接受了和平条约，雅典势力很可能全面崩溃，于是他们拒绝接受和平条约，又继续顽抗了几个月。然而最终，在面对饥饿和死亡的威胁时，公民大会彻底清醒了过来，雅典最终还是投降了。斯巴达拆除了比利埃弗斯的所有城墙和要塞，接管了雅典剩下的舰队和所有属地，还强迫雅典加入了斯巴达联盟。虽然雅典被迫接受了这些苛刻的条件，但至少避免了那种彻底性的毁灭。世纪之初，当雅典战胜波斯人时，雅典人感受到了至高无上的荣耀，后来，在塞米斯托克利斯和伯里克利等伟人的带领下，雅典成为希腊世界的无冕之王，创造了近乎完美的高尚生活。但在公元前404年，伟大的雅典帝国灭亡了。

第十六章　最后的城邦之战

民主的衰落与斯巴达人的专制

为了维持在希腊诸城邦的统治地位，雅典进行了旷日持久的斗争，却以失败告终。然而，作为雅典的对手，斯巴达就是最合适的统治者吗？没有任何一个国家像斯巴达一样，倾举国之力推动军事力量的发展，以满足自己控制别国事务的欲望和野心。斯巴达的将领率领军队在希腊许多城市里驻扎下来。为了巩固统治，比起曾经那些雅典僭主政治，斯巴达军队所采取的手段与举措更为野蛮粗暴。

同样，斯巴达也采用这样的暴力手段来压制它所敌视和恐惧的民主。在每一座被占领的城市中，斯巴达人用武力建立并维持着少数贵族阶层的统治，也就是人们所说的“寡头政治”。“寡头政治”在希腊语中的意思是“少数人的统治”。这些寡头政治的领导人将政敌谋害或流放，没收他们的财产，犯下了各种滔天罪行。当权力回归到民众手中时，他们用同样的方式对待寡头政客们，将他们驱逐出城市。在残酷的斗争中，每个派别都有许多人被流放，最后死去。很多雅典领袖被迫过着颠沛流离的流亡生活。在异国他乡，他们不断策划对抗国内政敌的行动。因此，寡头统治从始至终都面临着外部势力的莫大威胁。

虽然寡头政治有明显的缺陷，但思想深刻的人们相信，雅典的民主政治也同样存在着问题。无论伯里克利时期的民主政治有多么辉煌，也难以掩盖那些明显的缺陷。在伯罗奔尼撒战争中，就有许多问题凸显出来，而同样的问题还出现在雅典处理内部事务的民主管理中。现在，我们来了解一下雅典民主政治中曾出现并持续存在着的问题。

雅典民主中存在的问题在雅典法庭上暴露得最为彻底。陪审团可以肆意挥霍国家的财富。陪审员们习惯于坐享其成，而不愿意付出劳动，当国库被挥霍一空连陪审团的费用也支付不起的时候，他们发现了一个充实国库的好办法，那就是向被起诉的人收取罚款，甚至完全不考虑被起诉之人是否真的有罪。当时，几乎所有的律师都在绞尽脑汁说服法庭没收被起诉公民的财产，因为这样一来，陪审员们就自然能获得报酬了。对有钱人的莫名指控成了牟利的最佳途径。当这样的飞来横祸降临到人们身上的时候，人们宁可用钱来摆平，也不愿意亲自在法庭上面对 500 名昏庸无能的陪审员。

在梭伦执政期间，上层阶级对下层阶级采取剥削政策，这几乎导致了整个国家走向覆灭。此后不到两百年的时间里，下层人民获得了绝对的统治权。但是，下层阶级同样对上层阶级充满了欺压，并最终走向了专制。对外战争受挫，这进一步激化了两个阶级间的矛盾，暴力斗争愈演愈烈。

雅典民主政治的另一大弊端就是极不合理的财政政策。这种政策损耗着雅典的国库。雅典国库空虚，原因大体有三个方面：首先是为国家效劳的公民的报酬，尤其是数千人组成的公民陪审团；其次是公民观赏费用的支出占据了国库支出的很大一部分；还有旷日持久的战争消耗了大笔军费。

为了摆脱财政困境，提高税收力度是雅典政治家们唯一能想到的办法。但是，不同于东方政府，希腊城邦没有设立专门的税收官员。通常情况下，出价最高的投标人能获得税收权，并有权征缴税款。大量有钱人聚集起来，成立公司，以确保拥有足够的资金参与竞标并获得税收权。于是，他们的税款价格总是低于税收权标出的数额，而人民上交的税款却远远超出收税者上缴给城邦的数额，毋庸置疑，中间的差额就落入税收者的兜里了。雅典的税率一直很高，至少占据了个人财产的 1% 至 2%，甚至比这更高。

雅典人早就动用了储存在雅典神殿里的财宝。卫城的一块石碑上雕刻着偿还所借财产的契约。今天，那些保存下来的石碑碎片上还清晰地记录着雅典财政崩溃时的情况和对雅典欠下的债务。雅典结束了与斯巴达连年的战争，此后，所有的希腊城邦再也掏不出一分钱了。海军和陆军的将领们发现，面对来犯的敌人，他们常常无法发放军饷动用部队，与此同时，如果战败，他们回国还将遭受处罚。公民陪审团有时无法得到酬劳，雅典法庭还因此上演过罢工的戏码。不管诉讼多么重要，他们都不愿受理。

在这种情况下，为了应对政府的开支，地中海各城邦开始首次研究筹资，并在国家财政学与政治经济学等多方面下了苦功夫。但征税的方法还是照旧，将税收权转让给出价最高的投标人。在这一方面，东方政府做得远远比地中海北部的各个城邦出色。让缺乏经验的普通公民成功管理财政事务是一件很困难的事情，国家需要由专业人员来管理财政。

在伯罗奔尼撒战争期间，雅典折损了大量的财力、物力与人力，但这却没有阻碍它复兴的步伐。雅典的农场先后多次遭受斯巴达军队的破坏，农业很难恢复到以前的繁荣。于是，农场主们逐渐将农场卖掉，开始在城市里置办产业。这很正常，因为雅典发达的工业为人们提供了许多让人垂涎的机会来谋求财富。同时，那些购买产业而发家致富的人又开始购买农场。在这样的过程当中，雅典的土地逐渐集中到了那些城市大地主手中。这里所说的城市大地主并不是简单的农场主，他们有大片庄园。每一个庄园由若干个农场组成，奴隶们在监管之下在庄园里劳作。从前的农场主在自己的土地上耕种，但他们正逐渐从历史舞台上消失。在希腊，波斯人统治下的小亚细亚似的大庄园开始涌现。

雅典仍是地中海地区最发达的商业中心与最繁华的城市。正如我们看到的，当时的制造业并没有像如今那样被公司所掌控，于是，富人们为了筹集资金来竞争征税权而开始结盟。和今天的情况类似，这种联盟为雅典商业带来了一个弊病。一些人整合了资金，并创办了最早的银行，希腊人告别了那个将余钱放入庙宇的财库来获取安全感的时代，他们通过银行将钱财投入商业领域，并因此获利。这与现在的金融中心纽约和伦敦类似，雅典成为古代世界的金融中心。雅典的银行家们富可敌国，其中最出色的是帕森。最初，帕森只是出身低贱的奴隶，后来，他凭借着出色的商业天赋为自己赎了身，重获自由。银行中的资金周转速度不断加快，物价持续飞涨，政府仍要为陪审团和提供大笔开销，开支越来越大，直到入不敷出。富有阶层的生活越发奢靡，开始彻底整修自己的住宅，用壁画、地毯和其他奢侈品来装点房间。在我们这个时代，有人将现代房屋的富丽堂皇与乔治·华盛顿与独立革命时期的朴素进行对比，并加以指责。当时，也有一位演说家对富人们奢华的住宅表示斥责。他说："难以想象，在密泰亚德和波斯战争期间，竟然还有如此铺张奢靡的事情发生。"

现在，人们不再像先辈那般无私地投身于国家事业当中，而是开始关注自己的职业发展，这在服兵役上表现得尤为突出。除了斯巴达以外，每个希腊人在军队短期服役时，还能保留原来的职业，这也就意味着，每次持续较短的战争结束后，希腊军人可以重返故土，重拾以前的职业。然而，伯罗奔尼撒战争旷日持久，许多希腊人很长时间都在部队服役，这些人逐渐成为专业士兵，并服务于那些给他们提供机会的地方。这些为了获取报酬而为外国服务的士兵被称为"雇佣兵"。在殖民时代，希腊青年很难获得移民的机会，在东部，波斯也采取封锁手段来阻止移民。希腊青年在家乡找不到合适的工作，只能去埃及小亚细亚或波斯等地当雇佣兵。有些出类拔萃的希腊青年使外国势力大增，这对希腊的复兴毫无帮助。

在伯罗奔尼撒战争中，军队指挥官也演变为专门的职业。对公民来说，如果成为指挥官，在打了胜仗之后就将收获无上的荣耀。其中以雅典人色诺芬的故事最具传奇色彩。大约在公元前 400 年，色诺芬与年轻的波斯王子西瑞斯一同在小亚细亚服役。西瑞斯想要推翻他的兄弟，也就是当时的波斯国王。他率领着一万名希腊雇佣军，横跨小亚细亚，来到幼发拉底河，然后顺流而下，直抵巴比伦。希腊人在这里战胜了波斯国王的军队。然而，西瑞斯在沙场死去，希腊士兵迫于无奈，只能撤离。此时，色诺芬率领着军队一路北上，抵达底格里斯河，穿越了尼尼微，在饥寒交迫中展开了持续几个月的山地战，最终来到黑海，攻陷拜占庭，摆脱了困境。

色诺芬那次攻击波斯国王的军事行动日后成为一部纪实性著作——《长征记》，一直流传至今。这部著作与今天的军事学书籍类似，详尽地阐述了那场战争中所运用的各种军事手段与计谋策略。色诺芬与同伴详细地探讨了军事理论在实战中的运用与实践，其中包括各种用兵策略与各种武器装备的使用方法等。悲剧大师欧里庇得斯就曾在《海格力斯》中详细描绘了弓与矛的功能。色诺芬曾将西瑞斯的一名军官手下的人马分为两队展开对弈，一队手持泥块，另一队手持棍棒。两队人马模拟作战，几番较量后，大家一致认为近距离的棍棒作战比远距离的扔掷泥块作战更高效，这说明近距离用矛作战比远距离用弓作战的战斗力更强。攻城槌和移动塔梯等装备也从西西里传入希腊本土。在这些先进装备的威胁下，雅典丧失了安全感。地中海地区早就接受了东方的和平思想，同样也接受了将先进武器应用到战争中的做法。人们建造了更大型的战船，那种老式的三桨战船根本不能与如今威风凛凛的五排桨战船相提并论。与此同时，这些武器装备的发明与改进也极大增加了战争的费用。

色诺芬万人军队拥有超强的战斗力，这无疑加强了斯巴达攻占小亚细亚的波斯领土的决心和信心。这支军队只剩下三分之二，受雇于斯巴达，但却对斯巴达的军规心存不满，与此同时，希腊人的叛乱也让他们在小亚细亚取得的胜利失去了意义。利散德在叛乱中死去；雅典和底比斯结盟共同对付斯巴达，就连雅典昔日的敌人科林斯也加入了联盟。阿戈斯也成为联盟中的一员。

在幕后操纵这个联盟的正是波斯，为了牵制并削弱斯巴达的力量，波斯极力促成了这一联盟。在这样混乱的局面中，雅典竟然派出了一支舰队支援波斯，还帮助波斯维持在希腊亚洲城市里的专制统治。战争是如此漫长、痛苦又毫无收获，但希腊人并未从中吸取任何经验或教训，现在它又糊里糊涂地卷入了这场长达 8 年之久的科林斯战争，从公元前 395 年持续到公元前 387 年。此时，雅典已经具备了重建舰队并战胜斯巴达的实力，同时，他们也能再次修筑长城。

最后，随着雅典的又一次崛起，波斯感到忧心忡忡。波斯担心随着雅典的复兴，自己在小亚细亚的统治会受到威胁。同时，斯巴达发现很容易与波斯达成和解。在希腊，每个与斯巴达交战的城邦也愿意在一定程度上做出让步。在波斯国王的威逼利诱下，希腊签署了一项屈辱条约，最终所谓的“和平”得以实现，这就是著名的“国王和平条约”。签订这项条约后，斯巴达对希腊的统治非但没有终结，还将小亚细亚的那些希腊城市拱手让给了波斯。在“国王和平条约”签署后一段时间里，面对各个城邦之间的问题，希腊人没有找到行之有效的办法，同时，他们对斯巴达专制统治的怨恨和不满却越来越强烈。

底比斯：希腊时代最后的统治

在伯罗奔尼撒战争结束后的25年时间内，斯巴达不断加强对整个希腊世界的统治。然而，哪怕是像利散德这样的杰出人物，也没能扭转斯巴达的保守而顽固的制度，同样也没能让它更宽容地处理有关希腊事务。斯巴达越来越敌视雅典。在底比斯，一群爱国人士刺杀了寡头政治的领头人，斯巴达守卫队缴械投降，民主政治在那里建立了起来，公民们拥有了比奥提亚的统治权。同时，在“国王和平条约”的庇护之下，雅典的力量进一步增强。雅典有能力缔造像帝国的第一个联盟一样的第二个海上联盟了。公元前378年，底比斯以及其他经常受斯巴达滋扰的希腊城市都加入了这个联盟。斯巴达在陆战中战败，又在海战中输给了雅典，只能求和。

为了实现和平，各希腊城邦派出代表，在斯巴达会面。人们在这次会议上达成了一个共识，那就是维护共同利益，携手处理希腊的公共事务。斯巴达的领导者们认为，将希腊各个城邦集结起来，并赋予他们管理希腊的权力，这样一来，就能将希腊统一起来，并建立起一个强盛的国家。然而，事实并没有这么简单。虽然各项和平提议都通过了，但斯巴达不允许底比斯掌管奥提亚，这直接导致了底比斯抵制所有其他的和平条款。于是，再也看不到和平的希望。斯巴达和底比斯仍处于紧张的敌对关系中。

所有希腊人都认为，斯巴达凭借着强大的方队可以将底比斯摧毁。在制定作战方案时，斯巴达的指挥官们会将方队安排在右侧，组成多个纵队，这是长期以来的习惯。精良的斯巴达方队拥有超强的战斗力，可以轻松突破敌方防线，直捣敌方阵地。不难想象这样声势浩大的方队攻势会产生什么样的效果，就像如今大受追捧的美式足球一样，一旦突破了对手的防线，方队就会以压倒性优势将前方溃散的士兵消灭掉。

斯巴达人只习惯这种攻势，并且享受于这种压倒性的胜利。底比斯有一位名叫埃帕米纳达斯的军官，他拥有高超的军事领悟力，还有一颗强烈的爱国之心。埃帕米纳达斯认真剖析并深入了解了斯巴达的战术，针对斯巴达的惯用策略制定了一套兵力部署方案。这个方案既能加强底比斯的防御能力，又能重创斯巴达的右翼。埃帕米纳达斯采取了与斯巴达不同的战线布置措施，将右翼部队安排在离斯巴达军队更远的地方，左翼部队则离它更近一些。此外，他还在左翼安排了 15 个纵队，准备以超强的阵势应对斯巴达右翼的猛烈进攻。

在比奥提亚的南部，这场战争打响了，并没有从一开始就迅猛而全面地展开。底比斯前线最为强大的左翼部队首先与斯巴达部队交锋。底比斯势如破竹，不断逼退斯巴达右翼。当底比斯中路和右路部队发起进攻时，早已将斯巴达其他部队的战斗力极大地削弱了，无数士兵战死沙场，其中也包括国王。无往不胜的斯巴达军队被打败了，辉煌的战绩与显赫的威名毁于一旦。斯巴达统治时期从公元前 404 年开始持续了 30 余年，如今结束了。

雅典和斯巴达都曾尝试着将希腊世界团结起来，建立一个统一的国家，但都失败了。如今，第三个希腊城邦底比斯却成功了，那么，它能否完成雅典和斯巴达未竟的事业呢？在埃帕米纳达斯的领导下，底比斯建立起了一支强大的海军，极大地削弱了雅典的海上实力，成了希腊世界的霸主。但是，底比斯的统治是在个人杰出的军事天赋的基础之上所形成的霸权统治。埃帕米纳达斯在曼梯尼的最后一次战斗中被斯巴达打败，底比斯的势力也如昙花一现，迅速衰落。

若想将希腊世界统一起来，就必须尽快结束城邦之间的冲突，让它们形成一个联邦。在外部势力入侵前，希腊就开始走向衰落。尽管希腊缔造了璀璨无比的文明，但希腊政治的衰落也是无可避免的事实。这一切就发生在伯里克利之后不到两代人的时间里，甚至那些尚在人世的老人小时候还亲眼见过伯里克利。

我们对雅典、斯巴达与底比斯在这一时期的政治兴衰进行了回顾，然而，这远远不是故事的全部内容。虽然在伯里克利之后希腊各个城邦迅速走向了衰落，但希腊人，尤其是雅典人在生活、艺术、建筑、文学与思想等诸多方面取得了不容小觑的辉煌成就。正因为这些成就，这个时期才成为了人类历史上最为璀璨的时期。现在，让我们来回顾一下在伯里克利之后，希腊世界所缔造的各种文明成果。

第十七章　伯里克利之后的希腊文明

建筑、雕塑与绘画

长期的战争与民主政治让雅典的财政空虚，因此，雅典已经无法缔造像伯里克利时期一样光芒万丈的艺术品了。这时，雅典将财富用在修建防御工事、军火库以及战舰上面。剧院里，古老的木制座位被坚硬结实的石头取而代之。希腊的其他城邦也纷纷效仿雅典，用石头建造了持久耐用的剧院。许多地方还修建了耐用的赛跑场地。这一时期，艺术和建筑已经不再是国家关注的重点，艺术家们只为一小部分私人购买者进行创作。但是，作为希腊最雄伟壮观的建筑之一，伊莱克提翁宫殿早在伯里克利生前就开始修建了，最终还是竣工了，而且它大部分的工程是在伯罗奔尼撒战争期间完成的。伊莱克提翁宫殿是一座爱奥尼风格的建筑，有许多精美的柱廊，传奇国王克可洛普斯的陵墓就坐落在这里。建筑家们在它上面修建了许多优雅精致的柱廊，廊顶被一座优雅的雅典少女大理石雕像支撑着，守护着这个古老国王的长眠之地。

正如我们所知，很早之前，埃及的建筑家们就开始用花卉和棕榈树来装点柱顶。希腊建筑师从中受到了启发，他们发现老鼠簕属植物魅力非凡。于是，他们按照这种植物叶子的形状设计了柱头。比起多立克和爱奥尼亚低调质朴的风格，这种柱头新颖而豪华。虽然这种柱子最早出现在雅典，但人们称它为科林斯柱。

雅典已经没有实力修建那些雄伟壮观的国家神殿，但并非每个希腊城邦财政都如此亏空。小亚细亚依旧有着雄厚的财力，它的国王遗孀摩索拉斯王后为纪念丈夫，斥巨资为亡夫修建了一座大理石陵墓，这也是古代最著名的纪念碑之一。王后用“摩索拉斯”来命名这座纪念性的建筑物。摩索拉斯陵墓之所以享有盛名，得益于装饰它的雕像是如此清丽脱俗。为了修建这座陵墓，王后特意召集了全希腊最杰出的雕塑家。

自从伯里克利时代之后，希腊雕塑就取得了飞速发展。菲狄亚斯和他的学生们尤其擅长大理石雕像，那些出自他们之手的神像高贵而威严，仿佛凌驾于人类的一切弱点与感情之上。即使是出自菲狄亚斯手下的人像雕塑，也有别于雅典街头随处可见的黎民百姓。随着菲狄亚斯和他的学生们相继逝去，雕塑家们开始将普通人的情感与日常生活灌注到作品之中，他们雕刻的人物更加鲜活。其中最成功的要数雕塑家颇瑞西特勒斯。

由于颇瑞西特勒斯的家乡无法负担起修筑大型纪念物的资金，他开始应邀为其他城邦创作一些小型雕像。不同于菲狄亚斯的庄重孤傲，出自颇瑞西特勒斯之手的神像仿佛离世俗更近一些。只要看上一眼，我们就会爱上它们，就如同爱我们自己一般。那些神像正在做着我们喜欢做的事情，有着与人类类似的生活情趣。这些雕塑站在那里，安详而平和，线条是如此和谐而流畅，散发着一种超然的魅力，这是早期希腊的雕塑作品所无法与之媲美的。斯科帕斯的作品风格与颇瑞西特勒斯截然不同，他为摩索拉姆创作了大量雕塑。在这些雕塑中，大多数的人物都在进行着暴力行径，比如战争等。他更喜欢以强烈的情绪与冲突来展现人物。但是，无论是颇瑞西特勒斯还是斯科帕斯，他们手中的雕塑的面部都不再是冷淡乏味而缺乏情绪或表情的。艺术家们将自己的情感倾注于作品之中，因此，从作品中就可以窥视到他们在现实生活中的影子。这个时期的雕塑在很多方面深受绘画作品的影响，因此，那些画家才是真正的首开风气者。

发明木版画之前，艺术家们主要在国家建筑物的墙壁上进行绘画创作，而随着木版画的发明，他们摆脱了这种束缚，开始自由自在地在作品中展现自我。那时，油画染料还没有出现，希腊画家效仿埃及人，将颜料和液态蜂蜡调和在一起，然后用刷子将这种混合的液体涂抹在木板上。此后，画家可以在画室里作画，可以自由自在地表现自己的审美情趣，还可以将作品卖给那些感兴趣的人。用画作来装点起居室也成为富人们中间流行的风尚，这种个人对艺术品的支持推动了绘画艺术的进步。

很早之前，雅典画家就从长期的绘画实践中发现，光总是照在物体表面的一侧。向光的一面色彩明亮，背光的一面则比较暗淡。在画一位妇女的手臂时，阿颇勒德乌斯运用了这一技巧，这让他笔触下的人物栩栩如生。但是，同一时期的画廊中大部分仍是马拉松旧式画法的作品，其中的人物四肢缺乏立体感，显得很刻板。在阿颇勒德乌斯作品中，前面的人物要比后面的背景人物大很多，我们将这称之为“透视法”。他的作品层次鲜明，当他画出一个房间的内部时，让人们仿佛身临其境一般，看到了房间真实的样子。雅典人称阿颇勒德乌斯为“阴影画家”，但是老派画家们并不认可他的成就。他们更欣赏以前那种绘画风格，就连最伟大的哲学家柏拉图也认为，这种新式画法是一种与深层感知及错觉相关的欺骗。

然而，这种新式画法仍大获成功。那些年轻的画家用这种技巧创作出了惊世骇俗的作品。有一个故事为人们所津津乐道：画家宙西斯与帕瑞海斯乌斯彼此竞争，宙西斯为了战胜帕瑞海斯乌斯，用心画了一串葡萄，这串葡萄能够以假乱真，甚至连鸟儿也飞来啄食。于是，帕瑞海斯乌斯邀请宙西斯去他的画室里观看他的作品。宙西斯发现角落里有一幅被布帘遮盖着的作品，他想要伸手揭开布帘，却惊讶地发现这就是一幅画。而比起他的葡萄串，这块布帘更加生动逼真。遗憾的是，这些绘画作品并没有保存下来，现在我们只能去庞贝欣赏一些复制品。

同样，这一时期的瓶画也常常从那些伟大的雕塑家和绘画家的作品中汲取灵感。但是，随着伯罗奔尼撒战争迅速蔓延开来，瓶画艺术很快走向衰落，再也没能振作起来。这一时期，许多籍籍无名的艺术家开始为著名的古典作品绘制小画，还创作了一系列幽默生动的漫画作品。同时，希腊人开始致力于探索光影，通过光与影之间复杂的关系来表现人物情绪的变化。这一时期的希腊，就连出自石匠之手的墓碑上的浮雕都散发着淡淡的忧郁。

宗教、文学与思想

那些在伯里克利逝世后出生的雅典青年说，他们的生活充满了矛盾。对外作战的时候，他是雅典士兵，手握兵器，常年在雅典、斯巴达与底比斯之间辗转；内部冲突的时候，他又被卷入议会激烈的叫骂声或热烈的欢呼声中，甚至在街头闹市的骚乱中甚至是流血事件中献出生命；在最后的思想冲突时期，他又发现新观念与自己信仰的旧事物之间的矛盾难以调和。

他会回忆起，他还在保姆怀里时，听到过一些关于神的故事。当他问保姆雅典娜和其他诸神的模样时，她只是指向父亲房间里那个漂亮的花瓶，上面有雅典娜将橄榄枝赏赐给雅典人的动人情景；还有海神怒发冲冠，在卫城抛掷三叉戟的情景。花瓶上绘制的神祇充满了人性的光辉，这让他误以为众神是和自己、和其他雅典人一样的。他甚至认为这些神就在自己身边，而父亲也时常举办家宴，赠送诸神礼物。他长大一些后，离开学校，并且开始阅读《荷马史诗》，这时，他对诸神的传奇故事有了更多的了解。他和父母一起挤在人群之中，参加国家花重金举办的活动，以感谢诸神对雅典的庇佑。当时，雅典人对神绝对的支配权力毫不怀疑，他也在这样的环境中感受到了诸神的崇高与尊贵。然而，当颇瑞西特勒斯等艺术家创作的诸神雕像呈现在他面前的时候，他亲眼目睹众神平凡可亲的一面，与儿时在父亲的花瓶上看到的如出一辙。

雅典没有教堂和牧师，也没有专门的宗教教师，更没有《圣经》一样的宗教经典被人们广为传颂，因此，他从未接受过正式的宗教训诫。没有人告诉他众神会关注他的行为，他相信只要对与众神相关的各种仪式足够重视并心怀敬畏，就不必感到畏惧。同时，他也知道，如果他犯下了罪行，就会被判处死刑并在死后进入阴森可怖的地狱；而纯洁美好的生活则会引领着他，走向那个圣洁而光明的天堂。有两种方法可以让他死后进入天堂，一种是参与通往天堂的秘密宗教仪式，另一种是听从化缘祭司及奥菲乌斯预言家的教化。这些布道者四处漂泊，足迹遍布于希腊的每个角落，与今天那些致力于复兴信仰的传道士类似。他们向人们承诺，只要虔诚地倾听并遵从他们的教诲，就会获得庇佑。他们身后有一大批希望从某种神秘的教诲中受益的追随者。他们的教义越晦涩难懂，虔诚地追随他们的民众就越多。《奥菲乌斯》是一部神奇的著作，上面记录了传教士们的教义，在民众中间广为传播。比起任何其他流传于民间的宗教书籍，《奥菲乌斯》更具有希腊宗教经典的典型特征。巫师和预言家试图从一切日常生活的琐事中寻找支撑教义的依据，而民众们也为这种高超的能力折服。

在港口城市比利埃弗斯，大街小巷都遍布着埃及、腓尼基以及小亚细亚的外国商人。他们也相信神与天堂的存在，还将自己崇拜的神一并带来，比如小亚细亚伟大的母亲，尼罗河大瀑布神庙中的伊西斯等。阿蒙神从遥远的撒哈拉沙漠来，却在希腊城市克瑞尼中有一座圣殿。希腊诗人品达怀着无限的敬仰之情为其创作了一首赞美诗，还修建了埃及神的雕像。阿蒙是一位先知，能预言未来，他和德尔菲的阿波罗一样，被希腊人放在至高无上的地位。雅典有一艘轮船从比利埃弗斯起航，前往克瑞尼，上面满载着去往阿蒙神殿的希腊人。希腊人的墓碑上也对这种埃及的信仰有所体现。

一些外国的宗教信仰也对年轻的雅典公民产生了深远的影响。当他离开幼年时的教师，开始独自聆听那些辩论家的演讲时，他发现没有人能确切地知道诸神存在与否，更别提诸神的外貌究竟如何了。他开始对那些前往伊卢西斯超生的人满怀同情，也对那些每天都将那些古怪的东方诸神挂在嘴边并吹着长笛在街上游行的民众充满了鄙夷。但是，他也发现，即使他对无知百姓们的迷信不屑一顾，他也无法像那些受过高等教育的邻居一样，远离诸神并否认他们。

当他回想起自己的青年时代，就会发现自己对现在的种种困惑感到厌烦。他曾经怀着愉悦的心情阅读伟大的戏剧家阿里斯托芬的作品，还随着阿里斯托芬对欧里庇得斯怀疑和斗争心理的讥笑而欢欣鼓舞，随着他对诡辩者们戏剧性的讽刺而大声嘲笑。而现在，诡辩者们又重新启发了他们。诸神究竟是什么样子的？他们敢肯定，《荷马史诗》中所刻画的那些英雄形象却不是诸神的样子。现在，他不再阅读《荷马史诗》。他和那些受过高等教育的朋友都喜欢阅读阿里斯托芬的作品和欧里庇得斯的悲剧，内心充斥着矛盾和对诸神的怀疑与不解。作为一个雅典人，欧里庇得斯一生从未取得胜利并一直被阿里斯托芬嘲笑，但他最终还是赢得了成功。欧里庇得斯的胜利宣告了一切旧事物的失败，怀疑论者的胜利，对神的抛弃以及一个思想与信仰的新时代的来临。然而，所有旧事物的消逝并不是自然而然的，新旧冲突上演了一出悲剧。

阿里斯托芬的另一出喜剧让人们印象深刻，这出喜剧在当时的雅典很受欢迎。剧中的主人公苏格拉底是雅典的一个穷人。在阿里斯托芬的笔下，苏格拉底是危险人物的代表，所有善良的雅典人极可能避开他。苏格拉底是一个石匠或小雕塑家的儿子。自从第二次与斯巴达的战争爆发后，穿得破破烂烂的苏格拉底就成为雅典家喻户晓的人物。他时常站在街头，向来来往往的每一个人提出各种奇怪的问题。人们都认为苏格拉底已经神志不清，因为他好像对于任何稀松平常的事情都疑惑不解。

事实上，这位石匠的儿子是希腊最有智慧的伟大人物，他从未想过要从政或为官，但是国家却是他最感兴趣的事情。他坚信国家属于公民，国家的管理权也应该属于公民。教育可以让人们分辨是非与善恶，并且让人们萌生正义感，因此，只有那些受过良好教育并有着较高素质的人才能管理好国家，带领着国家走向光明与繁荣。

苏格拉底最伟大的成就在于，他坚信人类能自觉地判别善良、正确、真实、美好和诚实等诸多美德，这些品质对人类来说都极为重要。在苏格拉底看来，这些信念真实存在着。他坚信，提出尖锐的问题并展开深入的探讨能让人避免犯错，认清事情的真相并树立正确的信念。他走遍雅典，与人们探讨这些问题。他坚信，他能引导所有公民去了解那些美德并遵循它们。他还确信，一旦公民了解了某种品德，就会将其运用到自己的生活与言行举止当中去。苏格拉底并没有借助宗教来指导人们的行为与观念，而是通过辩论与逻辑推理来传播种种美好的品德。但是，其实他自己就是一个虔诚的信徒，他心无旁骛地信仰着诸神，尽管他们早已不似从前般受人敬仰。和希伯来的先知一样，一种发自内心的神圣声音召唤着苏格拉底，促使他去完成他所肩负的伟大使命。

他是希腊最伟大的贤人，他靠着朴实而充满魅力的人格获得了人们的尊重并享有盛名。据说，当时人们向德尔菲的传谕之神询问人世间谁最有智慧，神的回答是苏格拉底。他身边追随者众多，其中以柏拉图最有名。但是，苏格拉底为雅典利益所做的一切努力都没有被人们真正地理解。他的提问很尖锐，仿佛在怀疑一切旧事物，而雅典人拒绝一切不接受旧观念和宗教的激进者。苏格拉底遭到了指控，他被指责企图通过邪恶的教义来控制和误导年轻人。亚希比德曾投身苏格拉底门下，雅典人将他作为证明苏格拉底的教义使人堕落的例子。许多人读过阿里斯托芬的喜剧，都对这个人物很不满，不断地嘲讽他，诅咒他。受到指控时，苏格拉底原本轻轻松松就可以离开雅典，但他仍坚定地走上了审判庭，并为自己做出一番强有力的辩护。最后，法庭仍判处了他死刑。在他人生的最后一天，他仍与学生和朋友们轻松愉快地交谈着。公元前 399 年，苏格拉底平静地喝下了那杯毒酒，至此长眠不醒。这就是那时雅典民主派处理国家事务的方式，虽然苏格拉底的死遵循了法律程序，但对雅典而言，处死这样一位圣人，简直是一种奇耻大辱。

作为学生，柏拉图将苏格拉底伟大的人格记载在了自己伟大的著作中。在生命的最后一刻，苏格拉底表现出了让人惊叹的平静与从容，这让整个希腊世界都为之动容。他为人类留下了最宝贵的精神财富。苏格拉底是最伟大的希腊人，他代表着希腊精神。在他的学生们的著作中，他比那些活着的智者更有影响力。

这一时期，希腊出现了许多人们以前并不了解的与现实世界有关的科学知识。而且，这些新的科学知识不再仅仅在少数哲学家之间传播，在一些具有探索精神的公民的家中，也摆放着许多数学论文、天文学（当时一年被认为有 $365\frac{1}{4}$天）、动物学以及植物学等自然科学方面的书籍。他们家不仅有关于当时的已知世界的带有地图的地理书，还有矿物学、历法著作、关于天气预报的小册子，以及有关素描、耕种、养马和烹饪的书。

如今，有一本不同寻常的历史书摆放在我们的图书馆里，该书用科学的方法记录了国家的兴衰。它的作者名为修昔底德，是第一位客观科学地记录历史的人。在之前的历史著作中，国家的兴亡是由神的意志决定的。但修昔底德颇具现代历史学家敏锐的洞察力，他乐于回顾人类历史，还能厘清事件之间存在的客观联系。在图书馆中，希罗多德与修昔底德的书并排摆放在一起，它们问世的时间仅仅相距 30 多年。但是，两位历史学家的创作风格截然不同，修昔底德的书籍艰涩难懂，但他是希腊最杰出的一位散文家。在他的著作中，我们可以了解那场漫长战争的全部过程。修昔底德的散文大获成功，这说明雅典人不再局限于诗歌的创作形式，开始关注更有活力、更新颖的散文作品。诗与剧本的创作开始逐渐走向衰落。这时，演讲不再是即兴发挥，而要提前准备稿子。人们在集市或公民审判庭上演讲的时候，需要具备并掌握散文写作的功底与面对公众讲话的技巧。

雅典的修辞学教师们继承了诡辩者的风格，在他们的努力下，雅典成为整个希腊世界的教育中心。其中以伊索克拉底最出名，他的父亲是一位杰出的长笛制造商。但是，在伯罗奔尼撒战争中，他父亲的产业毁于一旦，后来，他以教授修辞学维持生计，并在这方面展现出了惊人的才华。当时，他的演讲稿主要围绕着人们关注的政治问题。他并不是一位出众的演讲者，但他全身心地投入到演讲稿的撰写工作当中。后来，这些演讲稿以政治杂文的形式正式发表，在希腊广泛地传播。伊索克拉底也因此一跃成为雅典乃至全希腊的政治代言人。

人们越来越关注自然科学，但雅典人最关注的还是人类事务。人类社会的政府要如何管理？如何来完善自由国家的形式？苏格拉底乃至所有雅典人都将公民的教育视为重中之重。最理想的国家是什么样的？理想主义在东方同样存在，但东方人并不会讨论一个理想国家的政府形式究竟是什么样的。因为他们想当然地认为，所谓的国家理想形式就是他们生活中所看到的君主政治。但是，希腊却迎来了一场激烈的辩论，人们探讨着政府究竟应该采取君主制、共和制还是寡头政治，一门新兴学科也由此诞生了，那就是政治学。

柏拉图是苏格拉底门下天赋最高的学生，他将老师的思想整理成了文字并发表，以对话的形式再现了苏格拉底的思想。柏拉图相继游历了埃及和其他西方国家，随后回到了雅典，在阿加德米开办私塾。虽然柏拉图已经对雅典的民主政治丧失了希望，但他仍然不愿放弃成为一名政治家的理想。于是，他在雅典住下，一头扎进了教学与传教的事业当中。

柏拉图既是一位哲学家，又是一位诗人，他进一步发展了苏格拉底提出的人类能分辨真理的理论。他认为分辨真理是永恒存在的，并不以人类及其意志为转移。在柏拉图的思想里，早在远古时代，人类就具备了是非、善恶等观念与感知能力。人们在后来的世俗生活中重新想起并认识了这些观念。有些人天生就具备这种眼光，能够管理好国家，因为他们能分辨善恶，遵守美德，并坚守正义。柏拉图还认为，可以通过教育来引导人们分辨这些观念。

《理想国》是他的伟大著作，柏拉图在书中提出了对理想国家的设想：

那些智者公正地管理着社会，而不为别的工作分心；卑微的工匠与奴隶承担所有的体力劳动；工商业为社会创造舒适的生活环境。柏拉图重视教育，轻视工商业阶级，他没有意识到人类劳动的必要性与崇高性。在柏拉图的设想中，理想国是一个自给自足并可以自我调控的城市国家，它在希腊的历史上曾出现过。他没有意识到，当时希腊面临的最大的问题是如何处理各个城市国家之间错综复杂的关系。他也没有意识到，对一个文明国家来说，国内生活并非全部，它的发展与取得的成就终将会越过边界，或多或少地影响到周边国家。这不仅局限于政治领域，随着远航货船的发展，贸易领域也会拓展到更遥远的地方。

国家不再被那些边界隔离开，任何一个国家的生活都与周边其他国家息息相关。希腊是如此，与希腊相距甚远的其他国家与地区亦是如此。商业、旅行与共同的经济利益甚至将地中海地区与东方世界联系在一起，就这样，一个文明世界形成了。在文明世界里，人们阅读着希腊书籍，使用着希腊器皿，在房间里摆放着希腊家具与壁画，修建着希腊式的剧院，学习着希腊战术。虽然柏拉图去过许多国家游历，但世界即将形成政治共同体的趋势并没有引起他足够的重视。一旦东方人统治了这个世界，希腊人就不得不放弃头脑中那些崇高的观念，换而言之，希腊将不再掌握世界的领导权。

当时，除了伊索克拉底之外，还有许多人意识到了这一点。伊索克拉底劝说希腊人不要被他们之间的小分歧束缚住，也不要受限于狭隘的城邦爱国主义，应该扭转观念，为整个国家效忠，致力于建立统一的希腊。伊索克拉底告诫人们，唯有建立起统一的国家，希腊才能轻松地战胜行将腐朽的波斯帝国。如果希腊城邦继续单打独斗，波斯国王就会有机可乘。他在奥林匹亚竞赛上的一次演讲中说道，任何其他国家的人看到希腊的现状，都会认为我们为了一点小事而大动干戈是一件愚蠢至极的事情。如果没有这些内部消耗，希腊原本有足够的实力统治整个亚洲，那些看过色诺芬创作的万人部队远征故事的希腊人都深知，波斯帝国的弱点早已暴露无遗。人们也都心怀着对统一的渴望与热情。

但是，任何一个希腊城市都不甘心处于另一个城市的领导之下。地方主义曾引发了我们的国内战争，城市国家的爱国主义与分裂也将希腊在政治上的前途送上了断头台。其最终结果就是，希腊为其他国家的强权所约束，这对希腊文化的发展毫无益处可言。现在，曾经被雅典人热烈探讨过的有关理想的国家形式的理念正面临着严峻的考验。一个专制独裁的统治者即将出现，虽然希腊曾尽力避免这种情况出现，但好像并没有成效。

在人们的叹息声中，希腊不可避免地走向了衰落，一同失去的还有在意大利和西西里等西方城市的财富和显赫的地位。但是，这时的希腊文明最辉煌的时期却到来了。希腊城邦之间的竞争让政治岌岌可危，但这种竞争却推动了所有城邦的发展，因为任何一个城邦都希望在艺术与文学等崇高的文明事业上超越竞争对手。伯里克利时代让雅典人心向往之，但其后的时代更让他们为之骄傲。雅典公民最多时也不过 2.5 万到 3 万人，但当时的雅典人却缔造了大量遥遥领先于同一时代人类的文明成果，各个领域涌现了大批杰出的伟大人物。这在世界上任何其他地方都是史无前例的。我们在这本书中所列举的，不过是雅典诸多成就中的沧海一粟。至今，他们仍是人类历史上最出色的人物，他们光辉灿烂的成果为人类的高尚生活点起了永不熄灭的灯塔。虽然在政治上失去了领导地位，但希腊的那些有识之士获得了更永恒的、不灭的胜利。现在，我们来一起回顾一下其他方面。

第十八章　亚历山大帝国

马其顿的崛起

在巴尔干半岛北部的山区中，自欧洲石器时代流传下来的原始文化中逐渐融入了希腊文化，希腊文化却渐渐走向了衰亡。北方人像色雷斯人一样落后，他们使用的是与希腊语同族的印欧语。但是，南方的希腊同族们却听不懂他们的语言。希腊文化中的世俗部分开始对马其顿农民们尚未开化的野蛮生活产生影响。马其顿王菲利普开始学习并借鉴希腊的文化与艺术，他的母亲在晚年时甚至学会了写字，并为此激动不已。

就连菲利普本人也在努力学习希腊文化。公元前360年，菲利普统一了马其顿，他很清楚希腊世界目前的分裂状态，并决定率领马其顿王国征服全世界。这位国王是杰出的政治家，又是勇敢的战士，他正式启动了这个计划。他深知成为一个强大的国家需要具备哪些先决条件，于是，他组建了一支战斗力很强的军队。菲利普曾在底比斯当人质，他从斯巴达的征服者——埃帕米纳达斯那里学会了许多行兵打仗的本领，甚至青出于蓝而胜于蓝。

菲利普从马其顿的农民中招募了一大批强壮勇猛的士兵，组建了一支职业军队。他们再也不会返回田间耕种。正如他在希腊所见到的，菲利普将这些士兵训练成了重步兵方阵，规模甚至超过了希腊过去的方阵，还为战士们配备了更长的矛。这就是迅速崛起并扬名四海的“马其顿方阵”。

在此前的欧洲战争中，骑兵并没有发挥太大的作用。菲利普的王国有大量的马，武士阶级正在贵族当中逐渐形成，他们习惯骑在马上以一种松散自由的方式作战。现在菲利普对这些骑士进行了系统训练，让他们以统一的纵队形式在战场上移动，并发起进攻。这支骑兵纵队所向披靡，甚至足以直接决定战争的胜负。后来，菲利普进行了最后一次也是最关键的一次调整，将重步兵方阵安置在了战阵的中央，并在两翼配备上了训练有素、纪律严明的骑兵纵队。这次调整使菲利普的战争臻于完善。无论是在行进中，还是在作战过程中，骑兵和步兵始终都是一个协调一致的整体，如同一台战斗机器，让敌人束手就擒。

菲利普为战争艺术谱写了新的历史篇章，他凭借着非凡的眼光与杰出的能力，稳固地掌控了整个局势，也让希腊人见识到了出自出色的领导者之手的军队有着如何超凡的力量。菲利普是伟大卓绝的政治家，他首先向那些防御能力最薄弱的地区发起进攻，不断向东部和北部扩张，一路挺进，来到了多瑙河和赫勒斯蓬特。

菲利普在爱琴海北部扩张，这样一来，他被迅速卷入了希腊的冲突矛盾之中。当时希腊北部分布着许多城市。对于菲利普的扩张行为，雅典人的心情很复杂。马其顿国王对希腊满怀敬意，因此，他对待雅典的态度也很友好。这时，希腊有两个对立的党派出现了。一派将菲利普视为希腊的统一者和救星，主张接受他的友好态度，当时，作为这个党派的领袖，伊索克拉底已经步入暮年了。另一派则认为，菲利普是暴君，想将自由和平的希腊人变为他的奴隶。这一党派以演说家狄摩西尼为代表。他多次发表了让人为之动容的演讲，劝说雅典人认清形势：随着菲利普浩浩荡荡的大军取得一次又一次的胜利，希腊将逐渐步入危险的境地。他的雄辩与演讲让他最终赢得了雅典国会的支持。他发表了一篇“菲利普演讲”，痛斥马其顿国王，这代表了古希腊雄辩术的最高水平，并被后人视为彰显爱国主义情怀的雄辩经典例证。然而，这些对马其顿的辱骂和斥责是不恰当的，他并没有以政治家的眼光来看待和分析古希腊持续不断的战争局面与四分五裂的局面。

菲利普与古希腊之间的战争再次佐证了伊索克拉底的观点和超前眼光。虽然比起狄摩西尼，伊索克拉底更具政治远见，但当时他的观点并没有引起人们足够的重视。经过了断断续续却旷日持久的战争后，公元前338年，在塞洛尼的最后一次战役中，菲利普彻底打败了希腊军队，使自己在古希腊的合法统治者的地位得到有效巩固。如今，只剩下斯巴达没有承认他的权力，继续顽抗。菲利普开始为争取希腊在小亚细亚城市的自由而战。塞罗尼战役胜利两年后，菲利普在他妹妹的婚宴上被人刺杀。

菲利普的儿子亚历山大继承了他的王位，当时，亚历山大年仅 20 岁。但是，令人欣慰的是，菲利普在马其顿国会中为亚历山大留下了一批优秀的辅佐者。这些人忠于王室，亚历山大早年所取得的成就得益于他们的通力协作。然而，我们后面还会看到，正是这批人的奉献精神与杰出才能，使这个年轻国王陷入巨大的个人冲突之中并引发了一场巨大的灾难。

亚历山大 13 岁时，菲利普请来了柏拉图曾经的弟子——亚里士多德，让他来到马其顿王宫担任亚历山大的老师。在亚里士多德的谆谆教诲下，这个青年对古希腊文学尤其是《荷马史诗》有了深入的了解，并深深地爱上了它们。古代英雄的种种事迹唤醒了他的英雄梦想，他的性格也逐渐蒙上了一层英雄主义色彩。随着情感与思想的不断成熟，亚历山大身上开始散发出古希腊独有的天才与文化的光辉。

亚历山大的征服

希腊仍然不甘心处于马其顿人的统治之下，他们幻想着，未来的某一天能推翻亚历山大。但是，他们很快就意识到了这个年轻统治者有着雄才大略。菲利普死后，底比斯又一次起兵反抗马其顿的统治，这时，亚历山大清醒地意识到自己必须与波斯正面交锋。他相信，如果不让希腊遭遇一次刻骨铭心的惨痛教训，那么贸然出兵亚洲将危机重重。他御驾亲征，带领军队攻占了底比斯城，并将那里彻底摧毁了，但是他将伟大诗人品达的住宅保留了下来。希腊人接受了这次教训，开始对这位年轻国王心怀敬畏。同时，他们发现亚历山大对希腊贤者很尊重。于是，亚历山大开始逐渐被希腊人认可与接受。除了斯巴达外，希腊形成了一个统一的整体，亚历山大被人们推选为首领将军。最后，每个城邦都派出骑兵队，加入了亚历山大的军队。

亚历山大之所以筹划亚洲战役，是为了进一步巩固他在希腊和亚洲取得的胜利果实。他准备率领统一的希腊向亚洲的波斯君主发起进攻，就如同当年古希腊对亚洲发起的特洛伊战争一样。他率领着马其顿和希腊的混编部队奔赴亚洲，长途跋涉，直抵特洛伊，也就是《荷马史诗》中英雄们战斗过的地方，在一望无垠的平原上安营扎寨。亚历山大步入雅典娜神庙中，祈祷自己能成为这场战争的胜利者。他沉浸在特洛伊的英雄氛围中，带领着全体希腊人，一往无前地缔造了一个辉煌的时代。希腊人盼望已久的统一军队与亚洲相抗衡的序幕被徐徐拉开了。

这时，波斯国王手下的希腊步兵将要和他们的同胞们交战了。公元前334年，在科拉尼科斯河的一场关键性战役中，亚历山大轻松战胜了波斯军队。这位年仅22岁的国王沿袭了马其顿人的传统，亲自率领着骑兵突出重围，并毫不掩饰自己的王室身份。在千钧一发之际，如果不是他幼时保姆的兄弟——克利图斯冲上去保护他，这个年轻而冲动的国王早已战死沙场了。接着，亚历山大挥师南下，接连征服了多个希腊城市，并永远结束了波斯人对小亚细亚的统治。

当时，一支庞大的波斯舰队控制着地中海。面临这种情况，年轻的亚历山大卓越的军事才能得以充分展现，这充分体现了他对战争艺术透彻的理解。他在国内安排了一支强大的军队，他坚信，即使是在爱琴海上与波斯舰队交锋，希腊人也会因为他曾摧毁底比斯而忐忑，不敢趁着他远征之际发起叛乱。于是，他继续向西进军，追寻着色诺芬“万人部队”的脚步。亚历山大率领着他的军队，顺利通过了最危险的西里西安隘口，从地中海的东北角绕过。亚历山大一心寻找富饶的国度，这时，一片拥有着4000万人口的亚洲世界呈现在了他眼前。波斯国王已经在这片土地上统治了200年，亚历山大将成为这个广博竞技场上的下一个胜利者。

公元前333年，亚历山大在伊苏斯（Issus）海湾遭遇了波斯的主力部队，这支部队由波斯国王大流士三世亲自率领，是波斯人的最后一道防线。在面临这种情况时，亚历山大的父亲菲利普和埃帕米纳达斯通常会主动发起进攻。现在，虽然敌军在大河对岸占据了防御优势，但亚历山大仍然选择了父辈的这种战术。

亚历山大亲自率领距离敌方最近的右翼骑兵，渡过河流，向波斯人的右翼发起了进攻，最终击败了他们。然而，中部和左翼的战局却陷入了胶着状态。亚历山大的右翼骑兵大获全胜，开始进攻波斯军队暴露出来的侧翼中间部位，将波斯人的防线迅速瓦解。马其顿人彻底将亚洲人驱逐出战场。大流士节节溃败，撤退到幼发拉底河。这位伟大的国王只能向亚历山大求饶，他在求和信中提议两国以幼发拉底河为界，并将河流以西的所有亚洲地区拱手奉上。

这是戏剧性的一幕！年轻的马其顿国王手握着这封求和信，思考着这件事的可行性；一群精悍的马其顿青年，也是与他一起长大的挚友，还有他的父亲给他留下的老臣们，都簇拥在他身边。他们在军旅生活中朝夕相伴，在行军与作战中密切配合，这一切都在忠诚的马其顿人与他们年轻的国王之间搭建起了爱与友谊的桥梁。

亚历山大认真地考虑大流士的提议，而他父亲留下的老臣帕米尼奥在刚刚结束的战斗中成功地指挥了马其顿左翼，此时，给他提出了忠告。我们想象得到这样一幅场景：年迈的帕米尼奥亲热地搂着那个23岁的年轻国王，老人指着地中海彼岸，告诉年轻的亚历山大，波斯舰队正在他背后伺机行动，极有可能在希腊煽动一场叛乱；如果像大流士在信中所说的，以幼发拉底河作为两国的分界线，那么波斯和欧洲、希腊之间就会有一道天然的安全屏障。在帕米尼奥看来，对波斯发动的这场战争已经收获了预期的结果。

在这个至关重要的时刻，马其顿人面临着两条截然不同的道路。呈现在年轻的亚历山大面前的是一个以希腊文化为主体的庞大帝国，对于那些目光短浅之人来说，这是他们无法企及的愿景。最终，他没有采纳老臣的建议，而是决定继续前去征服整个波斯帝国。这个决定有着重大意义，展现了亚历山大作为一个新时代伟大代表的人格魅力。同样，这次远征也引发了无尽的冲突，这是新时代与旧时代的冲突，与我们之前在雅典所见到的情况类似。亚历山大与那群颇具奉献精神却缺乏政治天赋的马其顿人之间的摩擦越来越多，并且呈现了空前的戏剧化状态。亚历山大将这群马其顿人带入了赫拉克勒斯的事业之中，这里已经成为主宰世界的中心。

在地中海西端，波斯舰队遇上了一对向南进军的士兵，这队士兵顽强抵抗，占领了这条路线上腓尼基人的所有海港。如果不是巧妙运用菲利普从希腊人那里学到的围攻战术，毋庸置疑，亚历山大肯定早就在这场战役中一败涂地了。在进攻提尔城时，亚历山大使用了东方人发明的攻城装备，后来他还将这种装备带回了希腊。脆弱的埃及当时只是波斯下面的一个行省，很快，马其顿就占领了那里。波斯舰队失去了所有可以停靠的海港，与本国政府的联系也被切断了，这支舰队很快就自动解散了。

在阻断了敌人的所有后援后，亚历山大从埃及返回了亚洲。他继续在富饶的异国领土上不断向前挺进，越过幼发拉底河——这条河流经尼尼微废墟附近。公元前331年，波斯国王在阿贝拉附近召集了全部人马，打算破釜沉舟，拼死一搏。但那时，波斯人完全不能理解希腊人和马其顿人的作战艺术，他们之间的战争就像美国的西方移民与印第安人之间的战争一样力量悬殊，毋庸置疑，落后于时代的一方是不可能获胜的。波斯人发明了一种新武器，他们为战车的车轴装上了镰刀，但是这种新武器也没能挽救陷入绝境的波斯军队。马其顿的士兵人数远远在亚洲军队之上，并且轻松就击败了亚洲军队。伟大的波斯国王夹着尾巴，仓皇出逃。几天后，巴比伦的波斯皇宫迎来了它的新主人，也就是亚历山大。

公元前330年，大流士一路逃窜，来到了东部山地，在这里被自己的随从杀害了。亚历山大带着军官骑着马赶去查看了他的尸体。这位最后的波斯皇帝曾经所掌控的广袤国土落入了亚历山大手中。亚历山大惩治了杀害大流士的凶手，妥善周到地安置了大流士的母亲和妹妹，满怀敬意地将大流士的遗体归还给了她们。此时，欧洲人已经占领尼罗河谷与两河流域这两个最早的文明起源地，并迎来了更先进的文明。这时，距离亚历山大首次进入亚洲还不到五年的时间。

波斯不再是马其顿的威胁，但是，对亚历山大来说，建立一个大帝国，还有许多事情没有完成。当他从昔日的波斯王国经过，这里已经被居鲁士创立的波斯帝国统治了二百多年。亚历山大在苏萨停留了一些日子，还去参观了居鲁士在波斯波利斯附近的墓地。亚历山大在这里戏剧性地证明了他在亚洲至高无上的权力，他效法波斯人对米利都（Miletus）和雅典卫城庙宇的做法，亲自焚烧了波斯宫殿。这是一个象征性的举动吗？又或者是经过了深思熟虑的策略的一部分？还是亚历山大在酒精催化下的冲动行为？我们永远都不得而知。

抵达北部的埃克巴特纳后，亚历山大将他最信任的帕米尼奥留下，负责处理波斯国王世世代代累积的大量财宝，他自己继续向西推进。从公元前

330年至公元前324年，这6年的时间里，整个希腊世界都充满好奇地关注着他的一举一动，而这个年轻的马其顿国王却好像在世界边缘凭空消失了。他率领着军队，沿着一个巨大的环形路线向前推进。他们从伊朗大平原的中心穿过，向北横跨欧克斯和加西特斯河，向南跨越了印度河与印度边界，直抵恒河河谷，最后，在手下的连连抱怨声中，亚历山大踏上了归途。

他沿着印度河，顺流而下，可能还曾在印度洋中航行，他在印度河组建了一支舰队。穿越沙漠时，部队里很多人因为严重缺水和供给不足而死去。公元前323年，离开了7年后，亚历山大返回了巴比伦城。他在亚洲游历了多年，将希腊文明传播到了这块大陆的中心地带。在行军过程中，亚历山大经过了许多重要的地区，他在那里建立了以他的名字命名的希腊城市。这些城市是希腊文明的传承之地，对印度边界地区的文化产生了深远的影响。希腊艺术正是通过这些城市传入印度，成为至今仍在印度保持着旺盛生命力的艺术源泉。同时，古希腊的艺术作品——钱币也从亚历山大的领土传入其他东方国家，甚至传入中国，并在一定程度上影响了后来中国和日本的艺术。随着亚历山大不断地扩张，东西方文化史无前例地融合在一起。

亚历山大的统治

这个血气方刚的赫拉克勒斯取得了一系列超凡成就，之后，他没有让自己的大脑休息片刻。他努力思索着成千上万个问题的答案。他派出了一个考察团去尼罗河，去探寻这条河年年泛滥成灾的原因；他还派人在里海组建舰队，并展开了沿着里海海岸的航行。当时，里海的北端究竟通往何处，人们还不得而知。亚历山大从希腊带回一大批科学人才，在他们的帮助下，一大批自然与历史的样本被送到了希腊。亚历山大将这些样本献给了自己的老师亚里士多德，他当时正在希腊讲学。

同时，他还努力治理广大被征服地区。他每天都要阅读堆成一座小山的官方文件，并向他的属下下达命令，这耗费了他大量的精力。他认为，古希腊文化具有不可比拟的优势与力量。他希望通过他的努力让整个世界希腊化，并通过向殖民地大量移民来促进亚洲和欧洲的融合。在他的军队中，马其顿人、希腊人和亚洲人勠力同心，并肩作战。但他很清楚，他不能完全以一个马其顿人的身份来充当这个世界的统治者，他有必要向波斯世界做出适当的妥协，他迎娶了亚洲公主罗克珊娜，并举办了一场盛大的婚宴。在婚宴上，他要求他的官员和朋友们也迎娶那些亚洲贵族的女儿。许多马其顿人纷纷效仿亚历山大，迎娶了亚洲妻子。他还让波斯人担任高级官员并享有很大的权力，他甚至开始模仿波斯人的着装。

他制定了一个缜密计划，试图占领西地中海，其中包括组建一支包括几千只战舰的舰队，远征意大利、西西里和迦太基；沿着非洲北部的海岸修建一条公路等。这条公路规模之大，震撼人心，它能让亚历山大的军队更快速地从埃及抵达迦太基，以便支持大力神赫拉克勒斯。这个计划将亚历山大作为一个伟大政治家的远见体现得淋漓尽致。在波斯灭亡后，这一切本应该迅速完成，但是亚历山大似乎没有意识到：他能统一并控制东方那些遥远而分散的征服地，同理，他也完全可以将地中海地区纳入他宏大的帝国版图。

在亚历山大脑海中所拟构的那张世界蓝图中，他究竟将自己摆放在什么位置上呢？对此，他做了无数次设想。他想象过在阿戈斯山上雕刻上自己的雕像，在雕像的右手托着一个一万人的小镇。从那时起，他就觉得自己具有神性，开始期盼着自己能成为神，并决心一定要达成这个愿望。但他丝毫没有察觉，他正走上了一条暴政之路。通过希腊人种种反应，亚历山大发现，他们很支持自己成为神王。许多希腊人被视为神，因为在希腊人眼中，神与人之间的差别并不大。亚历山大希望加入人神之列，这样一来，他就可以轻而易举地将自己的意愿传达给希腊城市。在希腊，人们将国王视为神；在东方，人们将国王视为太阳之子。在这些地方，亚历山大当然也可以让自己成为神。

7年前，亚历山大故意在埃及逗留了很长一段时间。一小队人马跟随着他，深入了撒哈拉沙漠的腹地，一直抵达埃及神阿蒙的绿洲神殿。这时，尚有一支波斯军队没有被亚历山大征服。在这片广袤而荒凉的大地上，亚历山大独自一人步入了神殿。没有人知道他究竟在那里做了什么，人们只知道，当他再次出现的时候，这座庙宇的主持像欢迎宙斯——阿蒙那般热情地欢迎他。这正是亚历山大的独到之处，他让希腊人从各个角度来了解这件不同寻常的事。然而，许多年后，希腊人才玩味出其中的深意。

四年后，亚历山大发现，虽然再三宣扬自己的神性，但并没有具体的表现能让人们直观地感受到。他认为，必须有一些外在事物能让人们看到，以向他的臣民展现他作为神的特性。他效仿东方人，让所有前来觐见的人俯首称臣，匍匐在地，亲吻他的脚。他正式向所有希腊城市发出通知，将各地的领导团队解散。此后，他就是各个城市的神，各个城市都要向他进贡。

从此，欧洲的君主专制与君权神授的时期正式到来。这时，曾被马拉松和萨拉米斯时期的欧洲人排斥的东方精神，经过亚历山大传入欧洲。亚历山大做出上述行径，并不是因为他沉醉于神威或满足于神性的荣耀，这一切都是他的政治谋略，是在积淀了多年的国家政治经验后逐渐形成与发展起来的谋略。

世界帝王的显赫地位让亚历山大与他身边的朋友付出了惨痛的代价。在亚历山大所谓的国家之神的波斯长袍之下，一颗马其顿青年的炽热的心快速跳动着，他将自己推上了那个至高无上而孤独无比的位置。这时，一路追随着他、效忠于他的朋友们，不愿再跟从他了。他们始终无法理解亚历山大的政治策略，最终，这种矛盾彻底摧毁了他们的友谊。亚历山大对波斯人和朋友们一视同仁，甚至让波斯人凌驾于他们之上，对此他们完全无法容忍。于是，悲剧发生了。

早在大流士死后，亚历山大向西进军那段日子，帕米尼奥的儿子菲洛塔斯就得知了一个谋害亚历山大的阴谋。但是当时他处境堪忧，而且与国王不睦，所以他并没有将这一情况汇报给亚历山大。所有的同谋者都受到了公正的审判。亚历山大只能眼睁睁看着包括菲洛塔斯在内的那些昔日好友都被判处有罪，并被处死在了军队面前，他觉得分外痛心。当时帕米尼奥仍在埃克巴特纳管理波斯人的财宝，也因为他儿子而受到牵连。一名使者对这位老臣处以死刑。对亚历山大来说，这仅仅是他走向世界君主神圣宝座那条遍布着荆棘之路的开端。

克利图斯也对亚历山大的政治策略十分不满。在一次皇家宴会上，大家正在商讨国家事务，克利图斯很不明智地开始横加指责他的主人，他难以自控，几次三番地指责国王。亚历山大勃然大怒，一把夺过卫兵手里的长矛，刺向了这个曾救过自己的人。长矛直接刺穿了他的胸膛。为此，年轻的国王将自己关在了住所中，整整三天三夜。他一言不发，甚至拒绝用餐，悔恨与悲痛充盈着他的内心。官员们时刻看着他，担心他自杀。我们所提到的，仅仅是亚历山大为了他的国家政策所付出的很小一部分代价，希望读者能大致了解。

亚历山大下令，所有人觐见他时都要匍匐在地并亲吻他的脚，这也让他与历史学家卡利修尼斯之间的友谊破裂了。后来，有人发现，马其顿叛乱贵族中的一个人与卡利修尼斯有关联，因此，卡利修尼斯也被判处了死刑。而卡利修尼斯正是亚历山大的恩师亚里士多德的侄子。至此，国王与他老师断绝了关系，并深深地仇视对方。当他回到巴比伦时，他最亲密的朋友赫费斯提翁刚刚去世。亚历山大被痛失挚友的悲痛击倒了，他为赫费斯提翁举办了一个空前隆重的葬礼。这时，过度疲劳与过度饮酒严重地摧残了亚历山大的身体。每次狂饮之后，他都要睡 48 个小时才能完全清醒过来。当时亚历山大正准备进攻阿拉伯半岛，以便长驱直入，征服西地中海，但这时，他病倒了。几天后，他就去世了。当时是公元前 323 年，亚历山大年仅 33 岁，在位 13 年。

第十九章　希腊化时期的文明

城市的建筑艺术

亚历山大后的三百余年被我们称为希腊化时期，这是一个希腊文明广为传播的时代。这一时代，东方文化广泛而深远地影响着希腊文明。在被亚历山大征服后，马其顿人统治了亚洲和埃及。虽然这些马其顿王所使用的语言有所不同，但基本上都属于阿提卡希腊语，深受希腊文化的影响。马其顿人处理政府事务时将希腊语作为官方语言，他们与希腊商人之间的贸易往来十分频繁，他们还努力阅读希腊书籍并学习希腊文化。因此，那些有教养的人必须熟练掌握阿提卡希腊语。在亚历山大里亚的犹太人社区，为了吸引那些受过教育的人阅读《旧约》，《旧约》从希伯来语被译成了希腊语。虽然东方人所学到的希腊语并不纯正，但在一些大城市，在地中海两岸的西西里、南意大利和许多东方地区，阿提卡希腊语甚至已经在普通人的日常生活中被广泛使用。

城市生活日新月异。那些经济宽裕的城市居民搬进了石头房里，华丽的柱廊环绕着传统的中央庭院。虽然大部分卧室的空间仍十分狭窄，没有什么家具，但起居室的空间很宽敞，而且采光也很好。房屋的地面上铺着许多七彩石，墙壁上涂抹着泥灰，还挂着装饰画。在一些富裕家庭里，用大理石作为装饰材料，家具的工艺也十分精致而独特，甚至还出现了诸如地毯和挂毯这类的装饰品。住宅中还第一次出现了供水系统。街道上修建了排水沟渠和管道，这些都是从未在伯里克利时期的雅典出现过的。

许多家庭文献被保存了下来，让我们能更清晰地了解人们当时的生活。一般的收据和商业契据用墨水记录在陶器碎片上，随处可见；更重要的文件一般记录在莎草纸上。大多数家庭中都有莎草纸文件，这和今天家里的信件、报纸一样随处可见。垃圾堆掩埋着当时的房屋废墟，但因为埃及气候干燥少雨，大量莎草纸都被保留了下来。我们从中可以发现婚礼请柬，父亲写给在外地求学的儿子的书信，离家出走的人写下的悔过书，还有家人去世时朋友们写来的慰问信等。这些资料足以证明，当时人与人之间的交往已经与现在近似。虽然那些文字与图画的作者生活在几千年前，但通过阅读他们写下的东西，我们仍觉得他们距离自己很近，也很真实。

在希腊时代，不断有新城邦涌现。城市的规划周密，宽敞整齐的街道纵横交错。一条条长方形的街道上密密麻麻地分布着房屋。不久前，人们在一次考古活动中发现有一条街道的地下掩埋着 11 根铁管，但迄今为止仍未发现古代的公共照明系统。公共设施得到了长足进步。在伯里克利时代，城邦政府在庙宇里工作；而到了希腊时代，政府开始修建规模更大、更有气势的办公建筑。

在古希腊和古代东方，国王的宫殿是城市的中心。然而，在希腊化时期，市政府建筑成为了城市的中心。这些建筑物周围分布着集贸市场，柱廊环绕着广场。这时，希腊人借鉴了埃及人壮丽美观的建筑风格并将其发扬光大。公民们在市场上进行着各种交易活动。这里还有一座外形美观的建筑，里面有大厅，大厅里还设有座位，与现代的剧场十分类似。公民大会不再在露天场所举行，然而，其他各种会议仍在露天的环境下举行。建筑师们设计并修建了体育馆、浴室、赛马场和剧场。小亚细亚的普林恩城是一个小城邦，人口不足 4000 人，但那里的公共建筑与设施也一应俱全。在普林恩城中的几座神庙中的一座是在亚历山大的主持下修建的。如果将希腊化时期的城市与美国类似规模的现代化城镇相比，我们会惊讶地发现，虽然现代的私人住宅更加宽敞舒适，然而，就法院、市政厅等公共设施而言，2000 年前的普林恩城已远远超越了我们现在。

集市附近有一座建筑，人们称它为巴西利卡。这座建筑的顶上开了一个天窗，内部十分宽敞明亮。这种天窗是希腊化时期的建筑师从埃及建筑那里借鉴过来的。这一时期，他们对亚细亚的拱门建筑有了更深入的了解，这种拱门的设计灵感源自于月亮的阴晴圆缺。

他们逐渐开始将拱门运用到建筑设计中，虽然在希腊建筑中尚未发现拱门，柱廊曾从东方传入了希腊，现在更为美观的天窗和拱门也已经传入。可惜的是，希腊人没有充分合理地运用拱门这种美观的建筑形式。

普林恩只是毫不起眼的希腊城市，却已经拥有这么豪华宏丽的建筑，我们就不难想象像亚历山大里亚这样的帝国首都与世界性商业中心的建筑将如何让人惊叹了。亚历山大里亚堪称是当时世界上最伟大的城市，在人口、财富、商业、权力乃至最能代表人类文化水平的艺术领域都独占鳌头。港口的码头远远地延伸到了海中，那里停泊着来自世界各地的商船。这些船当中，有的经历了西班牙和非洲之间的大西洋上的滔天巨浪，有的远渡重洋，来自遥远的东方。它们满载着世界各地的商品。码头上还堆放着英伦三岛的铁条、中国的丝绸以及印度的棉条。在政府的控制下和商业的推动下，银行不断发展着。有些商船在夜晚抵达，船上的水手们可以远远望见正一闪一闪的灯塔。希腊化时期，工匠们修建了这些高耸的灯塔，是亚历山大里亚的标志性建筑，从古巴比伦塔寺那里逐渐演变过来，两者类似。

商船甲板重达4000多吨，当游客登上甲板，向灯塔彼岸的城市眺望时，他们也许能看到富丽堂皇的皇家花园旁边整整齐齐地排列着的托勒密战舰。托勒密王用大理石修筑的王宫在郁郁葱葱的热带丛林中若隐若现。王宫所处的岬角一直延伸到海中，形成了港口的东堤。在这个希腊化时期，统治者的御用建筑师们已经知道如何布置并且欣赏公园和花园的美妙景观了。在波斯王的皇家花园和埃及人的私人别墅花园，建筑布局都如此精巧别致。他们巧妙地运用了各种热带树木、小湖、泉水与雕塑，这些建筑元素相互映衬，趣味盎然。将园林艺术与城市规划相结合的东方建筑艺术形式也逐渐为欧洲人所接受。

王宫花园一侧有一座大理石建筑，那是王室的图书馆。馆中，大型的图书室、演讲厅、展览厅、庭院、圆形回廊等一应俱全，还有专门为哲人和科学家们修建的居室。塞拉皮斯神庙位于图书馆附近，塞拉皮斯是新的国教之神。继续往里走，映入眼中的是华美的公共建筑群，包括体操馆、浴室、体育馆、集会厅、音乐厅、市场、巴西利卡会堂等。公共建筑的四周环绕着普通市民的住宅。让人感到遗憾的是，这些建筑物没有任何一座被保存下来，就连废墟也被现代的亚历山大城所掩埋，踪迹全无。

但在珀加蒙城，我们却幸运地发现了更多有趣的事物。珀加蒙城与亚历山大里亚处于同一时期，有着雅典文化深深的烙印。珀加蒙的一位国王战胜了来自欧洲大陆的高卢人，将他们驱逐出了领地，这次胜利对艺术的影响可谓深远。在珀加蒙及其后几代国王的鼓励与推崇下，阿提卡的建筑师们将他们的艺术在那里继续发扬光大。他们以不久前战死沙场的北方高卢人作为原型，创造了大理石的英雄雕像。他们对人物雕像有着极强的戏剧化处理能力，迄今为止无人能与之匹敌。这些雕塑气势恢宏，惟妙惟肖地描绘了战神与巨人之间的斗争，常常让人们不自觉地回忆起那场与高卢人之间展开的战争。在祭坛的基座上，这些庞大的雕塑围成了一个圆圈，这个祭坛是珀加蒙国王为宙斯建造的。

在雅典雕塑家们的灵感与创作的激发之下，人们开始关注珀加蒙之战，大量激烈而严酷、悲壮而震慑人心的作品相继问世。一具大理石石棺上的浮雕是这一时期雕刻作品的集大成者。浮雕描绘的是亚历山大大帝在取得伊苏斯战役胜利后进行的一次猎狮活动的场景。这幅浮雕将悲剧性的瞬间定格下来，将人物的勇敢展现得淋漓尽致。后来，罗得岛的雕塑家们继承了这种表现手法。罗得岛是希腊化时期的一个共和国，经济繁荣。虽然大部分这类雕塑作品已经踪迹全无，但得以保存下来的那些作品仍不失为古代雕塑中的精良之作。其中有一幅雕塑，刻画了尼特洛伊祭司和拉奥孔父子三人被两条毒蛇缠死的情景。

这一时期，希腊画家与雕塑家有着一致的艺术倾向，他们都擅长以具有戏剧性冲突的大喜或大悲的时刻来展现各种喜剧或悲剧。虽然这些画家的原作没有一幅被保存下来，但我们仍可以看到一些复制品。它们有的被画在墙上，用于装点居室；有的被用彩石镶嵌在人行道上。有一幅油画描绘的是在伊苏斯战役中亚历山大打败波斯国王的场景，就是用彩石拼嵌的形式保存下来的。然而，我们却无从知晓这位希腊化时期杰出画家的名字。

无论是雕塑家还是画家，都取得了前所未有的辉煌成就。通过留存至今的那些作品，我们可以窥见当时艺术家之伟大与灵动。令人深感遗憾的是，这些古画都由石头或金属雕塑而成，有的是全身或半身的雕塑，有的是浮雕，但更多地被铸造在奖章或钱币上。至于那些绘制在木板上的古画则全部烟消云散。最受亚历山大器重的画家名为阿培利斯，他为亚历山大创作了许多画像，其中有一幅是亚历山大骑在马背上自由驰骋的景象。据说，画上的这匹马栩栩如生，有一匹真马从旁边路过，还曾冲它嘶吼。这种绘画艺术因为后来的埃及木乃伊被流传了下来。

科学发明、图书馆与文学

人类的智慧在这个特殊的时代觉醒，智慧的火花在各处碰撞、闪烁。大量科学被人们运用于日常生活和工作当中。与我们当前所处的时代类似，那也是一个崇尚发明的时代。在某个家庭中，有人为自家的看门人安装上自动开门的器械，甚至还装上了洗衣机器，它能在恰当的时间自动放水、加肥皂；庄园主们开始用配有螺杆的榨油器来榨橄榄油；祭司在神庙外安装了自动分配器来分配圣水。此外，人们还利用水压制造了喷水器，以降低火灾造成的损失。杠杆、齿轮、曲柄、连杆等在日常工作中被广泛应用，缆绳道因此问世，这种缆绳道可以将高处采石场的石块运到低处，水轮的出现也使运水的速度大大提升。人们还利用与之类似的装置将巨大的石弹放入抛石机里，以便发射，有些人甚至利用气压原理来进行操作。那时，人们常常在集贸市场聚集起来，观赏那些频频上演的“自动戏剧”。聪明的机械师在那里“放映”着古希腊五幕悲剧《特洛伊之战》。首先放映的是建造战舰并出海的场景，随后，天空中电闪雷鸣，海面上狂风暴雨，于是，希腊英雄们只能躲入船舱。那时候，家里的自来水管如果没水了，人们就只能去很远的地方打水。这时，一家之主就会讲起他们祖辈那种艰苦朴素的生活。

为了便于市民们掌握时间，集贸广场上通常装着公共大钟，这可能是埃及人的影子钟，也可能是希腊人发明的水钟。托勒密和他的祭司们进一步修正了日历，在每四年出现一次的闰月中加上了一天，然而，市民们的习惯很难扭转过来，他们仍沿用希腊那并不方便的日历。当时，还没有使用年号，只有叙利亚的塞琉古人将他们统治开始的那一年称为元年，以后的每一年都用数字标记。

当时最伟大的科学家就是阿基米德，他居住在叙拉古，他最伟大的发明之一就是将滑轮和杠杆组合在一起，使力量得以加倍。国王只需要轻轻转动把柄，满载货物的大型三桅帆船就能起锚出海。凡是亲眼见过这一场景的人，都对阿基米德所说的那句名言“给我一个支点，我可以撬起地球”毫不怀疑。他设计的战争机器威力巨大，在那场保卫叙拉古、抵抗罗马侵略的战争中发挥了巨大的作用。除了是一位伟大的机械发明家之外，阿基米德还是一位出类拔萃的科学家。他发现了将物品放入水中来测量比重的原理，并由此测出国王的一顶王冠不是纯金的，现代科学家将这一发现称为狭义引力。除了在物理学方面取得了丰硕的成就之外，他还是一位数学家。

阿基米德与他在亚历山大里亚的朋友们保持着频繁的书信交流。当时，亚历山大里亚有一大批科学家活跃着，他们大多数接受了托勒密的资助，在博物馆里生活。他们组成了历史上最早的由政府资助的科研机构。在经济方面，他们没有任何压力，因此，他们全身心地投入到了科学研究中。为了便于展开研究和交流工作，亚历山大里亚里还修建了专门的演讲厅、实验室和图书馆。在希腊化时代，这批由当时最伟大的科学家组成的科研团体是最古老的系统化、专门化的科研机构。在现代科学兴起前的两千多年的时间里，这批科学家的著作构成了世界科学知识的全部内容。

在亚历山大里亚博物馆的第一代科学家中，有一位伟大的科学家时至今日仍闻名于世，他就是欧几里得。欧式几何学以非常严谨的逻辑体系为基础，在当代的英国，它仍被作为经典教科书来使用，也是迄今为止仍在使用的最古老的教科书。现在的高等数学是由阿基米德创立的，其中一些深奥的高级证明过程并没有被保留下来，有待于我们重新发现其中的奥秘。除了数学领域以外，阿基米德在天文学方面也颇有建树。托勒密王在亚历山大里亚建立了天文观测台。虽然当时还没有望远镜，但科学家们仍留下了许多重要的观测结果和新的发现。当时，天文学家亚里斯塔克居住在萨摩斯岛上，他发现了一个重大天文现象，但这一现象让当时的人们很不解。亚里斯塔克认为，地球和行星都围绕着太阳运行，这一点无法得到当时人们的理解和重视。当时的希腊人以及此后的古代科学家们都认为地球才是整个世界的中心，无论是太阳还是行星都围绕着地球运转。在希腊化时代，有一位科学家对天上八九百颗星星的位置进行了记录，还据此来推测天空未来可能发生的各种变化。

天文学方面取得的非凡成就，极大地推动了地理学的发展。埃拉托斯特是亚历山大里亚伟大的数学家和天文学家，他巧妙地测量出了地球的大小。夏季，太阳逐渐向北方以东，当太阳抵达最北端时，正午的阳光正好垂直射入尼罗河第一大瀑布附近的一口井底。

随着航海和探险活动的不断深入与发展，人们有关地球大小的概念也不断深入，同时，人们对自己所处的环境也有了更深刻的认识。一位希腊地理学家致力于测量山的高度，但是他还没有测量必不可少的工具——气压表。亚历山大征服了远东，这样一来，已知世界的范围就扩大了许多。亚历山大里亚的商人们曾经远渡重洋，来到印度，然后绕过锡兰南段，抵达印度东部沿海。他们在那里听到了许多有关中国海岸的故事。

早在公元前 500 年，几名腓尼基的航海家就横跨直布罗陀海峡，一路南下，直抵现在的几内亚海岸。他们带回了有关毛人的故事，那时，他们称毛人为“大猩猩”。马赛有一位天文学家名叫皮西亚斯，他建造了一艘大船，穿过直布罗陀后，继续向北航行。途中，他亲眼看到了不列颠的三角地带，并继续向北海深处驶去。他是第一个发现在神秘莫测的图勒（冰岛）附近还有一个冰海的文明人。此外，他还发现了朔月对海潮有着巨大的作用力。他回来后，给人们带来了许多妙趣横生又稀奇古怪的故事，因此，被人们称为神秘的“预言大师”。

埃拉托斯特搜集并整理了大量事实和材料，终于写出了较为完整的地理学著作。他绘制了一幅已知世界的地图，上面包括欧洲、亚洲和非洲。他精确地标注出了地中海沿岸地区，还首次标出了经纬线。因此，埃拉托斯特完全可以称得上是地理学的鼻祖。

在古代动植物的研究领域，亚里士多德和他的弟子们无人能出其右。因为没有显微镜等必要设备，他们对动植物的认识存在着局限性，做出的结论也有可能是错误的。然而，他们对大量新鲜事物进行了观察，并进行了系统的归纳整理。在解剖学领域，亚历山大里亚的博物馆里设有一个专门的实验室，托勒密王为学者们提供死囚，进行活体解剖。他们通过活体解剖发现神经是一条又一条的线路。所有痛苦或欢愉的感受都经过这些线路转化为信息传回大脑。他们因此认识到大脑是神经系统的中心。这一发现已经与血液循环系统很接近了，但是，当时人们误以为动脉是连接着肺的通气管道。亚历山大里亚还是世界医学研究的中心。和现在一样，当时致力于医学的年轻人也需要经历长时间的学习和实践，才能成为医师。

当时，自然科学研究十分盛行，对语言学和古典文学巨作的研究工作也蔚然成风。据说，东方很早就出现了皇家图书馆，而约公元前300年前，希腊也有了第一座图书馆。这座图书馆坐落于黑海边的赫拉克利亚城，由政府创建并管理。后来，珀加蒙国王也创办了一家著名的图书馆。然而，比起托勒密网兴建的亚历山大里亚图书馆，之前的这一切都如此微不足道。在王宫附近的花园对面，托勒密修建了一座与博物馆配套的图书馆，藏书最多时达到50万卷。

为了更好地管理数以万计的藏书，第一代托勒密王任命卡利马科斯出任图书管理员，他是一位天才的哲学家和诗人。根据书籍名称和作者姓名，卡利马科斯统一对所有的馆藏书籍进行了分类，并制作了120册分类目录。这是历史上人类第一次对图书进行分类。卡利马科斯首创了图书分类法，还进一步展开了许多完善工作。他的一句名言是“最大的书也最令人厌烦”。言下之意，装订得太厚的书使用起来很不方便。他创造了一种新方法，将一部著作分割为若干册，每一册都是著作的一部分，被称为是一本“书”。通过这种方法，《荷马史诗》、希罗多德写的历史以及其他大部分著作都被分成了若干本“书”。

想要收集大量精确并誊写优雅的名著，图书馆就必须展开大量的书籍誊写工作。随着对大量书写潦草的古代名著的整理工作的展开，出版这个新兴行业也应运而生了。亚历山大里亚的图书馆中学者们的抄本被人们视为标准版本，其他图书馆及其抄写员纷纷效仿。在希腊化时期，亚历山大里亚版本的各种书籍在世界各地传播。现在，欧洲许多图书馆里还保存着按照这些版本再次抄写的部分手抄本。荷马、色诺芬和其他优秀的希腊作家的著作的印刷体版本也在此基础上不断发展起来。让人惋惜的是，亚历山大里亚图书馆早已不复存在。保存至今的最早的希腊书籍发现于几百年前的埃及古墓中。

要展开书籍的整理和编辑工作，需要全面而深入地研究语言。当两种古代抄本有所出入时，我们必须要搞清楚到底哪一本才是正本。正如我们阅读乔叟的著作时常常会遇到各种拼读方面的问题，很多古老词汇都需要对其进行解释。因此，亚历山大里亚的学者开始忙着编纂词典，人们对各种语法问题也越来越关注。公元前 120 年，学者狄俄尼西奥斯编写了第一本希腊语法著作。一些语法方面的关键词在这本著作中出现了，比如我们今天仍使用的“句子成分”等。狄俄尼西奥斯在他的语法著作中清晰地阐述并编排了这些名词。这部语法著作流传了好几个世纪，构成了后来包括英语在内的很多文明语言的语法基础。我们使用的语法词汇“虚拟语气”就源自于希腊化时期的学者们所创造的与之相对应的希腊词语。

这一时期，亚历山大里亚和其他地方的学识渊博的学者把控着文学的发展方向。图书馆学者卡利马科斯还是当时颇负盛名的诗人。文学的主题不再局限于战争、命运和灾难等戏剧性事件，学者们甚至开始细致地描写泉边的牧羊人。有时他们听见风拂过头顶的枝丫而歌唱；有时会表现出放牧时的愉悦与舒适；有时邻村美丽的姑娘拒绝自己的场景还会浮现在眼前。他们精心推敲与打磨，写出一句句优美的诗句，描绘着山坡上宁静而淳朴的山野生活，这一切都为居住在亚历山大里亚这个繁荣大都市里的中上层阶级带来了心灵上的愉悦，比起古典而严肃的作品，这种人性化的作品更让人享受。就诗歌方面而言，西西里岛的提奥克里图斯是当时最伟大的作家，在世界文学两千多年的历史中，他的田园诗始终占据着一席之地。这时，日常生活也通过话剧的形式被搬上了舞台。当时，话剧被称为“新戏剧”。剧中那些让人捧腹大笑的事件让市民们窥视到了自己性格上的缺陷与不足。雅典的麦南德是当时最伟大的剧作家，他享誉四方，既有着洞悉日常生活点点滴滴的敏锐目光，又有着通过喜剧展现日常生活的极高天赋。

教育、哲学与宗教

在希腊化时期，一些文明程度很高的城市中相继出现了华丽的民宅、雄伟的公共建筑和高雅的艺术品以及国家图书馆和科研机构。教育也飞速发展着，在孩子们完成基础教育后，父亲会让他们去体育馆的演讲厅听各种有关修辞学、科学、哲学和数学的报告。在普林恩城内一个大厅的墙壁上刻满了两千多年前那些学生的名字，这些学生通过这种方式来确定各自的座位。

体育馆成为帮助孩子开发智力的最佳场所，父亲们年老体衰而不能再参与竞赛，他们就坐在圆形柱廊上观看比赛，或者结伴漫步于柱廊中，讨论最近的一次科学演讲或是博物馆实验室中的最新实验。当年轻人走出体育馆的浴室，准备与在外面等候的父亲一同回家时，他们时常能听到那些科学家或哲学家之间的辩论。这种激烈而热切的气氛彻底激发了人们对科学和哲学的无限兴趣。因此，经常有青年主动请求自己的父亲，希望去博物馆或是雅典接受高等教育。

如果一个年轻人想进入某个专业领域，他就必须先接受特殊训练。与医学生一样，建筑专业的学生也要经过长期的刻苦钻研，阅读各种各样的书籍，还要学习建筑和安全耐用的拱门等各个方面的知识。那些立志于要成为工程师的青年则要学习建筑、桥梁、重物移动设备等诸多方面的机械知识。这是一个注重技术培养的时代，就连科学也开始逐渐走向专业化。于是，科学家开始分流，有的专注于天文学，有的主攻数学，还有的进修地理学。如果年轻人想要进入某个科学领域，就必须向亚历山大里亚博物馆相关科学领域的专家们悉心求教。

那些青年第一次从花园穿过，走入博物馆时，就会看到那里正在进行着各种演讲，涵盖了天文学、地理学、物理学、数学、植物学、动物学、解剖学、医学、修辞学、语法和文学等各个学科。当他们掌握了某一领域的有关知识后，就可以投入到科学研究当中去，努力探索并发现新的事实。他们可以经过庭院，来到活体解剖室，耳边充斥着各种动物的哀号声；他们也可以登上天文台的观测塔，与那些最优秀的天文学家一同观测天象；正午时分，他们还可以充当埃拉托斯特的助手，一同观察太阳，并计算地球的大小；他们还可以坐在宁静舒适的图书馆里，一言不发地整理那些古典著作，并将其编入卡利马科斯的图书分类册当中。如果他们掌握了足够的知识和经验，就可以面向学生发表各种有趣的演讲，并成为科研者。

虽然科学源于哲学，但哲学却没有激发起亚历山大里亚的人们的兴趣。雅典仍是当时极负盛名的哲学之都。柏拉图的学生们仍在阿加德米舒适静谧的学园里讲授着他们老师的理论与学说。柏拉图的学说在阿加德米备受人们推崇，但他的学生亚里士多德却否认了他的学说。亚里士多德在亚历山大里亚接受了几年高等教育，接着，他返回了雅典，在吕克昂创办了属于自己的学园。学园里有一条坡道，被人们称为“林荫道”。亚里士多德在那里教育了一批批学生，他们研究解剖学、植物学和动物学等。在亚里士多德的指导下，学生们收集、分析了大量科学观测成果，并进行了系统性的整理，形成了一部百科大全书，其中包含了当时所有已知事实和新事实，这是一项永无止境的浩大工程。令人感到遗憾的是，其中大部分的论文都已经丢失了。随着亚里士多德和亚历山大去世，吕克昂学园也慢慢没落。

古人在知识的搜集和整理方面进行过的最重要且成功的尝试恐怕要数亚里士多德的著作。后来的很长一段时间内，他的这些著作都备受人们推崇。此后的欧洲，人们习惯于在他的著作中寻求一切科学问题的答案。人们不再花费心思探索新事物，而是一味地依赖着亚里士多德既有的成果。纵观历史的长河，再也没有哪一部著作享有这样高的流传度和权威性。然而，并不是所有的希腊人都满足于柏拉图的阿加德米学园和亚里士多德的林荫道学园的，许多希腊人希望有一种学说能满足他们的精神需求，又让他们过上幸福的生活。随着这种期望越来越强烈，雅典相继有两个哲学学园出现了。东方闪米特人芝诺出生于塞浦路斯，他创建了一个学园，他在雅典位于雅典集贸广场的名为斯多葛的彩色柱廊讲学，于是，人们将他的学园称为柱廊学园。在芝诺看来，美德是唯一的善，而无德是唯一的恶。人们唯一应该追求的目标就是内心的平静，而这个目标能否实现无关乎痛苦与快乐，只关乎于美德。芝诺的那些追随者以刚毅著称，我们今天用来表示不怕挫折之意的单词“stoicism”就是从“stoa”（斯多葛）这一词根演变而来的。当时，柱廊学园大受欢迎，并逐渐发展成了最伟大的哲学园。伊壁鸠鲁在他位于雅典的私家花园里创办了另一所学园。他认为，快乐是最高的善，快乐包括肉体与精神两方面，应该将快乐与美德结合在一起。因此，我们常将那些贪图享受的人称作伊壁鸠鲁派。伊壁鸠鲁学园在当时也产生了巨大的影响力，拥有众多追随者。但是后人没能正确领悟他的思想，并将其歪曲为对感官刺激的一味追求。东方的一句谚语“尽情地吃喝玩乐吧，反正明日就会失去它们”也因此被广为传播。

这些学园靠着来自学生和朋友们的捐赠维持着运营，学园的主人及其助手和学生们一起生活。学园里设有演讲室、图书室和研究室等。亚里士多德的学园曾经是最兴盛的学园，至少在他在世期间一直如此。雅典学园以亚历山大里亚博物馆作为楷模，它们后来又成为其他后继科学院和大学的楷模。不妨将希腊想象成由四个学园组成的大学，它们分别是阿加德米、吕克昂、斯多葛和伊壁鸠鲁的花园。虽然这一时期的雅典并未在政治上有太大的建树，但它在其他许多领域都超越了伯里克利时代。雅典成为整个希腊世界的教育中心，千千万万文明世界的学子慕名而来。

对于那些接受了良好教育的雅典人来说，他们的宗教要么是禁欲主义，要么是享乐主义。在他们看来，神是虚幻的或高尚的。当时，罗马作家尤西迈罗斯创作了一个格外引人入胜的游记故事。在这个虚构的故事中，他远渡重洋，来到了印度洋，并在那里发现了一片神秘的群岛。这片岛上有一座宙斯神庙，庙里挂着一块金匾，上面写着“希腊人崇敬的众神是他们的国王，因为为人类文明做出了不可磨灭的贡献，因此，他们死后成为神”。尤西迈罗斯的故事广为流传，然而，人们却不愿意再崇拜这些神了。这时，个人的信仰表达不能再造成任何压力了，在宗教信仰方面，人们享有绝对的自由，而这种自由远远超出了后来欧洲天主教徒所拥有的自由。那些在雅典传播苏格拉底学说的人也不会再受到责难或非议了。

普通人很难进入哲学园地求学，绝大多数人也没有机会接受教育，以便更深入地理解深奥的哲学，但是他们有信仰任何形式的神的自由。随着古代信仰的复兴，希腊对东方神的崇拜与日俱增。这些信仰慢慢渗透到了希腊生活的方方面面。托勒密王将东方的塞拉皮斯神尊称为国教神，并在亚历山大修建了一座肃穆庄严的国教神庙。起源于巴比伦的关于迦勒底占星师的传说也开始在地中海沿岸广为传播。这种传说被埃及人接受了，后来还影响到了希腊科学。来自东方的信仰与信仰物随处可见，人们早已习惯了那些来自异域的神，现在他们再也不会惊讶于其他的宗教习俗了。正是因为在这样的黄金时代，作为东方宗教之一的基督教才得以迅猛地传播和发展。

希腊化世界的形成：市民与城邦的消亡

如果有人认为马拉松和萨拉米斯战役能将东方的影响彻底逐出地中海，并从此形成一道无法突破的防线，那就大错特错了。就在亚历山大征服东方并摧毁了那里的军事与政治的时候，东方的文明与生活方式也长久而深远地影响着东地中海地区。这种影响涉及商业、政府形式、风俗习惯、艺术、工业、文学和宗教等方方面面。源于巴勒斯坦的基督教很快影响了西方，这只是诸多影响中的一部分。可见，希腊文明借助语言、艺术、文学、戏剧和体育赛事等媒介使东方希腊化，同时，东方文明也深深影响着西方，东地中海地区逐渐趋于东方化。

世界扩展成了更大的空间，而在这个扩展开来的世界里，那些曾缔造过希腊最辉煌璀璨的文明的古老城邦，已经丧失了曾经一呼百应的影响力。公民们发现自己不再仅是城邦里的一分子，还是整个国际化世界里的一分子。比起偌大的世界，他们所生活的城邦是如此渺小，他们丧失了那种作为城邦公民的微妙感受。在希腊化时期，那些大城邦的公民的身份已不复存在。公民们没有权利参与管理自己城邦所属的国家或帝国，这就像是芝加哥的市民有权参与市长选举，但无权参与美国总统选举一样。塞琉古人统治下的帝国甚至没有一个统一的国家名称，被征服的人们无论身处何处，都用家乡的城邦来替代国家的称呼。正如美国人总是被称呼为波士顿人、纽约人、费城人或芝加哥人一样。他们对于国家的概念很淡漠，更别提什么爱国主义了。

曾经，城邦是古希腊的文明中心与权力中心，但如今，城邦市民们所信仰的神已经烟消云散，城邦最有力的支撑因素也随之彻底消失了。职业士兵已经取代了希腊的守城士兵，他们都来自希腊以外的国家，主要负责消防工作。希腊人不再为了守卫城邦和家园而武装自己，在他们看来，保卫政府办公室等已经成为一种职业，与曾经的守城士兵类似。希腊人也不再对城邦事务感兴趣，他们更关注提高个人的生活质量和素质。那种对城邦的敬爱激发出来的责任感，以及由此引发的道德观念，都无法再让他们的精神为之一振了，也无法激发他们在艺术、政治、建筑、文学和思想等方面的激情和创造力。在曾经的相互竞争中，希腊城邦创造了空前的先进文明。但如今，就政治层面而言，这些城邦已经不复存在。许多希腊城邦的民众迁去了亚洲，留在这里的人已经为数不多了。许多希腊城邦市政厅前的公共广场上，时常游荡着低头吃草的牛群。统一繁荣的希腊已经成为历史。

最终，古希腊城邦被一个强大的帝国吞并了。公元前 200 年，这个希腊化时期的东地中海大国发现，一场战争一触即发，因为一个新的军事强国已经崛起于西地中海地区，而它那强有力的触角早已伸到了这里。因此，在介绍公元前 200 年的历史前，我们不妨重新打量一下地中海西部的情况，这将有助于我们理解在此之后在地中海东部所发生的事情。在过去的 300 年时间里，西部的罗马城逐渐崛起，成为一个超级强国。它将统一东西地中海，最终建立一个庞大的帝国，而整个地中海地区都在它的版图之内。

第二十章　罗马征服意大利

西地中海世界

人们在回忆东地中海地区的历史时，鲜少提及西地中海地区。石器时代之后，我们就没有对西地中海做过多介绍。现在，我们把目光重新投向西地中海，从整体上来认识并了解地中海地区。地中海是一片辽阔的海域，东西之间的距离为2400英里，与欧洲的长度或美国的横向距离差不多，也就是从纽约到加利福尼亚的距离。要记住一点，我们所说的古代世界绝大部分指的是地中海沿岸地区，也包括东方和黑海地区。古代历史舞台主要集中在地中海及其沿海地区。

如今的地中海与美国的五大湖不同，它不是单一水域。意大利和西西里岛构成的路桥从整个地中海上横跨，将它一分为二，这两片水域一直没有公认的地理名称。为了便于描述，我们将其称为东地中海和西地中海。比起东海区，西海区要宽许多，向北延伸得更远，周围被高原带环绕着。东海区位于高原南部。西地中海的纬度比东地中海更高，气候也与北方地区更接近。在此之前，我们一直在探讨东地中海世界的历史文明，现在是时候回过头来探索并回顾一番西地中海世界的历史了。

在东方的统治之下，东地中海世界的文明进程很早之前就开始了，但西地中海地区距离东方太远，也很少受到影响，因而在很长一段时间里都停滞不前。从石器时代的瑞士湖村时期以来，西地中海的大部分地区几乎就没有任何明显的进步。但从地图上可以看到，西地中海地区与东地中海地区并没有被彻底分开。因此，来自东地中海的古希腊和希腊化文明可以经由西部的南意大利和西西里岛传入西地中海世界。在之后的章节里，我们将会介绍东地中海是如何推动西地中海地区的文明进程的。在早期的西地中海世界中，意大利占据着最重要的地位。意大利呈东高西低走势，向西倾斜，面向西地中海，属于西地中海地区。意大利半岛长达600英尺，延伸至海中，相当于佛罗里达半岛长度的一半，面积是希腊的四倍，而且不像希腊那样山地林立，因此，也没有被纵横交错的山脉分割成大大小小的山谷与小平原。虽然亚平宁山脉从意大利半岛北部穿过，但是在其他地区，这条山脉基本上与海岸线平行，大部分的余脉山脊也与海岸线平行。这里分布着辽阔的平原和广袤的牧场，谷物等农作物也比希腊任何地区更丰富多样。比起希腊，意大利的平原能养活更多人口。不同于希腊错落有致的海岸线，意大利的海岸线比较平缓，没有天然良港。可见，在意大利，商业比农业和畜牧业落后。

意大利沃野千里，森林葱郁，许多来自贫寒之地的北欧人慕名前来，不断有北欧人跋山涉水，来到这个阳光充沛的半岛上定居。公元前2000年，石器时代晚期，瑞士湖村的居民也开始南迁。他们越过了阿尔卑斯山，在北意大利的湖畔定居了下来。这些移民在桩屋里居住了一百多年，如今，桩屋已经被人们从波谷下面被挖掘出来。波谷曾是一片开阔的沼泽，这些移民对其进行开发利用，在上面修建了许多桩屋。现在，威尼斯城仍建立在桩基上，只是大部分的木桩都被石块取而代之了。通过威尼斯，我们可以进一步了解当时这一带的湖村居民们是如何修建木桩房屋的，后来的罗马人在很大程度上也受到了他们的影响。罗马人的军营规划图在很多地方都借鉴了波谷桩屋的布局。

在抵达波谷前，湖村的居民就开始在生活中使用金属了。考古发掘者在他们的居住地发现了大量金属制品。显然，这些金属制品来自东方，这一点可以通过从东方传入意大利的“铜”“青铜”两个词佐证。我现在所说的“copper”（铜）在意大利曾被人们称为“Cuprum”，是由塞浦路斯岛的古代名字“Cuprus”演变来的。很早之前，塞浦路斯就开始为地中海地区提供丰富的铜矿。如今人们所说的“bronze”（青铜）一词据说就来源于“Brondesium”城一词的前半部分，后来，该城被称为“Brumdisium”，又称为Brundisi（布林迪西）。这座城市位于意大利东南角，距离爱琴海很近，东方的青铜就是从这里传入西方的。

桩屋的居民在波谷定居后，最西端的印欧部落也被这里湿润的气候和有着茂密森林的山坡所吸引，开始迁徙过来。就在希腊人向希腊半岛南端迁移后不久，西端的印欧部落也来到了西地中海世界。一批批的迁移者蜂拥而至，定居在位于半岛中南部的部落里，其中最重要的就是古意大利部落，也就是最早的意大利人。在希腊语中，“意大利”一词最早仅仅指的是南部半岛，后来才扩展为整个半岛，这就是意大利名字的由来。在后来的几个世纪里，西西里岛上也住满了意大利人。

就我们所知，在征服爱琴海地区时，与东地中海相邻的那些文明化程度很高的地区也被古希腊人占领，但这与印欧部落入侵意大利完全不同。对当时的希腊人来说，西地中海地区就是一片不毛之地，既没有牢固的城池，没有雄伟的建筑，也没有文字或文学。伴随着古意大利部落向外扩张，原来的居民大都四处逃散，就像早期受到希腊人攻击的爱琴海人一样。在公元前13世纪的埃及遗址中，也发现了这些早期西地中海人的形象，他们是石器时代欧洲人的后代。这些人可能是在古意大利人扩张的压力下不得不背井离乡的难民，他们服务于埃及的军队，用笨重的青铜剑作为武器，这种剑形状与加长的埃及匕首类似，这些武器都来自其他地方。史前，西方人已掌握了锻造金属和铸剑的技术。那时制造的是单刃剑，剑刃呈漂亮的曲线，一度在埃及帝国和亚述帝国十分盛行，但东方军队却很少使用。而罗马人使用的是双刃剑，起源于西方，是从匕首演变而来的。

除了古意大利人之外，还有三个部落分别入侵了西地中海。这三个部落都来自东地中海地区，相互之间竞争激烈。就在这些部落你争我斗之际，古意大利人突然发现经常有一群凶猛的海盗出没于意大利的西海岸，他们被称为伊特鲁里亚人。直到今天，我们也没完全弄清楚他们来自何方，最有可能的是小亚细亚东部。我们曾在埃及的废墟中发现过公元前13世纪这些海盗在三角洲沿海进行抢劫的记载。那时，他们正打算离开小亚细亚，去意大利寻觅新的家园。公元前1000年，伊特鲁里亚人在意大利定居，并战胜了古意大利部落，攻克了那不勒斯到热那亚之间的意大利西海岸地区，其中包括直抵亚平宁山脉、靠近波谷地带的大部分内陆地区。他们似乎一早就注定了终将成为意大利的主宰，作为西地中海最重要的部落，他们将会步入罗马时代，我们将在后面介绍。

迦太基人也参与到了这场抢夺之中。公元前1000年后，他们在商业上取得了巨大的成功。当腓尼基人的商业拓展到西地中海地区时，他们在西西里岛对岸的非洲海岸创建了兴盛繁忙的商业城市——迦人基。迦太基发展迅猛，很快就成为西地中海地区最大、最繁荣的港口。迦太基人还迅速控制了从北非到大西洋的大片地区，占领了南西班牙，并控制了包括西西里岛在内的许多西地中海岛屿。

正当迦太基打算彻底占领西地中海地区，这时，古意大利人的第三个对手——希腊人出现了。我们在上文已经介绍过，公元前8世纪时，希腊人在南意大利沿岸和西西里岛进行扩张，并在那里建立了许多城邦，但是这些城邦之间不断斗争，西部的希腊人无法将其统一为一个国家。在当时的希腊诸城中，叙拉古的势力最大，多次成为各个城邦的首领。据我们所知，雅典人就曾经试图攻占叙拉古，进而控制整个西部世界。

在西部世界，古意大利人有三个强劲的对手，他们分别是伊特鲁里亚人、迦太基人和希腊人，三方之间的对峙局面维持了很长一段时间。西西里岛和南意大利的希腊人处境艰难，他们一方面要对抗迦太基人，另一方面要对付伊特鲁里亚人。我们知道，公元前480年，在萨拉米斯战役中，叙拉古的希腊人战胜了迦太基人，并守护住了西西里岛。几年后，伊特鲁里亚的战舰开始在海上出没。经过一番激烈的海上交战后，疯狂的伊特鲁里亚海盗再次被叙拉古人打败。西部的希腊人粉碎了迦太基人企图占领西西里岛和南意大利的野心，也打败了曾经的海上霸主伊特鲁里亚海盗，从此，在政治上占据了绝对的优势地位。

公元前400年，叙拉古暴君狄奥尼西乌斯在西西里岛和南意大利建立起了一个繁盛的帝国。西部世界的希腊人从此就满怀着一个梦想，要让帝国成为一个统一而坚固的国家。然而，狄奥尼西乌斯的继承者们缺乏政治魄力，他们请来了伟大的哲学家柏拉图，试图践行他的统治理念。年轻的叙拉古帝国的前途却葬送在了柏拉图的理论中（公元前357年至公元前354年）。对此，柏拉图也忧心忡忡，他说，很快，迦太基语或印欧部落的语言就要取代西西里的希腊语了。

西部的希腊人最终没能与希腊本土联合起来，建立统一而强大的国家，但是希腊文明仍发挥着巨大的影响力。西部的希腊文明与我们之前介绍的文明基本一致。当叙拉古人成功击退了迦太基人和伊特鲁里亚人后，他们在西部城邦修建了许多精美雄伟的纪念碑。这些纪念碑将希腊建筑艺术对西地中海地区的影像展现得淋漓尽致，也在其他方面展现着对我们今天所了解的希腊文化的影响。古意大利人定居于此1500年后，辉煌灿烂的文明在意大利南部诞生了。到了希腊化时期，文化水平已经发展到了巅峰，叙拉古涌现了阿基米德等伟大人物。现在，让我们追随着罗马统治下中部意大利蛮荒部落的足迹，看看在伊特鲁里亚人和希腊文化的影响之下，他们是如何一步步发展壮大并最终走向高度文明的巅峰。

罗马的崛起

台伯河从意大利中部起源，一路向西奔流，最后汇入地中海。在台伯河的南岸和东岸分布着很多古意大利部落，也就是拉丁人。伊特鲁里亚海盗从北岸登陆后，在这片长40英里、宽30英里的平原上，这些拉丁部落已经生活了许多许多年。这片平原甚至比美国的许多县还要小，被人们称为拉丁姆，拉丁人的名字就是由此得来的。和它的近邻一样，拉丁人也在各地组建了许多小社区，在平原上种植农作物，在山坡上放牧牛羊。拉丁人生活的拉丁姆土壤贫瘠，这种艰苦的环境磨砺了他们勤劳、坚忍的性格。在阿尔邦山上，拉丁人用土砖堆砌一个粗陋祭坛，他们每年在这里举行一次集会，祭拜他们的主神朱庇特。山脚上有一个小镇名为亚尔巴·隆加，它曾一度领导着拉丁部落，因为拉丁人需要与它结盟，共同对抗敌对部落。随着台伯河对岸的伊特鲁里亚人的城镇逐渐壮大起来，拉丁人开始感到忧心忡忡，他们竭尽所能地阻止伊特鲁里亚人过河来侵袭自己的部落。

有时候，拉丁农民会带着谷物和牛羊，前往台伯河南岸的集贸市场，与那里的人们交换武器或工具。台伯河下游临海的部分是一片沼泽，因此，从浅水区或某个小岛渡河是最理想的方法。在小岛上，早期居民架了一座简陋的桥梁，这座桥用金属工具搭建而成。从附近的山上俯瞰这座桥的同时，人们还可以看到另外几座山上零星分布着几户人家，还能看到那里规模最大的聚居点，那就是帕拉蒂尼山上的城堡。城堡附近有小桥和浅滩，伊特鲁里亚人的船只经常停泊在那里。在意大利，台伯河是唯一一条可以行船的河流，这些船在河中逆流而上，深入内陆。沼泽地四面群山环绕，临近村庄墓地的地方有一处露天市场，拉丁人与伊特鲁里亚人在这里做交易。他们用谷物和牛羊换取所需要的铁制工具和青铜武器。虽然当时铁器已广泛使用，但祖先用青铜工具和武器创下赫赫功绩的故事仍牢记在他们心中。那里居民的成分很复杂，有做生意的拉丁居民，还在附近购买了田地，也有伊特鲁里亚商人和地主，来自遥远的不同地区的陌生人，还有被附近社区流放的犯人，他们聚集在一起，共同组成了一千多年前罗马最早的居民。

拉丁部落一直担心伊特鲁里亚人有朝一日会发动入侵，他们最害怕的事情最终还是发生了。公元前800年，伊特鲁里亚人不断向外扩张，好几个城邦联合在一起，形成了一个统一的王国，每个城邦都有坚固的防御设施。大约公元前750年，一位伊特鲁里亚国王越过台伯河，将最后一位拉丁部落的首领赶走了，还占领了伯拉蒂尼，在这里兴建了城邦和王宫，并控制了台伯河上游山上的村庄。这些村庄逐渐聚集，最终形成了罗马城。伊特鲁里亚国王迅速对外扩张，直抵拉丁姆平原的拉丁部落和阿尔邦山上的亚尔巴·隆加城。这个显赫一时的拉丁部落自此走向了衰落。罗马与其他伊特鲁里亚城镇一起组成了城邦王国，处于伊特鲁里亚国王的统治之下。这个城邦王国从卡普亚开始，一直向北延伸，直抵热那亚，这种局势持续了将近两个半世纪。虽然罗马处于伊特鲁里亚国王的统治下，但拉丁人仍居住在拉丁姆平原上，说着拉丁语。①

---

① 我们可以从上文看出，早期的罗马国王都是伊特鲁里亚人。公元前750年左右，罗马被正式创建，后来伊特鲁里亚人占领罗马并建立了一个强大的王国的事实也佐证了这一点。早期，罗马没有留下任何可靠的文字材料供我们进行研究。我们之所以得出这个结论，判断依据主要来自罗马、拉丁姆与周围地区废墟的考古资料。如果我们在考古研究时以罗马文明中的伊特鲁里亚文明成分作为依据，人们就不会再质疑早期的罗马国王是伊特鲁里亚人的这一观点了。显然，后来的罗马人不愿意相信他们早期的国王从异邦而来，他们倾向于接受所有的罗马国王都是本土人的传说。民间流传着许多类似的传说，时至今日，还有许多人对此深信不疑。

从迈锡尔时代开始，伊特鲁里亚人就对希腊海域很熟悉了，他们的船只穿梭于希腊各港口之间。在与希腊人密切地往来的过程中，伊特鲁里亚人学会了用希腊文字来书写自己的语言。如今，我们在意大利古墓上仍可以看到这种文字。虽然我们认识那些字母，但并不明白伊特鲁里亚人用那些字母拼写成的词究竟代表什么意思，因此，我们也不能更深入地了解这种文字的创造者——伊特鲁里亚民族。

伊特鲁里亚人还从希腊带回了精美的陶器。后来，他们还引入了希腊的装饰画，我们在伊特鲁里亚人的墓室墙壁上发现了许多这样的画。我们可以从这些画中看到伊特鲁里亚人的相貌、体形、服饰和使用的武器。随着他们对炼铜技术的掌握，他们很快就创造了精美绝伦的青铜制品，甚至一度超越了希腊金属制品的水平，这也极大地促进了他们的商业繁荣。伊特鲁里亚人还学习借鉴了希腊的建筑风格，不同的是，他们的建筑中有许多拱门，这说明他们对小亚细亚的建筑风格也很熟悉。拱门这种建筑形式就是从伊特鲁里亚人引进意大利的，他们的建筑就是人们所知的最早的罗马建筑，这种建筑风格极大地影响了罗马建筑。

伊特鲁里亚国王在很大程度上改变了罗马。因为广场地处的河谷时常被雨季的洪水淹没，于是，他们用石块堆砌了一个排水沟，顶部呈拱形。这个排水沟很坚固，可以将水一直排到河口，确保了城市的安全。这套排水系统一直被保存到现在。在广场和台伯河之间的皮卡托儿山上，他们修建了朱庇特神庙，这座神庙在风雨中昂然挺立了数百年的时间。朱庇特是当时的国神。后来，因为伊特鲁里亚国王的暴政，一场由伊特鲁里亚贵族发起的叛乱爆发了。在这场叛乱中，国王带着随从一路逃亡，来到了一个名为西里的地方。最后，他们在那里死去并被埋葬在了那里。于是，约公元前 500 年，罗马的王政时代走向了终点。伊特鲁里亚人在罗马的统治持续了两个半世纪，在罗马留下了深深的烙印，深深地影响着后来的建筑、宗教和部落组织。

共和时代的到来

在伊特鲁里亚人统治的时期，希腊文明深深地影响着拉丁姆。台伯河下游的码头，来自希腊南部城市的船只来来往往。这一时期，通过希腊人递交的单据，罗马商人逐渐对各种商品的名称有所了解。不久后，罗马商人开始用希腊字母做记录，最终演变成罗马字母，后来又演变为拉丁字母。就这样，东方的文字渗透进西方，这本书所使用的文字——英语——就是这样逐渐演变而来的。腓尼基的文字以及由此演变而来的包括西方的迦太基语、罗马语和东方的阿拉米语在内的其他文字，都在从印度到大西洋之间的广袤区域广泛传播着。最初，台伯河码头找不到罗马人的船只。后来，罗马人模仿希腊船只建造了自己的船只。随着罗马船只不断增加，人们发现，用谷物和牛羊进行最原始的物物交换有诸多不便，那时，希腊人已经在使用铜币和银币等货币。不久后，罗马人开始用粗糙的铜板来交易，这种铜板上刻有牛的图像（见下图，左）。又过了大约 150 年，随着伊特鲁里亚国王被赶下台，真正的铜币才在罗马流行开来（见下图，右）。后来，罗马与希腊城邦之间往来越发密切，于是，罗马以阿提卡的货币单位发行银币，同时，罗马人也逐渐接受了东方的长度和体积单位，也就是度量衡。

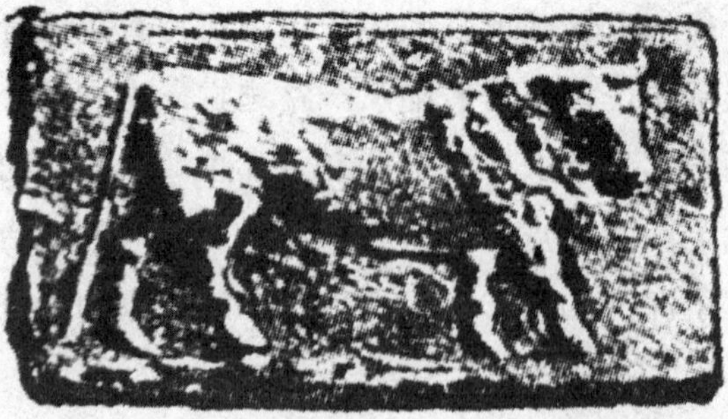

希腊语言也开始影响罗马。在购买希腊商人的服饰、家具和陶器等商品时，拉丁人也认识了与之对应的希腊词语。比如说，当时有一种腓尼基长袍，希腊商人称之为kiton，拉丁农民模仿这个词的读音，将其称为ktun（ktoón），后来，他们又将字母 k 去掉了，并在单词末尾加上了拉丁词尾 ic，于是，我们今天所说的 tunic（外衣）一词就出现了。

除了实实在在的物品之外，希腊人还带来了很多无形的东西，这有助于罗马人更深入地了解希腊的精神文明。罗马农民开始了解希腊诸神，并拥有了与之对应的神。对罗马农民来说，每个神都掌控着自然界和人类生活的某一个领域：朱庇特是众神之王，主宰着太空；玛尔斯是武士的保护神；维纳斯是爱神；朱诺是太空女神，主宰着妇女、婚嫁和生育；维斯太是家里的灶神，在她的壁炉中，火焰熊熊燃烧着，那是两千年前游牧时代定居在亚细亚大平原上的天父流传下来的；凯瑞斯是谷物女神，掌管着地上的五谷；墨丘利神为众神传递信息，同时还是交通和贸易的守护神。在罗马，四处流传着希腊诸神在人间的冒险故事。罗马人的维纳斯与希腊的阿芙洛狄忒神是对应的；墨丘利与赫尔墨斯神是对应的；凯瑞斯神与得墨忒耳神是对应的。

后来，神谕强化了这种影响。意大利人对希腊人西比尔·德尔菲——阿波罗神庙的女祭司带来的神谕毫不怀疑。罗马人将西比尔书中的神谕视为有关未来的一些神圣启示。一种巫术曾在伊特鲁里亚人之间盛行一时，那就是用祭祀之羊的肝脏来预测未来。这种占卜术是通过小亚细亚从巴比伦人那里传到伊特鲁里亚人那里的，后来，他们又将它带到了意大利。

罗马人追求实用，他们认为这种占卜术十分简单易行。罗马人对诸神没有丝毫怀疑，也不存在那些一直困扰着欧里庇得斯的问题。罗马人的想象力不像希腊人那么丰富，尽管希腊人凭借着这种丰富的想象力创造出了许多动人的神话，而罗马人只是将拜神的祭祀活动视为一种履行契约的行为。在罗马人看来，只要信仰者践行了自己的职责，那么，他信仰的神就一定会庇佑他。因此，罗马人在宗教方面只是遵循着供奉牺牲这一类的刻板仪式，而这些活动很容易就能完成。受这种契约型宗教的影响，罗马人在政治和法律上取得了非凡的成就，但在宗教、艺术、文化和科学发现等领域却表现平平。

因此，在早期的罗马，我们并没有发现荷马式的人物，也没有人用史诗一般的语言来描绘罗马的早期战争。虽然罗马人不像希腊人那般天赋异禀，但他们的经验和实践能力却很丰富，善于将质朴无华的理论与常识运用于实践当中。罗马政府的管理方法很先进，政府事务交给那些成熟且极具政治经验的领袖们来管理，他们拥有惊人的管理才能。那些希腊城邦中毫无经验的领袖在罗马从不曾出现过。罗马人拥有超强的执行力，这让他们在政府管理方面远远超越了希腊。现在，我们来看看罗马人是如何运用卓越的政治才能建立起这个强大的罗马帝国的。

约公元前500年，伊特鲁里亚国王被赶下了台，罗马落入了被人们称为“贵族（Patrician）”的那些人手中。这些人在推翻伊特鲁里亚国王统治的叛乱中发挥着决定性作用。但这些贵族中没有任何一个人强大到足以登上王位，于是，贵族可能与平民达成了某种妥协，每年贵族中会有两个人被挑选为执政官，他们权力相当，任期为一年。任期结束后，新的贵族接任执政官。罗马每年召开一次军人集会来选举执政官。虽然贵族掌控着这个集会，但我们仍可以将这种新型城市称为共和国，而它的执政官则相当于总统，平民享有选举执政官的权利。因为只有罗马贵族才有资格当选为执政官，因此，罗马政府仍属于压迫阶级。平民（当时被称为pleb，是今天plebeian一词的起源），尤其是拉丁部落的平民对这种压迫十分反感。

没有了平民的支持，战争中，贵族们就会失去士兵的来源。因此，贵族只能做出妥协，赋予了平民更多的权利，参与到政府管理之中去。平民开始享有更多权利，他们可以召集地方集会来选举自己的护民官。护民官有权否认包括执政官在内的所有政府官员的命令；一旦他们发现执政官的处理有失公允，他们有权废止执政官的决定，还可以推翻对平民的死刑判决。当发现某项法律有悖于公正时，护民官还有权影响法律。因此，护民官拥有着巨大的影响力。后来，随着政府事务逐渐增多，护民官的数量也越来越多。

最初，执政官几乎要亲自处理一切政府事务。执政官既是战时的军队指挥官，还要管理国库资产，还是处理法律事务的法官，因此，他们难免无暇面面俱到。有时候，执政官还要率兵出战，长期不在罗马，那些发生在罗马的法律案件他们自然也无暇顾及。这时，就只能等战争结束后，才能处理法律纠纷。此外，在日常的商务往来和金融事务上，执政官也要花费大量时间。因此，对执政官来说，要处理如此冗杂的事务实在是力不从心。

这时，当务之急就是增设官员，以便协助执政官处理纷繁复杂的政府事务。于是，执政官任命了一种名为“quaestor”的财政官来管理政府资金，还任命了一种名为“censor”的监察员。监察员的职能众多，他负责管理户口，统计和调查全国的人口，确定公民应该缴纳的税额，处理和选举相关的事务，监督平民的日常生活，还要防止各种不道德事件的发生。我们今天所说的“censor”一词就来源于这个罗马官员的名称。执政官还设立了一种名为“praetor”的法官助理，来协助他处理各种法律纠纷，后来这种法官增设了许多。每当国家发生危机，执政官还会任命一位德高望重的人出任城市的最高统治者，又称为独裁者，但这种独裁者的任期很短。

除了行政、财政和法律事务外，其他各种职责也需要由政府履行。政府不仅要应对各项日常事务，还要解决各种重大问题，例如对外宣战、维护和平与颁布新法令等。在处理这些事务时，执政官享有极大的权力，但他仍要受到元老院（senate）的约束，senate 一词的原意是老人，是从 senex 一词演变而来的。早在伊特鲁里亚人统治时期，元老院就有了，伊特鲁里亚国王还时常召集元老院为他服务。如今，贵族不仅可以担任执政官，甚至还可以进入元老院。于是，政府几乎所有的职位都被他们垄断了，他们所享有的权利也远远超过了平民。

在护民官的努力下，一些错判的死刑会被纠正，平民也将免受一些不公正的待遇，但他们无法确保平民能享有各项权利。如果一大群属于贵族的牛羊占据了公共牧场，护民官就无法确保平民的牛羊都能吃到草。此外，护民官也无权让平民竞选执政官、进入元老院或与贵族联姻。总而言之，护民官的存在是为了缓解贵族与平民之间不可调和的矛盾。平民与有权有势的贵族间的斗争仍持续着，他们不断做出努力以获取更多权利。同样的斗争在雅典和其他希腊城市也存在着，但罗马平民的斗争表现得更机动灵活，也获得了更大的成功。为了争取权利，罗马平民不断奋斗，但他们没有采用战争、内乱等流血手段。在共和国成立后的两百年间，他们终于获得了更多权利。

在平民的一再坚持和努力下，法律被以文字形式固定了下来，这样一来，他们在处理法律事务时就能追根溯源，寻找与之相应的法律依据了。共和国成立50年后，公元前450年，人们将罗马早期的法律进行缩编并镌刻在了12块铜表上。与此同时，平民还有权制定法律并举行公民大会。

早在王政时期，平民就享有一定的政治权力。平民经常在平民议会厅（comitia）集会，许多氏族和兄弟会组成了议会厅，每个兄弟会都有自己的会堂（curia），因此，人们又将平民议会厅称为comitia curiata。兄弟会有权自行举办集会，进行选举，每个兄弟会有一张选票，因此，多个兄弟会往往会联合起来，集中火力解决一个问题。

在共和国早期，战争频发，平民们经常被整编为军队，每100人组成一队。后来，百人队逐渐演变为一种民众组织。同时，一种新的百人队会堂也随之在罗马出现，新词“百人队会堂”即“comitia centuriata”也出现在了罗马词汇中。因为百人队需要高昂的武器和装备费用，因此，这支队伍中富人的人数远远比穷人多，于是，富人控制了百人队。接着，他们就得到了执政官的选举权，随后，又夺取了昔日兄弟会会堂的权利。

同时，另一种组织形式在罗马出现了，其目的是给普通平民提供机会，让他们有权管理与自身息息相关的公共事务。这一组织是在部落的基础之上建立的，被人们称为comitia tribula，也就是部落会堂。这个会堂处于护民官的主持下，所有平民享有同等的选举权，它存在的价值就是维护平民的利益，因此，它做出的决定总能如实反映平民的意愿。

百人队会堂和部落会堂彻底剥夺了元老院用来制约平民的立法权歧视，百人队会堂和部落会堂已俨然成为罗马的立法机关。百人队中的平民得到了与富人、贵族同等的选举权。这样一来，平民既有权认可或否决法律，又有权制定法律。从此，平民们开始逐渐得到更多的土地并享有更广泛的权利。最后，平民们还有权选举自己的邻居来出任监察官、财政官、法官乃至执政官，平民的身影甚至还活跃在元老院里。

随着平民权利不断增强，其他方面也随之不断发展了起来，而这些方面的发展对社会和政府产生了极大的影响。公民很尊重罗马政府及其官员，每当执政官外出巡视时，通常会有几个侍从官跟随左右，侍从官们手举着一块象征着国家权力的牌子，还拿着一捆束棒[①]，这表明执政官有权依法鞭笞犯人；束棒上端绑着一把斧头，这表明执政官享有依法判处犯人死刑的权利。其他高级官员外出时，随从会少一些。执政官和高级官员都身着镶着紫边的白色长袍，他们离职后仍可以穿着这种官服出席宴会及其他场合。于是，一种新的贵族群体出现了，他们本来是平民，但家里有人成了高官，于是整个家族的成员都获得了罗马民众的尊重。人们倾向于从这些家族成员中挑选候选人，尤以出过执政官的家族为甚。因此，一个新贵族阶层形成了，他们由显耀的家族和旧贵族组成。

这直接导致元老院成员开始变化。此前，元老院的成员主要由执政官从贵族中挑选；后来，新法律将挑选元老院成员的权利赋予了监察官，而监察官往往会倾向于选择那些曾担任过执政官的人。于是，担任过执政官的平民可以顺理成章地进入元老院了。作为新的贵族，他们为元老院注入了新鲜血液。

受诸多因素的影响，元老院成员数量越来越多，达到了三百余人。这些人在管理政府和公共事务方面有着丰富的经验。每当传令官的号声在罗马广场上响起时，元老们就会聚集在广场一侧的议会厅内，等待着执政官宣布会议开始。执政官是元老院院长和国家首脑，他的权力远远凌驾于元老院其他任何成员之上。执政官端坐在高台上，其他国家精英则坐在下面。这些精英中有许多人也担任过执政官，甚至比现任的执政官更了解他的职责。此外，执政官的任期只有一年，但坐在台下的元老院成员们有着丰富的管理经验，因此，他们会对执政官产生巨大的影响。执政官很少表达个人的想法或意愿，而是负责采纳元老院的提议并付诸实践。其实，执政官成为元老院意志的执行者，元老院有何决策，执政官就如何执行。如果我们想对华盛顿的参议院进行改革的话，可以借鉴古罗马的经验。

元老院对立法也有着很大影响力。虽然公民大会有制定法律的权利，却无权颁布新法律。当地方官员，尤其是部落会堂的主持人——护民官将新法律交给公民大会进行表决之前，他们通常要征求元老院的意见。护民官有阻

① 当代意大利语中的著名政治术语“fasctii”（法西斯）就源于这个拉丁词语“fasces”（束棒）。

止法律实施的权利，因此，在颁布新法律之前，元老院也会习惯性地征求护民官的意见。这样一来，护民官就成了元老院的一员，这个立法机构的权力和影响力也得以增强。

在这一时期或之前，许多罗马公民居住的地方比较偏僻，无法前往罗马城参与选举。而那些居住在罗马城的公民则经常参与公民大会和选举，因此，他们对元老院的成员很熟悉。他们深知，每一位元老院成员都怀有强烈的爱国赤诚，也了解他们是极具智慧、才华和经验的政治家。

每当他们驻足于元老院大门前时，都能听到那些令人崇拜的老政治家在进行演讲，那些白发苍苍的老者声音如此高昂有力，久久回荡在广场上空。他们或是表达对某种爱国行为的支持，或是响应某个保卫国家的号召。在公共事务的管理方面，普通罗马公民缺乏知识和经验，因此，对于元老院的重大决策，他们不能提出反对意见。后来，元老院逐渐演变为一个大型委员会，那些经验丰富的政治家一同组成了这个委员会，统治并管理罗马共和国的一切事务。

这是一个贵族群体的统治，因此，罗马成为一个贵族专制的国家，至于所谓的罗马共和政体，早就是一具空壳。现在，我们不妨来看看罗马元老院稳固而理性的统治还会取得怎样的进展。同时，有一点要注意，虽然元老院的权力增长缓慢，但即使在战争时期，这种权力的增长也未曾中断过。

征服亚平宁

当罗马推翻伊特鲁里亚国王的统治时，它还只是一个混乱不堪的小国。罗马的全部领域就是城区及其周围几英里的范围。伊特鲁里亚国王被赶下了台，心惊胆战地在台伯河北岸住了下来。拉丁部落是罗马的近邻，定居在台伯河南岸，这些部落结成了拉丁联盟。拉丁联盟对外宣布，自己是一个独立联盟，并不属于罗马。但每当有外敌入侵时，拉丁联盟又只能依附于罗马的力量，接受罗马人的领导。于是，拉丁联盟与罗马达成了一项永久性协约，双方自愿在罗马的领导下一同抵御外敌。但是，这项协约只能促成双方结成一个松散的联合，并不足以形成统一的国家。纵使如此，罗马的元老院还是赋予了拉丁姆的拉丁人与罗马公民同样的权利。同样地，当外敌入侵时，拉丁人也有义务参战。

为了保卫罗马，共和国的前两代人竭尽所能。他们奋力抵御周围的敌人，尤其是伊特鲁里亚。这个小国的斗争精神正是在这种激烈的斗争环境下被激发出来的，促使它以更积极的姿态面对生活，稳步向前。

随着罗马共和国的第二代人成长起来，公元前474年，叙拉古舰队将伊特鲁里亚舰队彻底摧毁，后来，北部高卢人又打败了伊特鲁里亚人。高卢人通过阿尔卑斯山隘口来到波谷，征服了伊特鲁里亚人的城市。伊特鲁里亚遭受南北夹击，从此一蹶不振，而罗马却幸存了下来。随着伊特鲁里亚不断衰落，罗马人对维伊展开了一场长达十年的包围行动。维伊是伊特鲁里亚人的南部要塞，距罗马不足8英里。公元前396年，古意大利人征服了维伊要塞。同时，古意大利部落从东、南、北三个方向分别包围了拉丁姆地区，不断侵袭拉丁人，掠夺粮食和牲口，这也严重威胁到了罗马。后来，罗马将这些强盗赶走并在台伯河南岸建立起牢固的防卫设施，形成了缓冲带来抵御来自南部的侵略。公元前400年，罗马又陆续攻克了周围的许多地区，在抵御外敌入侵的过程中，这些被占领地区发挥了重大作用。

罗马必须赋予当地居民罗马公民的身份与权利才能派兵驻守在这些新的征服地。罗马农民有权参加政府的管理事务，同时也要履行义务，为国家而战，在罗马的对外扩张过程中，他们发挥了显著作用。元老院一直坚持推行农业扩张政策，于是，在罗马涌现了一大批英勇的公民士兵。这些公民士兵闲时可以开荒种地，战时又可以随时拿起武器，参与作战。罗马的政策和希腊的政策形成了鲜明的对比，希腊人无论如何不会赋予外邦人公民权，罗马政策则更加开明，于是，罗马稳步发展起来。在伊特鲁里亚人的统治被推翻后的两三年时间内，这个台伯河畔的小国快速征服了整个古代意大利。

罗马共和国建立的第二个世纪，它的扩张政策遭受了一次可怕的打击，罗马几乎毁于一旦。公元前400年后的20年间，高卢人战胜了伊特鲁里亚人，逐渐向台伯河下游逼近，还击溃了前来抵抗的罗马军队。当时，罗马城并没有修筑围墙，无法抵抗高卢人的野蛮入侵。很快，高卢人就攻入罗马城，在城内烧杀抢掠，任意而为。当时，只有卡皮托儿山的城堡能抵抗这个蛮族的入侵。后来，罗马流传着这样一个故事：夜黑风高，一群高卢人袭击了城堡，当他们爬上山顶时，附近神庙里的圣鹅突然高声叫了起来，守卫城堡的士兵被惊醒了。于是，士兵拿起武器，奋起反抗，击退了高卢人。因为高卢人很长时间都攻不下这座城堡，只好同意退回北方，但他们提出罗马必须拿出大笔银两作为交换。后来，高卢人退回了波谷地区，但他们对罗马的威胁仍然存在着。

这场灾难让罗马人意识到了必须要加强防御，他们在罗马城的四周修建起高耸的石头城墙。高耸的城墙让罗马人为之一振，他们的信心也随之增强，他们一鼓作气，攻下了伊特鲁里亚人的南部领土。当时，高卢人刚刚入侵过伊特鲁里亚人，他们筋疲力尽，再也承受不起任何打击。罗马人还在坎帕尼亚平原攻下了新的领地。罗马的扩张让拉丁部落忧心忡忡，他们试图摆脱这个强大的围墙之城的掌控。经历了长达两年的战争后，罗马获胜了。公元前338年，在元老院的逼迫下，拉丁联盟解散了。后来，元老院与每个拉丁部落都签订了条约，这次条约所赋予的拉丁人的权利已经大不如前了。罗马享有对整个半岛的拉丁部落的绝对支配权。

公元前338年非比寻常，这一年里，马其顿王菲利普攻陷了希腊，罗马也征服了拉丁人。虽然这一年里，希腊人和拉丁人相继被他们的征服者征服了，但征服希腊的只是一个人，一个终究会死去的人；而征服拉丁人的却是罗马元老院整个充满智慧的集体。转眼又过去了60年，这个群体征服了整个半岛。

这时，罗马的另一个敌人，也就是古意大利部落萨莫尼特开始在亚平宁半岛的山区、罗马与内陆地区之间山脉的主脉地区频频出没。在占领希腊南部城邦期间，希腊文明深深影响着萨莫尼特部落，农民组成了他们的军队，他们不仅吃苦耐劳，而且锐不可当。但他们缺乏像罗马那样坚固的城池。萨莫尼特部落的几个分支相继来到坎帕尼亚平原，还占领了伊特鲁里亚人的南部港口卡普亚。在高卢人被赶走后的40多年时间里，萨莫尼特人和罗马人之间的矛盾不断升级，最终，一场激烈的战争爆发了。这场战争持续了数十年，在此期间，罗马人几次被打败。有一次，在萨莫尼特人的逼迫之下，罗马人还列队通过了“轭门”[①]，对于罗马人来说，这是终生不可忘却的耻辱。

元老院的才华不仅体现在战争方面，在对外扩张方面，他们也展现了非凡的智慧。公元前325年至公元前290年期间，在亚平宁山脉东侧和坎帕尼亚平原上，他们建立了罗马驻防地，然后以此作为根据地，兵分两路，从山的两侧同时夹击萨莫尼特人。萨莫尼特人决定和罗马的其他敌人联合起来，一同对付罗马。他们向北进军，与那里的高卢人和伊特鲁里亚人联合在一起。于是，整个亚平宁半岛的中北部都卷入激战之中。在台伯河上游与半岛东海岸之间分布着一片中部山区，森狄纳姆聚居在那里，他们也与敌方展开了一场恶战。公元前295年，罗马军队最终战胜了联合军。这场战争一举决定了意大利此后两千多年的命运。通过这场战役，罗马人将意大利中部收入囊中，成为整个亚平宁半岛的主人。

伊特鲁里亚人的城市要么被罗马军队攻克，要么向罗马认输求和。罗马大军将蛮族高卢人彻底击垮了，并将他们赶回了北方。高卢人纷纷逃往东南方向的巴尔干半岛，但是，他们仍控制着波河流域。罗马的领土向北延伸，一直到亚平宁山以南的阿诺河。萨莫尼特人在这里坚守了5年，最终，在森狄纳姆战争中彻底败北。萨莫尼特人和南意大利除希腊之外的其他主要民族全部被迫加入了罗马联盟。至此，从北部的阿诺河到南部的希腊南端的城市，都落入了罗马手中。

当时，西地中海世界的罗马、希腊和迦太基呈三足鼎立之势。亚历山大大帝的继承者统治着希腊本土，他们仍试图振兴帝国，再创昔日的辉煌。而罗马人则即将成为意大利的主宰。在西部世界，希腊各殖民地之间的斗争旷日持久，持续了四个世纪。在南意大利和西西里，各希腊城邦如同一盘散沙，无法团结在一起。此外，在与古意大利部落及其他民族的长期斗争中，许多希腊城市逐渐走向了衰落。而面对罗马强势的扩张，那些幸存下来的希腊城市也很恐慌，他们互相结盟并试图向外寻求救援。

---

① 轭门是一种拱门，由三支长矛架成。战败一方的士兵列队通过轭门，表示认输。

在南意大利的诸城邦中，塔兰托姆是其中最重要的一个。希腊日渐衰落，无法提供任何有效的援助，于是塔兰托姆转而求助于埃皮卢斯国王皮洛士。埃皮卢斯与意大利南端隔海相望，国王皮洛士精力旺盛，很有才智。皮洛士与埃帕米娜达斯以及马其顿王菲利普从小一块儿长大，他对先进的战争技术非常了解。除了有色萨利骑士之外，他还从东方引进了一种威力巨大的发明——训练有素的"战象"。皮洛士智勇双全，他还拥有一批训练有素的步兵方阵，对于罗马而言，这的确是一支劲敌。皮洛士试图在西西里和亚平宁半岛上成立西部希腊帝国。一旦他的这个理想实现了，那么，他就成了罗马和迦太基最强有力的对手。

公元前 280 年，皮洛士参与到这场战争中来，一开始就在赫拉克利亚城将罗马人打了个屁滚尿流。次年，他又在奥斯库鲁姆再次打败罗马人。皮洛士在西西里屡战屡胜，整个岛上再无敌手，最后只剩下了位于岛屿最西端的迦太基殖民地利里贝乌姆。这里之所以幸存了下来，是因为迦太基人拥有强大的舰队。

就在皮洛士即将实现建立一个西部希腊帝国的理想之际，失败却降临在了他的头上。只需要几个小时，迦太基舰队就可以行驶到皮洛士的领土上。为了击垮这个劲敌，迦太基派出了舰队，协同罗马人出击皮洛士。皮洛士派出使者前往罗马求和，然而，迦太基的战舰早已抵达台伯河河口。罗马态度强硬，虽然皮洛士仍占领着大片意大利土地，但他们拒绝了皮洛士讲和的请求。此时，希腊人又犯了他们在关键时刻经常犯的毛病——他们内部产生了严重的分歧。皮洛士意识到自己已经不可能战胜罗马人了，于是，他于公元前 275 年撤出了西西里，返回了埃皮卢斯。

希腊城市一个接着一个投降，除了加入罗马联盟之外，他们别无他法，而建立西部希腊帝国的梦想早已破灭。

从公元前 500 年到公元前 275 年期间，罗马从台伯河畔的一个小国逐渐成为强国，统治了渡河以南整个亚平宁半岛。现在，西地中海世界只有罗马和迦太基了。在讲述这两个大国为争夺西地中海霸主地位而频频交战之前，我们不妨先了解一下位于最西端的塞姆族和印欧族之间的冲突。这两个民族都深深地影响了后世，而他们之间这场最后的冲突决定了谁是未来白人种族的领袖，也决定了世界上最先进的文明与现代文明的性质。我们要更进一步地了解一下大罗马帝国的性质和它的文明，以便对这场冲突有更深入的了解。罗马的第一代人通过不懈的努力，让罗马从一个河畔小国发展成为了意大利的主人。至今，关于他们的故事还在四处流传着，而我们通过这些故事，可以更深入地认识并了解他们。

第二十一章　罗马共和国的统治与征服

罗马共和国的统治：初期的意大利

虽然罗马开始主宰意大利，但那场结束于公元前339年的拉丁战争仍让幸存者们记忆犹新。当时，罗马一度失去了拉丁姆周围的领土。65年后，这个台伯河畔的小城成为整个意大利的领袖。在才能出众、经验丰富的元老院的领导下，罗马人以许多城邦和国家作为基础，建立了新政权。在统治这个国家的过程中，元老院卓越的才华体现得淋漓尽致。如果罗马人只是随性地统治意大利，那么，意大利人一定会产生逆反心理，并站起来反抗。那么，罗马究竟是如何统治整个意大利的呢？

罗马帝国赋予了所有被征服城市的公民公民权；公民在商业往来中得到罗马帝国的保护；在法律上，他们的权利也与罗马公民同等；他们还享有包括与异族通婚等其他社会权利。但是，他们没有获得选举权，生活在偏僻社区的人们想要参加选举，就必须要跋山涉水，赶赴罗马。因此，他们也没有意识到选举权的重要性。那些处于罗马统治下的城市和社区被统称为“盟员”。对这些盟员而言，在商业往来中受到罗马的保护是重中之重。他们愿意将军队和外交事务全权交给罗马进行管理，而自己则只负责处理本地的内部事务。罗马非常巧妙地赋予了不同城市不同的权利，也进行着不同的约束。因此，绝对不可能有两个有着同样不满情绪的城市出现，换而言之，所有被罗马征服的城市都找不到一个共同的理由来反抗它。

为了维持战争，也为了给不断增加的公民提供土地，罗马必须不断掠夺大片土地。罗马公民仅占意大利总人口的六分之一，他们的土地集中在亚平宁山与地中海之间，也就是从西西里到卡普亚和库迈的这片地区。在亚平宁和亚得里亚海沿岸，他们建立了一批重要城市。罗马在盟国的领土上建立了严密的驻防地，逐渐让罗马人的社区遍布整个意大利。通过一系列举措的实施，罗马最终占领并统治了意大利。

虽然就地理位置上而言，罗马将意大利统一了，但就人口成分而言，罗马统治下的意大利还远远称不上是一个国家。高卢人主要分布在波河流域；伊特鲁里亚人则分布在意大利北部的大片土地上；拉丁部落和古意大利部落则在意大利中部地区居住下来，这些部落之间的语言有很大差别，相互之间难以沟通。此外，意大利南部还分布着一些希腊城市，可见，意大利并没有形成一种共同的语言，而在人们所使用的各种语言中，还有些甚至根本不属于印欧语系。这一点是罗马与希腊之间的最显著的区别。

意大利人与希腊人截然不同：希腊人拥有诸如《荷马史诗》等文化遗产，还拥有自特洛伊战争中传承下来的历史传统；而罗马人建立的只是一个有融合为一个民族可能性的意大利合众国。意大利的各民族之间没有共同的爱国热情，有的人甚至对罗马全然没有感情，加之各民族之间的语言有很大差距，有的甚至难以沟通，因此，他们各自的特点也一直保持了下来。

拉丁语是统治之城的语言，它也将成为整个国家未来统一的语言。包括意大利在内的所有地区都将以罗马作为政治中心[①]。但就文明层面而言，这个未来的国家的名字完全可以换一个，因为意大利的文明正在逐渐希腊化。希腊化城市不断扩展，一直延伸至坎帕尼亚平原。早期罗马占领了的卡普亚城就在那里，这是意大利的第二大城市。早在与皮洛士交战时，罗马士兵就领略了帕埃斯图姆和塔兰托姆神庙的风采，在这里，他们还第一次亲眼见到了富丽堂皇的剧场，甚至还有可能观看了希腊戏剧，他们也许根本就听不懂台词。对那些体格强健的罗马士兵来说，在繁荣的希腊城市里的宏伟体育馆中观看那些趣味盎然的戏剧，这本身就是一种奢侈的享受。

罗马人在意大利南部攻克了希腊城市的最西端。罗马人很快就发现，他们所占领的这个新世界已经发展并衍生出了当时最先进的文明。比如说，对于西庇阿家族这样的名门望族来说，他们如果想为家人打造一款石棺，就会

① 如果将美国这三种名称所代表的含义比较一番的话：在政治上，我们称之为合众国；在地理上，我们称之为美国；在文字上，我们称之为英语。

专程去南方请希腊的雕刻师。此前，罗马神庙已经不再执着于效仿伊特鲁里亚人，建成方形，而是开始效仿希腊神庙，建成了椭圆形。随着罗马势力不断扩张，会有越来越多希腊文明对罗马的影响呈现在我们面前。

商业和制造业对罗马的影响最深。这一时期，在罗马的希腊商人也处于罗马的庇护之下，因此，虽然希腊各城邦相继沦陷，但希腊银币的发行量不降反升。公元前268年，塔兰托姆城刚刚被攻克，那时，铜币已经无法满足罗马的商业需求了。于是，罗马人效仿雅典人，开始发行银币。和过去的雅典人一样，罗马人意识到金钱有着至关重要的作用，于是一个由商人组成的富人阶层随之出现，这一阶层与雅典的富人阶层类似。虽然罗马有许多作坊，但它并没有发展成为一个大的工业中心。

罗马与迦太基的较量

随着传统的农业扩张政策的推行，罗马逐步征服了整个意大利。后来，商业扩张政策让罗马卷入新的冲突之中，这场新的冲突在意大利境外的地中海世界发生了。罗马农民的视野被禁锢在了意大利的海岸线内，而罗马商人却把生意做到了海外。罗马商船离开台伯河口，驶入了地中海的一片三角水域——伊特鲁里亚海。在这片海的西边分布着科西嘉和撒丁岛；东边分布着意大利；南边分布着西西里和北非的迦太基海岸。罗马和迦太基都渴望让商业取得进一步发展，虽然它们隔着伊特鲁里亚海遥遥相对，却陷入了对峙之中。

迦太基隔着伊特鲁里亚海域与罗马对峙，是罗马最强劲的对手。迦太基人的祖先是塞姆族商人，素有“阿拉伯沙漠之舟”的美誉。塞姆人生性彪悍，曾将巴比伦变为了古代东方的贸易中心，而直到两千多年后罗马商船才出现。当迦太基人的先辈腓尼基人开着舰队在地中海四处航行时，意大利仍处于石器时代，那里尚未开化的野蛮人充满惊奇地打量着东方商人和他们带来的金属器具。当希腊人来到这片海域时，罗马还只是台伯河畔一个小小的贸易村庄，但那时的腓尼基商人早已成为西地中海最早的探险者，他们意识到非洲海岸向西西里突出的岬角有着至关重要的作用。这是一个重要的大陆桥，早在百万年前，一些非洲的大型热带哺乳动物就是经由这里迁移到欧洲的。而东方的农业和畜牧业同样也是经由这个大陆桥传入晚石器时代的中欧湖居民那里。现在，这个大陆桥虽然没入了水中，但东方文明仍沿着这条古老通道不断涌入欧洲。迦太基人从北方而来，他们在这个区域的最北端，也就是今天被我们称之为突尼斯的地方建立了城市。这个城市迅猛发展，成为地中海的商业中心，也成为罗马最强劲的对手。

迦太基有着优越的地理位置，可以利用一切机会来发展商业。迦太基不断向东西两个方向拓展贸易范围，还占据了东西方的沿岸地区，也就是从东方的希腊边境城市昔兰尼加到西边的大西洋沿岸。此外，拥有丰富的银矿资源的南西班牙也处于迦太基商人的掌控下，他们还掌管着直布罗陀海峡，垄断了大不列颠的马口铁贸易。迦太基人一边沿着西班牙海岸向北扩张，一边沿着大西洋的非洲海岸向南扩张，一直抵达撒哈拉边缘地带，不断向海峡两端扩张。一位名为汉诺的迦太基船长甚至还来到过非洲的几内亚。

希腊人不断抗争，迦太基人很难完全掌控地中海诸岛屿，而迦太基的港口距离这些岛屿很近。他们一度占领了西西里岛的大部分地区，站在迦太基的屋顶上，可以眺望西西里岛的最西端。迦太基人陆续在撒丁岛和科西嘉建立了殖民地，又在撒丁岛和西班牙之间的巴利阿里岛建起了港口。其他任何城市的船只都不能从直布罗陀海峡通过，也不能在这些岛屿的港口逗留。一旦有其他城市的船只驶入这片海域，就会被迦太基的战舰击毁。

迦太基的贸易利润足以支撑它的军事基础，因为拥有雄厚的经济实力，迦太基的军事力量也不容小觑。只要迦太基繁荣的贸易得以维持，它就有足够的财力维持一支庞大的雇佣军队。迦太基没有农民，也不像罗马那样，有大批可以一呼百应的公民士兵。虽然迦太基在南方的突尼斯拥有沃野千里，但那些商业枭雄在那片土地上修建了富饶美丽的庄园，由奴隶耕种，因此，这些庄园里既没有农民，也无法提供任何兵源。

这就是迦太基政府最致命的缺点。迦太基的军队从未获得城市统治者的信任，他们被视为异族人。虽然军队中也有士兵是迦太基人，但军队中的将领和士兵相互之间并不信任。政府担心军队将领拥兵自重，会威胁到迦太基的王位，因此，彼此之间多有摩擦。毫无疑问，这是一个国家最致命的弱点。迦太基人选出了两位法官作为首领，但商人贵族们仍在议会中掌握着绝大多数席位，国家其实掌握在他们手中，这就是希腊人所说的寡头政治。迦太基的商人贵族精力旺盛，政治才能出众，正是在他们的领导下，迦太基才逐渐发展成为一个强国。当时，任何一个希腊城市都无法媲美，雅典也不例外。

通过他们的艺术品，我们可以感受到，迦太基同时还是一个东方的文明大国。他们的艺术是纯粹的东方艺术，几乎没有任何希腊文明的影子。只有西西里的迦太基商人受到了希腊人的影响，他们开始使用银币；而迦太基城仍使用贵重的金属条，传统的东方商业习惯也仍在延续。随着商贸往来日益频繁，迦太基商人意识到，必须要使用更便利的交换媒介了。于是，他们开始发行并使用皮革币，也就是最早的纸币。为了保证皮革币的价值，他们在上面刻有国家的印记。在文学方面，迦太基探险家汉诺详细记录了他在非洲大西洋沿岸的探险经历；迦太基政治家玛哥组织人们对突尼斯的农业区进行开发，并撰写了一篇著名的农业论文，后来，罗马元老院将这篇论文翻译为拉丁文，堪称意大利农学著作中的典范之作。

迦太基人在日用品制作和城市建筑方面的表现与希腊人不分上下。迦太基的城区面积足足是罗马的三倍，宽阔而雄伟。在宽阔的码头和一直延伸到大海的防渡堤后面，停泊着许多满载着商品的船只。城区向内陆延伸，那里既有宽阔的广场、有条不紊的作坊与商业区、富豪们的豪华住宅、色彩斑斓的热带花园，也有贫穷的手工业工匠们的住宅区。高耸的城墙和要塞守卫着这座城市，想攻下它绝非易事。城墙外，是大片大片的棕榈树和茂密的热带植物。迦太基的商业之王居住的乡间别墅就分布在这里，他们还指挥了抵抗罗马的战争。

在拉丁战争爆发前，罗马商人的经营规模还很小，于是，罗马元老院与迦太基人签订了一项协约，其中内容规定，双方船只不能跨越分界线。公元前 306 年，罗马元老院又在萨莫尼特战争中与迦太基签订了一项条约，规定罗马船只不能驶入西西里的港口；迦太基船只也不能驶入意大利的港口。

随着罗马攻占意大利的希腊城市，西西里岛上的希腊人只能依靠自己来抵抗强大的迦太基。虽然他们曾经战胜过迦太基人，但他们再也找不到任何可以联合的力量了，只能眼睁睁地等着迦太基人来犯。迦太基人不断向东挺进，最终占领了整个西西里岛。意大利商人眼睁睁地看着迦太基人在繁荣昌盛的西西里港口大发横财，自己却不能分一杯羹，实在是眼红得很。此时，罗马人意识到，虽然他们正统治着意大利，还扩张到了半岛的最南端，但是迦太基的商业已经笼罩了整片地中海。

迦太基的目的就是获得一个重要据点，以便将罗马与亚得里亚海岸港口之间的联系彻底阻隔，这样一来，罗马船只只能通过意大利与西西里之间的墨西拿海峡才能驶入那些港口。一旦征服了西西里岛，迦太基人在任何时候都能轻松拿下西西里的莫萨拉城，并扼守住海峡以阻止罗马船只驶入。因此，我们就不难理解，当意大利商人向南方眺望，想象着有朝一日迦太基战舰会在墨西拿海峡将亚得里亚海和意大利西海岸之间的航线阻断时，他们内心涌起的恐慌就如同密布的阴云一般。

毋庸置疑，这种恐慌同样也在罗马元老院中弥漫，他们必须谨慎思考，如果与这个强大的北非商业帝国交战，获胜的把握有几成呢？罗马没有海军，此前的罗马军队也只能勉强抵抗住皮洛士之流的希腊军队。此前，罗马一直从农民中招募士兵，因此，军队的发展也受到了桎梏。现在，许多富家子弟踊跃参军，壮大了军队规模。同时，军队开始发放军饷，很多农民出身的士兵也将服役期延长了，因为一旦退伍了，他们就只能回去种地。因此，一旦开战，罗马可投入的兵力多达 30 余万。除了罗马公民士兵之外，他们还可以从“盟邦”招募士兵，但是每支部队中的罗马士兵和盟邦士兵的数量要大体一致。这样一来，罗马军队的规模扩大了一倍，成为地中海世界规模最大的军队。

在武器和战术方面，罗马人开始逐步对希腊的战争艺术进行改进。战争初期，双方对阵时，罗马人主要使用长矛，而真正短兵相接时，则使用短剑，这是因为在肉搏战中使用长矛很不方便。与此同时，罗马人还对士兵方阵进行了改良。此前，士兵方阵是一个庞大的整体，而不能化为若干个小的部分，因此调动起来很不灵活。罗马人从纵向和横向分割了方阵，增强了它的灵活性和机动性。

罗马人将步兵方阵分为三个部分，即前部、中部和后部，每个部分包括六排士兵，三个部分之间保持很小的间隙。身强体壮的士兵被集中在前部，年龄稍长的士兵则主要分布在中部和后部。一旦前部有缺口出现，中部的士兵就立即补充上去。因此，为了避免中部的士兵整排向前涌，就必须将每个部分分割成更小的单位。这样一来，就分为了许多被称为maniple（支队）的小方阵。小方阵纵向有6人，横向有20人，总计120人。那些小方阵就像橄榄球赛中的后卫，一旦前面有了缺口，后卫立即补位。组成罗马方阵的三个部分是一个整体，它本身并不能灵活地变动，中部和后部从始至终都只处于“补位”的地位。显然，罗马人并没有意识到，就像橄榄球赛中的后卫一样，方阵的中部和后部也可以进行灵活的调动。他们既可以变成前部，向另一个方向的敌人发起进攻，也可以让前排士兵独立作战。一旦罗马人意识到了这一点，人类的战争史将进入一个全新的时代。

为了便于军队的招募和管理，罗马军队被分为了若干个军团，每个军团由4500名士兵组成，其中包括300名骑兵、1200名轻武器兵和3000名重武器兵。重武器兵是军团的主要部分，就像前面说过的，被分为方阵中的三个部分。每个120人的小方阵又被分成了两个百人队（在这里，“百人”一词指的并不是数字上的一百），每队包括60名士兵。百人队与现在的连队类似，百人队的长官被称为“百人长”，相当于现在的连长。

虽然罗马改进了军队，但他们还并未意识到拥有丰富作战经验的职业指挥官是何其重要。这种职业指挥官像希腊军队将领一样，以指挥战争作为职业。罗马人仍让执政官统一指挥军队，而执政官与现在的总统类似，大部分执政官完全没有任何军事经验可言。尤其可笑的一点是，在率兵出战前夕，执政官可能由于自己任期满了，只能放弃军队指挥权。早在萨莫尼特战争中，这种弊端就暴露出来了，因此，每当到了这种危急关头，罗马人就只能将执政官的军事指挥权延长。军事指挥权被延长的执政官被称为助理执政官。

那时候，罗马仍没有出现像色诺芬一样的职业指挥官，但是随着军饷制度的实施，兵役期得以延长，这为罗马培养了一大批经验丰富的低级军官。

古罗马军队历来军纪严明，但在那时，希腊军队也会有纪律散漫的情况。据说，有一位罗马军官为了整顿军纪，居然当着士兵的面处死了自己的儿子，因为他的儿子触犯了军纪，在和别人的决斗中杀死了对方。还有一位前执政官在接到独裁者的停战指挥后仍自作主张，继续作战，虽然他最后打了胜仗，但独裁者仍依法以违抗上司命令的罪名判处了死刑，幸亏他的几位颇有权势的朋友从中斡旋，他才逃过这一劫。在和平年代，罗马军队居住在营房里，但军队的纪律和战争年代一样严明。罗马军队的营房是正方形的，四周围着围墙，围墙上钉着木桩子，这可能是从史前北意大利的湖村桩屋演变而来的。

西西里争夺战

罗马人很清楚，不论与迦太基之间的战争结果如何，这场战争都不可避免。当墨西拿遭遇叙拉古人的围攻时，一些人向罗马求助，另一些人则向迦太基求助。迦太基迅速派兵出征，拿下墨西拿城邦，也攻克了墨西拿海峡。罗马人在犹豫了很久后，做出了一个历史性的决定：从意大利本土派一支罗马军队渡海向墨西拿进军。于是，罗马与迦太基之间的战争终于在公元前264年爆发了。

罗马人与叙拉古人结盟后，迅速攻占了西西里岛东部。但他们的舰队不够强大，因此随后向中西部推进的行动在很长时间内都没有任何进展。罗马人思考再三后，决定效法塞米斯托克利斯的海防计划组建舰队。而这时元老院在组建舰队时发挥了巨大的影响力。在战争爆发后的第五年，罗马终于建成了自己的舰队：120只战舰，其中有100艘五排桨战舰。

罗马舰队成立之后，便开始了势如破竹的战事进程。虽然是第一次上战场，却在意大利沿海连连取胜，战争似乎马上就要结束了。但是，元老院发现罗马军团很难在西西里取得更大的胜利，于是他们决定向非洲挺进，直接进攻迦太基。最初，这次突袭获胜了，但元老院却在这个关键时刻做了一个愚蠢的决定，将一名执政官和大批的军队召回来了。因为兵力不足，留下的执政官惨败，触手可及的胜利也泡汤了。后来，罗马舰队在海上频频遭遇风暴，其中一支舰队还被迦太基人重创。这样一来，罗马人好不容易获得的制海权又被夺走了，这让它在很长一段时间里都没有恢复过来。

这场战争断断续续，持续了许多年。在此期间，迦太基指挥官哈米尔卡尔·巴尔卡经常率领舰队进攻意大利海岸。罗马国库空虚，资源濒临枯竭，靠着来自私人的捐助，罗马才得以再次组建起了一支舰队。公元前242年，这支由200艘五排桨战舰组成的舰队正式下海，并于公元前241年摧毁了迦太基舰队。此时，迦太基人发现，他们已无力援助西西里岛上的迦太基军队了。

最后，迦太基人向罗马求和，还不得不接受罗马提出的苛刻条件——迦太基必须放弃西西里岛及附近的多个岛屿，并在十年内向罗马交付3200塔伦特大约是350万美元的战争赔款。罗马与迦太基之间的第一场战争持续了23年，最终于公元前241年，以罗马获胜而告终。

到了战争后期，双方都已精疲力竭、苦不堪言，对战争艺术有了更深刻的体会。罗马坚定地迈出了关键性的一步，这一步也决定着它未来的命运。于是，罗马拥有了本土之外的第一片领地，成为了海上大国。然而，一旦迈出了这一步，就再也无法回头了。为了获取海外利益，罗马必然会继续与其他国家发生冲突，这样的利益冲突无休无止，只会带来接连不断的战争。

汉尼拔的远征与迦太基的覆灭

罗马和迦太基都竭力谋求自我发展，而罗马则是以牺牲迦太基的利益来达成这一目的的。在罗马的煽动下，驻守在撒丁岛的迦太基雇佣军发动了叛乱，接着，罗马趁机入侵了撒丁岛和科西嘉岛。尽管迦太基再三抗议，在讲和后不到三年的时间里，罗马还是侵占了这两座岛。于是，罗马拥有了三座岛屿作为可以抵御迦太基的基地。几年后，北方波谷地区的高卢人入侵了意大利，罗马再次卷入了残酷的战争中。高卢人失败了，他们失去了土地和公民身份。至此，罗马帝国的领土一直延绵至阿尔卑斯山下，阿尔卑斯以南的整个半岛都属于罗马人。

迦太基人为了弥补失去三大岛屿的损失，开始打西班牙的主意。当时，西班牙居民是西部石器时代晚期欧洲野蛮人的后代。迦太基将军哈米尔卡尔打算在那里开采银矿，并从当地的土著居民中招募士兵，以组建一支强大的军队，专门对付罗马。但是，这个决策尚未实施，他就死了。他的儿子汉尼拔继承了他未竟的事业。汉尼拔天赋卓绝，在他的领导下，迦太基在西班牙的领土迅速向北扩张，一直延绵至埃布罗河。24岁的汉尼拔制定了一个雄心勃勃的计划，意图进攻罗马本土，这个计划别出心裁、十分大胆，并且似乎确实有摧毁罗马帝国的可能性。

当时，罗马人正埋头对付高卢人，并没有认真斟酌迦太基人在西班牙的意图。然而，罗马还是与迦太基签订了一项条约，条约规定迦太基人不能越过埃布罗河。作为一位将领，汉尼拔既富有冒险精神又英勇果决，公元前219年，他利用这项条约制造了与罗马在西班牙边界的纠纷。在此后的大战中，汉尼拔所向披靡，将他的天赋展现得淋漓尽致。这场战争堪称是罗马这个国家与汉尼拔个人之间的较量。因此，将这场人们所说的第二次布匿战争称为汉尼拔战争似乎更为妥当。

虽然罗马元老院再三跟迦太基首领强调，不要让双方的敌对行为公开化，但汉尼拔坐拥四万精良部队，早就准备就绪，根本不理会他们。在汉尼拔的率领下，军队沿着西班牙东海岸向北进军，他之所以采取这一行动，原因有几方面。首先他知道在西西里战役中迦太基舰队被摧毁了，彻底丧失了护卫能力，因此，他不能从海上向意大利发起进攻，而要将他的六千骑兵通过海路运往意大利，风险又太大；此外，在南意大利，当地人很可能会敌视他，而北意大利又有刚刚败在罗马手下的高卢人，他们正翘首以盼，希望有一个机会向罗马复仇，汉尼拔企图为他们提供一个复仇的机会，以让他们加入自己的军队；他还知道，罗马的盟友已经对罗马大为不满，因此，只要能在北意大利尽快获胜，就能促使罗马的盟友抛弃罗马，转而投靠迦太基，并发动一场战争以争取独立，从而彻底瓦解罗马人在意大利的统治。当罗马人还在打着入侵西班牙和非洲的如意算盘时，汉尼拔已经从北方长驱直入，直捣罗马本土了。

在汉尼拔的严密部署下，迦太基躲过了进入西班牙的罗马军队。罗讷河河面宽广，水流湍急。大象和骑兵的行军速度本来就缓慢，为了避开罗马军队，军队还要迂回前进，这些都降低了汉尼拔的行军速度，一直到公元前 218 年深秋，汉尼拔才抵达阿尔卑斯山。他们有时在狂风暴雪里挣扎着前进，有时在陡峭的山路攀岩而上，山路太过狭窄时，他们甚至要凿开岩石，让大象从上面通过。俯身一看，下面是一片让人头晕目眩的万丈深渊；抬头仰望，是一座白雪皑皑的陡峭山峰，上面还有当地人时不时向他们投掷石子。这一切都让汉尼拔的军队饥寒交加，疲惫不堪。在崎岖的小道上，这位年轻的迦太基将军会及时地出现在任何需要他的地方，他鼓励并指导着战士们，让他们满怀希望。当他们最终穿过了阿尔卑斯山隘口（也有可能是塞尼斯山）并进入波谷上游地区时，这支军队只剩下了 34000 人。

就这样，在这位勇敢的迦太基年轻将领的率领下，这支为数不多的军队闯入了当时最强大的国家。为了抵抗汉尼拔，罗马从本国和盟国一共召集了 70 万人，足以组成一支大军。而迦太基人已经彻底失去了制海权，汉尼拔无法向本土寻求任何援助。因此，汉尼拔只能迅速取得军事上的胜利，才能点燃高卢人的复仇之火，从而得到充足的兵源。

汉尼拔与许多希腊人保持着密切的往来，而这些希腊人对当时最先进的战略战术颇为了解。虽然在亚历山大去世一百多年后，汉尼拔才开始进攻意大利，但他对亚历山大所取得的成就如数家珍。多年前，汉尼拔和他的希腊朋友们围坐在营帐的篝火边，那时，他一定从希腊人那里听到了很多有关亚历山大的战斗故事。此外，我们前面已经提过，罗马的执政官们拥有军事指挥权，但他们其实都是行政官员，他们所了解的军事知识甚至还比不上现在的市长们。虽然他们有勇有谋，却缺乏军事方面的想象力，加之思维简单，只知道跟敌人硬碰硬，因此，他们根本无法与这位年轻有为的迦太基天才相抗衡。

罗马人不善于运用骑兵，而汉尼拔运筹帷幄，将骑兵的作用发挥到了极致，很快，他就在波谷接连两次获胜。高卢人开始陆陆续续投靠他，他们没有经受专门的训练，也没有严明的纪律约束。这时，汉尼拔尚未接近罗马的防守重镇——亚平宁半岛防线。因此，他必须以最快的速度实现突破，并且将其一举拿下。公元前 217 年的早春，汉尼拔历经千辛万苦，克服了重重困难，终于突破了通往亚平宁半岛的罗马要塞。

当他们渡过亚努河后，罗马执政官弗拉米尼乌斯竟然对这支迦太基部队的行踪一无所知，当他猛然间发现时，迦太基大军已经挺进到他与罗马之间的区域了。在特拉西美诺湖畔，行军中的罗马军队毫无防备，就这样被汉尼拔突袭了，汉尼拔打败了他们的先头和后续部队。于是，罗马部队被瓦解成了几块，几乎全军覆没，就连执政官也在战场上死去。距离罗马只有几天的路程了，但汉尼拔没有直接进攻罗马，因为他们缺少必要的攻城装备，而且部队的人数也太少了，没有实力进攻固若金汤的罗马城。虽然汉尼拔的骑兵远比罗马骑兵精良，但并不适合攻城。于是，汉尼拔打算再打一场胜仗，让罗马的盟友彻底倒戈，与他一同围剿罗马。

汉尼拔率领军队向东挺进，一直到亚得里亚沿岸。在那里，汉尼拔系统培训了高卢士兵，并获得了骑兵急需的马匹，为军队准备了充足的供给。在生死存亡的关头，罗马推选了老成持重的西庇阿出任独裁者。西庇阿采取的策略是避免与迦太基人正面交锋，而是抓住一切机会骚扰他们，最终拖垮汉尼拔。对于这种谨慎小心的游击战策略，罗马人并不能理解，他们称西庇阿为逃跑者。公元前216年，罗马推选了新的执政官，并催促他立即采取行动，消灭迦太基人。于是，一支7万人的罗马大军抵达了意大利半岛的南端，与汉尼拔正面交锋。但是，迦太基人的军事谋略远远在罗马人之上，公元前216年，他们迂回前进，绕过康尼城，将罗马的补给线切断，致使罗马执政官不得不暂时将战斗放下，去筹备粮草。

罗马执政官指挥着5.5万重步兵，6万骑兵；而汉尼拔手下只有3.2万重步兵，1万骑兵；但双方手下的轻步兵数量基本一致。罗马执政官瓦罗原本是一个商人，他将重兵全部集中在中心位置，形成了一条很短的战线。如果他将战线拉长，加之拥有绝对的数量优势，他们完全有可能将迦太基军队包围并将其一举击溃。双方骑兵被分为左右两翼，汉尼拔没有将重步兵安排在中心位置对付罗马的重步兵，而是派出了1.2万非洲士兵，将他们分为两队，每队6000人，分布在骑兵的两侧。汉尼拔的骑兵训练有素，他们陆续击退了罗马军队两翼的骑兵，然后，他的骑兵向罗马的中央部队发起了进攻。这时，罗马人才如梦初醒，意识到自己彻底完蛋了。他们腹背受敌，进退两难，前面是迦太基的主力部队，后面是勇猛的迦太基骑兵。他们唯一的出路就是向两边逃跑，但是，汉尼拔早就料到了这一点，他迅速下达命令，将瓦罗精心布置的陷阱堵死了。骑兵两侧的非洲步兵向前包抄，将5.5万人组成的罗马中央部队团团围住了，大批的罗马士兵丧命于此。随着夜幕降临，罗马军队全军覆没，无一幸免。这场战争是如此惨烈，罗马执政官、元老、贵族还有成千上万的市民都死了。巨大的悲痛笼罩着整个罗马。清理战场时，迦太基人收集到了一大桶罗马骑兵专属的象征着他们身份的金戒指，汉尼拔将它们送回了迦太基。时至今日，还经常有人在当年的那片战场上捡到盔甲的残片。

汉尼拔是一个杰出的迦太基青年，也是闪米特最优秀的将领，他来到意大利不到两年，还不到30岁，就凭借着四场战争将三支敌军彻底消灭，战胜了强大的对手。现在，轮到罗马的盟友们反叛了。短短几年之内，南意大利诸城邦和西西里岛的叙拉古人就陆续背弃了罗马，转而投靠汉尼拔，只剩下几个南部拉丁部落仍继续抵抗汉尼拔。对于罗马来说，更糟糕的事情是汉尼拔在康尼战争刚结束时就向马其顿派出了使者，说服了马其顿国王为在意大利的迦太基人提供援助。

在汉尼拔身上，一个政治家的判断力和远见与一个军事家面对复杂多变的军事形势时的超强应变力得到了完美的结合。这样一来，他能在战场上所向披靡；能训练新招募的士兵；确保部队有充足的粮食和强壮的马匹；能找到银两用来对付那些难以满足的雇佣兵。这一切都需要旺盛的精力、卓越的远见和敏锐的洞察力。为了拯救迦太基，一团熊熊烈火在汉尼拔心中燃烧着。现在，他取得了非凡的成就，并将罗马的敌人们聚集到了自己身边，他坚信，自己一定能为国家除掉那个最为痛恨的敌人。

但是，这位热情澎湃的天才面对的是罗马有着坚定意志、深厚根基和丰富政治经验的政治团体以及数以万计的罗马人。这是一场令人瞩目的世界争夺战，无论哪一方成为赢家，它都会一举成为地中海最强大的国家。这时，如果来自东地中海的亚历山大继承者们能及时看透这场在意大利发生的战争的本质，并加入反罗马阵营的话，他们完全可以一举将罗马摧毁。但是，罗马元老院有着丰富的国际政治经验，他们非常理智地选择了与希腊人结盟。于是，希腊爆发了反抗马其顿的叛乱，有效地阻止了马其顿向汉尼拔提供援助。虽然汉尼拔取得了巨大的胜利，但是，罗马元老院凭借着出色而稳重的领导仍获得了中部意大利的忠心。最终，罗马人将奴隶和儿童武装起来，组成军队，而罗马正是靠这支军队挨个儿包围并封锁那些背信弃义的盟友，再次攻克并征服了他们。公元前 212 年，虽然叙拉古人拥有阿基米德发明的精良器械，但他们还是没能从罗马人的重重围困中突围。

卡普亚是意大利的第二大城市，它曾一度沦为了汉尼拔的军事基地，但现在罗马人将卡普亚包围并封锁了，汉尼拔竭尽全力也没能突出重围。后来，为了解围，他率领军队向罗马发起进攻，然而，他的士兵竭力爬上了这座城市的一个城门，却没能攻入这座固若金汤的城市。双方对峙了没多久，隔着城墙，许多罗马元老一定亲眼目睹了这位震撼了整个意大利的迦太基青年。但是，纵然兵临城下，意大利人仍拒绝接受求和条件，也没有向他派出使臣。于是，在无法发起进攻又缺乏武器的情况下，汉尼拔只能无功而返。公元前 211 年，罗马人收复了卡普亚，并对这座城市施以严惩。

此后，这位迦太基青年在意大利驰骋十余年，他这次终于领教到了罗马的自信与威严，他意识到，除非得到必要的帮助，否则他的伟业很难完成。他的弟弟哈斯德鲁拔在西班牙招募了一支军队，匆忙赶赴意大利来援助他。但是，罗马军队于公元前 207 年在意大利米佗罗河的森狄纳姆摧毁了哈斯德鲁拔的军队。罗马元老院正在忧心忡忡地等待着战争的结果，对他们来说，这场战争获胜，就意味着罗马获救了，也意味着那个几乎摧毁他们的敌人正一步步走向失败。汉尼拔每时每刻都在关注着兄弟的进程，他期盼着援兵快点赶来，但是他只等到了罗马信使给他捎来的他弟弟的头颅。当罗马信使将哈斯德鲁拔的头颅扔进迦太基人的帐篷那一刻，汉尼拔的最后一丝希望也随之破灭了。

后来几年里，汉尼拔转战于他在意大利南端占领的最后一块土地。这时，罗马人已饱经沧桑，他们将在西班牙的军队托付给了一位名为西庇阿的年轻将军。在西庇阿的努力下，西班牙的所有迦太基人都被赶走了，意大利的迦太基人的主要后援也由此断绝了。西庇阿展现出了一位杰出军事将领过硬的军事素质，他向元老院提出请求，希望前往非洲攻打迦太基，就像汉尼拔曾施加在罗马人身上的那样。

到了公元前 203 年，迦太基的非洲部队两次被西庇阿击败，迦太基被迫将汉尼拔紧急召回。至此，汉尼拔在意大利的战场上已经纵横了 15 年，这场旷日持久的战争最终要在非洲决一胜负了。公元前 202 年，在迦太基的扎马，最后一战正式开始。汉尼拔深知他的骑兵兵力不足，两翼部分无法抵抗西庇阿强大的骑兵。果然，罗马骑兵为了追捕那些四散逃亡的迦太基骑兵，也随之四散分开，于是，战争双方的两翼都没有了骑兵。就这样，一场经过精心策划的军事行动上演了，迦太基人曾运用这种策略战胜了罗马军队。汉尼拔沿着相反方向把后部防线的两支部队展开，其目的就是尽可能将战线拉长，以包抄罗马军队。如果运用现在的足球术语来解释，汉尼拔就是将后卫全部调动，准备在罗马阵线的两端决一死战。正当罗马军队又一次将陷入汉尼拔煞费苦心布置的陷阱中去时，两大帝国都为自己的命运而深深战栗着。

但是，这时的罗马军队中有一个人拥有着可以与汉尼拔相匹敌的智慧，他早就敏锐地洞察到了迦太基后防部队在调动时扬起的滚滚尘土。他很清楚这背后的阴谋，并且迅速将军队中的这种恐慌抚平了。在康尼战争之后，西庇阿将罗马所有的传统战术抛在一旁，开始训练他的前线部队在失去后援的情况下如何独立作战。我们也可以运用足球术语来解释这一点，西庇阿学会了在适当的情况下调动后卫，让前锋学会在没有后卫配合的情况下如何单独作战。这位年轻的指挥官智勇双全，他当即下令，让罗马中央部队的后防部队独立作战。于是，他的军队像平日里行军操练时一样，驾轻就熟地向左右两边分开，阵线也随之拉长了。汉尼拔将分队调到罗马阵线两端，准备发起围攻，这时，出现在眼前的却是一道罗马军队组成的人墙。于是，就在两条漫长的平行阵线上，这场战争的决战正式上演。面对同样出色的西庇阿，这位迦太基人的战术彻底失效。罗马骑兵将迦太基骑兵逼入绝境后，又开始对付迦太基步兵，汉尼拔只能眼睁睁看着他们突破自己的阵线，直到它彻底崩溃。

从这场战争中，我们可以了解到，随着时间的推移，战争已经从毫无秩序的混战逐渐演变为由训练有素的士兵组成的强大方阵之间的较量，比如东方最早的战斗团队。后来，在欧洲，希腊人在菲利普和亚历山大之后也开始摸索着在战争中运用深层方阵来作战。到了罗马时代，方阵不再是不可分割的统一整体，而是被分割为了前后两个战斗单位。在扎马战役中，西庇阿和汉尼拔再一次将战争艺术推向了更高的水平，他们发明并巧妙地运用了“分队战术”，以分队作为一个个小单位来调动部队，就像足球教练根据实际情况灵活调遣后卫一样。

战胜迦太基后，罗马成为古代世界最强盛的国家。随着扎马战役的结束，罗马和迦太基于公元前 201 年签订了一项条约，规定迦太基必须在 50 年内支付 10 万塔伦特约合 1100 万美元的战争赔款；除了三排桨战船之外，其他所有战舰均为罗马所有；没有经过罗马同意，迦太基无权在任何地方发动战争。这样一来，迦太基的民族独立性也随之丧失了。虽然罗马没有夺走迦太基在非洲的土地，但其实迦太基已经沦为了一个附属国。

在扎马战役失败后，汉尼拔就逃走了。我们通过汉尼拔的对手知道了他的那些伟大战绩。他从 24 岁时开始带兵驰骋沙场，前后 20 多年，他为了拯救自己的祖国而浴血奋战，他的战斗故事无不彰显着他是历史上最伟大、最有才华的将领之一。他有着狮子般的雄心和坚定不移的信念，即使是强盛如罗马，也要倾其所有才能战胜他。现在，罗马迫使迦太基人驱逐了汉尼拔。50 岁时，汉尼拔逃到了东方，并竭力鼓动亚历山大的继承者们联合起来，一同对付罗马。

虽然迦太基人必须向罗马支付战争赔款，但他们的商业仍然在繁荣稳定地发展着，这也是他们出色商业才能的直接体现。因此，作为西地中海的新霸主，罗马一直将迦太基视为一颗眼中钉。只要一想到汉尼拔那次侵略行动，罗马就感到心惊肉跳。卡托是一位著名的保守派元老，他认为，迦太基仍威胁着罗马，在一次贵族院的演讲中，他曾以这样一句话来作为结语：必须消灭迦太基。此后 50 年的时间里，迦太基人仍自由穿梭于西地中海，但是，罗马的铁腕再一次也是最后一次死死扼住了这个城市命运的咽喉。为了抵御努米底亚人的入侵，迦太基不得不向他们宣战。

罗马人等待这一刻已经很久了。迦太基的这一举动被人们认为有悖于《罗马条约》，元老院趁机要求惩治迦太基。经过了为期三年的第三次布匿战争，公元前 146 年，罗马攻占并彻底摧毁了这座美丽的城市。罗马彻底占领了迦太基的领土，迦太基由此沦为罗马在非洲的行省。这场战争持续了 120 年，最终结果是罗马消灭了自己的最后一个敌人。

在伊特鲁里亚、迦太基、希腊和罗马对西地中海的争夺之战中，罗马成为最终的赢家。曾经，罗马只是台伯河畔一个毫不起眼的集市村庄。就种族方面而言，西部的印欧族打败了闪米特族，西地中海彻底落入了罗马手中，就像马其顿王曾经控制着东地中海一样。现在，我们来看一看罗马又是如何对付东地中海的希腊化世界的。

第二十二章　地中海帝国的建立与衰落

罗马在东地中海的扩张

当亚历山大的后继者们还处于相互仇视、结盟并不断发动战争的状态时，强大的罗马正在西方世界崛起。元老院不能容忍任何一个像迦太基一样的国家在地中海地区出现。于是，罗马将自己的触角朝希腊化时期的东方国家伸了过去，并最终征服了由亚历山大的三个后继统治者所统治的国家。现在，我们来回顾一下导致第一次冲突发生的原因。

为了联合马其顿国王一同对付罗马，汉尼拔曾派使者前往马其顿。随着汉尼拔战争结束，罗马人将马其顿对罗马的种种敌对行为看在了眼中。马其顿国王菲利普在政治和军事指挥方面很有天赋，这一点与他150年前的祖父——亚历山大的父亲很像。这位国王打算与叙利亚塞琉古国王安条克大帝，也就是安条克三世签订合作条约，实现对非洲和埃及的瓜分，这一点让罗马元老院惴惴不安。考虑到菲利普之前的所作所为，又联想到当他实施这个计划后随着势力的增强可能采取的后续行动，罗马只能向东发起进攻，入侵马其顿。

显然，希腊城邦没有给马其顿人提供援助，而安条克正忙着侵占埃及在小亚细亚的领土，无暇他顾。于是，汉尼拔战争才结束了不到一年，菲利普就发现自己将在没有任何援兵的情况下，与罗马大军对峙并交战。在菲利普英明的指挥下，一段时间内，马其顿有效避免了与罗马军团的正面交锋。但是，最终，手握着长矛的马其顿步兵方阵还是来到了罗马军团的面前。马其顿步兵方阵手握长矛，而罗马军团手持短剑，短兵相接时，短剑发挥了巨大的威力，加之罗马军团分成了若干个行动灵活的小方阵，不断地移动着，令人眼花缭乱，相较之下，笨拙的马其顿步兵方阵根本就无从招架。公元前197年，马其顿军队在西诺斯克法勒战役中一败涂地。最终，亚历山大大帝的古王国也沦为了罗马的附属国，而作为罗马盟友的希腊诸城邦则重新获得了自由。

毫无疑问，马其顿之战势必会引起罗马与塞琉古安条克大帝之间的冲突。当时，亚洲波斯帝国的大片土地处于塞琉古的统治下，安条克则试图从战败的菲利普那儿分得一杯羹，接收菲利普的领地和马其顿属下的希腊诸城邦。对罗马人而言，与这样一个亚洲强国对峙交锋绝非易事，更何况从迦太基出逃的汉尼拔也在希腊，并且站在了安条克那一方，随时准备为他出谋划策。虽然汉尼拔再三敦促，但安条克还是错过了作战的良机，最终被罗马军队步步紧逼到了小亚细亚。西部强国罗马在那里第一次与由亚洲波斯后裔率领的东方杂牌军展开正面交锋。

罗马执政官与军团指挥官是曾在扎马战胜了汉尼拔的西庇阿与他的兄弟，他与另一位西庇阿一同出征。面对精于战术的两位西庇阿指挥的罗马大军时，东方军队从未经过严格训练，几乎没有任何胜算可言。公元前190年，在马戈尼西亚，以罗马为首的西方军队战胜了以安条克为首的东方军队，从小亚细亚到哈里斯河的全部地区都落入了罗马手中。接着，双方签订了条约，其中规定安条克不能跨过哈里斯河，他的战舰也不能越过哈里斯河的延长线。从公元前200年到公元前189年之间的12年间，由亚历山大继承者所建立的三大东方帝国中的马其顿和叙利亚都相继沦为罗马的附属国，而作为第三个帝国的埃及则早就与罗马建立了亲密的关系。公元前168年，在罗马军团进入东方土地的30多年后，埃及自愿成为了罗马的附属国。虽然罗马战胜了东地中海世界，但各种麻烦也接踵而至，东方各国的许多纠纷都要去罗马才能得到解决。罗马取消了马其顿王国，设立它为罗马的一个行省。此外，罗马以同情马其顿的罪名严惩了希腊人，将许多人送往意大利充当人质，其中，光是送往罗马的阿哈伊亚贵族和学者就超过了1000人。纵是如此，阿哈伊亚联盟还是向罗马发起了进攻，但罗马再次效仿制服迦太基的方式，成功征服了阿哈伊亚联盟。公元前146年，继迦太基灭亡后，科林斯城也被付之一炬，希腊彻底沦陷了。像雅典这样承载着许多人们的美好回忆的城市所面临的处境还略好一些，但总体上来说，曾经缔造过辉煌璀璨文明的希腊诸城都沦为了罗马的附属国。

在经历整整三代人的奋斗后，这个台伯河畔的共和国与迦太基展开了一场争夺西部世界霸权的斗争，获胜后又与东方展开了争霸之战。这时，参加过对抗迦太基的西西里之战的老兵们尚在人世，抵抗汉尼拔的罗马人的孙子辈焚毁了迦太基和科林斯。从公元前 264 年后的 125 年间，战争无休无止，在这一系列战争的初始阶段，罗马共和国还只是统治着意大利，不久后，它就俨然成为整个文明世界的霸主。

罗马元老院在这一系列的战争中展现出了卓绝的才华。如今，它掌控了整个地中海世界，这片领土的总面积与整个美国相当。罗马要统治这个偌大的帝国，难度与大流士管理波斯帝国不相上下。就治理新的领地而言，罗马元老院并不成功，这也给了罗马致命的一击。加之经年累月的战争也给意大利造成了破坏，罗马共和国逐渐走向了衰落。现在，让我们看一看那些罗马的征服地，了解一下长期的战争和霸主地位给罗马人和他们的生活造成的影响。

罗马共和政府与罗马文明

与美国刚进入菲律宾时所面临的情况类似，罗马最初对于管理征服地毫无经验可言。罗马将许多被征服的国家变成了自己的行省，与波斯帝国的行省性质类似。各行省无权组建军队，还要向罗马纳税。它们服从于由罗马执政官任命的总督的管理，无可奈何地接受他无力且无效的统治。这一系列的举措让罗马行省的情况与意大利本土大相径庭。虽然罗马元老院为各行省制定了法律，但这些法律不是强制性的，各行省的罗马总督并不一定要遵循。

各行省的总督像东方的君主一样，拥有着几乎至高无上的权力。他们远离家乡，可以随意调遣身边的罗马军队；他们手握全省的税收大权，可以任意压榨和剥削被征服地的百姓，并用搜刮而来的钱财维持军队和政府的运转。总督的任期一般为一年，因此他们缺乏管理政府的经验，只希望在短暂的任期内尽可能多地聚敛钱财，对于辖区内人民提出的要求则置之不理。这样的政府不过就是一个欺压百姓、掠夺财富的机构罢了。虽然罗马也意识到了应该制定法令，防止权力滥用的情况发生，也确实颁布了相应的法令，但收效甚微。

很快，意大利就受到了严重的影响。罗马的收入急剧增长，不用再向罗马市民征税。政府和那些打了胜仗的指挥官都收获了巨额财富，士兵们也从战争中收获了各种战利品。此外，罗马商人自由地穿梭在各行省间，包税商们也有权代替国家征税，并从中获取巨额利润或享有耕种国家土地的权利。《新约》将这些包税商称作“罪人”，后来从他们当中还产生了罗马的借贷商。在罗马总督们的剥削下，各行省的公民只能通过借贷来纳税，于是，借贷商就通过高利息来牟取暴利。这些人既是包税商，又是借贷商，他们残忍地剥削人民，甚至比总督更贪得无厌。当他们回到意大利时，一个空前的富人阶层在罗马形成了。

随着购买力越来越强，罗马的日用品开始供不应求，这促进了进口贸易的发展。从那不勒斯海湾到台伯河口岸，罗马商船穿梭如织，密密麻麻地停泊在罗马的各个港口。那些船的主人都是富有的商人。随着钱币流通量不断增大，银行业也迅猛发展。早在汉尼拔战争时期，罗马就有了最早的银行，即罗马广场两边那一排排的商亭。公元前 200 年后，那些东方希腊化城市建筑风格的巴西利卡取代了这些商亭。新兴的富人阶层聚集在巴西利卡，从事各种金融生意，并在那里创办了一些大公司，这些公司主要负责承包征税或是受政府之托建造道路、桥梁和建筑。此外，这些公司开始发售股票，于是，最早的证券交易在罗马广场上出现了。

受诸多因素的影响，罗马发生了翻天覆地的变化，财富和人口不断增长，住房早已供不应求。对于地产商来说，出租的房子越多，就能收到越多的租金，于是，他们开始兴建高楼。当然，那时的高楼并不能与现代的摩天大楼相提并论。但是，和现代人一样，罗马人也知道必须制定相关的法律来限制楼房的高度，因为有不少楼房因为劣质而坍塌了。这种现象在如今的城市建筑中也屡见不鲜。

某位非洲行省的总督返回罗马，在那里修建了一栋漂亮气派的房子，这一行为势必会引起那些仍住在祖辈留下来的旧房子中的邻里的羡慕和不满。就像早期美国人的住房，那种老房子也是用晒干了的泥砖砌成的，整个房子只有一间房间，承包了这个家庭的所有活动。主妇的纺车、凳子和床摆放在房间的一个角落里；厨房在另一个角落，房间里没有烟囱，烟气只能从屋顶中央的一个方洞里排出去，房间被烟熏得黑漆漆的。因此，这种房子被称为“黑中庭”。全家人就在这间房间里吃饭、休息、会客，甚至处理公务或生意。

这一时期，很多罗马人早就见过了希腊繁华的城市，通过卡普亚和那不勒斯的希腊家庭，他们也见识了什么才是真正豪华而舒适的生活。于是，罗马人在黑中庭的两边将卧室隔出来，还在房子后面搭建了小屋，用作主人的办公室或密室。很快，他们就发现，虽然黑中庭扩大了，但仍然有点狭小，于是，他们又在房子后面修建了一个环绕着廊柱的希腊式庭院，还在庭院四周修建了餐厅、书房、起居室和厨房。后来，他们又加了一层，用来作为卧室和餐厅。原来的黑中庭摇身一变，成为富丽堂皇的接待室，里面摆放着主人的雕像、绘画以及从东方掠夺来的艺术品等。

最早的罗马住宅简单朴素，屋子里只有一些生活必需品，毫无装饰。一位迦太基驻罗马的使者在几个罗马家庭中做过几次客后，发现他们甚至连吃饭时用的银器餐具都是租的。在迦太基战争爆发前夕，一位前执政官甚至因为家中的银器重量超过了 10 磅而受到了处罚。仅仅在一代人后，一些富裕的罗马家庭所拥有的银器已经超过一万磅了。一位参加了马其顿战争的指挥官竟然带着 250 马车的雕像和绘画回到了罗马；一位参与了埃托利亚征服战的将军竟然在那里掠夺了 500 多件青铜器和大理石雕像；还有一位参与了毁灭迦太基行动的将军将希腊雕刻摆满了罗马街头。在庞贝城里，一位商人竟然用描绘亚历山大在战场上冲锋陷阵的珍贵彩画来装点他的壁橱，这幅画曾经被镶嵌在亚历山大城一座希腊式建筑的地板上。罗马富豪们开始积极地利用来自东方的各种精美家具、挂毯和地毯来装点他们的住宅。

很快，罗马家庭迅速引入了希腊家庭中的各种生活设施，比如自来水管道、浴池和卫生设施等。一些更讲究的家庭甚至还安装了暖气管道，这是历史最悠久的供暖系统。他们的厨房里摆放着精美的青铜器具，甚至比现代普通家庭的厨房更豪华（如下图）。

每当举行重大的社会活动时，罗马人总会斥巨资进口各种山珍海味，那时，买一罐来自黑海的咸鱼要花上 75 至 85 元。为了斥责这种奢靡的生活作风，保守派元老卡托曾发表演讲说："世界上再也不会有像罗马这样的地方，一罐咸鱼竟然比一头牛还昂贵。"

要维持这种奢华的家庭生活，需要很多仆人。前门有专职的守门人，他们被称为 Jonitor，词根是拉丁字 Janua，意思是门。从前门走入一座房子，就可以看到许多仆人正在干着各种家务活，甚至还有仆人专门伺候主人沐浴更衣，这些人都是奴隶。但是，那些普通的罗马家庭无力负担厨师，因为一个厨艺高超的厨师一年的工资是 5000 元。

总的来说，从东方引入的各种文明对罗马产生了消极影响，但至少罗马人曾经单调而粗糙的生活得到了改善。罗马人将希腊那些能工巧匠制作的一切美好的东西都用来装点房屋和元老院大厅了。庞贝城的市民们即使在吃晚饭时，也能坐在那里欣赏波斯王大流士战死沙场的壮观场景。但是，罗马却没有出现能创造出同样优秀作品的艺术家。

在去过亚历山大里亚后，一位罗马元老不禁感叹，虽然罗马拥有最新的楼房，但这里的神庙和公共建筑却如此粗糙和破旧，因此，罗马根本算不上是一个繁荣昌盛的城市，甚至毫无亮点。在他看来，世界上最伟大而兴盛的城市是亚历山大里亚。他的一番话激发了罗马人模仿的热情，罗马开始涌现出大批希腊式建筑，其中就包括坐落在罗马广场的巴西利卡。不久后，罗马兴建了一座希腊式的剧场，并进行了一些改进，剧场内被安装上了遮阳棚和与现代舞台类似的大幕布，原来合唱队的位置上还安装了座椅。

公元前 241 年，在西西里战争即将结束时，罗马人占领了塔兰托姆城，还抓住了一个名为彼得罗尼乌斯的少年奴隶。后来，在他主人的帮助下，这个奴隶恢复了自由身。他发现罗马人对希腊文字的兴趣很浓厚，于是，他将《奥德赛》翻译成了拉丁文，给罗马儿童当教科书。他还翻译了许多雅典悲剧和阿提卡悲剧供成年人阅读。彼得罗尼乌斯成为历史上第一位文学作品翻译者。通过他的翻译作品，希腊文学的内容与形式开始影响罗马人的生活。

罗马人对子女的教育并不重视，他们早就习以为常。早期，在罗马没有学校，按照他们古老的习俗，由父亲负责子女的教育问题。后来，虽然出现了学校，但罗马儿童没有罗马文学作品可以用来作为教科书。而这时，希腊儿童已经开始学习荷马和其他诗人的作品了。出于对法律法规的尊重，罗马家长通常会教孩子们学习“十二铜表法”，一直到他们能背诵出来为止。而在当时的英语世界，儿童们已经开始学习“摩西十诫”了。罗马的学校十分简陋，甚至连专门的教室都没有，即使是最好的学校也不过是家庭中的一间空房子，有些学校甚至只是街道的一个偏僻角落或罗马广场一角上的露天场所。

随着罗马的希腊奴隶重获自由并开始创办学校，罗马人将子女们送入了学校。有的家庭也有像彼得罗尼乌斯这样受过教育的希腊奴隶，他们后来成了家庭教师，负责教育主人家的子女，让他们学习彼得罗尼乌斯编译的启蒙教材，也就是用拉丁文写的《荷马史诗》。在很短的一段时间内，罗马涌现了一大批优秀的希腊教师。于是，青年贵族们有了学习修辞和演讲的机会，这对他们日后担任公职大有裨益。有些负责守卫雅典的罗马青年还在那里完成了自己的高等教育。

随着罗马占领了雅典，罗马人的生活中也融入了许多希腊的物质文明元素。正如我们所知道的，曾有1000多名阿哈伊亚贵族被送往罗马，充当人质。其中有一位名为波利比乌斯的希腊政治家，在文化和文学方面的造诣颇深，他被送到了西庇阿家，并跟随着西庇阿四处征伐，他最终凭借着渊博的知识获得了尊重。他亲眼目睹了迦太基和科林斯城被摧毁，后来，他还用希腊文记录下了这段历史。许多学识渊博、修养深厚的希腊人深刻而持久地影响了像西庇阿这种有着开明思想的罗马人。波利比乌斯在著作中详细记载了迦太基城在大火中化为灰烬的悲壮场景，当时，他和小西庇阿就站在那里，这位青年罗马将军泪流满面，低声默默念诵着荷马描述特洛伊城被摧毁时那些著名的诗句。

随着罗马人对希腊文明与生活逐渐熟悉，他们产生了表现自己生活和情感的冲动。其实，拉丁农民有着属于自己的朴实无华的诗歌和民谣，然而，当一种更高级而优雅的文学开始在他们之中传播时，那些萌发于拉丁姆土地上的文学幼苗快速地枯萎并彻底消失了。因此，拉丁文学并没有根基，它是在外来文学的基础上产生发展起来的。就像罗马诗人贺拉斯说的，希腊文明反而将罗马征服者征服了。

这时，意大利人当中也涌现出了一批诗人和作家。他们模仿《荷马史诗》创作了叙事长诗，描述了他们的罗马祖先们的辉煌功绩。这些长诗对罗马早期的历史、传奇、罗穆卢斯和瑞穆斯等人的故事以及早期国王的传说进行了详细的记载。如今，人们已经不再将这些故事视为历史，但在很久以前，它们都是描写早期罗马历史的素材。罗马人对麦南德的喜剧青睐有加，他们后来开始模仿麦南德的作品。拉丁剧作家普劳图斯（约公元前184年去世）和泰兰斯（公元前159年去世）将罗马社会的各种现象作为题材，创造了一批喜剧作品，并且大获成功。舞台艺术的发展又进一步推动了剧场的改进，我们在前文已经介绍过这一点了。

随着拉丁新文学不断发展，罗马涌现出了一大批用莎草纸写成的拉丁作品。后来，出版商们将奴隶抄写员集中起来，在罗马的羊肠小道上创办了一家家出版作坊。一位罗马将军在征服了马其顿后，将马其顿国王收藏的那些书籍都带回了罗马，建立了一座私人图书馆。罗马富人们也有了属于自己的书房。随后，罗马涌现出了一批图书馆学者，罗马最杰出的将领也在其中。当时，如果人们想进入这一领域，必须了解如何根据图书分类的原则井然有序地摆放希腊和拉丁作品。这些人要精通拉丁文和希腊文。最后，罗马人分化为了文化阶层和无文化阶层两大阶层，彼此之间对比鲜明，而在早期的农业共和国并没有这种显著的差异。

罗马，走向堕落的城市和乡村

许多消极的东西伴随着希腊文化与各种新的舒适奢靡的生活方式出现了。小西庇阿本人非常热衷于希腊的文学与艺术，但当他亲眼目睹希腊舞蹈学校向罗马儿童教授的那些低级趣味的舞蹈时，他大为震惊，就像许多正经人物对如今风靡美国的新舞蹈感到困惑不解一样。卡托是罗马保守派代表，他大肆指责那种新文化以及它带来的奢侈生活，作为一个监察官，他有权禁止那种奢靡浮华的生活，他再三警告罗马那些追求时尚的男男女女。卡托联合其他一些人，一起提出了一条条法令，这些法令最终都通过了。其目的就是禁止奢靡浮华的风气，比如妇女对珠宝首饰过分的热爱和追捧等。妇女出门必须乘坐马车，不能像过去一样抛头露面。但是，这些法令根本无力抵挡奢靡腐败的不断蔓延。传统罗马家庭中的朴实无华、单纯和睦的场景已一去不复返，离婚的人与日俱增。虽然在罗马传统美德的庇护之下，罗马的权力仍在不断发展着，但是，罗马传统道德占据统治地位的那个黄金时代早已一去不复返了。

这样的现象在那些贫穷而没有文化的阶层中尤为明显。绝大多数罗马人没能真正理解希腊文化，他们认为，希腊文明之所以让人心生向往，就是因为希腊所倡导的舒适奢华的物质生活。随着科林斯城被摧毁，波利比乌斯眼睁睁地看着几个罗马士兵在一幅古希腊名画上玩着掷骰子，就像对待一块破旧的帆布一样，将这幅名画从墙上撕扯了下来，将它铺在地上。一位罗马的知识分子试图举办一场希腊音乐会来慰问士兵，但这些罗马士兵毫不犹豫地拒绝了，他们冲着乐师大喊大叫，让他们放下乐器，不如来一场拳击比赛！

这一切都与伯里克利时代的雅典形成了鲜明的对比。

但是，为了得到选票和人们的支持，罗马领导者不得不努力满足罗马公民的爱好，罗马贵族也趁机迎合民众的喜好。早在西西里战争期间，罗马人就从伊特鲁里亚人那里引入了一个野蛮的习俗，他们让死囚或奴隶进行格斗，直到一方死掉，美其名曰是为了纪念罗马去世的大人物。参加格斗的人叫作“斗士”，这个词源自于拉丁语 gladius，原本的意思为“剑”。这种表演血腥十足，满足了罗马人对感官刺激的追求。为了给自己拉选票，主持葬礼的官员不顾葬礼的日程安排，一味地延长竞技时间来博得观众们的欢心。

起初，那些野蛮而残酷的观众只是随意围成一个圈，观看角斗。后来，罗马人还修建了专门用来进行角斗的场所，这些场所被称为圆形剧场，里面还有石头座位。再后来，罗马还出现了人与兽之间的搏斗。希腊人热爱体育竞赛活动，但在罗马人眼里，那些活动都太温和。在希腊所有的体育竞赛项目中，只有战车比赛吸引了罗马人的注意力。为此，罗马人专门修建起宽阔的跑道，并在跑道周围砌起了座位，这就是马戏场。

罗马的下层观众最早走向了堕落。他们总是盼着举办公共活动，这种为期几天的活动里，他们可以分享罗马在征服中掠夺来的各种财产。这些人不劳而获，靠着富人们无偿提供的食物过活。后来，私人捐赠已无法满足他们的需求，于是，国家承担起了养活他们的责任，定期发放谷物给他们。虽然这些下层人民也知道依赖他人生存的习惯并不好，但至少比贿赂好多了。虽然罗马法律三令五申禁止贿赂，但收效甚微，那些渴望着做大官的候选人以各种形式进行着贿赂。因为只有参加罗马大会的人才有选举权，他们成为那些渴望着进军政坛的候选人最重要的贿赂对象。

这些行动使政治生活的成本提高了。过去，即使在最卑微的职位上，罗马的年轻人也能施展他们的才华与抱负，并获得选票，但现在，他们必须借钱来负担一场长时间的竞技赛，还要贿赂选民。如果他当选了，也得不到任何薪水，等他上任后，还要支付大量费用来处理各种正常事务。罗马政府没有设置任何职员、记账员或会计等公务员职位，官员必须自己花钱请公务员干活。往届的罗马执政官们也一般将办公室安置在家中，与他的助手、会计在那里处理公务。

罗马政治家之所以绞尽脑汁地谋求一官半职，是为了扩大自己的影响力，从而抓住时机成为罗马某个富有行省的总督。一旦他们的这个目的达到了，那么，无论他们在选举中欠下了多少债务，在一年的总督任期内都能偿还清，并且还能成为富甲一方的人。因此，人们将执政官的职位视作总督的跳板。当总督卸任返回罗马时，他就永远不再是从前朴实无华的罗马平民了，而是成为如国王般享受着奢靡生活的巨富。那些总督以谋取私利为目的，在各行省拥有着至高无上的绝对权力；他们不受罗马法律和共和国体制的制约，在辖区内拥有着君主一般的权力。对罗马共和国来说，这是一个潜存的巨大威胁。

罗马征服者掠夺而来巨额财富，对意大利的乡村也产生了潜移默化的影响。在罗马的元老和贵族看来，从事包括经商在内的各种经营活动是有失体面的，在他们眼中，土地才是最具价值的财富。于是，罗马贵族们纷纷大量购置土地，并将其修建成大庄园。那些在各行省巧取豪夺的商人也争相置办了大量地产。罗马北面的土地原本属于伊特鲁里亚人，现在也成为罗马富人的庄园。以前的小农庄几乎毫无踪迹了，意大利的土地上遍布着一个个大庄园。像希腊的农庄一样，意大利的小农庄也一步步走向灭亡。

富裕的地主们找不到足够的自由民来耕种大片的土地，而且即使找得到，他们也不愿意这么做。自从汉尼拔战争以来，罗马征服者们就从迦太基、西班牙、高卢、马其顿、希腊、小亚细亚等地带回了成千上万的俘虏，他们被卖为了奴隶。亚得里亚海岸与意大利隔海相望，罗马仅在那里就拥有 15 万名俘虏。一个普通劳动力的价格是 300 美元，工匠或有文化的人卖的价格稍微高一些，而一个会谈竖琴的年轻姑娘可以卖到 1000 美元左右。因此，倒卖奴隶是一个一本万利的好买卖。大部分罗马家庭中都有奴隶，意大利的各大庄园也是由奴隶耕种。

那些为家庭工作的奴隶还不太辛苦，而那些在大庄园里劳作的奴隶则过着非人的生活。在大庄园里，那些来自东地中海的自由民被烙铁烙上了永久的印记，他们过着牲口一般的日子。天还没亮，他们就被赶去地里劳作；夜幕降临，他们又被赶回地窖里。此前，意大利农夫一直在肥沃的土地上为自己耕种；现在，那些绝望可怜的奴隶耕种着这片土地。随着人们无法从战争中获得充足的俘虏，罗马人就从爱琴海和地中海从事奴隶买卖的人们那里购买奴隶。奴隶被海盗运往提洛岛上的奴隶市场里，罗马商人又将他们贩卖到意大利。

大量奴隶涌入了意大利和西西里。他们遭受着非人的虐待，因此，很多地方的奴隶纷纷站起来反抗他们的主人。即使奴隶没有发动叛乱，公共安全也让人堪忧。在意大利各条偏僻的小道上，奴隶贩子和强盗任意妄为，为非作歹。无论是住在乡下的人，还是出门在外的城里人，他们都严重缺乏安全感。西西里的情况比意大利更严重，在西西里中南部爆发了一场大规模的奴隶暴乱，6 万多奴隶聚集在一起，杀死了庄园主，攻占了城镇，并在那里建立起了王国。一名罗马执政官亲自率领着大军赶去镇压，花了好几年的时间才将这个王国消灭掉。

在西西里的奴隶暴乱期间，由自由民组成的小农场主也开始焚烧各地大庄园主的别墅。因此，奴隶也好，自由民也好，对于这些乡下的底层人民而言，奴隶暴动是仇视有钱的大庄园主的最直接的体现。罗马对外的政府行动带来了巨额财富，这让富人更富，也让穷人更穷，两个阶层之间的鸿沟越来越深，彼此之间再也没有共同的生活追求和理想了。于是，意大利社会彻底分化为两大阶层，他们深深仇视着对方，这也是意大利社会的一大隐患。

我们在讲到汉尼拔战争和西庇阿在扎马战役中获胜时，我们感受到了战争的伟大与荣耀。现在，我们不妨分析一下其背后的负面影响。在历史上，无论战果多么辉煌，都远远比不上它让人们为之付出的惨痛代价。昔日，无数小农场散布在意大利绿色的山坡和平原上，许许多多罗马家庭在那里耕种着自己的土地，幸福地生活着。然而，在战争阴霾的笼罩下，小农场就如同瑟瑟秋风中的落叶一般，迅速地衰落飘零了。在汉尼拔发动的战争中，意大利南部逐渐荒芜，土地也因为无人耕种逐渐变为牧场。相较之下，中部意大利的情况要好一些。即使没有被战争摧残的那些地方，大多数家庭的父亲和长子也长时间背井离乡，为罗马军团效劳，为了实现罗马称霸世界的野心而辗转于各地作战。当回到家乡时，他们早已习惯了在海外征战的那种惊险感与刺激感，对于他们而言，农场生活实在是太枯燥乏味了。于是，他们中的很多人再次离开了农场，回到了军团，继续过着那种充满了刺激的生活。他们跟随着自己崇拜的将领，四处征战，四处劫掠，他们对家庭不再留恋，也不再怀念舒适惬意的乡村生活。母亲留在家中，独自照料孩子，她们只能眼睁睁看着亲人离开小农场，走向战场，农场也因此成为荒地。

一些士兵们重返故土时发现，他们曾经充满童年回忆的家早就不复存在了。他们的家人们踪迹全无，小农场也被变卖了，成了富人们大庄园的一部分。眼前的大庄园和他们曾经在迦太基城周围见过的那些庄园一样。他们的邻居们也不知所终，他们的农场也被富人夺走了。他们站在山顶上，向远方眺望，目之所及，看到的都是明媚阳光下的一栋栋别墅，那里住着罗马贵族，他们将那些小农场都变成了自己财产的一部分。这就是战争给他们带来的一切，而他们只能长长地叹息一声，在心底默默诅咒。然后，他们沦为罗马城里的流浪汉，按时领着政府发放的口粮，和其他贫困者一样，每天都盼望着观看决斗和马戏。

还有一些士兵退役后回到家乡并找到了家人，小农场也还在。他们留在家乡，和父辈一样，过起了面朝黄土背朝天的乏味生活。但是，大庄园的田地都是由奴隶耕种的，出售的谷物价格更低廉。因此，退役的士兵辛辛苦苦耕种了一年，他们卖出的粮食挣到的钱可能还无法保障他们与家人最基本的生活。此外，西西里、非洲和埃及等地低价进口的谷物也充斥着罗马市场，这些谷物价格很低廉，有时候政府甚至还会无偿发放，他们根本不可能与之抗衡。于是，他们只能眼睁睁地看着自己陷入经济困境之中，不得不去借款。随着债务不断累积，最后，他们只好将自己的小农场卖掉。于是，他们也去了罗马，加入了流浪者的行列之中，依靠着政府微薄的救济度日。

健壮的农民一度是罗马公民的中坚力量，罗马曾从他们当中招募过一支支庞大的军队，正是这些军队为罗马赢得了这般强盛的权力。也是在这些军队的努力下，罗马元老院才得以建立起了世界帝国。然而，现在自由民的数量不断减少，同时，因为没有获得真正的公民身份，意大利的那些罗马盟友的不满情绪越来越明显。他们的士兵为帝国做出了巨大的贡献，而这个世界帝国的政府却由日益腐化衰败的元老院和少部分人性泯灭的罗马公民掌握和把持着，他们迫切地要求从罗马帝国的权力中分一杯羹。

作为世界霸主，掠夺来的财富和权力将罗马逐渐推向了崩溃的边缘。在意大利之外的罗马帝国的领土上，尤其是在以文明著称的希腊，情况也与意大利类似，农民这个角色已经不复存在了。罗马的总督和包税商在各大行业肆意妄为，剥削克扣；在爱琴海上，海盗们毫不忌讳地绑架贩卖奴隶。无论是合法的强盗还是非法的海盗，共和国都完全没有能力约束他们，或者说它根本无意进行约束。这一切都逐渐将罗马帝国的商业和农业引向了衰落，并最终导致了它的灭亡。

与此同时，希腊化世界也开始逐渐衰落。在亚历山大里亚，那些曾经盛极一时的科学基地与建筑，现在只能供人们凭吊托勒密王曾有过的伟大理想和追求。失去了政府的资助，科学家和哲学家们就没有了用来维持生计的薪金和退休金，于是，他们也不复存在了。希腊化时代的科学可以说是建立在国王财富的基础之上的，而并不是希腊思想之上。哲学家只追求真理而不需要任何外来物质支持就进行独立研究的时代早已远去了。

地中海是东部希腊文明与西部罗马文明的故乡。然而，罗马元老院并没有从这两大文明的土壤中汲取足够的养分，也没能为罗马帝国建立起一个像大流士波斯政府那样的强大政府。因此，整个地中海世界的文明走向了崩溃的边缘。在阿尔卑斯山的另一边，早在远古时期，北方的欧洲蛮族就试图穿过阿尔卑斯山，并一路南下。一旦他们攻克了这道大自然的屏障，他们就会将三千年来东方人、希腊人和罗马人在地中海地区所缔造的文明毁于一旦。罗马帝国能避免这场灾难吗？他们能否维护住地中海文明呢？

作为一个城邦共和国，罗马在艺术、文学、科学和思想等方面创造了许多璀璨耀眼的文明成果。希腊化的城邦政府存在着很多弊病，但它的生命力依旧旺盛而强大。就城邦政府而言，它根本不适合统治一个庞大的国家或帝国。事实也证明，虽然罗马共和国的城邦政府付出了诸多努力，但因为体制上的局限性和狭隘性，在管理偌大的地中海世界时它仍不可避免地表现出了软弱和无能。罗马能否建立起一个政府对地中海世界的不同国家和民族实施更有效的统治，进而成为一个真正的大帝国呢？它又能否像曾经的东方帝国那样，有效地统治一个比西亚和埃及加在一起还要大的世界呢？

现在，我们开始探讨一个关键性的历史时期，也就是从公元前 146 年罗马摧毁迦太基和科林斯开始，希腊化世界的文明逐渐走向衰落的时期。在罗马内部，穷人与富人之间的矛盾日益尖锐，一场殊死之战随时可能爆发。然而，虽然内部矛盾格外激化，他们还不得不努力协同一致，治理地中海世界。同时，他们还要时刻提防着北方蛮族入侵。虽然罗马人面临着各种各样的困难，但他们仍掌握了治理帝国的基本策略并牢牢地守住了北方的边疆，将来自北方的蛮族隔绝在了阿尔卑斯山的另一边，保存下了那个数百年来阻碍着人类进步的文明。这个文明成为我们的传统，我们会在最后几个章节里来探讨这一部分。

第二十三章　百年动荡与共和国的灭亡

一

共和制与贫民的对立

我们来回忆梳理一下之前提及的罗马帝国所面临的各种问题，那些问题都是应该快速解决却一直悬而未决的。当时，意大利所面临的最迫切的问题是如何解决罗马农民所面临的重重危机。意大利应该让农民的人口数量适当增加，并给他们重新分配土地。意大利盟友的不满情绪是罗马所面临的另一个严峻考验。意大利盟友们从头至尾没有得到选举权，也无权担任任何公职。同时，意大利之外的领土也面临着诸多问题。首先，共和国应该彻底改革各行省的政府，建立起一套能统治广大海外领地的切实可行的管理系统。其次，就边防问题而言，共和国应该加强对北方蛮族的防御，以防他们威胁到地中海世界的文明，避免再次发生像史前时期希腊人摧毁爱琴海文明那样的悲剧。

元老院自从萨莫尼特战争以来，就一直掌管着罗马政府，如今，这么多棘手的问题摆在了他们面前。这时，一个由贵族组成的寡头政治集团在元老院中崛起了，正如希腊城邦的寡头政治一样。元老院享有着的绝对权力并未建立在任何法律基础之上，他们凭借着担任执政官或其他高级官员时形成的声誉和号召力管理着国家。在罗马，应该由人民来真正控制政府，而他们在召开罗马大会时，从没有通过任何选举或法律赋予元老院这些权利。

对于意大利农民提出的种种合理要求，元老院的贵族们置若罔闻。早在汉尼拔战争之前，人们就意识到了有必要重新分配土地。在智慧果决的弗拉米尼乌斯（后来，他担任执政官，在特拉美西诺湖畔被汉尼拔的军队攻击，战死沙场）的带领下，罗马出台了一项颇为挑战元老院权威的法令。根据该法令规定，元老及其贵族朋友们必须将自己手里的公共土地交出来，进行重新分配。因此，元老院对弗拉米尼乌斯怀恨在心，但后来人们将他称为带领贫民反抗贵族的领袖。弗拉米尼乌斯不仅鼓励贫民努力积极争取自己的权利，还制定了一系列冒险政策，以帮助那些无知又不安分的贫民掌握政府权利。在汉尼拔战争期间，贵族与平民之间的矛盾有所缓和。随着战争结束，在一位名为卢契尼乌斯的护民官的不懈努力下，一项维护贫民利益的法令在罗马大会上顺利通过。这项法令明文规定，任何公民拥有的土地最多不能超过500亩，牛不能超过100头，羊不能超过500只。但是，在元老院的干涉下，这条法令成了一纸空文。

随着意大利被征服，罗马只得到了半岛的一半，如果它要增加耕种面积，就只能从意大利盟友那儿抢夺土地。在毁灭迦太基和科林斯城之前的十年间，罗马共和国夺得了最后一块领地。现在，唯一能让农民获得土地的方法就是正确有效地执行卢契尼乌斯的法律。罗马应该做的事情是将国家的公共土地，也就是美国所谓的“政府土地”重新分配给农民。但是，一代又一代的时间转瞬即逝，贵族们仍以各种形式霸占着这些土地。有时，甚至很难分清贵族的地产是他的私有财产还是他所占有的公共土地。因此，我们不难想象，元老院所代表的大地主阶层如何坚决地抵制重新分配公共土地。

弗拉米尼乌斯之后，一直没有再出现真正有才能的领袖。后来，一位名为提比利乌斯·格拉古的贵族成为平民的领袖。作为一个爱国者，提比利乌斯·格拉古是扎马战役中的英雄大西庇阿的孙子，满怀着奉献精神。后来，他的妹妹嫁给了小西庇阿。公元前133年，公民选举提比利乌斯·格拉古为护民官，他时常对平民发表各种慷慨激昂的演讲，让他们逐渐了解自己正遭遇着多么不公正的待遇。他在演讲时说：“在意大利的土地上，就连野兽都有栖身的洞穴，它们在那里筑巢做窝。然而，你们曾经为意大利出生入死，却只是为别人赚取了财富。你们是这个世界的主人，却连一块属于自己的土地都没有。”

为了维护农民的利益，提比利乌斯·格拉古向罗马大会提交了一份法令，要求重新分配土地。该法令与卢契尼乌斯的法令并没有太大区别，内容都带有某种中庸的政治色彩。他们在意大利所做的一切与梭伦在阿提卡曾做过的一样，而且相较于梭伦的法令，这个法令要温和很多。公元前132年，一场无关正常法律程序的悲剧发生了，这促使了该法令最终得以实施。为了敦促这项法令的实施，格拉古必须要赢得下一次选举，并连任护民官。但是，就在投票之前，一群暴徒冲入了元老院大厅，攻击了格拉古和他的支持者们，并将他活活打死了。这场流血事件以一种激烈的形式拉开了百年革命的序幕，这场内战从公元前133年持续到公元前31年。正是在这场战争中，罗马共和国走向了灭亡。

公元前123年，也就是提比利乌斯·格拉古死后的第十年，他的弟弟凯尤斯当选成为护民官。凯尤斯不再仅仅为缺衣少食的农民奔走高呼，他还试图挑战并削弱元老院的权力。他将元老院的敌人们聚集在一起，也就是那些没能加入元老院的大商人和大金融家。他们有着雄厚的财力，能够招兵买马，还能作为骑士参战。他们被人们称为骑士，骑士阶层也由此产生了。凯尤斯之所以能得到他们的支持，是因为他为他们争取到了在亚洲征税的权利。他还成立了骑士法庭来进一步扩大骑士阶层的权利，并借此专门惩治那些被元老院派去各个行省的贪官污吏。此外，他还向元老院提议，让那些意大利盟友们获得他们所渴望已久的公民身份。这一提议不仅激怒了元老院，还遭到了人民的强烈反对。最终，在一场暴乱中，凯尤斯的种种努力彻底夭折了，他的命运与他的哥哥如出一辙，他也在一场暴乱中丧命了。

马利乌斯和苏拉的统治

格拉古兄弟最大的缺陷就是过度依赖选民，因为那些参加公民大会选举的选民群体很不稳定，而想要在每场选举中都博得他们的欢心也并非易事。在格拉古兄弟改革期间，罗马城外的农民们是格拉古法律最直接的受益者，但他们都农事缠身，根本无暇进城参与选举。通过弗拉米尼乌斯和格拉古兄弟等人的改革，人们开始意识到他们需要一位领袖，将国家的权力集中到一个人手里。现在，人们不再盼望着护民官那样的领袖人物，而是渴望着一位军事领袖能够挺身而出。与此同时，元老院正在走向腐败堕落的深渊，对民间疾苦毫不关心，人们把这一切都看在眼里。在罗马与北非努米底亚大帝国之间的那场战争中，努米底亚的国王尤古尔塔对罗马人的弱点了如指掌。他顺利拉拢了罗马的执政官，因此，罗马军队再三受挫。这场战争拖延了很长时间，并彻底激怒了罗马人民。虽然当时元老院委派的指挥官米泰利乌斯为人正直、天赋异禀，并最终战胜了尤古尔塔，但罗马大会还是通过了一项法律，用罗马大会自己的将军代替了米泰利乌斯。人民拥有了对外事务的决策权和管理权，更为重要的是，他们还接管了军队。那些被选举出来的行政官员任期短暂，他们不再是人民利益的捍卫者。现在，人民更愿意依靠拥有军事力量并具备领兵作战才能的指挥官，而这些指挥官的任期往往都不确定。

作为一名将领，马利乌斯深受人民信赖，他是平民出身，从一个卑微的农民成为一位智勇双全的将军。在元老院的无能统治的大背景下，罗马与尤古尔塔之间的战争持续了六年；而在马利乌斯的领导下，这场战争很快结束。当他本人尚未返回罗马时，获胜的消息已经传回了罗马，于是，罗马人民坚定地选举他连任执政官。公元前 104 年，马利乌斯回到罗马，让沦为俘虏的努米底亚国王戴着锁链，在街上四处游行。这时，辛布里和条顿这两大日耳曼野蛮部落与高卢人结盟，并正在向南挺进。他们已经冲破了罗马的北方边界，并先后打败了位于高卢边界地区的六支罗马军队，罗马军团似乎已经丧失了信心。罗马陷入了一片恐慌之中。在这生死关头，马利乌斯再次被人们选为执政官，亲自披挂上阵，率领部队去抵抗从北方来的野蛮入侵者。公元前 102 年，在高卢南部，这位人民英雄不仅战胜了条顿，还将日耳曼的主力部队挫败。后来，辛布里人越过了阿尔卑斯山，来到了波谷，却还是被马利乌斯率领着军队击退了。

马利乌斯不仅骁勇善战，还是一位能力卓越的组织者。他对罗马军队的改革无论是在军事史上还是在罗马政治史上，都有着划时代的意义。马利乌斯废除了旧传统，不仅只有那些拥有财产的罗马公民才有权进入军队服役，贫民也能进入军队，并迅速成为职业士兵，这样一来，就确保了军队有充足的兵源。和昔日的希腊军队一样，罗马军队也发生了巨大变化，公民士兵的时代早已远去。在经年累月的战争的锤炼下，许多罗马公民成为有着丰富战斗经验的职业士兵。就某种程度来说，马利乌斯的军队成为了一支专业化的军队。按照法律的规定，每个公民都必须履行入伍服役的义务，但要求远远不如从前那么严格了。

青年士兵们长期服役，而且经常参与战斗，他们都能受到良好的训练，并有机会积累丰富的实战经验。因此，那些短期服役的公民士兵组成的军团所不能胜任的军事行动，他们却可以完成。马利乌斯制定了一套新的军事编制，军队规模从 4.5 万人扩充到了 6 万人；将 6000 人的部队划分为 10 个分队，每个分队有 600 人。这种分队被人们称为“步兵队”，作为方阵变换时的最基本的单位，也成为战争成败与否的关键。这些“步兵队”训练有素、信心十足，一旦接到了命令，就能迅速进入战斗状态。随着“步兵队”的创立和运用，古代战争艺术被推向了前所未有的巅峰。

虽然马利乌斯骁勇善战，又颇具组织才能，但他却不能称之为一个成熟的政治家。他出身于平民家庭，因此，他身上始终残留着罗马农民粗陋的本性，他对罗马贵族充满了憎恨却又不知如何对付他们；他从平民那里得到了指挥罗马军团的权力，却不知道如何驾驭他们。公元前 100 年，当他第六次担任执政官时，他与平民党领导人之间的矛盾越来越尖锐。他们采取了一系列极端行为，这场暴乱中有两名领袖丧命。民众对温和派越来越不满，元老院在较量中重新占据了上风。马利乌斯只能被迫下台，但是，他的领导让人们开始意识到，如果平民想要遏制元老院的权力，就只能将希望寄托于一位杰出的军事领袖身上。这个领袖可以不懂法律，也可以不具备高超的政治手腕，但他必须具备非凡的军事领导才华。

意大利盟友的不满情绪日益明显，元老院与平民之间的斗争也愈演愈烈。和罗马一样，意大利的盟友是征战军团最主要的士兵来源地，但是那些被征服的土地和掠夺来的巨额财富却与他们毫无关系。从前，意大利赋予领地公民权，而这项开明的政策早就被废止了，这让人们不由想起了伯里克利后期的雅典。早在意大利各社区统一为一个国家之前，他们就已经卷入了一系列漫长的对外战争之中。战争为罗马赢得了大片的土地，也造就了元老院的腐朽落后与统治阶层的心胸狭隘。财富与权力突如其来，这一切让罗马开始骄傲自大。在罗马看来，意大利其他盟友的感情根本不值一提。意大利仍处于四分五裂的状态，而罗马有责任将其统一起来。

有一点很庆幸，那就是罗马的一些领导人意识到了统一的必要性并准备予以意大利盟友公民权。作为一名贵族政治家，德鲁苏斯富有、无私且备受人们尊重，他被选举为护民官后，试图逐步帮助意大利盟友争取到选举权，但是，这位罗马政治家遭遇了巨大的阻力。公元前 91 年，他在大街上被刺杀身亡。反对德鲁苏斯的不仅仅是元老院，罗马的普通公民也唯恐失去自己所享有的特权；骑士阶层的富人也不愿意与盟友分享在海外掠夺的权利。意大利的盟友很快就意识到，从罗马手中争取权利根本就是痴心妄想。于是，德鲁苏斯被刺杀身亡后，中南部的意大利盟友发动了暴动，并建立了自己的国家和政府。公元前 90 年，他们将首都定在了中部的一个城市，并为国家取了一个生动形象的名字，即“意大利加”。

历史上，人们将这场战争称为社会战争，从公元前 90 年持续到公元前 88 年。在社会战争初期，罗马军队几乎彻底覆灭。虽然罗马后来摆脱了这种困境，但各意大利盟友的联合力量十分强大。迫于严峻的形势，罗马政治家采取了分化政策，即分别授予了各个盟友公民权。这样一来，罗马就拆散了意大利盟友的联合，并重新将各社区纳入了罗马帝国之中。但是，那些位于偏僻地区的公民如果想参加选举或其他政府活动，就只能跋山涉水，赶往罗马。这种荒唐的现象又一次说明，在组建管理大国的政府方面，古代城邦国家是软弱无能的，至于治理世界帝国方面就更别提了。纵使如此，无论是政府方面，还是语言方面，意大利都在逐渐走向统一。

另一场危险的战争在小亚细亚一触即发。作为该地区的既得利益者，罗马元老院的元老和富人阶层都在竭尽所能阻止战争爆发。即使战争真的爆发了，他们也会想方设法让它尽快结束。马利乌斯曾经的部下苏拉是一位战功赫赫的军官，在对意大利盟友的战争结束后，他被人们选举为执政官。元老院委派苏拉前往小亚细亚进行管理，却没能得到平民领袖的认可。在与尤古尔塔的战争期间，公民大会通过了一项法令，让马利乌斯前往处理一触即发的小亚细亚战争。然而，马利乌斯当时手下没有一兵一卒，所有的罗马军队都在苏拉的掌管之下与盟友交战。苏拉不顾人民大会通过的法令，率军直入罗马，经过罗马执政官的批准，以武力强行攻占了罗马。现在，元老院就如同从前的罗马大会，开始借助军队和武力来表达他们的意愿。很快，苏拉颁布了一条新法令，其中规定任何决策都必须先经元老院批准，才能由罗马大会展开投票。粉碎了平民利用法律对抗元老院的企图后，苏拉这才率领军队前往小亚细亚。

虽然元老院成为这场战争的获胜者，但是苏拉和罗马军团离开后不久，不甘心的人民又一次在罗马的街头巷尾发动暴乱。新公民手握着棍棒，在广场上围攻元老院的军队，死伤过百。在这场暴动中，一度逃亡到非洲的马利乌斯又率军返回了罗马。他与平民领袖联手，一起占领了罗马，并在元老院展开了血腥屠杀。杀死了提比利乌斯·格拉古的元老院也遭到了报应。公元前86年，马利乌斯第七次当选为执政官，但是，没过几天他就去世了。在苏拉返回罗马前，罗马一直被人民统治着。

苏拉率军远征小亚细亚的根本原因在于蓬土斯出现了一位年轻而天资聪颖的国王，那就是米特拉达特。罗马对东方的统治一直软弱无能，这直接促使了蓬土斯的迅速发展。蓬土斯很快就攻克了小亚细亚大部分的地区。罗马的统治让希腊诸城邦越来越不满。经过米特拉达特的再三劝说，小亚细亚的希腊城邦和部分希腊本土的城邦联合在一起来对付罗马。就连很少受罗马压迫的雅典也对他表示了支持。于是，罗马这边忙着内战，那边还面临着一个从天而降的东方强敌，而这个强敌像曾经的迦太基一样危险。苏拉将雅典城团团围住，收复了欧洲的希腊城邦，并迅速结束了对米特拉达特的战争，将他赶回了亚洲。苏拉向小亚细亚索要2万塔伦特的巨额战争赔款，此外，罗马还要求他们保护罗马借贷商的利益，剿灭东方的海盗。完成了这一系列的任务后，苏拉又返回了罗马。

在返回罗马途中，苏拉多次遭到平民军的围追堵截，但他将他们一一击退了。最后，苏拉来到罗马城，他跟平民军队一同攻克罗马，在没有履行任何法律程序的情况下，获取了国家的统治大权。公元前82年，苏拉手握重兵，再次成为执政官，他手中的权力比以往任何一位执政官都要大。而他刚上任，就对平民党领袖进行了一场大屠杀，并将他们的财产充公。罗马尚未从马利乌斯制造的阴云中恢复过来，就又一次陷入了恐慌。苏拉的行径如此野蛮，激发了人们的愤怒和仇恨，这也是后来暴乱频发的根源，国家安全因此也受到了严重的威胁。

为了彻底剥夺公民大会和护民官的权利，苏拉制定了一套新法律，这套法律完全不顾元老院在统治方面的软弱无能，将国家的领导权彻底交到了他们手中。虽然苏拉也推行了一些改革，但他已经铸成大错，那些改革的意义并不大。然而，苏拉品格高尚，他并未打算独占国家统治者的位置。公元前79年，当他看到自己的立法取得一定成效后，他就将自己的权力交出，卸任并归隐了。

庞培和恺撒的帝国伟业

苏拉在隐退一年后逝世了。他死后，人们强烈要求废除他为了约束公民和护民官而制定的那一套法律。为了达到这一目的，人们意识到，他们必须拥有一位属于自己的军事领袖。在苏拉制定的法律的庇护下，元老院的统治又持续了9年，这一次，平民领袖终于找到了一位他们渴望已久的军事指挥官——庞培。庞培曾是苏拉手下的军官，此前，他被元老院派往西班牙，在那里战胜了马利乌斯的一个支持者，从而赢得了显赫的声望。庞培对废除苏拉的法律表示支持，公元前70年，他当选为执政官。上任后，庞培践行了诺言，得到了平民的拥戴与敬重，成为位高权重的军事指挥官。

元老院在海防上一直很无能，这导致了西西里海盗一直在地中海上胡作非为。那群海盗还经常在台伯河口烧杀抢掠；在阿皮亚古道上劫持罗马官员；抢走从埃及和非洲运往罗马的粮食，要知道，这里距离罗马不过几英里。公元前67年，一项法令在平民大会通过了，庞培由此获得了距海岸50英里以外地中海的最高指挥权。于是，庞培拥有了200艘战舰，并有权在必要时对自己的军队进行扩充。在罗马，还没有任何一位军事指挥官拥有如此之大的非行政权力。

仅仅花了40天，庞培就将西地中海上的海盗清剿得一干二净。他带领着舰队向东，驶入了爱琴海。只花了短短7个星期，他就彻底剿灭了西里西亚海上的海盗，还烧毁了他们的码头，捣毁了他们的据点。次年，庞培获得了领兵征战米特拉达特的权利。这时，一位名为卢库卢斯的将领已经在战争中取得了赫赫战绩，即将击溃米特拉达特，并摧毁位于蒂那尼斯的亚美尼亚王国。庞培轻松战胜了米特拉达特，消灭了残存的塞琉古王国，还将叙利亚城设立为罗马的行省。此外，他还攻占了耶路撒冷，犹太人也被纳入了罗马的统治之下。返回罗马前，庞培的军队一直挺进到了幼发拉底河，即将抵达里海。自从马其顿以来，这样强有力的征服行动在东方就没有再出现过。因此，在许多人心中，在东方广袤的大地上南征北伐的庞培就宛如亚历山大再世。

同时，另一位新的英雄，也就是马利乌斯的侄子恺撒也在罗马大地上出现了。恺撒出生于公元前100年，当庞培开始担任执政官时，他才不到30岁。恺撒继承了马利乌斯的事业，对苏拉推行的法律表示坚决反对，并支持庞培出任执政官。他轻而易举地通过演讲为自己博得了满堂彩，并从众多平民领袖中脱颖而出。苏拉制定的法律被废除了，他的财产也被没收了，这让很多人心生不满与仇恨，这些一心想着复仇的人是恺撒主要的追随者。恺撒还有一位名为卡提林的政治伙伴，这个人身后也有一大群声名狼藉的追随者。在恺撒的支持下，他与另一位朋友参与了执政官的竞选。

恺撒受到重重质疑，卡提林名声也不太好，这直接导致了卡提林竞选的落败，于是，西塞罗成为执政官。虽然西塞罗资历尚浅，但他在演讲方面天赋异禀，而且是一位天才学者。他的目标是缔造一个处于元老院和平民之间的中间阶层，从而实现古老的罗马共和国的复兴。这时，卡提林已经债台高筑，而且还输掉了竞选，连最后一丝希望也破灭了。他的追随者都是一些满腹牢骚的破产者，失去土地的农民，苏拉曾经的老兵、奴隶，还有意大利的地痞流氓等，这些人每时每刻都在寻找着还清债务的机会，以便改善自己的处境。但是，西塞罗彻底粉碎了他们通过暴动夺取政权的企图，卡提林也在领导那群乌合之众发动暴乱时被乱棍打死了。西塞罗成功镇压了卡提林的这场暴动，声望也因此大大提高。公元前63年，他在担任执政官期间获得了非凡的成就。然而，人们这时开始怀疑恺撒参与并策划了卡提林的暴动，这种怀疑并非毫无根据，恺撒的政治生涯遭遇了很大挫折。

同时，伟大的东方征服者庞培凯旋，他并没有利用军队来争夺政治地位和权力。他主动放弃了军队指挥权，但是，他仍利用政治影响力迫使元老院兑现它曾经许下的两个承诺：支持庞培对小亚细亚做出的安排并赠予他的军队土地。两年后，元老院仍再三拒绝庞培的要求。这时，恺撒站在了庞培这一边，此外，另一位富有的罗马贵族——克拉苏斯也表示支持他们。他们的策略是支持恺撒参与竞选，成为执政官，然后实现庞培的这两个要求。于是，三位大人物秘密结盟了，即历史上所说的“三头联盟”。他们完全掌控了政治局势，恺撒于公元前59年成为执政官。

在恺撒宏大的计划中，当选执政官仅仅是第一步。在实现了庞培的两个要求后，恺撒开始推行一系列新的土地法，让贫民从中获益。他开始积极地为自己的未来铺路。他很清楚，唯有在军队中身居要职，才能完全掌控军队。就像庞培曾在东方牢牢地抓住机会，恺撒也抓住了在西方的一个千载难逢的机会。以前，罗马只是占领着今天法国南部沿海的一个狭长地带，而高卢人仍占据着北方的大片土地。如今，恺撒占领了高卢，他轻而易举地通过了一项法令，将自己任命为伊里利亚和高卢的总督，任期长达5年。这个地区包括曾处于高卢人控制下的阿尔卑斯山以南的波谷地区和阿尔卑斯山以北地区。

公元前58年，当选为新行省的总督后，恺撒在军事指挥方面的杰出才能得以体现。他对自己人民的潜力与军队的战斗力了如指掌，他深知，作为指挥官的首要任务就是确保军队的供给，绝不能让军队在一个无法补充给养又不能就地获取给养的地方驻扎下来。此外，恺撒的组织才能也很卓越，比起高卢野蛮人军队的将领，他对给养更重视。他知道野蛮人的军队既没有储存和运输给养的组织能力，也无法在当地获取足够的粮食，因此，他推测野蛮人的军队根本无法长时间在同一个地方驻扎。每当他们急需粮食时，就会将部队分散为一支支小部队，这时，恺撒就会出其不意地发起攻击，将这些野蛮人的小部队逐一击溃。

在这一战术的指挥下，公元前58年至公元前50年，恺撒花了8年时间来征服高卢。恺撒占领了西起大西洋和英吉利海峡，东到莱茵河的大片土地，还将入侵高卢的日耳曼人赶走了。恺撒指挥军队在莱茵河上搭建起了一座大桥。恺撒攻克了日耳曼的土地，还在莱茵河畔对罗马新行省的边界进行了划分。他甚至一度越过英吉利海峡，长驱直入大不列颠，然后向泰晤士河推进。现在的法国和比利时几乎都被纳入了罗马的版图，罗马帝国的疆域被大大拓展。通过恺撒一系列的征服行动，拉丁人来到了法国，现在的法语就是从拉丁语逐渐演变来的。在罗马，恺撒作为一个政治家的卓越才能得到了充分体现；而在高卢，他又让人们领教了他杰出的军事指挥才能。这就是恺撒与庞培的区别。诚然，在庞培的指挥下，罗马赢得了一场场战役，他确实是一位杰出的军事指挥官，但他无法从根本上改变罗马。而恺撒对罗马的情况了如指掌，他深信，对外战争与对各个行省的管理会不断地促使脱离政府掌控的军事领导人出现，而西塞罗成立一个新党派并依靠选票来抵挡利剑的设想虽然美好，却是不切实际的。因为在共和国的传统行政机制之下，野心家层出不穷，他们都试图用武力来控制政府，正如之前的马利乌斯和苏拉一样。因此，共和国既无力重新恢复意大利和帝国的秩序，也无力建立一个稳定的政府。显然，比起西塞罗，恺撒才算得上是真正高明的政治家。

罗马现在迫切需要的是一位能力出众又满怀着爱国热情的将军。在军队的支持下，恺撒完全可以永远充当罗马政府的主人，任何竞争对手都无法与他相抗衡。凭着这股求真务实的精神，恺撒实现了自己的理想，换言之，他的勃勃野心得到了满足。恺撒还出版了自己对高卢作战的战役记录，这堪称是他最为高明的一步棋。无论是在艰辛的行军途中，还是在战争的危急关头，只要有片刻闲暇，恺撒就会写作。这本书采用了朴实无华的叙述手法，没有任何拿腔拿调的成分。这本书是拉丁文学中最优秀的著作之一，但在当时只是一本用于政治宣传的小册子，出版的主要目的是宣扬这场伟大的征服战争以及这位高卢总督为人们所贡献的一切。当然，这本小册子漂亮地完成了这一政治使命，对于今天那些来自文明世界的拉丁语初学者来说，它也是最佳读物之一。

当恺撒第二次高卢总督的任期即将结束时，他开始推动那些罗马的支持者展开一些必要的政治活动，以再次当选为执政官。但是，元老院并不希望他返回意大利，还采取了各种手段阻挠他再次当选执政官。元老院从马利乌斯事件中吸取了教训，他们深知如果指挥官返回罗马并开始报复欺压平民的元老院时，他们应该做些什么，那就是必须拥有一位苏拉那样的指挥官。这时，三头联盟中财力最雄厚的克拉苏斯已经在幼发拉底河对帕提亚的战斗中战死沙场，三头联盟已不复存在。自然，庞培也不需要再对联盟负责了。正当罗马的骚乱与冲突一触即发时，元老院只能向这个平民党领袖求助。庞培并不是一个真正意义上的政治家，他不会考虑这个国家的未来，只是希望自己能继续带兵打仗。他开始公开对人民的敌人表示支持并积极维护元老院的利益。于是，这场本来合法的政治斗争逐渐演变成了恺撒和庞培这两位军事指挥官之间的抗衡，就像马利乌斯与苏拉之间的斗争一样。

恺撒也试图与元老院和解，但元老院下令让他遣散军队，这让恺撒彻底放弃了和解的意图，开始实施一早就计划好了的行动。这时，罗马军队中的职业士兵们已经完全对政治丧失了兴趣，对他们来说，公民责任感与政府等完全无关紧要，他们只服从于军事指挥官下达的命令。这些老兵曾跟随着恺撒参与过高卢战役，对他忠心耿耿，只要他一声令下，他们就会迅速进攻罗马，高举着手中的武器，与庞培率领的元老院军队拼个你死我活。在恺撒的率领下，军队很快越过了他的行省与罗马的分界线——鲁比康河。一旦他渡过了这条河，他在法律意义上也就失去了军事指挥权。因此，是否渡过这条河其实代表了他的一种态度。今天的谚语中有一句是“越过鲁比康河”，意思就是采取某种重大举措。

恺撒以迅雷不及掩耳之势攻占了罗马。公元前 49 年，元老院才下达命令一个小时，恺撒的军团已离开波谷，向罗马挺进了。恺撒迅猛的行动把元老院吓坏了，他们只能向庞培求助，但庞培推托说，他的军队不可能与强大的恺撒军团对峙。确实，在当时的罗马帝国，恺撒手下的老兵军团所向披靡。随着恺撒不断向罗马挺进，庞培撤走了军队，大多数元老和贵族也跟随着庞培大军逃离了罗马。通过一系列精心设计的军事行动，恺撒轻而易举地将庞培及其军队赶出了意大利。来到罗马后，恺撒将有机会当选为执政官，然后名正言顺地用法律对付元老院和庞培的军队，并保卫罗马。

但是，恺撒当时的地位也不太稳固。在东方人看来，庞培仍是世界上最伟大的人物。因此，庞培可以将东方各民族召集起来，联合各城邦，一同对付恺撒。此外，他还拥有一支强大的舰队，在这支舰队的帮助下，他曾剿灭了凶残的海盗，成为海上霸主。庞培将东方作为根据地，不断积蓄力量，在那里招募并训练军队，以抓住机会进攻恺撒。此外，他将西班牙从马利乌斯的追随者那里夺了过来，由他手下的军官控制。恺撒面对的是庞培东方和西方的支持者。恺撒决定各个击破，先解决来自西方的威胁。他采取了一贯的闪电式行动，于公元前 49 年 6 月进入了西班牙。恺撒遭遇了庞培手下将领率领的军队，在他的指挥下，他的军队仅花了几个星期就将敌人的攻击线切断了，并彻底包围了对方。还没等恺撒发动进攻，敌人就已经投降了。

恺撒出征西班牙的消息很快传到了庞培那些元老和贵族那里，他们下定决心重返意大利。但是，他们还没来得及越过边界，恺撒就已经凯旋。更让人震惊的是，恺撒艺高人胆大，竟然走在了他们控制中的海路，他从布伦狄修姆出发，巧妙地避开了他们的战舰，最终成功在埃皮卢斯海岸登陆。但是，因为严重缺乏供给，恺撒只能将军队分散为若干个分支，其中一支军队遭受了重创。最后，因为兵力完全处于弱势，恺撒只能前往色萨利地区的法尔萨拉斯与庞培进行殊死一战。

虽然庞培进行了严密的部署，但他最终还是成了恺撒这位当时最伟大的将军的手下败将。庞培巧妙地利用地形布置了阵地，将阵地右侧的一条小河作为右翼的防护，将骑兵也全部分布在左翼。这样一来，他左翼骑兵的数量就是恺撒骑兵的两倍之多，他打算由此作为突破口，绕到恺撒军队的右侧，从后面发起突击。但是，在两军对峙的时候，恺撒就发现了他的意图，并迅速将一支由三千多名士兵组成的精锐部队调到了右侧。在骑兵的掩护下，这支步兵大队很难被敌人发现。随着庞培的骑兵发起进攻，在恺撒的指挥下，高卢人和日耳曼人组成的骑兵部队迅速撤退。庞培眼见着敌军的骑兵撤退，立即下令骑兵追击，果不其然，掉入了恺撒精心策划的陷阱之中。庞培陷入了腹背受敌的困境之中。在他的背后，是恺撒手下六支精锐的步兵大队，前面则是恺撒的骑兵，整个大军被迅速分割成了若干个小块。随后，恺撒的骑兵迅速绕过敌人毫无防御的左侧，开始进攻庞培军团的后部。恺撒将全部剩余兵力集中起来，猛攻敌军的中心部位，一举将元老院的军队彻底击溃。庞培的士兵们四下逃窜，第二天早上，剩余的士兵全部缴械投降。

在这场战争中，古代战争艺术上登上了巅峰。庞培遭遇了他整个军旅生涯中的第一次失败，之后他逃到了埃及。在那里，他饱受了各种屈辱，最终被杀死。恺撒为了追杀庞培也来到了埃及。他见到了统治着埃及的托勒密王朝的最后一位国王，那就是美丽迷人的女王克娄巴特拉七世。这位尤物一般的女王深深打动了这位伟大的罗马人，他最致命的弱点也暴露无遗。在接下来的大半年时间里，也就是从公元前 48 年 10 月至公元前 47 年 6 月，他都逗留在亚历山大里亚，与这位优雅美艳的女王缠绵悱恻。直到一场恐怖的暴动发生，恺撒才意识到，自己手中的军队太少了。暴徒向恺撒发起攻击，焚毁了亚历山大里亚的图书馆。我们并不清楚恺撒征服小亚细亚那些对手的具体过程，只知道他在征服了小亚细亚后，在元老院发表了一次慷慨激昂的演讲，也就是著名的“我来了，我看到了，我征服了（Veni，Vedi，Veci.）”。后来，在迦太基以南的非洲行省和西班牙，恺撒也相继取得了胜利，他征服世界的最后障碍也随之被扫平。到了公元前 45 年，也就是他第一次攻占意大利后的第四年，他就征服了那些地方。

公元前 49 年，恺撒第一次带兵占领了意大利，5 年后，他就逝世了。这 5 年的时间里，他有 4 年的时间在沙场上南征北战，因此，他无暇重新组建罗马政府并构建罗马帝国的政治体系。就这一方面而言，元老院不具备任何能力。在苏拉统治时期，元老院的人数曾从 300 人一度增加到 600 人。后来，恺撒非但没有将这个古老的政治组织撤销掉，反而再一次扩充它。恺撒将自己的亲朋好友、追随者、以前的奴隶和一些外国人都安排进元老院，从此，元老院对他唯唯诺诺、惟命是从，但他也因此失去了人们的敬重与拥护。新的元老院不再与恺撒作对，各个行省也以他为中心，对他一人负责。这时，虽然还是通过选举产生共和国的官员，但是恺撒还是对腐朽的罗马政府推行了改革，这场改革可谓意义重大。他是第一位真正意义上的皇帝，在诸多方面对罗马产生了持久而深远的影响，但他英年早逝，罗马的共和制仅仅持续了 15 年。

恺撒制定了一系列重建罗马的计划，诸如修建宏伟的公共建筑、改造罗马城区、根治台伯河水患等。为了保持交通要道畅通无阻，他兴修大路，还准备在科林斯城和伊斯穆斯挖掘运河。在城市政府方面，他也推动了彻底的改革，他废黜了延续了数百年的希腊罗马月历，改为使用埃及日历，而罗马人还对埃及日历做了一些不必要的调整。在恺撒构拟的征服蓝图之中，罗马帝国并不局限于西方的一个角落，它还囊括了北方广阔的平原。如果他的这个计划实现，那么，今天从拉丁语演变而来的语言就不仅有法语和西班牙语了，还会有德语。

公元前 44 年 3 月 18 日，恺撒决定向东方进攻，去那里征服幼发拉底河东岸的帕提亚人。这时，罗马还有一些仇视独裁统治的人，他们发动了一场暴乱。恺撒镇压了最后这场西班牙暴乱，一年后，也就是距离他动身前往东方只有三天时间的时候，那群暴徒将这位伟大的罗马领袖杀害了。布鲁图斯和卡西乌斯等刺杀者并不能理解恺撒怀有的远大理想，在他们看来，自己杀死的不过是一个暴君。然而，恺撒的理想却是在地中海建立一个真正公正、诚信而有效的政府。他们还不明白，自己为了恢复古代共和国而付出的努力不过是徒劳而已，因为在世界君主和军事力量的压迫之下，罗马共和制早已没有了任何立足之地。恺撒死后，意大利和罗马帝国再次爆发内战。亚历山大死了，建立一个从印度西岸到大西洋的庞大帝国的计划也随之夭折了，因为 3 月 15 日的流血事件，另一个类似的伟大计划也由此中断。如果这个伟大的计划得以实现，将有一位世界君主统治东方和西方，此后，类似的机会再也没有出现过，恺撒的继承者们也没有了这样雄心勃勃的豪迈理想。

帝国的黎明：百年内战的结束

恺撒外甥屋大维远在伊里利亚，他得知了恺撒被刺杀的消息，当时，这位青年才 18 岁，正在伊里利亚潜心求学。他的母亲让密使送来了一封信，告诉他赶去东方避难，千万不要有丝毫犹豫，因为那些谋杀他舅舅的人随时可能去找他。但是，屋大维当即决定立刻返回罗马，这个决定充满了政治家的勇气与魄力，正是他日后政治生涯中各种优秀品质的集中体现。

返回意大利后，屋大维得知，他在法律程序上早已被过继给了恺撒，成为了恺撒的唯一合法继承人。他要求享有自己应得的法定权力，但马可·安东尼拒绝了他。安东尼曾与恺撒一同出任执政官，他是恺撒的朋友和追随者。

但是，他占有了恺撒的财产，而因为执政官的身份，人们也不敢反对他。他认为，屋大维只是一个养尊处优、不谙世事的继承人，也正是他的这种想法，屋大维才保住了性命。谁也未曾料想，虽然这个年轻人还很稚嫩，但却有着远远超越他年龄的成熟稳重。他敏锐地理清了眼前纷乱复杂的局势，时刻牢记着恺撒在事业上最致命的弱点。他知道，最重要的事情是将军事力量牢牢掌握在手里，他将恺撒的老兵重新召集起来，还得到了安东尼的两支大军。屋大维拥有庞大的军事实力，还有他人难以企及的谨慎小心，这一切都让他成为一位杰出的政治家。

通过充分发挥自己的聪明才智，屋大维努力改善了他在罗马的处境。20岁那年，在他的操纵下，他一跃成为执政官；他甚至还与安东尼和雷庇都斯两位实力雄厚的政治家结盟，在历史上被称为“后三头联盟”。他们通过了人民的选举，受到法律的保护。为了夺取财富，发动战争进而扩充势力，后三头联盟坚决打击任何反动势力，毫不留情地侵占了对手的财产，苏拉式的恐怖统治又一次复苏了。西塞罗是当时最伟大的演说家，他就死在了安东尼的士兵手中。与雅典的狄摩西尼类似，西塞罗堪称罗马最后一位演说家兼政治家。布鲁图斯和卡西乌斯在杀死恺撒后，仍竭尽全力维持共和制，他们率领着大军在马其顿的菲利普驻扎下来。公元前42年，随着罗马的有关事务被处理完，屋大维和安东尼率领着军队前去攻打布鲁图斯和卡西乌斯，也就是历史上著名的菲利普战役。他们在这场战役中彻底摧毁了最后的共和势力。两位获胜的将领重新划分了他们的势力范围：屋大维回到意大利，负责与后三头联盟的西方敌人抗衡；而安东尼继续向东挺进，力图将势力扩张到整个东方。庞培的儿子是他们在西方的敌人，在屋大维打败他之前，他的战舰在西西里驻扎着，还控制着地中海。后来，屋大维还打败了统治着迦太基以南的非洲行省的雷庇都斯。在恺撒死后10年之内，具体而言是从公元前42年至公元前35年，屋大维完全掌控了意大利和西方世界。

这段时间里，安东尼的行为有失一位成熟政治家的水准。在与帕提亚的交战中，他损失惨重，声名扫地。他贪恋克娄巴特拉的美色，在亚历山大里亚与安条克之间频繁往来。安东尼的领地一直延绵至幼发拉底河，他仿照波斯皇宫修建了一座富丽堂皇的宫殿。他就像是东方的君主，而克娄巴特拉则成了他的皇后。克娄巴特拉曾梦想跟随着恺撒，成为罗马皇后，如今，她又在安东尼的怀中继续做起了美梦。他们的风流韵事后来传回了罗马，罗马元老院认为这件事对安东尼和罗马都大为不利。在政治利益的驱动下，屋大维千方百计地设法说服元老院，由自己率军进攻安东尼，并向克娄巴特拉宣战。就像恺撒的西方大军和庞培的东方大军在希腊决一死战时一样，公元前 31 年，东西两方的将领再次在希腊西海岸的阿克提翁相遇。一场海战由此爆发，陆军则在这场战争中扮演起了观众。海战即将结束时，安东尼和他的东方皇后将士兵们抛诸脑后，自顾自地逃走了。克娄巴特拉的豪华战舰在皇家舰队的重重掩护之下，载着日落西山的安东尼向茫茫大海驶去，向埃及方向逃去。恺撒的继承人成为赢家。

第二年，屋大维来到了埃及，征服了这片古老的土地，在此期间，他甚至没有遇到太大的阻力。美丽的克娄巴特拉抛弃了安东尼，他因此自杀了。而那位骄傲的女王曾凭借着惊为天人的美貌和智慧征服了两位罗马统治者，但她不愿意面对罗马将军屋大维的屈辱，也选择了自尽。自从亚历山大以来，托勒密家族统治了埃及近 300 年，最终也走向了消亡。公元前 30 年，埃及成为罗马的领地。屋大维在征服西方后，又转而征服了东方，成为整个地中海世界的霸主，罗马也成为真正意义上的世界帝国。始于格拉古兄弟的百年革命或者说百年内战终于结束了，这场战争从公元前 133 年持续到公元前 30 年。

屋大维的胜利意味着整个西方古代世界个人专权获得了胜利。在东方世界，这样的专制权力早就出现了。最终，屋大维成了百年革命的赢家，并迎来了 200 年的和平年代。在这 200 年的时间里，只发生了一次较大规模的暴乱。这个和平时期始于公元前 30 年，人们认为这是罗马帝国的第一个 200 年。下面，我们将对第一个 200 年进行介绍。

第二十四章 帝国时代：奥古斯都和他的继承人们

奥古斯都的统治

在当地人民最热烈真挚的欢迎中，屋大维返回了意大利。各阶层人民都由衷地感激他，并将他视为英雄，因为正是在他的努力下，长达百年之久的革命、内战和破坏才终于结束了。罗马人已经意识到，庞大的罗马帝国继续前进的关键在于拥有一位独揽大权又宽仁贤明的统治者。经过44年的不懈努力，屋大维终于在罗马帝国建立起了一套全新的政府机构。如今，悬而未决的一大难题是如何改变罗马人对古老政府所抱有的根深蒂固的观念，进而有理有据地独揽军事大权。

屋大维对罗马共和制心怀敬仰，这一点说明他与恺撒有根本上的不同，他不愿意完全废除它，也不愿意因此而被称为是东方式的君主。于是，他一边积极强化个人权力，一边将共和政体保留下来，并最终登上了元首的宝座。

返回罗马后，屋大维非但没有站在元老院的对立面，反而还极力维护元老院在罗马的声望，提高了元老们的地位。公元前27年，他将管理国家的权利交到了元老院及罗马人民手中。但此时，元老院已经意识到了自己在统治罗马帝国上的软弱无能，他们正式任命屋大维出任军事指挥官，负责管理对罗马最为重要的边疆行省。此外，屋大维还成为护民官，这表明他在政府中拥有的权利是合法的。

同时，元老院还授予了屋大维“奥古斯都”的称号，“奥古斯都”意思是August（八月）。他的办公室被人们称为Princeps，也就是“元首”的意思，这象征着他是罗马的第一公民。而罗马帝国首脑的另一个头衔是Imperitor，意思是“大元帅”，这是指挥官的旧称，今天的Emperor（皇帝）

一词也是由此而来。然而，虽然屋大维被称作奥古斯都，但他并没有因此而狂妄自大，反而认为他的职位与罗马元老院委任的其他普通官员并没有区别。其实，作为元首，他的任期也不是终身制的，但这一任期结束后，可以再次被任命。

这时，一个由元老院和元首（皇帝）共同执政的二元制政府在罗马帝国正式建立起来，这是一个真正有效的政府。奥古斯都凭借着过人的智慧和不懈的努力完成了一件在尤里乌斯·恺撒看来都难以完成的事情，最终，他与那些坚持维护罗马共和制古老传统的人达成了和解。这种二元制政府在表面上看来恢复了共和制，但执政双方的权力算不上势均力敌。元首拥有太大的权力，这样一来，奥古斯都的地位就不可能真正与其他普通官员相等。在他成为元首后，元老院又多次强化了“元首”的权力。当然，这并非“元首”本人的意愿，而是元老院对奥古斯都的回报，因为他一直以真诚而友善的态度对待元老院，而元老院也很清楚不能失去他的帮助与提携。同时，因为元老院无法控制军队，这也就很难保持并增进所拥有的权势。

元首奥古斯都拥有强大的罗马军团作为后盾，他才是这里真正的统治者。对于我们来说，所谓的共和国称为军事君主国也许更为贴切。在东方人眼中，这一点亦是如此。埃及不受元老院的控制和约束，它彻底成了元首的私人领地。元首在这个古老的国家里就像东方的君主一样，他有权征税，可以像法老或托勒密王一样统治着这个国家。在埃及，奥古斯都被视为君主，拥有至高无上的权力，他被东方人视为国王。因此，当地人就以这个称号来称呼他，反过来，这个称号也在一定程度上影响了罗马。

罗马帝国将整个地中海地区囊括在版图里，换而言之，地中海沿岸所有的国家都归属于罗马帝国。自从共和时期开始，罗马帝国就一直没有明确的国家边界，如今这成为急需解决的问题。帝国南部分布着撒哈拉，西部则是大西洋，都是国家的天然边界，但东边和北边却还有发动新一轮征服战争的空间。但是，就边界问题而言，奥古斯都的主要策略思路并不是继续开疆扩土，而是如何管理并巩固已有的领土。他将帝国在东边的边界定为幼发拉底河，而北方则以多瑙河和莱茵河作为边界。但后来，因为莱茵河和多瑙河之间的三角地区对边界防御不利，在执政后期，奥古斯都一直盘算着将北部边界推至易北河。如果能最终实现这一意图，那么，帝国的边界就会从东南的黑海一直延伸到西北的丹麦，这是一条相对的直线。但在推进的过程之中，罗马军队没能打败日耳曼部落，最终，奥古斯都放弃了向北推进帝国边界的计划。至此，莱茵河以西、多瑙河以南的几个行省组成了帝国的北方边界，西起北海，东至黑海。

通过对罗马帝国西北部那片扇形领土的战略位置进行分析，我们就能从中发现这中间存在着一些重要问题。整个高地地区除了靠近里海的东端之外，几乎都处于罗马帝国境内，因此，这片高地自然成为帝国北部的一道天然屏障。然而，在西边，虽然北方平原的西端属于罗马，但莱茵河以东的北部平原的中部和东部地区仍不是罗马帝国的领土。生活在该地区的蛮人几乎从未受到过来自地中海文明的影响，而他们也因此成为罗马帝国边防领土安全最大的隐患。高地地区的山峰并不是不可能突破的，经过从爱琴海通往黑海的水路，就能穿过这片高地。因此，从北方平原进入地中海也很容易。在罗马尚未征服东方的肥沃新月东部近三分之二的地区以及东边的高地东端地区里，这里的各民族的文明高度发达，时刻威胁着罗马帝国的东部边疆，事实证明，他们最终真的占领了该地区。可见，罗马帝国的疆域包括地中海周围的领土和西北扇形地区的一部分，但野蛮部落仍控制着西北扇形地区的东、北两面。有一点需要注意，欧洲乃至整个文明世界的后期历史与这个事实有着密切关系。对现在包括俄罗斯、波斯和美索不达米亚地区稍作分析，我们就会发现，文明并没有影响到罗马边界之外的西北扇形区域那一片很大的地区。身为罗马元首，奥古斯都的一大重任就是维持地中海世界的安宁，虽然他本人可能并没有意识到这一点。他一方面要防止内部发生分裂或衰退，另一方面还要时刻提防着野蛮人的进犯。

为了守卫延绵千里的边界，罗马帝国急需一支强大而稳定的军队。然而，在奥古斯都整编后，比起内战时期，帝国军队在人数上大大缩小了。最初，整编后的军团只有 18 个，后来又被扩充至 25 个。总而言之，帝国军队的人数维持在 22.5 万人上下，士兵主要分为两类，一类是行省士兵，另一类是外国士兵，他们通过当兵来获取公民身份。奥古斯都保留了由罗马公民组成罗马军团的古老传统，但意大利本土的人们再也听不到军马发出的嗒嗒的马蹄声，再也见不到飒爽英姿的罗马军队了，因为这些军队都驻扎在了边疆。

在奥古斯都统治的初期，帝国的关键任务是休养生息，从城镇到边疆的各个行省都需要很长一段时间来抚平长期社会动荡所带来的伤害和痛苦。内战带来的负面影响在各行省都或多或少有所体现。东方地区，尤其是希腊，因为该地区内战频发，因而遭受了最严重的打击与伤害。在内战爆发前的150年时间里，行省除了受到各种合法化、公开的剥削之外，还时常遭受强盗和入侵者的劫掠。这些毫无防御能力的希腊城镇一度被蛮族侵略者占领，并成为他们四处劫掠的据点。整个希腊世界当时一片千疮百孔，东地中海地区一片狼藉。这片饱受摧残的文明土地最渴求的东西就是和平。

现在，奥古斯都就像500年前的大流士治理波斯帝国那样，开始治理整个地中海世界。那时的波斯帝国规模更大，但是，奥古斯都治理这一世界文明帝国的水平是远远超越波斯帝国的，比如，在地中海所建立的庞大的商业网络就是空前的。现在，他要将这些伟大的民族和国家都纳入罗马帝国，并有效而合理地管理它们。这其中，有的国家曾建立起过有效的政府体制，比如埃及在远古时期就有相应的行政体制了；有的民族，比如高卢等西部地区，则从没有过任何政府体制。因此，如何管理这些国家，奥古斯都要做出相应的安排。

在共和制时期，各行省总督的任期很短，而且他们中的绝大多数人缺乏相关的管理经验。要知道，总督这一职位拥有着至高无上的权力，相当于他治理下的行省的君主，但罗马的执政官每年都会更换一人，根本无法有效管理并约束各行省总督。如今，帝国委任罗马终身制的统治者担任行省总督，他们长期处于这一职位上，很清楚自己的职责，也会努力对各自的行省进行公正而有效的管理。他们的工作与业绩直接挂钩，各行省总督所取得的政绩直接决定他们能否继续担任该职位，有的甚至会被提升为更高的职位。于是，在奥古斯都及其继承人统治的那个时期，各行省中涌现了一批管理经验丰富的总督。虽然元老院仍控制着几个次要行省，并推行着原来的制度，但奥古斯都的改革同样影响着那些地方。

处于共和制下，人们从未思考过维持政府的正常运转需要花多少钱、每个行省又应该缴纳多少税。但如今，这些问题奥古斯都统统想到了，他对人口和资产进行了综合考察，计算出了各行省的人口和财产，并最终确定了每个行省需要缴纳的税额。他下令，除了缴纳海关税和省内税之外，各行省的居民还要向帝国缴纳土地税和私人财产税这两种直接税。因此，奥古斯都拥有了巨额税金，即使这样，他仍尽力做到公正合理地分配这些税金。绝大部分税金都返还给了各行省，来支持兴建公共设施，比如筑桥修路、挖掘水渠、兴建公共建筑等。在财务管理方面，奥古斯都积极向埃及借鉴。最终，罗马解决了在行省管理上混乱不堪的问题，在各属地建立起了一套公正有效的政府体制。稳定的政府能推动行省积极稳定地发展，在公正有效的政府管理下，各行省很快就发生了翻天覆地的变化。我们在下文将具体介绍它们在各方面的各种显著变化，其中，商业方面的变化是最明显的。富人不再把钱储存起来，而是将钱投入各种新生意里。在共和时期的最后几年里，放贷利率为12%，后来资金越来越充裕，利率很快就降至4%。

至此，在罗马的统治之下，地中海世界很快进入了一个崭新的繁荣发展时期，这是在内战时期的人们根本不敢想象的。如今，地中海世界已经成为一个统一的帝国。以前，我们要对地中海世界各国的历史进行分别介绍，包括雅典、斯巴达、马其顿、罗马、迦太基等，在此过程中，我们必须不断梳理各种纷繁复杂的线索。现在，这些单线串在了一起，成为一条连在一起的线，不同国家都可以归入罗马，进行统一介绍。当然，这并不包括尚未征服的北方日耳曼蛮族和幼发拉底河东岸地区。

奥古斯都时代的文明

对于这个逐渐发展壮大的帝国，奥古斯都憧憬着让意大利人在地中海帝国享有崇高的地位，成为各民族的领袖。他不能容忍意大利降低到与其他各民族同等的地位。我们知道，在意大利统一前，从天而降的巨大权力和巨额财富逐渐侵蚀了早期罗马人所具备的坚强、朴素等美德。为了消除种种不良影响，奥古斯都付出了巨大的努力。为了重新唤起古代罗马人崇尚的以朴素为美的风气，恢复曾经那种健康积极的生活、习俗以及对祖先的崇拜与敬意，他全力支持与之相关的所有工作，还颁布了保护婚姻的有关法令，使离婚率大大降低。东方众神曾被当地人广为接受，并在希腊盛行了好几个世纪，如今，奥古斯都禁止意大利人崇拜这些来自东方的神。他要求人们继承祖先的信仰，那些古老的宗教节庆活动也越来越受到人们的重视。他命人翻新了年久失修的国教神庙，还在罗马等地陆续兴建了许多新的国教神庙，在一定程度上来说，各地古代罗马的礼仪和习俗都得到了恢复。

当然，虽然奥古斯都付出了诸多努力，罗马人的那些变化俨然已成为了他们生活和性格中的一部分，这些并不是政府通过权力和法律就能强行改变和扭转的。奥古斯都时代，罗马人已经迈入了一个新时代，他这一切复古的努力都只能让人们更清醒地意识到如今这个时代已经与共和时期大不相同了。在奥古斯都时代，警察局、消防队、供水队和官办粮站等第一次在罗马出现。奥古斯都到处炫耀说，他最初接到手中的罗马是泥砖堆砌而成的，但如今留给后人的罗马城则是用大理石砌成的。在那些来罗马参观的人眼里，这些宏伟的新建筑就是一个新时代最鲜明的符号，因为在共和时期的罗马，人们根本就不可能看到像希腊城市中时常会看到的那种豪华气派的广场、体操馆、音乐厅等，当然更不可能有类似亚历山大皇宫那般金碧辉煌的建筑了。

奥古斯都兴建了一座座气势恢宏的建筑，正是这些建筑奠定了罗马在古代世界中的地位，罗马也因此成为古代世界最重要的艺术中心。经奥古斯都之手完成的建筑工程大多出自其养父、独裁者恺撒的设计或者当时已经开始动工的建筑。奥古斯都将帕拉蒂尼山上的几间房屋连接起来，充当自己的宫殿。这座宫殿朴素无华，那间卧室保存时间最长，气氛极其幽静。

从皇宫所在的山顶俯瞰山下，映入眼帘的是那些围绕着古代广场的崭新的大理石建筑。距离皇宫最近的是巴西利卡商务会堂，最初，该会堂由恺撒兴建，但尚未竣工，后来又被一场大火焚烧了。奥古斯都再次重建了这座建筑。还有由恺撒设计但尚未完工的位于商务会堂对面的新元老院礼堂，奥古斯都也将它继续修建完成。在广场的一端，奥古斯都还兴建了一座神庙，就是圣尤利乌斯神庙，专门用来供奉他的养父。演说家论坛是用大理石修砌而成的，与神庙遥相呼应。奥古斯都原本打算在广场后方修建一座建筑供元老院使用，但恺撒已经在这里修建了恺撒广场，只能作罢。后来，随着城市商业的不断发展壮大，奥古斯都又在恺撒广场的边缘兴建了一个奥古斯都广场。在屋大维成为奥古斯都前25年，庞培修建了罗马的第一座石头结构的剧场。奥古斯都也修建了一座规模宏大的马尔契卢斯剧场，以纪念他英年早逝的侄子。作为最受奥古斯都器重的将军和大臣，阿格里帕则在罗马修建了一个华丽气派的浴池。为此，奥古斯都赏赐给了他一块位于古老的马尔斯练兵场上的空地。阿格里帕在浴池周围修建了一幢幢气势恢宏的公共建筑，其中还包括用来召开人民大会的宽阔广场。元老院还修建了一座气派豪华的大理石和平讲坛，以纪念和平时代终于到来。

希腊风格深深地影响着罗马新建筑的设计，但东方对它的影响也不容忽视。正如我们所知道的，希腊建筑家没有借鉴东方建筑中经常可见的那种拱门结构，而罗马人却将其运用到了柱廊建筑上，并逐渐成为罗马建筑的两大特色之一。拱门结构之所以在当代建筑中占据了这样显著的地位，也要感谢罗马建筑对其巧妙地运用。罗马凯旋门的设计与拱门并不完全相同，它是模仿亚述宫殿的正门而设计的，而这也是奥古斯都多次前往东方世界的过程中对东方的纪念碑建筑萌发了浓厚兴趣的有力证据。他还在罗马兴建了一座座效仿埃及风格的方尖碑，此外，他还参照东方建筑物设计并修建了自己的族墓。甚至还有一位贵族修建了一座金字塔墓，如今，这座金字塔仍矗立在罗马城外。

虽然罗马的建筑艺术已经达到了很高的水平，但它在雕刻艺术上的突破和发展却远远不如前者。虽然我们见到了一些仿古的雕刻作品，但在那些极富创造性的雅典雕刻作品面前，这些作品不值一提。同时，罗马的绘画艺术也几乎停滞不前，这里没有专业的画家，绘画也局限于用来装饰墙壁。我们在庞贝城也能见到类似的装饰艺术。

如果说罗马的艺术是一种模仿性的艺术，那么，它在科学上也存在着许多模仿的地方。罗马并未出现阿基米德和埃拉托斯特那样伟大的科学家，其结果是，奥古斯都的大臣阿格里帕在绘制当时已知世界的地图时，为了给远赴行省任职的总督和商人提供实用有效的信息，他将各地之间的路线都绘制得很详细。但是该地图上的线路没有按照精确统一的比例来绘制，只是在各城市之间留出一定的空间，并标注上各个城市的名字。毫无疑问，对总督和商人来说，这种地图很实用，但地图上并没有像埃拉托斯特那样画出精确的经纬线，国家和海洋都移位或变形了，以至于读者现在很难从那上面辨认出自己所熟悉的国家的具体位置。

在罗马，希腊人斯特拉波撰写了那个时代地理学方面最重要的书。在这本书中，他将历史与地理结合起来，生动翔实地描述了自己在游历中的见闻。虽然这并不是一本真正意义上科学的地理学著作，但它在很长时间里都被人们视为认识世界的地理学标准著作。这本古代游记以生动有趣的形式和视角让读者增长了有价值的地理知识。然而，斯特拉波可以说是古代最后一位伟大的科学家，因此，他的著作也可以被视为古代科学衰落的标志。但正是因为他和在他之前的诸位伟大科学家的不朽成就，希腊化时代才成为了早期世界最伟大的科学时代。

有趣的一点是，虽然罗马人漠视科学，但他们对文学却抱有积极的态度和浓厚的兴趣，就连罗马最伟大的人物恺撒对文学强烈的兴趣也没有因为繁忙的政务或戎马生涯而终止。在越过阿尔卑斯山思索着如何对付高卢人的那段日子里，他竟然创作了一篇有关用拉丁语发表演说的论文，之后他还将这篇论文献给了当时最伟大的拉丁诗人西塞罗。他们二人都曾在雅典和罗德斯求学，都醉心于优秀的希腊学术和文学作品。与恺撒和西塞罗身处同一阶层的人们每天都用希腊语来交流，他们使用希腊文的时间甚至比使用拉丁文的时间还长。希腊文明与罗马品格的交融，孕育了这样一群在古代世界里拥有着最睿智头脑的伟大人物。在日渐衰颓的希腊城市里，再也找不到能在文明水平和思想深度等方面与之相匹敌的人物了。更何况，纵观希腊历史，那里从未出现过既拥有非凡的领导才能，又拥有很高文学造诣的双料天才。

在谈及文学的价值时，西塞罗曾说过：“年轻人可以从文学中获益，老年人可以将文学作为消遣；文学让你在幸福的时候更幸福，也让你在痛苦的时候忘却痛苦，获得心灵上的慰藉；当你独处家中时，文学让你感到充实，当你游历四方时，文学可以为你指引前路；文学可以陪伴你进入梦乡，也可以与你肩并肩漫步于郊外的田野间。”作为罗马最伟大的文学家，西塞罗的理想与抱负一直深深地影响着各国的文人学者。因为他缺乏政治家所必需的品格和敏锐的洞察力，在政治上一败涂地后，他全身心地投入到了文学之中。他是罗马最伟大的演说家，在担任律师和政治家期间发表了许多著名的演讲，深远地影响着罗马诗歌的发展。此后，罗马诗歌更为优美、成熟。离职后，他以书信的方式发表了一系列以演说为主题的论文和一系列讨论品行的文章，比如《论友谊》《论老年》等。他的朋友珍藏了这些文章，流传至今。虽然安东尼的士兵在内战时杀害了西塞罗，但那些著作仍承载着他的思想，并未因为他的离世而终结，他的思想是不朽的，永远地影响着后世。正因为他的这些著作，拉丁语才成了人类最美的一种语言，这些优秀的文学瑰宝对后世西方的伟大作品或多或少都有所影响。

西塞罗影响了奥古斯都及其身边的众多重要人物。在他们心中，用西塞罗文化来代表源于希腊文明的罗马新文明的文化最为恰当。西塞罗文化在早期帝国和奥古斯都时代的人们及国家的理想中留下了深深的烙印。奥古斯都在罗马建立了两座图书馆，其中一座图书馆里收藏了大量古希腊文和拉丁文著作。后来，那些曾深受希腊罗马式文化熏陶的人，逐渐沉浸于罗马大帝国创建过程中的种种光辉事迹当中去了。帝国的强大似乎即将淹没思想家的想象力，这种令人窒息的感觉与处于鼎盛时期的雅典如出一辙。里维写了一部罗马通史，讲述了从特洛伊战争到奥古斯都时代的历史。这部长篇著作长达140卷，创作耗时40年。虽然只有一部分流传至今，但这部分读起来仍趣味盎然。它并非严格意义上的历史著作，古代最伟大的历史学家修昔底德研究历史时的那种严谨态度和方法早已一去不复返。

在共和制末期，暴乱与内战开始频发，但拉丁文依然得到了进一步的完善，这是西塞罗及其同代人共同努力的结果。从另一个角度来看，早期帝国和奥古斯都时代的太平盛世则唤起了最伟大的拉丁诗歌无限的灵感。著名诗人贺拉斯，他既是杀害恺撒的凶手的朋友，还参与过反抗奥古斯都统治的菲利皮战役。然而，在这场惨烈的战争中他并没有身亡，还在和平年代获得了人身安全的保障。随着和平的到来，奥古斯都宽容地接纳了他，并和他成为朋友。虽然贺拉斯出身于一个被释放的奴隶家庭，但他曾在希腊接受过教育，对古希腊抒情诗人的路数可谓了然于胸。受这些诗歌精神的熏陶，他开始淋漓尽致地抒发自己内心的诗情。他用诗歌生动地描绘了当时人们的生活，在读他的诗歌时，奥古斯都时代人们的生活画卷就在我们脑海里徐徐展开。这位思想成熟、学识渊博的伟大诗人为我们留下了一笔宝贵的财富，其价值甚至远远超越了希腊文学本身。

奥古斯都时代还有一位名为维吉尔的诗人，他以崇拜伟大的恺撒及年轻的屋大维而闻名于世。内战时，维吉尔的祖上在阿尔卑斯山麓的农场被他人占为己有，最终奥古斯都将农场还给了他。维吉尔常常静静站在农场的最高处，极目远眺，寻找着创作的灵感，与提奥特利特的诗人们一样，用优美隽永的诗歌描绘意大利人的田园风光与惬意生活。然而，他的诗歌处处带着希腊诗人风格的影子，他并未能成为最伟大的诗人。后来，他开始创作诗歌来赞美罗马的思想，歌颂奥古斯都的思想。在他看来，奥古斯都是为世界带来和平的使者。此外，当时流传着多种史诗，其中有一部就出自维吉尔之手。这部史诗讲述了特洛伊英雄伊尼阿斯从小亚细亚前往意大利的经历，他经过几番颇具英雄情怀的冒险，最终缔造了拉丁姆王朝。这部史诗中，恺撒家族就是伊尼阿斯的后人，而奥古斯都则是恺撒家族最伟大的领袖，他拯救罗马于危难之中，并开创了太平盛世。

不同于荷马为一个英雄时代所创作的史诗，维吉尔的史诗《伊尼阿斯》是为了赞颂奥古斯都而创作的，在这部史诗中，奥古斯都被置身于特洛伊英雄时代的光辉之中，这与亚历山大大帝曾为自己所做的事情极其相似。从今天的角度来看，身为《伊尼阿斯》的作者，维吉尔与贺拉斯有着类似的地位。虽然维吉尔的思想没有贺拉斯那么深刻，但他在拉丁诗歌方面的造诣却远远超过了贺拉斯。《伊尼阿斯》不仅在当时深受人们青睐，还成为后来文明世界中最主要的教科书之一，对后世文学产生了深远的影响。

奥古斯都 75 岁后，他自觉行将走完这段生命的旅程，于是，他将毕生的功绩都整理好，刻在了铜板上，让人们在他死后将其立在自己的坟墓前。铜板上的文字组成了一个个惊心动魄的故事，完整地再现了他的一生，同时也让我们对他的丰功伟绩有更全面的了解。这些成就就像一片巍峨的群山，延绵不绝又千姿百态，每一个行为、每一道命令、每一个成果，无不体现着奥古斯都的人格魅力与非凡魄力。这一连串故事共同组成了古代世界流传至今的最动人的伟人传记。在完成这部传记后，奥古斯都溘然长逝。公元前 14 年 8 月 19 日，罗马帝国的第一代皇帝，在这个以他的名字命名的 8 月，与世长辞。

第一个百年和平时期的结束

奥古斯都统治了罗马帝国近半个世纪，具体说来，是 44 年。而作为皇族，他的家族又接着做了四任皇帝，继续统治这个帝国长达半个世纪之久，罗马在平稳中度过了第一个百年和平时期。当时反对个人专权的势力仍大量存在着，因此，当时或后世的那些作家对后来的这四位皇帝都存在着一些个人偏见，有许多相关描写是不真实的。当然，其中有两代皇帝确实昏庸无能，但另外两代皇帝可以称得上是真正的明君，为完善帝国统治倾注了大量心血。

奥古斯都死后，罗马帝国每一位出色的公民都有机会成为君主，因为奥古斯都并没有通过任何法律形式来规定继承人。奥古斯都膝下没有儿子，家族中的男继承人也陆续去世，其中还包括他的外孙，也就是他女儿茱莉亚的几个儿子。最后，他只好请求元老院批准，将他的妻子与前夫的儿子提比利乌斯过继给他。其实，早在奥古斯都逝世之前，提比利乌斯就已军权在握，相当于护民官了。奥古斯都死后，元老院规定由他继承继父的一切权力，而且没有规定任期的期限。

提比利乌斯不仅有着丰富的统治与管理经验，还有出众的军事才能。公元 14 年至公元 37 年间，他向各行省委派了聪明能干的总督，体现了精明强干的统治才华。然而，他缺少继父身上那种圆融豁达的品性，也不像奥古斯都那样尊重古老的共和制度。在他看来，元老院不过是一个花瓶一般的摆设，因此，他对元老们也充满厌恶。对于那些在公共场合看似尊重他却在私下里诋毁他、意图推翻他的贵族，他报以嗤之以鼻的不屑态度。

同时，他也瞧不起那些平民。在奥古斯都时代，处于奥古斯都控制下的元老院早就将政策、法律等决定好了，但人们仍像共和时期那样，通过召开公民大会来选举地方行政官并制定相关的法律。提比利乌斯上台后，决定取消这种闹剧一般的形式，不再将应该由皇帝决定的事情放手给公民大会。也就是说，罗马政府不再代表罗马人民。此外，提比利乌斯还积极推行清廉政治，极大地削减了公共表演上的开支，这样一来，平民的娱乐活动就大大减少了，罗马平民对皇帝的敌意也与日俱增。由于不被罗马人接受，再加上亲人相继去世，个人生活很不幸福，提比利乌斯后来离开了罗马，来到与世隔绝的卡普里岛，过上了隐居生活。他住在一栋气派的别墅里，一直到公元 37 年，他在这座可以眺望到那不勒斯湾的小岛上怀着满腔的遗憾和哀怨去世了。

提比利乌斯的儿子英年早逝，因此，凯乌斯·恺撒以皇位继承人的身份即位。他是奥古斯都的重孙，自幼在军营里长大，因此，士兵们称他为卡里古拉，也就是“小靴子”的意思。卡里古拉在即位之初年仅 25 岁，他深受罗马人喜爱，但随着权力与欲望的不断放大，加之长期以来奢靡放荡的生活，他成为人们唾弃的对象。最终，他身患精神病，还委任他的坐骑作为执政官。他肆意地挥霍提比利乌斯执政期间为国家积累的巨额财富，将这些钱浪费在荒淫无度的生活和建造各种稀奇古怪的建筑上面。他为了掠夺他人财富而草菅人命，他手下的侍卫忍无可忍之下结束了他这段疯狂的统治。公元 41 年，也就是他在位的第四年，在帕拉蒂尼山的宫殿里，一位侍卫杀死了他。

在卡里古拉被杀死后，禁卫军开始疯狂地在皇宫里劫掠，这时，他们发现了藏在角落里吓得直哆嗦的卡里古拉的叔父，也就是提比利乌斯的外甥克罗狄乌斯。无论是精神上还是身体上，克罗狄乌斯都很软弱，因此，他一直被家族中的其他成员欺凌。当时，他已年逾五十，但禁卫军却执意要拥立他出任皇帝，元老院迫于无奈也只好同意了这个荒唐的要求。尽管克罗狄乌斯对家族中的女人和身边的官员都一味顺从，但他管理国家的能力却远在卡里古拉之上。他在位的那段时间里，皇宫俨然成为各种阴谋诡计热闹上演的舞台。

公元 41 年至公元 54 年间，克罗狄乌斯在位，他对帝国事务恪尽职守，为帝国的发展做出了许多贡献，纵然他有诸多令人不满的行径，但这些功绩也不会因此从历史上被抹去。在不列颠，他成功地指挥了一场战役，南不列颠最终成为罗马的一个行省。此后的350年间，不列颠一直隶属于罗马。克罗狄乌斯在完善罗马的建筑及公共设施方面展现出了浓厚的兴趣和极大的热忱，他在山上修建了两条大规模的引水渠，一直延绵到罗马城内，全长为 100 英里，于是，罗马有了充足的山泉水。克罗狄乌斯手下的政府官员主要是由重获自由的希腊人组成，他们精明强悍，是他执政时最得力的助手。这群人逐渐形成了一个内阁，于是，帝国第一次拥有了一批有实力负责处理各种政务的大臣，他们的职能与今天的财务部长、国务卿等类似。

但是，克罗狄乌斯身上有一个致命的弱点，他无法根据自身意愿来委任那些重要官员并有效约束他们，也正是这一点断送了他的性命。公元 54 年，他的最后一位夫人阿格里皮娜投毒谋杀了克罗狄乌斯，将她自己的儿子尼禄送上了皇位。尼禄出身于奥古斯都家族，母系和父系皆是如此。在他母亲的授意下，他曾师从哲学家塞内加。他统治的前五年里，塞内加担任首相辅佐他，在此期间，他的统治是英明而卓有成效的。然而，宫廷中后来兴起了各种阴谋与诬陷，塞内加也被牵连进去。于是，这位才能出众的首相与尼禄的母亲一起，被驱逐出了宫廷。此后，尼禄开始放肆妄为，他不再隐藏自己卑劣的天性。尼禄这一名字成为历史上那个最黑暗时代的代名词。

尼禄对艺术有一种近乎疯狂的热爱，他经常亲自出席各种艺术活动。他甚至将政府事务交给宫廷中的亲信处理，然后以作曲人的身份前往希腊各大城市，在那里漫游，参加各种舞蹈、歌唱和马车比赛等。他不仅热衷于结交演员、运动员和职业角斗士，他本人还参加过角斗竞技表演。宫廷中那些诬陷与阴谋频频发生，加之尼禄本就生性多疑，他逼死了他的老师塞内加，还杀害了克罗狄乌斯之子以及很多无辜的正派人士。他甚至还受到其他女人的诱惑，杀死了自己的妻子。更令人发指的是，他残忍地谋杀了自己的母亲，他的罪行也因此达到了顶点。同时，他还在一些行省收敛钱财，荒淫度日，杀害了许多富人和贵族。他的种种罪行点燃了人们心中的熊熊怒火，他因此被赶下了皇位。

这时，另一场灾难在罗马发生了。竞技场周围那片破旧的木屋区发生了火灾，熊熊烈火迅速蹿上了帕拉蒂尼山，整个皇宫只有奥古斯都的卧室幸免于难。接着，大火蔓延到了城里，熊熊烈火一直燃烧了一个星期，这场大火中罗马城的大部分建筑都毁于一旦。雪上加霜的是，不久后，余烬复燃，罗马城进一步受损。随着灾难过去，罗马城内谣言四起，有人说是尼禄放了这场大火，因为他想毁掉罗马城，重新修建更恢宏的新城；还有人说，尼禄曾在大火肆虐时举办了一场音乐会，以重现特洛伊被焚毁的场景。然而，事实上并没有充足的证据来证明这些谣言的真伪。显然，在这种情况下，尼禄对另一种有关这场火灾的谣言更感兴趣，那就是基督徒放了这场大火。因此，尼禄找到了理由残酷镇压基督徒。后来，他通过横征暴敛，巧取豪夺，搜刮了一大批钱财，开始重建罗马城。他为自己修建了一座金碧辉煌的恢宏宫殿，称之为“金色宫殿”。皇宫的位置超出了现在的圆形剧场，从广场东边分别向东、北两个方向延伸。皇宫一直向北延伸，覆盖了埃斯奎利诺山丘，大部分城区都被占据。在剧场入口处，尼禄还修建了一座巨大的铜像，这座铜像足足有一百余英尺高。这些事实足以证明，尼禄是发自内心地热爱着艺术，追求着艺术，他也确实想将罗马打造成为一座更迷人的城市。

尼禄的种种荒诞行径彻底激怒了罗马人民，他身边那些有才干的大臣也因为饱受屈辱而抛弃了他，这表明，尼禄已经彻底失去了所有的支持者。沉重的赋税激怒了各行省，最终，西班牙总督加尔巴发动了一场公开叛乱。面对这场酝酿已久的叛乱，尼禄束手无策。当叛军进入罗马时，尼禄吓破了胆，只能藏起来。而后，当他听说元老院已经通过投票决定将他处死的时候，他又戏剧性地选择了自刎。他在临终前高声呼喊着：“我的死会让你们失去一位伟大的艺术家。”公元68年，奥古斯都王朝最后一位皇帝去世了，罗马第一个百年和平时期也随之结束。几位罗马军队指挥官都妄图夺取王位，罗马帝国随时可能爆发一场内战。

虽然奥古斯都王朝有两位昏君出现，但也不能因此否定提比利乌斯和克罗狄乌斯的统治所取得的功绩。罗马和各个行省的政府都取得了长足进步。

在我们看来，罗马正在逐渐变成一个君主制国家，王位只能在父子之间代代相传。而恺撒们因为被称作皇帝，也逐渐获得了人们对他们的顶礼膜拜，这一传承的过程更为迅速地发展了起来。从尤利乌斯·恺撒开始，人们就将皇帝奉为神明①，就像对昔日的亚历山大大帝一样。皇帝获得了大部分公民的敬仰与拥护，他们认为，崇拜皇帝是他们应尽的责任与义务。就连尼禄死后那场短暂的战争也丝毫没有威胁到皇帝崇高的地位。在尤利乌斯·恺撒王朝之后，在皇帝的统治之下，繁荣与和平又持续了一百年。我们会在下面用专门的章节来讨论这一个新的和平的一百年。

① 除了尤利乌斯·恺撒和奥古斯都以外，在尤利乌斯王朝，只有克罗狄乌斯被奉为圣明的皇帝。提比利乌斯不受欢迎，卡里古拉和尼禄因其品行恶劣而没有受到人们崇拜。

第二十五章　帝国时代：皇帝、军团和法律

第二个百年和平时期的罗马皇帝

尼禄死后，几位主要的军事指挥官为了争夺王位，互相厮杀，罗马帝国随时有可能陷入长期内战。令人庆幸的是，一年后，来自东方的将领韦斯帕西安带领着一支强大的军队，轻松获取了胜利。公元 69 年，元老院拥立韦斯帕西安为皇帝，在他的统治下，帝国顺利步入第二个百年和平时期。他与之后那些伟大的皇帝共同缔造了昌盛兴旺的罗马帝国。下面，我们将简要介绍这些皇帝在政治和军事方面的作为和功绩，以及在第二个百年和平时期帝国的生活与文明。

边疆及某些行省有局部战争爆发，但这并没有波及帝国整体的和平。韦斯帕西安被推选为皇帝之前，曾在巴勒斯坦镇压过犹太人叛乱。第二年，也就是公元 70 年，他的儿子，同样能力超群的梯特攻下了耶路撒冷并残忍地屠杀了大批犹太反叛者，彻底摧毁了这座城市。耶路撒冷这座城市给罗马人带来了太多神圣的记忆，他们将那里视为圣城，因此，他们不愿意犹太人返回这座他们由衷热爱着的城市。因此，罗马将这座圣城占为己有，同时，朱迪亚也成为罗马的行省之一。

这一时期，罗马皇帝获得的成就主要体现在两方面：第一，边疆防御体系得到进一步完善；第二，帝国政府体系和管理制度也得到进一步完善。在帝国南面，撒哈拉是一道天然屏障，西面则濒临大西洋，东、北两面却没有天然屏障。因此，帝国将日耳曼游牧部落视为位于北部边疆的重大安全隐患；与此同时，东部的幼发拉底河流域也一直受到安息的威胁，这是唯一一个未被罗马征服的文明国家。

蛮人进行着大规模的人口迁徙，这威胁着罗马帝国的北部疆域，这一点在谈到马利乌斯时代也提到过。这种迁徙浪潮曾让印欧部落来到地中海地区，也正是在这种浪潮中，希腊人和罗马人迁徙到了两大半岛。北方的蛮人极大地威胁着地中海文明，随着这种潜在威胁变为现实，曾盛极一时的爱琴文明被蜂拥而入的希腊人彻底毁灭了。罗马皇帝能否长久地抵御蛮族的入侵，这事关人类的前途。如果罗马能长时间地扼制蛮族，那么，在与罗马帝国长期的冲突过程中，他们就会逐渐接受地中海文明，并在这一过程中对该文明产生敬意，为后人保留一部分文明成果，这也可以说是功德一件。

公元69年至公元96年，韦斯帕西安与他的两个儿子统治着弗拉维王朝，他们为北部边防可谓殚精竭虑。在韦斯帕西安之子梯特的仁政结束后，梯特之弟、韦斯帕西安的次子图密善继承了奥古斯都所划定的边界线。莱茵河上游和多瑙河上游之间的边界地区容易遭到攻击，图密善加强了那里的防御。但在多瑙河下游地区，对于逐渐崛起的达西亚王国这一潜在威胁，他却没有制定相应的防御策略。图密善给达西亚国王赠送了很多礼物，试图以此让其停止入侵边界。图密善的这一举措是不明智的，而且给这个地区带来了一个麻烦，他把这个麻烦留给了他的继承者。

公元96年，图密善去世，元老院推选元老涅尔瓦继承皇位。涅尔瓦的统治短暂而毫无作为，这一期间，多瑙河下游的边境安全问题依然没有得到解决，作为继承者，勇猛的将军图拉真不得不接过了这些问题。公元98年，继涅尔瓦之后，图拉真登上了皇位。他很快就意识到，如果不从多瑙河穿过，彻底征服达西亚王国，罗马帝国在多瑙河的边界将永不安宁。于是，公元101年至公元106年间，图拉真率领着部队强渡了多瑙河，翻山越岭，穿越人迹罕至的原始森林，最终攻陷了罗马军团从未突破过的障碍。他率军连续攻城略地，经过两次战役，彻底摧毁了达西亚首都，达西亚国王及其大臣也全部自尽。图拉真在多瑙河上修建了一座大石桥，达西亚成为罗马的一个行省，罗马人的居住区也陆续出现在多瑙河北岸。在现代，这一居住区居民的后代被称为Roumanians，也就是罗马尼亚人；而他们的国家则被称作Romania，也就是罗马尼亚，这两个词都是由Roman（罗马人）一词衍生而来的。在图拉真的铁腕统治下，多瑙河下游地区维持了比较长一段时间的安定与繁荣。

恺撒以后，罗马的军事就处于停滞不前的状态，但是，到了军人图拉真统治期间，帝国的军事开始重振辉煌。随后，图拉真着手处理东部边疆问题，也就是北起黑海东端，南至西奈半岛的那片地区。在东部边疆北部，大部分以幼发拉底河上游河段为界。罗马只占领了肥沃新月的西边，却从未征服过东边的亚述和巴比伦尼亚等地。从塞琉古时代早期开始，波斯的近亲，也就是强大的安息在该地区的统治持续了 350 年，曾先后两次将罗马远征军击败。图拉真希望效仿亚历山大，在东方建立一个庞大的帝国，公元 115 年至公元 117 年，他率军入侵安息，并最终征服了那里。于是，亚美尼亚、美索不达米亚和亚述等也成为帝国的行省。参观完 440 年前亚历山大在巴比伦死去的地方后，图拉真心生感慨，他说道："声名显赫又有何用，到头来也不过化为一抔黄土和废墟罢了。"后来，因为后方发生叛乱，他只能率军撤退。想到这场声势浩大的远征就要功亏一篑，图拉真心中郁愤难平，最终身染重疾。公元 117 年，在返回罗马的途中，图拉真在小亚细亚病逝。

图拉真的继承人哈德里安（Hadrian，公元 117 年至公元 138 年在世）有两个身份，他既是一位杰出的军事将领，又是一位英明果决的政治家。他没有在东部继续图拉真未竟的征服大业，而是明智地放弃了除了西奈半岛之外的东部边界，将本国边界收缩到了幼发拉底河。哈德里安加固了北方边界的防御等级，在莱茵河与多瑙河之间修筑了一道长长的界墙。此外，他还在不列颠北部筑起了横跨全岛的界墙，时至今日，这些残垣断壁仍在那里。此后，罗马帝国的边疆地区维持了一段较长时间的安宁，甚至连大的骚乱都没发生。直到马可·奥里略开始统治帝国，这时，北方蛮族大举迁徙，这一百年和平时期就此结束了。

在图拉真和哈德里安的统治时期，帝国那些驻守在边疆的军队在古代世界是很少见的，他们规模浩大，纪律严明。帝国的这支军队由全国各地的人民组成，是一支多民族军队。与第一次世界大战期间的英国军队类似，驻守幼发拉底河的军队可能来自西班牙，戍守北部边界、抵御日耳曼人入侵的士兵可能来自尼罗河畔。虽然他们背井离乡，但这些青年士兵可以通过覆盖整个帝国的军事邮政系统与家人保持联络。如今，有一封当年戍守边疆的埃及新兵写给他家乡的父亲和姐弟的家信就在我们手里。平日里，士兵除了在边界执勤外，就是和战友一起在边防军营中漂亮的营房里生活。这些边防军时刻准备着抵御蛮族入侵，他们纪律十分严明，除了常规操练外，还肩负着筑路、架桥、建造水渠和公共建筑以及维修界墙等职责。

这一期间，罗马帝国里发生了天翻地覆的变化。早在克罗狄乌斯时期就初步形成的那套政府机构体制得到了进一步的完善。皇帝还任命了一批罗马骑士来进一步完善管理工作，一个经验丰富的管理层由此正式形成。为了确保帝国政府可以正常运转，他们管理着政府各部门并协助皇帝处理各项事务。在完善政府管理方面，哈德里安颇有才华，他取得的成就也最大。终于，在统治地中海三个多世纪后，罗马建立起了一套完善而行之有效的政府组织。然而，在遥远的东方，金字塔时代就有这种组织方式了。

包税商包征税收制度也被废除了，这可以说是罗马众多变化中最为关键的一个。这种制度曾让希腊人和罗马人麻烦缠身。如今，政府专门的征税员负责整个广袤的地中海世界的税收工作。我们也不由心生感慨，罗马这时才建立起来的完善制度早在三千多年前的尼罗河畔就已经存在了。

皇帝把持着所有的政府部门，毋庸置疑，他的权力也因此被放大和强化了。最初，就像奥古斯都一样，皇帝以第一公民的身份与元老院一起管理国家。而现在，皇帝成为了专制君主，元老院很难再干涉或制约他的权力。而且，在第二个百年和平时期，皇帝还通过了相关的法律和法规，让这种专制统治合法化。然而，皇帝并没有通过相关的法律手段来解决继承人的问题，因此，每一位皇帝死后都可能因为继承人的问题而发生动乱。

同时，意大利也发生了让人们始料未及的变化。当地农民的处境十分艰难，在意大利乡间，我们几乎再也见不到自由民了。涅尔瓦和图拉真花费了大量资金，以低息贷款的形式发放给那些穷困潦倒的农民。他们用贷款利息救助那些意大利城镇里生活窘迫的自由民之子，希望通过这些措施培养出新的乡村自由民群体。这可以说是政府史上第一次展开慈善事业，然而，结果却不尽如人意。另外，因为制造业不发达，意大利公民的地位骤降。奥古斯都的理想没有实现，罗马帝国没能成为以意大利为首的帝国。皇帝赋予了各行省，尤其是西方行省的公民以公民权或变相公民权，于是，在各行省里，那些有威望的公民就可以在罗马担任高级官职了。这样一来，帝国就发展成为了一个地中海国家。早在奥古斯都时代，这种情况就初现端倪了。最终，意大利沦为罗马一个最普通的行省。

在这个庞大的帝国中，各行省的人民向同一个国库纳税，受同一套法律制约。因此，那些由罗马皇帝委任的律师都是前所未闻的天才，他们对那些曾经只适用于罗马城的法律进行了大刀阔斧的修改，使之在整个地中海地区都适用。值得一提的是，这部罗马帝国的大法典无不彰显着他们过人的智慧与才华。帝国的法律精神倡导公平、公正与人道主义精神。在哈德里安之后继位的安东尼·皮乌斯皇帝以仁慈闻名于天下，他规定，在没有足够的证据证明一个被告有罪之前，必须将这个被告视为无辜者。今天的法律就继承并遵循了这一法律原则。此外，当时的法律体系还有效地保护了妇女儿童的权益，使他们免受家长的虐待。而在早期的罗马，家长拥有法定特权，可以像对待奴隶一样对待他的家人。现在，法律同样也保护奴隶，主人无权随意处死奴隶。当然，我们也应该意识到，在某些重大事务上，罗马法律会根据官阶的不同来区别对待，它更多地仍是维护贵族的利益，而非平民百姓。然而，总体上来说，在统一地中海世界、建立统一国家方面，罗马法律发挥着至关重要的作用，它并非针对某个民族制定的，而是一部整个大帝国都适用的通法。这部罗马大法典对帝国里的各个民族都予以公正、合理、有效的保护。同时，那些曾经由城邦制定并一直沿袭下来的古老法律，在不危及帝国利益的前提下，仍可以继续使用。

行省的数量越来越多，但帝国对行省的管理仍是以每个行省为单位的。在这些行省里，大部分人在城市里生活。城市及其周边社区一同构成了与早期希腊城邦类似的各个单位。每个城市都有权选举该城市的执政官员并管理城市事务。人们对地方事务仍十分热衷，在进行公职竞选时，候选人之间的竞争仍十分激烈。在庞贝城破旧的墙壁上，候选者为了拉票而进行的宣传仍依稀可见。当然，罗马帝国拥有各城市的主权，由罗马任命的总督管理。

那些总督管理着帝国各行省的事务，他们实力雄厚，各司其职。从小亚细亚俾提尼亚行省总督小普林尼写给图拉真皇帝的一封信中，我们可以看出，他忠于职守，兢兢业业。同时，我们从中还可以发现，皇帝密切地关注着各行省的事务。哈德里安曾连续几年前往各行省进行巡视，因此十分了解各行省的情况。图拉真和哈德里安等皇帝对地方事务的高度关注在一定程度上缓解了地方压力。同时，地方社区也越来越依赖于皇帝的统治，而逐渐丧失了对公共事务的兴趣。随着帝国对行省控制的不断强化，人们的公共责任意识逐渐被削弱，而这也正是罗马帝国走向衰落的主要原因。

罗马的行省制度

地中海地区分布着 6500 万到一亿的人口。如果视野足够开阔，那么，你站在直布罗陀海峡环视非洲、亚洲和欧洲，就可以将地中海沿岸那些居民的生活都尽收眼底。摩尔人、北非人和埃及人在地中海右侧的非洲生活；在东边，阿拉伯人、犹太人、腓尼基人、叙利亚人、亚美尼亚人和赫梯人居住在那里；而希腊人、意大利人、高卢人和伊比利亚人则居住在欧洲；在他们的后面，居住着不列颠人以及罗马边疆地区的一部分日耳曼人。这些民族的生活方式、服装和习俗各不相同，但他们都受到罗马的庇护，并欣然接受了由罗马帝国缔造的空前绝后的和平时代。我们发现，大部分人生活在城市里，虽然那些城市的规模很小，但城市生活依然构成了当时人们日常生活的主旋律。

如果罗马帝国的一个行省城市能被完好地保存下来，并在我们眼前再现，对于现代人而言，这将是何等幸事。我们确实荣幸之至，可以看到庞贝城 2000 年前保留下来的样子。公元 79 年，在梯特统治期间，这座小城因为一场火山喷发而被火山灰彻底掩盖。如今，人们将这座城市从火山灰里挖掘出来了，因此，我们能看到灾难降临前这座城市中的街道、房屋、广场、公共建筑、商铺和集市等大部分建筑。我们可以看到马车从这条笔直的街道上经过，还留下了清晰的车轮印；可以看到精美的油画悬挂在餐厅的墙上；可以看到烤炉中香喷喷的面包被烤焦了，一旁还放着磨面机械；可以看到厨房里的炊具以及在旁边正准备组装的炉条在一旁摆放得整整齐齐。步入这座保存完好的城市，感受着它略带凄凉的风情，早期罗马帝国真实的生活在我们眼前栩栩如生地再现了。

希腊位于意大利南部，庞贝离希腊很近。因此，我们看到，庞贝城的生活和艺术都深受希腊影响，大部分都是典型的希腊式风格。纵观罗马统治下的世界，意大利以东地区的文明是对希腊文明的一种延续与发展。而在道路交通和邮政等方面，罗马有了突飞猛进的发展。罗马宽阔的马路四通八达，路上平铺着石子，公路像城镇里的街道一样平整。罗马的公路遇到山就翻过去，遇到河就架桥梁，时至今日，有些大桥仍在使用。用车水马龙来形容城市附近的公路一点也不过分。有时，人们会看到某位罗马总督端坐在笨重的大马车里，他可能正从行省方向来，朝着罗马方向而去。车厢的帘子低垂着，总督坐在马车里，要么悠闲自得地读书，要么向书记员口述些什么。总督的马车后紧紧跟着一个骑着毛驴的小贩，他正在赶路。小贩突然闪避到路边，将大道让给后面正在行进的罗马军队。这些士兵雄赳赳、气昂昂，飞扬的尘土也掩盖不住他们手中武器的森森寒光。在他们身后，有一位骑着马的军官，一个戴着镣铐的犯人跟在他身后。这个犯人就是基督教传教士保罗，他正由军队押着，赶赴罗马接受审判。这时，道路上有一位花花公子迎面而来，他本来在向坐在轿子中的两位女子炫耀他身下那漂亮的坐骑曼妙的步态，当他不得不为迎面飞驰而来的帝国邮车让出一条路的时候，他很是不悦。向着山的那边，邮车飞驰而去。长长的驴车队时常出现在公路上，满载商品和货物，它们“吱吱呀呀”地响着，缓慢前进，这就是帝国的货车。如果人们想外出旅行，要么坐马车，要么骑马。纵使如此，当时旅行或通信的速度比起一个世纪前还没有使用蒸汽机车时的欧洲、美洲也并不逊色，更何况这里的道路更为宽敞平整。可见，比起希腊化时期，罗马在交通方便取得了长足的进步。在航海方面，最大的变化就是曾经飞扬跋扈的海盗已经在罗马销声匿迹了。克罗狄乌斯在台伯河口修建了一个大码头，许多豪华舒适的大船停泊在这里。游客在这里登船，一个星期内就能抵达西班牙。同样，远在雅典求学的孩子如果需要交纳学费，在罗马的家长只要寄去一张银行汇票，一星期之后，孩子就能收到这笔汇款。如果罗马的商人试图联系身在亚历山大里亚的代理人，在十天之内，相关信件就能送到对方手中。当时，政府用来运输大米的大船频频往来于罗马港口与亚历山大里亚之间，每次只能装载几吨货物，但一艘埃及尖塔船却能装载300至400吨货物，这样一来，一艘正常容量的船除了用于运输货物之外，还能容纳几百位旅客。当时在位的罗马皇帝对此羡慕至极，也希望能制造出这样的大船。于是，各港口开始纷纷效仿亚历山大里亚，修建了码头和灯塔，以便更有效地调度并引导船只进出港口。随着冬季的到来，海上运输也会随之暂停。

上述各种积极因素，使罗马帝国的商业发展到了空前的高度。因为便利的交通，罗马寻找到了新的市场，并将贸易向罗马之外的许多地方发展。意大利的许多商品一路远销，来到了欧洲和不列颠北部的沿海地区。同时，那里的马口铁又经过塞纳河、罗纳河被商人运回了马赛。在帝国的另一边，受印度洋季风的影响，印度贸易也正突飞猛进地发展着。借着季风，一支由20艘商船组成的船队常常从印度洋横穿而过，在红海与印度各港口之间来来往往。他们将商品运往红海，骆驼商队又驮着这些商品经过沙漠，来到尼罗河，最后从亚历山大里亚的码头运往西方。亚历山大里亚仍旧是地中海地区规模最大的商业城市，可以称得上是“罗马帝国的利物浦”。在亚历山大里亚，有来自东印度的各种珠宝、埃及的莎草纸、亚麻布、华丽的刺绣、精致的玻璃制品以及向罗马进贡的各种谷物。当时在人群之间流传着这样一句谚语：“除了纷飞的雪花，亚历山大里亚什么都不缺。”商队可以经过北方大道顺利地进入东方的中国，而中国的丝绸也向地中海地区源源不断地运输着。毋庸置疑，当时，庞大而密集的商业网络已经形成，这个商业网东起中国海岸和印度港口，西至不列颠和大西洋沿岸港口等广大地区。

因为商贸和休闲旅游，长途旅行也变得十分盛行，因此，人们对世界也有了更完整的认识。富足的罗马公民为了追求精神上的满足，时常去地中海旅行，就像今天的人们外出旅行一样。那时，在一些偏僻的城镇里，游客很难找到歇脚或过夜的旅店。如果马车的车厢不够宽敞，或是游客没有随身携带帐篷，那么他们就只能在商铺的阁楼里借宿，并请求店主为他们提供一些食物果腹。在大部分情况下，那些富足的旅行家会随身携带着朋友写的介绍信，这样一来，他们就能在富裕人家的宅邸借宿。

途中，游客还会经常遇上一些成功商人或官员，有时甚至是行走在各行省的城镇之中也会有这种巧遇。这些人不仅拥有雄厚的财力，还大多被册封为罗马骑士。在这些人当中，有时还会遇见身份显赫的大人物——直接被皇帝册封的元老。在元老和骑士阶层下面，是自由民阶层，主要由商人、店主、手工业者共同组成。自由民组建了各种行会、社团和俱乐部，而这一习俗的由来可以一直追溯到雅典帝国灭亡的时代。就某种程度上而言，行会与现在的工会类似，他们联合起来，同行业个体之间互帮互助。此外，有些团体是为了某些社会活动或节日庆典而专门成立的。如果这个团队中有人去世了，大家会集体筹资安葬他。自由民大部分是缺乏影响力的商人，各个城镇中分布着许多自由民，他们是保持帝国活力和帝国商贸互动正常运行的主体。

城市生活生机勃勃，让漫步于此的旅行者流连忘返、如痴如醉。城市中的自来水、剧场、音乐厅、浴池、体操房、学校等公共设施和场所都是富人出资建造的，社区成员都可以使用。在这些热衷于公益事业的人当中，希罗德斯·阿提卡斯的名声最大。他为雅典人捐助了一座富丽堂皇的音乐厅。希罗德斯就是当时的“安德鲁·卡耐基”，因此，集市上还立着一座他的功德碑，上面刻着人们对他的种种感激之词。政府大举兴办学校，并给教师发放薪水，学校接收了所有儿童，开设了希腊化时期学校教授的所有课程。如果男孩立志经商，就可以请求速记员教授速记的方法；如果少年立志接受高等教育，除了前往亚历山大里亚和雅典拜师求学之外，还可以去东西方各地那些新兴的大学里求学，尤其是哈德里安在罗马创办的雅典娜大学。因此，这些旅行者无论来到帝国的哪个角落，都能见到有文化、有教养的人。

对于在这里游历的古罗马人而言，600 年前的伯里克利时代或波希战争时期的希腊都已经十分古老而遥远。人们对希腊的了解都来自修昔底德和希罗多德所著的历史著作。那时，罗马还只是台伯河畔的一个商业小镇。当旅行者来到卫城山脚下的时候，他可能会遥望一眼那已经消失不见的塞米斯托克利斯和伯里克利时代的希腊；他还可能走入斯多葛学院，回忆着自己在这里度过的美好的学生时代，因为父亲曾把年少的他送到这里来学习深造；他也许在阿加德米学院悠闲地漫步，他曾在那里聆听柏拉图的教诲。德尔斐神庙的大理石板和还愿碑上撰写着关于海拉斯功德的动人故事，这些是希腊人献给阿波罗神的礼物。罗马游客在林立的还愿碑之间穿行，也许，他们会发现有些碑破旧不堪，只剩下底座了。这时，他会想起，曾在罗马朋友的别墅里见过这些底座上的雕像，这些雕像已俨然成为别墅中的装饰品。希腊城市缔造了瑰丽辉煌的艺术，并将那些丰富的文化遗产尽数赠送给了罗马人。纵使如此，它的商业发展却一蹶不振，政治方面也软弱无能。

旅行者继续前进，来到了小亚细亚和叙利亚繁华的小城市里。在这里，他深深地为罗马在这里成功的统治而骄傲。在这一地区的西部，尤其是约旦东部地区，曾经只是一片荒芜，现在却早已遍布着繁荣的城镇。城镇里有长长的引水渠，此外，还有浴场、剧场、巴西利卡等气势雄伟的公共建筑。我们如今通过这些建筑的废墟很轻易就能联想到它们曾经的规模是如此宏伟。那些平整的公路将所有城镇连接了起来，而且很可能还有一条公路从小亚细亚和巴尔干半岛穿过，将这些城镇与罗马连接在一起。

这些城镇后面，好斗的安息帝国静静地坐落在沙漠的另一侧。那些接受过教育的罗马人一定记得，500 年前的色诺芬以及后来的亚历山大大帝都先后造访过这片废墟，这里就是尼尼微的坟墓，他曾进攻过底格里斯河对岸。那位罗马旅行者可能从希腊历史或图拉真的报告中得知，巴比伦城的废墟是幼发拉底河畔离海最近的地方。因为图拉真扩张帝国的理想未能实现，因此，这位罗马旅行者也没能跨越国家边界线，前往异国他乡。

为了前往亚历山大里亚，他可以先去安条克，在那里乘坐罗马大帆船。在那里，一个更古老的世界向他敞开了怀抱。这座巨大的灯塔高高耸立着，已有 400 年历史，即使相隔甚远，也能清晰地看到它。在灯塔下，罗马旅行者看到了罗马灯塔的原型。这位罗马旅行者在此遇见了很多希腊富翁和罗马游客。参观完亚历山大里亚气势恢宏的希腊式建筑后，他沿着尼罗河而上，来到一个他们所知道的历史最悠久的帝国。他们在那里看到了比罗马建筑还要早上几千年的建筑。就像今天去那里的观光客一样，当时去那里的游客大部分来自繁华的大城市，是真正的猎奇者，他们有着充足的时间和充裕的资金。他们要么漫不经心地参观着吉萨金字塔；要么划着一艘小船，在神庙湖上给湖里神圣的鳄鱼投掷食物；要么百无聊赖地消磨着闲适的下午时光；要么抚摸着那些在广阔的底比斯平原上投下长长的影子的雕塑，并在上面刻下自己的名字。他们互相抱怨着船速太慢，谈论着关于罗马的种种传闻。那些游客留下的笔记如今仍依稀可见。至于那位有思想的罗马人，他来这里参观并不是简单为了寻求快乐或新鲜感。他在笔记里写道："这块土地上曾创造过古代奇迹，这里有着成群结队的牛羊，有着一望无垠的良田，它们是罗马的粮仓，是取之不尽、用之不竭的宝藏。"

从罗马人的角度来看，东地中海代表着他们的世界，那里有着悠久的古代文明，也就是深受希腊影响的东方式文明。同时，那位罗马旅行者还发现，这个世界里，大部分人都使用希腊语。但当他从东方返回西地中海世界时，则看到了另一个截然不同的花花世界。这里与现在的美国很类似，文明刚刚在这里兴起。但是，纵观整个北非、迦太基西部、西班牙全境、高卢和不列颠，呈现在他面前的几乎都是简陋的村舍，既没有城市，也没有真正的建筑。其实，除了少数几个曾与希腊人或迦太基人有所接触的地方外，从几千年前的石器时代晚期直到罗马征服时期，西部地区几乎没有任何实质性的进展。

正如塞内加所说："凡是被罗马所征服的地方，都居住着罗马人。"当然，这句话主要是针对西方世界来说的，因为西方各地的罗马商人和官员随处可见，许多城市还有罗马的驻防军，罗马语言——拉丁语是这里的通用语言。而希腊语则是西西里以东地区的通用语。直到这时，西欧才开始出现城市，还出现了由罗马建筑师设计的具有典型的罗马风格的建筑。在迦太基以西的沙漠和海洋之间的北非地区，如今，我们仍可见到那些宏伟的公共建筑和城市遗址。在罗马的征服之下，这片蛮荒之地逐渐发展成了文明城市。西欧，尤其是法国南部地区也陆续出现了许多气派恢宏的建筑。从不列颠出发，一路追溯到法国南部、德国以及巴尔干北部，我们通过参观并考察这些壮观的大桥、大型剧场、精美的公共纪念碑、豪华的别墅和舒适气派的公共浴室，来一点点追寻这种建筑风格的遗迹。

地中海沿岸的风景被一个个罗马臣民的社区点缀着。在那里，西起不列颠，东至耶路撒冷，一直延伸到摩洛哥，罗马式纪念碑和其他建筑信手拈来。我们逐渐意识到一个不争的事实，那就是无论是东方还是西方都在长时间的发展历程中塑造了璀璨的高级文明。那位罗马旅行者在他同胞统治下的世界里四处漫游，他也得出了同样的结论。以广阔的地中海为圆心，一个个文明国家环绕在周围。而罗马军团又将这些文明国家紧密地联系在了一起。军队驻守在西起不列颠，东到耶路撒冷，再到摩洛哥那片广袤的边疆地区，他们修建了一道坚固的城墙来抵御蛮族入侵。一旦失去了它们，蛮族就会入侵地中海文明世界，他们会像决堤的洪水一般涌入城市。我们现在再次返回地中海世界的政治中心——罗马城，去了解一下在奥古斯都时代之后，罗马文明又有了怎样的发展，也就是两个百年和平时期的后 75 年。

罗马，世界的中心

在哈德里安统治的末期，罗马成为当时世界上最繁华的城市。无论是在城市规模、人口数量或是公共建筑等方面，它都远远将亚历山大里亚甩在了后面。在坐落着尼禄金宫的广场的东部，韦斯帕西安兴建起一座大型圆形角斗场，最终在他儿子的任期内竣工，这就是著名的哥罗塞姆大剧院。在梯特统治时期，这个剧院曾足足容纳了 45 万观众，观看了前后持续一百天的血腥角斗。而现在，虽然这座大剧场中大部分的建筑已经被摧毁，但它仍称得上是世界上最伟大的建筑之一。也是在同一时期，韦斯帕西安最终完成了在尼禄统治期间被火灾破坏的那部分罗马城的重建工作。老广场以及广场扩展的那部分，耸立着帝国时期大部分宏伟气派的公共建筑。当时，罗马是当之无愧的世界之都，它的商业也在迅猛发展着，韦斯帕西安和涅尔瓦又兴建起两个更大规模的广场。在老广场北面，这两个广场和恺撒广场、奥古斯都广场连成一片，一同组成了一个新的广场群。图拉真修建的新广场就位于这一广场群的西北角，它的规模很大，远远超过了地中海世界以前的所有建筑。

在这个广场的一边，新建的巴西利卡商业会堂矗立在那里，而在会堂一旁还有一片空地，上面耸立着高高的功德柱。功德柱上的浮雕带是螺旋式的，活灵活现地呈现了图拉真指挥下的每一场伟大战役。在功德柱的两侧，分别坐落着两座图书馆，一座是希腊文图书馆，另一座是拉丁文图书馆。时至今日，这座功德柱依然屹立在现代罗马城的街道上，而同一时期的其他那些建筑早已消散在历史的烟云里。

图拉真和哈德里安时期的建筑可以说展现了罗马建筑的最高水平，无论是从其气势或造型还是从工艺上来说，都是如此。虽然我们还不太清楚当时的人是如何发现水泥具有凝固性的，但我们知道，早在希腊化时期，人们就已经将水泥用在建筑上了。从哈德里安时代开始，罗马工匠开始越来越熟练地掌握制作大型水泥制品的技术。哈德里安万神殿圆圆的屋顶就是用一整块混凝土搭建而成的，直径足足有140英尺。可见，早在1800年前，罗马人就开始使用我们今天才刚开始模仿的水泥结构了。时至今日，万神殿仍昂然挺立着，仿佛昨天哈德里安的建筑师刚刚将它的支架撤走。同时，几代罗马帝国也都选择了将这里作为自己最后的安息之所。其中，哈德里安的陵墓是罗马最大的。这座陵墓是罗马最宏伟的建筑之一，如今它仍完好地保存着。

这些纪念建筑上的浮雕堪称是罗马最杰出的艺术品。图拉真功德柱上的浮雕堪比一本精美的画册，从各个角度展现着他的戎马一生，比起罗马其他的艺术品，它都能更充分地展现罗马人的创造力。同时，在人物雕刻方面，这一时期大部分的作品都是纯粹在模仿那些杰出的希腊雕刻家的著名作品。当然，正是通过这些罗马作品，现代人才得以了解失传已久的希腊作品。罗马的人物雕刻方面沿袭了希腊的风格，在罗马众多的雕刻作品中，人物雕像堪称珍品。

这一时期涌现了大量油画作品，却只有墙壁装饰画得以完整保存。希腊家庭中悬挂着的那些绘画大师的作品被大量仿制。

肖像画事业十分兴盛。画家走上街头，为人们绘制画像，他们像现在的照相师那样随处可见，快速地在一块木板上给人们绘出栩栩如生的肖像。罗马军队的年轻士兵常常因自己能穿上一身军人的制服而感到无比骄傲，因此，他经常会花一点钱，请人为自己画一张戎装像，然后随书信一起寄给远在家乡的父母。在尼罗河流域上，我们就曾见过类似的画像。

越来越多的罗马人开始热衷于接受教育，他们的数量超过了以前任何一个时代。国家图书馆面向所有人开放。皇帝为作家和文学家提供资助，鼓励他们进行创作。然而，即使是处于这样开明优越的环境中，罗马也没能诞生一位具有超凡想象力和创造力的天才作家。就像同一时期的雕塑和绘画作品一样，罗马文学也只是在纯粹地模仿旧时的文学名著，而缺乏自己的创造力和独到之处，可想而知，文学也因此进入了停滞期。在奥古斯都时代，短暂的文学黄金时期曾经到来，但文化的中心很快又转移回雅典。雅典的四所学院合并在一起，组成了一所政府大学，并得到了皇帝的关注和资助。然而，罗马文学还是在很大程度上影响了社会生活。长期以来，帝国作家都在不懈地推动文学的繁荣与发展。哲学家或修辞学老师将自己的演讲稿编辑并整理成册，他们一般会在书名下标注上“成书于罗马”。

在帝国中，诗歌不再流行，散文悄然崛起。尼禄大臣塞内加关于个人行为和品德的论文及信札都引人关注。这些作品表现了他对高贵人性的赞美与推崇，在读过这些文章后，很多读者都认为他皈依了基督教。他的散文风格对社会产生了深远的影响，很长一段时间里，甚至超过了西塞罗。在图密善之后，好几代皇帝都推行宽松的统治政策，这样一来，言论也更加自由。因此，塔西陀才能无所顾忌地在他的历史著作中表达自己对奥古斯都至图密善时期的各种见解（公元14年至公元96年）并揭露了尤利乌斯皇族的阴暗面。虽然他表达的只是一家之言，但他的著作仍以独特的风格成为一部不容忽视的历史著作。在其他作品中，他还概括地介绍了日耳曼，这是我们所掌握的关于北欧人生活的最早的史料。小普林尼与皇帝图拉真之间也常常有书信往来，这也是古代最杰出的作品之一。这些书信让我们不由联想起在他们之前2200年的古巴比伦国王汉谟拉比所写的书信。

虽然有的作家没有在罗马生活，但仍然应该将他们的作品与同一时期其他几位希腊作家的作品放在一起欣赏和解读。普鲁塔克在海罗尼亚出生，这个希腊维奥迪亚的小村庄曾被马其顿菲利普王镇压过。他把希腊与罗马的伟人放在一起，将每一位希腊伟人和一位罗马伟人进行对比，写下了一部优秀的伟人传记。虽然这部传记中含有许多想象的成分，但仍是一座展现希腊和罗马英雄的“博物馆”。在1800多年间，这部作品深受各代读者的青睐。在同一时期，有一位名为阿里安的希腊作家，他曾在罗马小亚细亚担任过行省总督一职，他搜集并整理了当时流传的所有关于亚历山大大帝的故事，并模仿色诺芬的《长征记》写成了《亚历山大远征记》。那个时代出现了大批模仿作品，而这部作品是其中最伟大的。阿里安算不上是杰出的散文家，也断不能称之为伟大的历史学家，但如果没有他进行的一系列搜集和整理工作，现代人对亚历山大大帝的了解也不会那么清晰而全面。波萨略则编写了一本内容翔实的希腊手册，他在这本书里详细介绍了当时的雅典、德尔斐和奥林匹亚等希腊主要城市的所有建筑物和纪念碑。他用文字描绘了古代希腊世界的不朽画卷，从精美绝伦的雕像和神庙到富丽堂皇的剧场和公共建筑。

同时，在希腊取得的科学成就方面，罗马人一直扮演着信息的搜集者与整理者的角色。普林尼仕途一帆风顺，闲暇之余一直致力于科学研究和整理工作，他搜集并整理了大量散见于各部希腊著作里的科学信息，编辑成一本名为《自然史》的著作，其实这相当于一本百科全书。他将一生的时间和精力投入到科学研究中，当维苏威火山爆发的时候，为了观察火山活动，他勇敢地深入灾区，竭力营救庞贝人，最后在当地英勇殉职。然而，因为《自然史》没有属于作者本人的重大科学发现，而且还存在许多科学上的谬误，这本著作的科学价值也因此大打折扣。但是，在现代科学兴起之前，普林尼的著作在长达几百年的时间里一直被欧洲所有受过教育的人视为权威性的参考资料。当时的人们认为，该书的权威性仅在亚里士多德的著作之下。可见，当时罗马人的思想已经变得很迟钝了，他们满足于早期的科学发现和成果，并止步不前。

在哈德里安和安东尼时代，一位来自亚历山大里亚的天文学家和地理学家托勒密成了古代世界最后一位伟大的科学家。他著作等身，尤其是《天文学大成》一书，虽然其中大部分内容都是介绍前人的各种发现，但这仍不妨碍它成为一部权威性著作，因此，他有关太阳系的错误解释也被人们广为流传。直到400多年前，真正的科学事实才再次被波兰天文学家哥白尼发现，而在他之前，来自萨摩斯的希腊天文学家亚里斯塔克早就发现了这一点。托勒密还撰写了一本著作来介绍巴比伦的天文学，这再次证明当时科学发展处于停滞阶段并逐渐走向衰落。此外，和早期希腊天文学家一样，托勒密也认为地球是一个球体，这一点逐渐被后来的欧洲旅行家和航海家所接受，并推动了哥伦布向西航行，进一步探索印度和东方。哥伦布正是在这次航行中发现了美洲。

在罗马，有文化和教养的人的社会地位已经大大提升了。共和时期，那些知识渊博的人只能充当家庭教师；而现在，那些饱学之士有的在政府担任要职，有的成为教师或教授，由政府发放薪水。罗马已经不再仅仅是罗马或意大利的罗马，它成了整个地中海的罗马。周围各行省那些地位显赫的家庭都在罗马定居下来，相继为日渐衰落的罗马社会注入新鲜血液。因此，那些年少时曾在西班牙家乡的山顶眺望大西洋的显赫人物，或者在幼发拉底河畔慢慢长大的达官显贵，都会集在罗马街头。生意人从世界各地赶来，他们有的聚集在银行或新广场宽敞的会堂里；有的在政府各办公处和行政部门进进出出；有的手拿着国家发行的手抄报纸讨论着时事新闻；有的坐在图书馆或大学演讲厅中埋头学习；有的挤在公共浴室和圆形剧场里消磨时光。罗马众多的富豪中，有的人热衷于举办各种宴会和舞会；有的醉心于在雕像林立的花园中踱步思考；还有人住在气派的乡间别墅，俯瞰那不勒斯海湾，百无聊赖地打发着时间。这些都是繁华而悠闲的罗马生活，罗马的大街小巷中随处可见、我们将其称为是万花筒式的生活，如果用一个更通俗的词就是cosmopolitan，也就是“大都市的”，这个词希腊词源的意思是world+cityish，即“世界性城市的”。

整个世界都服务于罗马，这体现在富贵人家奢侈生活的点点滴滴之中。相较于共和制末期，普通罗马人家在住房和服饰方面并无太大区别，但富贵人家拥有了更多奢侈品和装饰品，这些物品大多从东方运来。罗马的贵妇人喜欢穿着中国丝绸制成的衣服，戴着来自印度的钻石、珍珠和红宝石。过去，罗马人很难尝到新鲜的桃子或李子，如今，这些时令水果都摆放在富贵人家的餐桌上。罗马厨师还学会了做米饭，这在以前是只有重病患者才能吃到的。贺拉斯曾说过一个有趣的故事：当看到医生所开的处方里有一盘米饭时，一个罗马吝啬鬼面露难色。罗马家庭不再用蜂蜜来制作甜食，市场上一种名为sakari 的糖浆取而代之。据说，公元 1 世纪时，这种糖浆首次由东方的水手从印度引入地中海世界，这让罗马人第一次尝到了糖的味道。此外，其他的各种新产品也陆续出现在罗马生活中，比如美洲的土豆、西红柿和印第安玉米等，这些都是在哥伦布发现新大陆之后陆续传入欧洲的。

基督教的发展与壮大

同时，东方的影响渗透到了地中海世界生活的另一面。虽然它不像米或糖那样是某种具体的物质，但对当时生活的影响更为深远。帝国人们的思想停滞不前，哲学发展的主体不再是发展新思想或探索真理，准宗教式的做人道理以及斯多葛和伊壁鸠鲁的道德教条充斥在哲学中。罗马人过去勤于思考，如今却逐渐迷失了自我，只能在西塞罗的论文和塞内加的对话中寻找灵魂的归属，了解希腊的哲学。他们不再信奉古罗马的诸神，转而信奉人生哲理。然而，令人遗憾的是，并非所有人都能准确把握并运用好这些人生哲理，只有接受过良好教育的统治阶层才能达到这种水平。

基于从众心理，越来越多的罗马人沉迷于这种来自于东方的神秘宗教。早在奥古斯都时代，当罗马诗人狄布罗因病不得不离开战场时，他就在给未婚妻的信中这么写道：“狄丽娅，你的伊西斯能赐予我什么帮助吗？怎样才能用你的纤纤玉手让西斯特拉黄铜琴[①]为之颤抖？女神啊，现在救救我吧！神庙中的诸多画像都彰显着你有神力为人类祛除病痛。”在当时，狄布罗和她的未婚妻应该是思想比较开化的人，但他们却通过信仰埃及女神伊西斯来寻求心灵上的慰藉。哈德里安的希腊朋友狄安努斯在尼罗河淹死后，为了纪念他，哈德里安在罗马竖起了一座尖塔碑，碑上刻着许多象形文字，宣告着这位青年的灵魂与地狱之神奥西里斯已经达成了和解。哈德里安甚至还在罗马的豪华别墅区修建了一座埃及风格的花园，用来供奉伊西斯神和奥西里斯

① 埃及乐器，通过用手震颤它而发出响声。

神。普卢塔克还写了一篇有关伊西斯和奥西里斯的文章，专门献给德尔斐的伊西斯神女祭司。在帝国初期，很多人开始信奉埃及神。后来，各大城市陆陆续续兴建了许多伊西斯神庙。在塞纳河、莱茵河、多瑙河畔，也可以见到许多这位女神的小雕像和象征物。

小亚细亚的大母神和她的丈夫阿蒂斯神被很多人视为偶像和精神寄托。罗马军队则信奉波斯的光明之神密特拉，许多军团有属于自己的教堂，每逢他们在战争中获胜，就会聚集在教堂里举行各种庆祝活动。这些信仰都带有浓厚的神秘主义色彩，教义还倡导人不要惧怕死亡、可以战胜死亡或永生不灭等。信徒们相信，如果在神的启示下接受了相应的仪式，他们就能够洗涤罪恶并接受神赐予的永恒的生命，永远与神同在。

早期罗马的信仰与人的品德无关，追随者也无法从这些信仰中获得更多的祝福。到了帝国初期，人们开始期盼得到或确保自己来世能拥有幸福，尤其是那些在现实生活中饱尝磨难的人，他们无不希望自己能从某位神灵那里获得支持和力量。于是，人们纷纷投入到东方信仰之中，从中寻求心灵慰藉，他们相信，古老的东方神灵拥有某种神秘的力量，能赐予他们祝福并确保他们来世获得幸福。此外，罗马人还相信，人们可以通过巴比伦的占星术来预测未来。天文学家托勒密曾写过一本著作来论述占星术。那些将占星作为职业的东方人被称为卡尔狄安或magi（玛吉），magic（魔术）、magician（魔术师）等词就源于magi一词。

罗马人将耶路撒冷的犹太神庙摧毁了，犹太人被迫分散至各个城市。就像地理学家斯特拉波所说的："每一个城市里都有犹太人，他们散居于世界各地，逐渐发展壮大，最终开始主宰他们所居住的地区。"罗马政府最初是承认犹太教的，然而，犹太人拒绝承认其他任何宗教。这种排他性让他们最终也失去了政府的信任，他们屡屡与政府发生摩擦。

东方宗教精彩纷呈，大部分罗马居民后来选择了皈依其中的某一种宗教。它的传教者说，他们信奉的基督来自希伯来，于奥古斯都时代在巴勒斯坦出生。他带领着最早的几位信徒，在世界各地四处奔走传教，宣传以"世人皆兄弟"为核心的教义，后来，这种宣传甚至比希伯来预言家的预言有更大的影响力。起初几年里，基督用他的母语阿拉米语来传教，但这引起了犹太教的敌视。于是，在提比利乌斯统治期间，他被人们告上了法庭，并被指控犯有政治阴谋罪。他被带到了罗马总督潘狄乌斯·彼拉多面前，最终，总督下令处决了他。

在塔尔苏斯城里，一个名为保罗的帐篷制作者成了基督教忠诚的信徒，他是一位杰出的演讲者，演讲具有极强的感染力。为了宣传基督教义，他常年奔波于小亚细亚和希腊的各个城市，甚至还在遥远的罗马留下了足迹。他的传教范围东起巴勒斯坦，西至罗马，通过他不懈的努力，各地陆续出现了许多虔诚信奉基督的社区。他用希腊文给他的追随者写信，这些信件在各地流传开来，信徒们将这些信件视若珍宝。在此期间，人们用他布道期间所使用的阿拉米语记录了他的生活经历。虽然阿拉米语版本失传已久，但希腊文版本却被保留了下来，并在民间四处流传。社会中随之出现了四种希腊文的耶稣传，也就是现在的“四福音书”。后来，“四福音书”、保罗的信札以及其他文章被人们编辑整理成了一本希腊文书，它的英文版就是《新约》。

虽然其他东方宗教凭借着其独到之处吸引了众人，但唯有基督教这种来自东方的宗教让人们开始向往那种崇高、美好的生活，让人们由衷地体会到了人与人之间如兄弟一般真挚的情谊以及对全人类的爱。他的布道朴实真挚，在罗马帝国的劳苦大众心里引发了强烈的共鸣。“到我这里来吧，一切劳苦大众，一切做牛做马的可怜人”，事实证明，这句话的力量甚至远远超越了罗马皇帝下达的命令。当时，罗马贫民区那些奴隶、自由人、工匠、艺人等一切地位低下者，都纷纷赶来聆听这句从东方传来的“神谕”，没错，对他们来说，这就是神谕。随着时间的推移，皈依基督教的人越来越多，人们从教义中看到了希望。在第二个百年和平时期，它的影响力快速地超越了罗马帝国所有其他的宗教。

罗马官员慢慢发现，人们的信仰改变了，与此同时，他们也不再将皇帝视为神明。也正因如此，罗马政府多次镇压早期的基督教徒。宗教信仰让这些教徒无法继续充当一个好公民，因为该宗教禁止信徒崇拜皇帝。

然而，虽然政府三令五申，但基督徒的数量仍不断增加，各个新基督群体或社区团结在一起，成立了一个名为Ecclesia的教民大会，这是现在教堂的雏形。Ecclesia本来是一个古希腊词，意思是“公民大会”。那些能力出众的人在这种教民大会或教堂中抓住机会，成为领袖。这样一来，他们就找回了因为公民权利范围不断缩小而逐渐丧失的领导权。随着教堂领导人的势力和号召力越来越大，他们在宗教和政治上的影响力也逐渐增强。

第二个百年和平时期的终结

在第二个百年和平时期，在那些气势恢宏的建筑的渲染之下，帝国表面上看来一派繁荣，却难以掩盖地中海文明正逐渐衰落的事实。在哈德里安时代，这种衰落表现得尤为突出。公元138年，公正、仁慈的安敦尼继承了哈德里安的皇位，罗马人称他为Pious，即虔诚者。虽然他加强了北方边界的防御等级，但帝国对周边地区的威慑力却没有丝毫提升。随着时间的不断推移，这种状况进一步恶化，等到了公元161年，也就是继承者马可·奥里略执政时，边界局势已经异常严峻。在安敦尼·庇乌斯宽松的统治下，安息人信心大增，不断在东部边界滋事。为此，马可·奥里略带兵打了四年仗才好不容易保住了东部的边界。

帝国本就岌岌可危，有的罗马军队从战场回国，同时还带回了瘟疫，很多人在这场瘟疫中丧命。更让人痛心的是，这时北方的日耳曼野蛮部落冲破了北部的边界，帝国急需战士去保卫祖国的边疆。

公元167年，这是两百年来日耳曼蛮族首次公然入侵意大利，并且一举取得成功，罗马帝国维系了两百年的和平时期也就此终结。同时，帝国陷入了财政危机，为了武装并维持军队力量，皇帝甚至连他皇冠上的那颗珠宝都卖掉了。后来，马可·奥里略在波西米亚与日耳曼人陷入了一场鏖战，一直持续到公元180年，他战死沙场。虽然他生前多次击败野蛮人，但凭着他一己之力也无力将所有野蛮人赶出帝国。最后，他只好做了一次危险的妥协，让一部分野蛮人作为垦殖者继续留在边疆地区的指定范围内，而这一步将帝国推向了悲惨的深渊。

马可·奥里略是当时最杰出的政治家，他品性崇高纯洁，这直接体现在统治国家方面和他的私生活中。他坚信自己处于神圣的、至高无上的地位，这就必须忠于自己，忠于国家。他醉心于阅读，潜心研读前人留下的哲学经典，常常陷入沉思。即使他后来深陷于国事的烦恼之中，即使他带兵深入蛮人腹地、在波西米亚的森林里指挥着千军万马作战之时，他仍会每天都挤出一些时间记录下他在阅读和研究哲学时的所思所想。

最终，他为后人留下了一卷希腊文的心得集。通过这卷心得集，人们对他的理想与追求有了更全面的了解，他向往着纯洁高尚的生活，希望人们能遵从绅士和骑士的品质。他是最后一位具有高尚品格的罗马贵族，在众多罗马皇帝中，他那崇高的精神境界也显得别具一格。然而，即便如此，帝国命数已到，无论多么高尚伟大的皇帝都无法阻拦早在帝国中期就开始显露的衰退腐朽的步伐。至此，罗马进入了革命、内战和无政府的混乱状态之中。这是风声鹤唳的一百年，在此期间，帝国一步步走向了衰败。

第二十六章　罗马帝国的分裂——百年革命

帝国内部的衰败

在第二个百年和平时期，罗马帝国得到进一步发展，政府体系也趋于完善，城市里拔地而起的建筑更精致、更气派，教育事业也更上一层楼，社会文明程度越来越高。然而，这些发展最终只停留在了表层，罗马帝国的真实情况是腐败越来越严重，这种腐败由暗处转移到了明处，越来越猖狂。这种腐败带来的最明显的负面影响就是，在共和时期结束时本就呈现明显衰颓之势的农业越来越萧条。

哪怕政府向那些土地所有者征收重税，然而，帝国大部分土地仍掌握在富人和权贵手中。在东方世界，土地由国家和少数人集中管理，这一制度也逐渐传入罗马帝国，深刻地影响了当地的土地政策。罗马人还将这种由波斯人创立的土地管理制度在迦太基以南的非洲行省大力推行。尼禄时代，六大庄园足足占据了非洲行省一半的土地，六个大地主牢牢掌控着这些土地，人们将这种庞大的庄园称为 villa，即封地。这种大庄园制度也一点点摧毁了意大利自耕农阶层，接着，这种制度在各行省蔓延开来，意大利被分割为一片片封地，高卢、大不列颠、西班牙等所有罗马行省都纷纷效仿，陆续出现了封地。最终，自耕农阶层彻底消失了。此外，帝国农业衰颓的一个重要原因是土地贫瘠。

许多自耕农根本没有能力与大封地主抗衡，同时，他们也难以承担沉重的赋税，他们别无他法，只能放弃土地，走上那条于他们来说唯一的出路，那就是沦为富有的封地领主的隶农。根据罗马帝国相关法律规定，隶农及其子孙后代都依附于他们耕种的那片土地，换而言之，一旦封地的领主变了，新的领主也就成了他们的主人。虽然隶农并不是奴隶，但他们享有的自由也不多。因为依附于土地之上，他们已经丧失了追求幸福生活的希望，也不再像曾经的自耕农那样辛勤劳作。当然，除了之前那些自耕农之外，很多蛮人也沦为了帝国边疆的隶农。

隶农取代了奴隶，遭受着各大封地主的剥削。随着战争结束，失去了奴隶的主要来源，封地上奴隶的数量锐减。同时，法律强化了对他们的保护，奴隶的处境大为改善，他们不再担惊受怕，害怕面对各种虐待。我们了解到，随着奴隶自由政策的实施，帝国中自由人的数量逐渐增多，他们在制造业和商业方面发挥着积极作用。

与此同时，还有一些农民，虽然他们无力与封地地主抗衡，但他们也不愿沦为隶农，他们当中越来越多的人选择了离开土地，踏上了前往城市的征途，希望能寻找到一条新的出路。因为长期不施肥，再加上连年的耕种，土地越来越贫瘠，到了最后，几乎长不出庄稼来了。随着耕地面积越来越少，荒芜的田地长满了杂草。帝国生产的粮食总量越来越少，各地开始供不应求，尤其是罗马等人口密集的城市，粮食短缺的现象早已司空见惯，粮价也随之飞涨。

为了让粮食供不应求的情况有所缓解，罗马皇帝下令，只要有人愿意耕种土地，国家就会分配给他一定的土地，然而，这一举措也没能成功地鼓励农民回到他们的土地上，耕地也没有随之增加。哪怕处于最英明、仁慈的皇帝的统治之下，帝国也没能让昔日那些勤劳勇敢的自耕农阶层恢复。自耕农阶层是意大利繁荣的根基，也是罗马军团的主体，而罗马军团又是罗马权力的基石。在导致罗马走向衰亡的多个原因中，自耕农阶层的逐渐消亡是其中最关键的一个。

因为上述各种原因，农村中的大家庭难以为继，结婚成家的人越来越少，因此，帝国的人口也越来越少。昔日那些独立自主的自耕农彻底被城市生活堕落的风气摧垮了，他们不再追求自力更生，而是希望加入城市贫民大军的行列，等着政府按时发放免费的粮食和酒肉。他们原本应该在乡间辛勤劳作，却把宝贵的时间浪费在了观看战车比赛之中，他们在拥挤的人群之中，为血腥的角斗和野蛮的竞技表演而高声喝彩。在第二个百年和平统治时期，政策比较宽松，许多富贵家庭都在罗马定居下来，但罗马城里仍充斥着无所事事的人，他们不从事任何劳动生产，完全是依靠政府救济度日的“吸血虫”。政府的支出都是从那些为了维持生计而辛苦劳作的自耕农那儿征收来的。当时，几大主要城市都有类似的情况。

因此，从表面上看来，帝国各大城市仍维持着繁荣兴盛，然而，一旦深入到城市之中却会发现，它们早已走下了辉煌的神坛，而且正一步步走向衰落。人们意识到，如今罗马是他们唯一的依靠了，城市公民已经彻底丧失了公共责任意识。帝国政府除了处理分内的事务之外，还需要腾出一部分精力协助行省解决地方事务。以前那种相邻城邦之间的良性竞争早已烟消云散，各城市的统治者对公共生活漠不关心，他们只在乎个人利益。更可悲的是，罗马政府不堪重负，开始将财政负担转嫁到各城市的统治者身上，这样一来，就更难找到一个领导人愿意站出来，承担相应的责任与义务了。曾经，人们将公民身份视为一份尊荣，这种价值观也曾为社区培养了许多优秀的公民。然而，它在希腊化时期就开始逐渐败落，如今正在慢慢消失，并永远地从古代世界的舞台上谢幕了。

城市的财政收入和商业发展也在随着城市和人口一起减少衰败。随着乡村人口越来越少，消费能力也不断降低。因此，销售城市商品的乡村市场逐渐缩小，城市的工业阶层再无法将手里的产品售出。城市工业迅速走向衰落，在工商业阶层中出现了越来越多的失业人口，他们陆续加入到城市贫民的队伍里。铸币所需的贵金属严重短缺，由此也引发了城市商业一系列的连锁反应。

诸多因素导致贵金属供不应求，比如：在地中海周围那些金矿银矿似乎已被开采光了；贵金属在流通过程中有损耗；在运输过程中也有丢失；还有私人收藏的现象，此外，大量钱币被用来购买印度和中国的商品；这些贵金属被当作礼物送到日耳曼蛮人那里。政府缺乏铸造钱币所不可或缺的贵金属，为了满足交易的需求，皇帝只能在贵金属里掺入别的金属，铸造出更便宜的合金钱币。欧洲各博物馆收藏了不少罗马钱币，从中就可以看出区别来：在奥古斯都时期，钱币是纯银的，然而，到了马可·奥里略时期，钱币是用合金铸成的，其中只含有25%的银。在马可·奥里略之后的两代皇帝的统治期间，罗马政府的钱币价值不断降低，最后成为含银量仅5%的合金钱币。帝国有一种名为迪纳利乌斯的小银币，在当时很常见。在奥古斯都时代，它的价值是20分，但到了100年后，随着马可·奥里略时代的结束，它的价值已经降低为半分。

帝国面临着越来越严重的财政危机，政府几乎处于瘫痪状态。马可·奥里略无法筹集资金来维持军队的正常运转，于是，帝国军队迅速走向了衰落。在资金短缺的情况下，几乎是不可能维持一支军队的。因为征税时很难征收到钱币，政府只能允许纳税人用谷物和农产品作为替代品。于是，帝国的金库被古埃及时期那种巨大的粮仓和仓库取而代之。相应地，人们也不得不用粮食来支付军费开支。那些位于边疆地区的士兵则只能分到一些贫瘠的土地，除此之外再也没有其他东西。然而，土地如果不耕种，它就毫无价值。于是，政府下令，那些驻扎边疆的战士可以在当地结婚生子，并与家人一起在边疆生活。当时，那些边疆士兵不再集中住宿并进行常规训练，只是偶尔被召集起来进行军事训练或将入侵的蛮人赶走，很快他们不再受军队严明军纪的束缚，成为了一支缺乏战斗力的民兵队伍。政府将这些人称为Limitanei，即边疆居民。

马可·奥里略统治期间，一位行省总督曾发动了一次叛乱，这让皇帝意识到军队对意大利有着重要意义，于是，他在当地留下了一支常规军。然而，这支常规军队的规模不断缩小，同时，军队中的罗马公民的数量也越来越少，而被蛮人取而代之，尤其是日耳曼人和巴尔干北部的土著，其中以伊里利亚人最多。因此，政府后来只能无奈地同意军队按照蛮人所熟悉的方式来作战，这样一来，军队曾经严明的纪律彻底消失了，以此作为基础的军事力量也不再存在。这些士兵从蒙昧地区来，拥有着近乎于兽性的残忍与鲁莽，罗马人见到他们后感到十分害怕和不安，因此，这些士兵成为皇帝有力的依靠。然而，罗马的国家组织一直没有得到真正的完善，这也是军队迅速走向衰落的原因。

罗马统治者一直没有就继承人这一问题做出相关的法律规定，也没有形成选择新皇帝约定俗成的方式。军队很快意识到，皇帝一旦去世，他们将获得拥立一位新皇帝的机会。然而，拥立这位皇帝继位后，他们对新皇帝并不尊重，皇帝但凡打算管理或制约军队，军队就会将他废掉，再拥立新皇帝。于是，野蛮残忍的雇佣军最终掌握了罗马帝国的最高权力。

随着时间流逝，各行省逐渐达成共识，认为自己与罗马、意大利处于平等的地位。早在共和时期，许多外族人就来到了半岛，比如贺拉斯，他出身于一个奴隶家庭，后来被释放。后来，外族人逐渐成了意大利人口的主要组成部分，连图拉真和哈德里安都是西班牙人，别的行省也出过罗马帝国的皇帝。到了公元212年，帝国所有行省的全部自由人都获得了公民权。随着地位差别的消除，各行省也拥有了更多机会去竞争领导权。

百年革命

随着罗马帝国走向衰落，一场百年革命拉开了序幕，帝国早期缔造的文明也随之被摧毁。马可·奥里略去世后，公元180年，一场大的灾难爆发了。康茂德是马可的儿子，他品德败坏，最终被人谋杀。那些拥兵自重的人们都觊觎着皇位，新一轮的互相厮杀正式上演。在这场战斗中，粗鲁的塞普提米乌斯·塞维鲁斯成了最终的胜利者。随着军队不断堕落，他意识到了边疆军队戍守边防的重要性。于是，他提拔了那些出身低微的军事指挥官，让他们担任政府要职。因此，军队和政府的权力都落入了一群粗暴低俗的异族军人手中。然而，有一点不可否认，塞维鲁斯才能出众，胆识过人，他战胜了东方的安息人，重新收复了美索不达米亚。为了庆祝这次胜利，他还在罗马广场上修建了凯旋门。这座凯旋门工艺粗糙，标志着意大利文化正走向没落。为这座凯旋门创造浮雕的艺术工作者根本无法与其前辈媲美，他们祖父辈那一代的艺术家在图拉真功德柱上雕刻的作品臻于完美，让其后辈瞠目结舌。

公元212年，塞维鲁斯的儿子卡拉古拉将公民权交给了帝国所有自由人。公元235年，塞维鲁斯王朝终结，国家陷入了一场大混乱。各行省的蛮人军队争先恐后地拥立各自的皇帝，以求夺得地中海世界的皇位，一场连年混战由此开始。一个皇帝刚被杀，新的皇帝马上继位。令人难以想象的是，在康茂德遇刺后的90年间，蛮人军队领袖中竟然陆续有80人成为罗马皇帝。公元248年，有一位皇帝刚刚在位一天就被推翻。更为讽刺的是，正是这位"一日皇帝"着手举办了古罗马成立一千年的纪念庆典活动。

大多数坐上皇位的皇帝与自封为总统的墨西哥土匪别无二致。在长达50年的时间里，罗马帝国的最高权力被军人皇帝争过来又抢过去，帝国内部陷入一片无序与混乱之中。这一时期，动乱、劫掠和谋杀随处可见，人们的生命和财产安全无论何时何地都没有保障。各行各业原本就不景气，在争夺皇位所引起的社会动荡中变得越发不景气，加之国家事务越发糟糕，帝国行将破产。到了公元3世纪，在毫无秩序可言的情况下，古代文明被彻底摧毁。公元前3世纪，希腊人攀上了思想和科学知识的巅峰，但这一切在灾难横生的公元3世纪都被无情地践踏，最终，思想和科学知识成为愚昧和迷信的手下败将。

罗马军队是帝国的根基，如今也已摇摇欲坠，北方蛮族深知，罗马帝国已经走到了穷途末路。这时，高斯人的舰队从黑海驶入了地中海，这是一个来自东方的强悍的日耳曼部落。不仅仅是高斯人在地中海沿岸的城市中烧杀抢掠，另一伙强盗也从巴尔干半岛出发，不断向南推进，同样残酷地摧残着地中海地区。他们摧毁了希腊和伯罗奔尼撒等城市，雅典也难逃一劫。蛮人攻入意大利，攻占了高卢和西班牙；还有人越过了海洋，进攻了非洲。在高卢，一座座城市相继被焚毁，在吞没帝国城市的烈火之中，蛮人首领发出了一阵阵野兽般刺耳的狂笑。他们漠然地站在一旁，观看着熊熊烈火将那些雄伟的建筑物吞噬。

眼看着一座座城市被摧毁，人们已经明白，帝国再也无力庇护他们了。于是，他们自发组织起来，开始自救，正是在这样的情况下，高卢走上了追求独立的道路。在那段混乱的日子里，高卢人一直统治着高卢地区，他们赶走了蛮人，重建被摧毁的家园。这次，他们不再执着于修建宏伟的大型建筑，而是用布局紧凑、环环相扣的城市建筑取而代之，在城市的周围，他们修建起高耸的护城墙。人们从被焚毁的建筑物废墟下面扒出来一块块砖石，用来修建这些城墙。考古发掘者可以在这里看到罗马城市那些雄伟建筑的地基，这些建筑曾是被蛮人破坏的大城市的一部分。

此时，在东方，波斯人也爆发了一场新的危机。他们的爱国情绪被唤醒了，热切地渴望着恢复民族昔日的辉煌。公元 226 年，领袖萨珊国王结束了安息的统治，建立了一个新的王朝，之后，它处于贤明的波斯国王的统治之下。随着肥沃新月被攻克，在巴比伦北边的底格里斯河畔的泰西封，他们成立了属于自己的国度。于是，在这片已经被人们遗忘了的土地上，一个新的东方帝国悄然崛起。在底格里斯河和幼发拉底河两岸，一些独具希腊风格的波斯建筑悄然挺立起来。波斯艺术和工艺品逐渐赢得了世人的关注，琐罗亚斯德教在这里也开始复兴。所有一切无不彰显着曾经创立了琐罗亚斯德教和波斯大帝国的古伊朗族的伟大复兴。萨珊王朝建立了一个伟大的国家，比起之前的安息，这个国家更加强大，以至于波斯人认为，除了他们国家之外，世界上就只剩下罗马帝国了。东西方又一次形成了对峙——罗马称霸于西方，新波斯称雄于东方。

在塞维鲁斯王朝末期，新波斯帝国悄然崛起了，成为罗马在东方最强劲的对手。这时，帝国不但面临着北方蛮族的入侵，还被东方的劲敌虎视眈眈。令人庆幸的是，在罗马帝国东方的领土上，如高卢一样的领土割据者出现了，罗马这片土地才得以免受外敌的侵袭。一位总督在东方以巴尔米拉为中心，兴建了一个独立王国，他凭着一己之力守卫了罗马帝国的东部边疆。他去世后，他的遗孀季诺碧亚继承了他的事业，登上了王位，成为巴尔米拉的女王，统治着包括小亚细亚、叙利亚和埃及在内的广袤地区。这个王国在一定程度上成了新波斯与帝国之间的缓冲地带，在短时间内避免了罗马帝国遭受新波斯的侵略。

季诺碧亚统治下的巴尔米拉王国位于东地中海，而西地中海地区的高卢、不列颠和西班牙地区则处于精明、强悍的元老德特里克利斯的统治下。罗马帝国危在旦夕，眼看就要四分五裂，罗马帝国内部的混乱状态已达到极点。在这个生死存亡的关键时刻，士兵出身的帝国皇帝奥勒良（公元 270 年至公元 275 年在位）挺身而出，他率领军队战胜了季诺碧亚，并抓她做了俘虏，将巴尔米拉地区的领导权重新掌握在手里。接着，他又对高卢征战，战胜了德特里克利斯，成为最终的胜利者。他在罗马举行了一场盛大的庆祝活动，让季诺碧亚、德特里克利斯和其他俘虏游街示众，这是这场庆典活动的主要环节，这些又点燃了罗马人内心的些许自信。通过奥勒良的努力，罗马的秩序和安全在某种程度上得到了恢复。为了有效抵御蛮人入侵、保卫罗马，他还在城市周围修建了耸立的城墙。这座城墙至今仍被完好地保存下来，我们通过它就能真切地感受到罗马在那个时代所面临的岌岌可危的局面。直到马克·奥里略去世100年后，也就是公元284年，罗马才在皇帝戴克里先的统治下重获了一段长期的和平岁月。

罗马在地中海称霸长达400年之久，这段漫长的历史可以被分成三个阶段:奥古斯都建国开始经历的两个百年和平时期，以及这两百年前后各自的一个百年革命时期。因此，这段历史的第一个阶段可以说开始于格拉古兄弟，一直持续到奥古斯都建立帝国之间的第一个百年革命时期，也就是从公元前133年到公元前30年；随着奥古斯都开始统治帝国，罗马历史的第二个阶段，也就是两个百年和平时期开始了，一直持续到马可·奥里略时代，也就是从公元前30年到公元170年；最后一个阶段是第二个百年革命时期，也就是从公元180年到公元284年，这段历史始于马可·奥里略的英明神武统治，一直持续到戴克里先的专制统治。可见，在罗马帝国400年的统治时期里，“专制”成为核心词语，最初始于苏拉和恺撒，经过后来不同程度的个人专制，最终以彻底的专制统治结束。此后，蛮人在这里的统治又被复兴的东方强国摧毁。我们现在来详细了解一下罗马帝国的专制统治阶段是如何被蛮人推翻的。

东方式的专制统治

公元284年至公元305年的戴克里先统治时期，也就是从第二个百年革命时期到公元4世纪，世界被彻底颠覆了，三个世纪前处于奥古斯都和元老院共同统治下的那个世界早已消逝。当时，元老院被降级为城市议会，也就是元老会，它只能对罗马城市进行政治管理，不再拥有其他权力，至此，罗马元老院从历史舞台彻底退出了。像埃及君主式皇帝一样，罗马帝国的皇帝拥有着至高无上的权力，成为绝对专制的君主，帝国政府的各个方面被军事化和东方化充斥着。此时，罗马皇帝精心修饰了自己的仪表，头上佩戴着精致昂贵的王冠，上面装饰着缀满珍珠宝石的绶带，脚踩着脚凳，端坐在金碧辉煌的皇座之上。帝国还规定，觐见皇帝时必须要行跪拜之礼。

根据最近的考古发现，新波斯王朝萨珊国王的装束在一定程度上启发了罗马皇帝，罗马皇帝借鉴了他的华服。对于这个东方新帝国，两代罗马皇帝都很了解，他们从这个奢华的东方宫廷引入了皇袍、宫廷标志以及宫廷习俗等。就像我们在波斯的琐罗亚斯德教的各种传说中看到的一样，在东方宗教的影响之下，罗马人开始逐渐形成了“皇帝是神圣”的这一观念。这足以说明，东方与西方文化的融合从600年前亚历山大大帝时期就开始了，如今已步入一个崭新的阶段。

人们将皇帝视为崇拜的对象，在他们看来，他是古老的东方太阳神，甚至被称为“万能的太阳”。每年12月25日被指定为皇帝的诞辰日，因为这一天是太阳到达南回归线并开始向北运动的日子。虽然官方对皇帝崇拜有加，但各行省的居民并不买账。他们继续满怀着虔诚，信仰着自己的神，然而，作为忠诚的帝国公民，他们每个人都必须参加由官方举办的崇奉皇帝的仪式。这标志着早期罗马人为了争取民主而持续了数个世纪的斗争在东方专制中结束了。

为了更有效地与东方的劲敌新波斯一决高下，戴克里先大部分时间都在小亚细亚和尼科美底亚居住。因此，对于西方城市信息的接受和管理方面，他的反应总是比较迟缓。也许是共和时期设立两个执政官的方式启发了戴克里先，为了弥补他本人身在东方而无暇顾及西方城市的不足，他又沿袭惯例，在波谷的米兰这一重要的意大利城市任命了一位新皇帝，由他处理西方事务。无论是在共和时期，还是在现在，设立两位执政官的本意都不是为了分裂帝国。然而，戴克里先这一举措却带来了严重的后果，而且与他的初衷完全背道而驰，最终，罗马分裂为东西两个部分。现在，罗马就像过去西方的恺撒和东方的庞培或者西方的屋大维和东方的安东尼一样了。

如果皇帝去世了却没有最高首领就很容易爆发内战，为了避免这一现象，戴克里先对皇权交接的顺序进行了规定。他和另一位在西方的皇帝都自称为“奥古斯都”，并分别任命了一名称为“恺撒”的助理。这样一来，罗马帝国就同时拥有了两位奥古斯都和两位恺撒，这两位助理与如今的副总统一职类似。按照戴克里先的规定，如果奥古斯都或皇帝去世或放弃皇位，为了弥补皇位的空缺，他的恺撒就可以马上继承皇位，作为新一任奥古斯都管理帝国，还有权任命下一位恺撒。这种规定体现了帝国政治的不成熟，因此也不可能长期执行下去。

在此期间，等级森严的官僚体系在帝国逐渐成形。偌大的帝国被划分为四个大区，每个大区由一位长官管理。每个大区又被划分为12个主教管区，由行省组成，处于主教的管理之下，主教隶属于大区长官。因此，大区长官管理主教，主教则管理各行省总督。在行省总督下面，许多被分为不同级别的地方官员管理着行省各项具体事务。因此，最低级的官员、各级地方官员、行省总督、主教、大区长官以及皇帝一同构成了这一管理体系。

这个庞大冗杂的官僚体系最初由戴克里先开始建立，由他的继承人最终完成。这个体系里有大量级别各不相同的官员，这样一来，帝国的财政负担也越来越重。政府和庞大的帝国军队都需要巨额资金来维持正常的运转。同时，还需要大量资金来维持东方式的奢华皇宫以及宫廷里的奴仆，更何况，实际上相当于有四个皇帝，皇宫方面的开销也就更大了。此外，政府还需要斥资为城市贫民提供“食物和竞技表演”。这样一来，从马可·奥里略时代开始，帝国税收的情况就每况愈下，税负越来越重，压得公民喘不过气来，最后，他们家里的每件家具都要纳税。

政府征收不到足够的钱币，就从公民那里征收谷物和其他农产品来代替。早在几千年前，东方就推行过这种原始的税收制度，这说明罗马帝国的税收制度是一场历史的倒退。各城市决定由富人承包该地区的税收，只有他们才有能力用自己的钱来弥补征收税款不足造成的缺口。然而，他们竭力从中分一杯羹，想方设法从普通公民家里搜刮钱财，许多普通公民最后的结局就是倾家荡产，其中包括大批破产的商人。

这些倾家荡产的人大部分都选择了逃离故乡，有的人沦为流浪汉，四处当街乞讨；有的人成了强盗，谋人钱财，害人性命。农民阶级本是帝国发展的基石，但早就被摧毁了，而且他们的地位一直没有得到恢复。如今，雪上加霜，罗马还失去了以富有进取心的成功商人为主力军的中产阶级。戴克里先不愿意眼睁睁看着罗马重蹈覆辙，他竭力维持着这些阶级，让他们继续存在下去。他颁布了相关法令，禁止人们荒废土地、放弃职业。昔日里，各行各业的人们自发组织起社团、行会、工会等，如今已成为强制性组织：人们要从事某项职业，就必须先加入相应的组织团体；而人们一旦加入这一团体，就永远不能退出这一行业。

就这样，在东方式的专制统治下，欧洲人长期以来努力争取到的自由逐渐丧失了，罗马公民曾被赋予了自由，如今，他们已彻底失去独立自主的生活。皇帝的意志等同于法律，帝国的各个角落，甚至连公民从事各种职业获得的报酬和商品的价格都必须遵照皇帝的命令和政府的各种规定。皇帝手下的各级官员死死监督着公民生活的方方面面，一刻也不懈怠，为公众提供服务的粮食交易者、屠夫和面包师受到的监督是最严苛的，目的是确保他们能够坚守岗位、恪尽职守。国家为了维持稳定，甚至强制性要求必须子承父业。罗马政府试图将公民生活的各个方面都牢牢掌控在手里，如果他们不按照国家意志行事，政府就会强行干涉。

这个庞大的帝国正逐步走向毁灭，罗马政府似乎成为一个庞大笨重的机器，每个公民都是一个小小的齿轮，疲惫地维持这个机器艰难地运转着，他们肩上的担子越来越沉重，对自由的希望也越来越渺茫，他们没有其他出路，只能绝望地站在政府早就规定好的位置上，在国家不停地驱赶之下为帝国效力，可是，他们最终的劳动成果却不能为自己所用，而是被国家尽数夺走。在这样的情况下，一个公民能勉强养活自己已经是一桩幸事了。罗马帝国的公民沦为了几千年前尼罗河畔的农民，皇帝成为法老，帝国不断上演着历史的倒退，成为了古埃及。

在戴克里先的绝对专制中，百年革命结束了，就像罗马的商业一样，罗马人的艺术和文学成就被彻底摧毁，在戴克里先的统治之下，古代文明的发展被中止了。纵使如此，罗马帝国仍然保留着一部分文明遗产，它们又继续流传了数百年。正是在这片罗马帝国的废墟之上，现代欧洲国家兴起并逐渐发展了起来。从此，行将崩溃的罗马有意无意地继续维护着这些伟大的文明遗产，并最终将它们呈现在了世人面前。

帝国的分裂：基督教的胜利

在戴克里先统治时期，意大利曾经的优越地位已经完全丧失，它的地位不再比其他行省高，它加入了纳税行省的行列。在各路势力的威逼之下，罗马皇帝一路撤退到了帝国的东北角，这些威胁中包括来自多瑙河下游并逐渐崛起的日耳曼人，这些新波斯人如潮水一般涌来。在刚刚过去的百年革命之中，作为罗马军队最优秀的军团，巴尔干半岛的伊里利亚士兵为好几代皇帝效力过。但如今，出生于巴尔干行省的普通士兵皇帝对罗马没有丝毫的感情，他们认为不应该继续将罗马作为皇帝的居住地，进而将权力的中心转移到了巴尔干半岛地区。之所以这样做，是因为人们对巴尔干半岛萌生了浓厚的兴趣，然而，这并不说明人们对东方的尊重又重燃了。事实上，早在哈德里安时代，人们就对巴尔干半岛萌生了浓厚的兴趣，哈德里安还曾斥以巨资，试图重振雅典。在戴克里先去世后，他的几位继承人为争夺皇位大动干戈，最终君士坦丁大帝成为赢家。他将都城迁往巴尔干半岛东部，在那里兴建了新的皇宫。

对于一位卓越的政治家来说，具有远见卓识是他的一项基本素质，从君士坦丁大帝对于都城的选择上就可以看出，他极具政治天赋。在古希腊的拜占庭，这座城市坐落在博斯普鲁斯海峡欧洲的那一侧，可以远远眺望到欧亚两大洲，君士坦丁大帝建立起的帝国统治中心横跨两大洲，实属英明之举。为了给这座新都城增添荣光，让它像曾经埃及的亚历山大里亚一般引人注目，皇帝从其他城市那里搜集来许多纪念品，用来装点豪华气派的皇宫。到了公元 330 年，这座新都城处处摄人心魂，即使作为地中海帝国的都城，它也当之无愧。同时，这座都城有了一个新名字，为了纪念这座都城的创建者，它被命名为君士坦丁堡。

罗马帝国的国都迁往巴尔干半岛东端，这标志着古老的地中海东方文明赢得了最终的胜利，东西方之间也彻底分裂了。至此，罗马帝国成为了两个部分。当然，这次分裂并不是突如其来的，在君士坦丁堡竣工后，又经过了一代人的时间，才最终分裂。在此之前，罗马帝国一直在名义上保持着统一。在一段时期内，君士坦丁堡使戴克里先在罗马帝国东部的统治得以巩固，然而，这仍然无法阻止它逐渐走向衰落。罗马公民如今已丧失了参与管理公共事务的权利，也无权选举行政管理者。当然，凡事皆有例外，在罗马军队的努力下，他们的指挥官就曾坐上了皇位。然而，在公民之中，再也没有出现过像罗马和希腊共和时期那样能力出众的统治者。

随着基督教的队伍的壮大，各地基督教教堂的影响力也不断扩大，他们迫切地需要一位才能卓越的领导人。只有那些才华出众并有着丰富管理经验的人才能有效合理地管理好这些基督教区。人们在教堂集会上进行激烈的辩论，其中那些实力超群的人展现了自身优势，赢得了社会大众的大力支持，他们的地位也随之提高。于是，基督教教堂成为政治家展现真才实学的绝佳场所。随着古老的民主制度下的公民责任感的彻底消失，这些教堂政治家成为了最具感召力的人物。

教堂的影响力越来越大，它也有了越来越多的事务，这需要大批教堂官员来处理，他们没有工夫顾及教堂之外的任何事务，逐渐成为专职的教堂管理者。人们将这种专职人员称为牧师，而教堂里的其他非专职人员则被称为世俗人。后来，人们用 presbyters，也就是“长老”一词来称呼那些管理乡村小教堂的老人。在希腊语里，“长老”一词就是“老人”的意思，现在我们所说的 pries 一词就是源于这个词语。每一个城市里，都有一位牧师负责管理他所在那座城市的全部教堂，这位牧师被人们称为“主教”。在一些大城市里，主教的号召力不断壮大，最终，他们可能一跃成为大主教或主教头领，这样一来，大主教还会影响到行省周围城市的主教。在很大程度上，教堂组织体系与罗马帝国政府的组织体系是相似的，教堂组织体系正是效仿帝国政府构建起来的，甚至还借用了 diocese 一词，即主教管区。于是，这个曾代表羸弱、地位低下的人们的基督教组织如今拥有了强大的实力，甚至能与政府抗衡。

罗马政府渐渐意识到，就如今的格局而言，迫害基督教确实是不明智的举动，只会让罗马帝国更快速地走向灭亡。更何况，百年革命的长期动乱彻底扰乱了皇帝的心绪，他已没有心思顾及其他。继戴克里先之后，恺撒·迦勒略登上了皇位，他厘清了帝国面临的重重外部危机，也意识到政府现在确实没有与基督教相抗衡的实力。公元311年，迦勒略颁布法令，宣布承认基督教在帝国具有合法地位，基督教徒获得了与其他信仰古老宗教的信徒同等的法律地位。这项法律一直沿用下来，直到君士坦丁时代。在他的呼吁下，在小亚细亚东北部的尼西亚，第一次罗马世界的基督教大会正式召开了。

虽然法律承认了基督教的身份，相关法律也得以延续下去，但这并不意味着基督教成为最后的赢家。后来，为了争夺皇位，君士坦丁的儿子和侄子们之间爆发了激烈的斗争。他的一个儿子登基后不久，君士坦丁的侄子朱立安一举推翻了这个皇帝，并最终成功地登上了皇位，他在位时间从公元361年持续到公元363年。自从第二个百年和平时期以来，朱立安是当时最具领导力的皇帝。他是皇帝，也是哲人，这一点与马可·奥里略很相似。在位期间，为了复兴古希腊的宗教和文明，他对基督教横加指责，并竭力阻碍基督教进一步壮大。朱立安同时还是一位骁勇善战的将领，他率领军队打败了西方的日耳曼蛮人，但不久后他就在东方与新波斯作战时战死沙场。因为他在位期间竭力扼制基督教，基督教徒称其为Apostate，即背教者。他是历史上最后一位坚决反对基督教的罗马皇帝。

第二十七章　野蛮人的胜利与古代的结束

野蛮人的入侵与西罗马帝国的灭亡

那些野蛮人操着印欧语，在地中海文明地区以北的北欧盘踞着，从石器时代开始，那里的文明几乎就停滞不前。这些野蛮人一直威胁着地中海沿岸的文明国家，高卢就曾横扫意大利，进攻罗马，并将触角伸到了巴尔干半岛和小亚细亚。此外，随着日耳曼人第一次南下，罗马人内部引发了大范围的恐慌，尽管最终骁勇善战的马利乌斯指挥着罗马军团打败了他们。

早期，野蛮人并不是罗马人的对手，因为罗马人有着非凡的组织才能，能在特殊时期将大量军队召集起来，在很长时间内维持一支比野蛮人更加强大的军队。然而，在马可·奥里略之后的百年革命期间，罗马军队丧失了组织性与纪律性，再也无力有效抵抗在罗马帝国的土地上恣意妄为的野蛮人了。这时，野蛮人还只是进攻帝国并带走那里的财富，然而，到了戴克里先时代，他们开始在罗马的边疆地区开疆拓土，打算在那里永久居住。一场野蛮人的大迁徙运动缓缓拉开了帷幕，这一过程持续了两百多年，野蛮人不断入侵，逐渐将整个地中海世界蚕食。

在北欧辽阔的平原和茂密的原始森林里，散布着许多金发碧眼、体格健硕的日耳曼人部落。每个部落都有一片属于自己的小小的领地，面积一般不超过 40 英里，人口只有两三万。这些人以村庄作为单位，聚居在一起，通常百十户人家就可以组成一个村庄，每个村庄都有一位领袖。比起耕田，日耳曼人更向往自由自在的游牧生活，他们不愿意长期居住在一个地方，因此，他们的房屋也很小，便于迁徙。日耳曼人没有文字，也没有形成工业、制造业或商业，他们的领袖或国王大部分是当地的贵族。

日耳曼人常年与北方恶劣的气候抗争，他们也因此养成了英勇无惧、能征善战又霸道粗鲁的个性。他们经常驾驶着马车，拖家带口，浪迹天涯。50个村庄组成一个日耳曼部落，由100名武士负责守卫部落。几个部落联合在一起，从而组成一支五六千人的军队。在军队中，村庄首领出任各分队的指挥官，他们与武士们朝夕相处，彼此之间很熟悉。一旦战争爆发，武士们的亲朋好友就和武士们并肩作战，虽然他们纪律散漫，但这种百人战斗队是在血缘与友情的基础上建立起来的，他们在战场上格外勇猛，颇具古代战士的风采。当然，这些野蛮人也渴望着在战争中寻求刺激，因此，他们几乎所向披靡。

曾经为罗马赢得世界霸主地位的军团不复存在，一支组织松散、纪律涣散的军队取代了它。在戴克里先时代，和平市民组成了军团，它根本无法与战无不胜的日耳曼野蛮人军队相提并论。面对日耳曼人猛烈的进攻，罗马军队就像秋风中的落叶一般，四下飘零。当罗马皇帝意识到已经没有希望将日耳曼人从领地上赶走后，只能做出妥协，允许他们在边疆定居下来。长期以来，罗马都面临着兵源不足的问题，于是，开始雇用日耳曼人作为士兵，在尤利乌斯·恺撒的统治时期，大部分骑兵都是野蛮人。那些居住在境内的日耳曼人有权继续保留自己的生活方式，他们加入了罗马军队，但仍处于他们自己的指挥官的统领之下，作战也保留了古老的村级战斗队的方式。这样一来，野蛮人的生活方式和风俗习惯也随之传入了罗马帝国，罗马的军队成为以野蛮人为主体的军队，而日耳曼的指挥官也将罗马军官取而代之。

这时，罗马深陷重重危机之中。在莱茵河下游，法兰克人国王正统治着一群彪悍的日耳曼人；在北方，居住在那里的汪达尔人尤其擅长攻城略地、烧杀抢掠；在这两个野蛮民族的南边，阿列曼尼亚人每时每刻都对帝国的边疆虎视眈眈；在多瑙河下游，帝国边疆又受到哥特人的威胁。公元357年，在斯特拉斯堡，君士坦丁的侄子朱立安与日耳曼人展开了一场殊死较量，成功阻止了法兰克和阿列曼尼亚人入侵莱茵河地区。朱立安在巴黎设立了指挥部，哪怕在生死存亡的危急关头，他也没有停止阅读。

随着与罗马文明社区不断接触，日耳曼人也发生了一些变化；而随着对罗马文明的了解逐渐深入，这些北方的野蛮人对罗马文明也萌生了敬畏之心。有的日耳曼人曾在罗马出任过政府官员，甚至开始与罗马贵族来往乃至通婚；还有一些日耳曼人开始信仰基督教。一个名为乌尔夫勒的日耳曼哥特人还将基督教的《新约》翻译为哥特语，这是一种与德语类似的地方语言。最初，日耳曼各个民族是没有自己的文字的，后来，他们参考希腊语和拉丁语字母，创造了自己的文字，于是，最早的书面德语形成了，这极大地推动了基督教在北方蛮族之间的传播速度。

这时，一支非印欧血统的野蛮民族向帝国发起了进攻，这个蛮族就是匈奴，他们从亚洲远道而来。纵观进攻帝国的众多蛮族，匈奴是其中最强悍、最具杀伤力的。匈奴所向披靡，一路长驱直入，来到多瑙河下游，这时，西哥特人陷入了一片恐慌之中。西哥特人再三请求，于是，朱立安的皇位继承人瓦伦斯让他们渡过了多瑙河，在帝国境内定居。后来，因为与罗马官员之间的矛盾越来越尖锐，哥特人发动了一场叛乱。公元 378 年，在亚德里安堡战役中，罗马大军（帝国的日耳曼人军队）败给了仅由 1500 人组成的哥特军队，瓦伦斯皇帝也在这场战役中被杀死了。此后，罗马帝国走向灭亡的步伐又加速了。在西哥特人的大型西迁和亚德里安堡战役之中，百年大迁徙就这样徐徐拉开了帷幕。罗马帝国在这个过程之中被野蛮人分裂为若干个部分，形成了多个处于日耳曼军事首领统治之下的日耳曼帝国。

在君士坦丁堡，狄奥多西乌斯登上了皇位，他是统治整个罗马帝国的最后一位皇帝，他的统治从公元 379 年持续到公元 395 年。他允许西哥特人在帝国境内任何地方随意定居，也有权参军，他们的首领甚至还能在政府里担任要职。实际上，正是在这些精力旺盛、能力出众的日耳曼人大臣和军事将领的辅佐之下，他才能继续维持帝国的运转。公元 395 年，狄奥多西乌斯同意了他的侄女与汪达尔军官斯蒂利科通婚，还将自己两个年幼的孩子霍勒里乌斯和阿迦狄托付给了这个日耳曼人。

狄奥多西乌斯将帝国一分为二，交给他的两个幼子：阿迦狄统治东方，霍勒里乌斯统治西方。帝国由此彻底分裂。随着这两个年幼的帝国继承人的出现，西部帝国进一步分裂，经过短短两代人的时间，它彻底消失了，皇帝自然也不复存在了。在阿拉里克的率领之下，西哥特人洗劫了希腊，进攻了意大利。公元410年，他们最终攻克了罗马这座伟大的城市。在公元400年后那一代人的时间里，西部帝国的领土一再缩小，最终只局限于意大利本土。这时，西部帝国的皇帝在统治着意大利的同时，沦为了日耳曼官员和军事将领手中的傀儡。当阿提拉率领着匈奴进犯意大利时，他们也被打败了，于是，匈奴帝国也随之分裂，无法继续威胁欧洲。罗马刚解除匈奴人的威胁，汪达尔人又从西班牙出发，一路向非洲挺进，穿过迦太基，长驱直入，抵达西西里和意大利。公元455年，汪达尔人攻克了罗马，在那里大肆掠夺财富，但跟45年前的阿拉里克和西哥特人一样，他们将那些宏伟瑰丽的城市建筑保留了下来。

这时，整个西罗马帝国的领土只留下意大利了，日耳曼军事首领掌控着那里的一切。这些日耳曼首领根据个人喜好来拥立或废除皇帝，最后，这种傀儡式的皇帝在西罗马帝国也难以继续维持了。罗穆卢斯·奥古斯都是最后一代西罗马皇帝，又被称为罗穆卢斯、小奥古斯都。他与传说中罗马城的缔造者以及罗马帝国的开国皇帝同名，但讽刺的是，日耳曼人最终废黜了他的帝位。接着，一个名为奥多埃斯的日耳曼人登上了皇位。公元476年，狄奥多西乌斯之后仅仅过了两代人的时间，西罗马帝国皇帝就这样凭空消失了，再无踪迹。于是，在经历了五百余年的风雨飘摇之后，奥古斯都创建的罗马帝国就这样灭亡了。在西罗马帝国灭亡后，野蛮人将整个西地中海世界完全包围了，他们在那里肆意地烧杀抢掠，并瓜分了这片地区。从此，就政治意义上来说，曾经统一的地中海世界已经成为历史，许多地区都上演着历史的倒退，它们的处境比希腊、腓尼基人以及后来的罗马人到来前的史前野蛮状态也强不了多少。

东地中海因为地理位置偏远，暂时没有遭受野蛮人的攻击，这时，还处于君士坦丁堡罗马皇帝的统治之下。然而，不久后，野蛮人还是把触角伸到了这里。在狄奥多西乌斯去世后的一个世纪里，在东方文化的影响之下，那些皇帝一代不如一代。直到公元527年，查士丁尼出现。他立志重新建立一个统一的罗马帝国，然而，当他消灭了意大利的东哥特王国后，野蛮人如潮水一般涌入意大利。他的继承人也和他一样，有能力征服，却没有能力维持。

虽然查士丁尼没能实现自己统一的理想，然而，他伟大的计划还是促成了罗马在司法和立法方面的统一。他很欣赏特里波良的才华，让他搜集并整理了自1000年前12铜表法颁布以来罗马的各类法律。在查士丁尼的命令下，一部大法典被整理出来了，对所有获得成功的统治者的管理经验进行了全面总结，从某种程度上来说，他就是罗马的汉谟拉比。于是，罗马法官可以据此解决社会生活与商业活动中的各种纠纷。各种法律裁决被整理收录起来，成为相应的文本，它们被查士丁尼称为法律要览，为后世的立法奠定了基础，时至今日，仍有着深远的影响。

在查士丁尼的统治之下，君士坦丁堡吸引了世人的注意力，于是，皇帝开始竭力装点这座城市，然而投入的财力物力远不及从前修建古老的神庙、巴西利卡会堂和圆形竞技场时的花费。200年前，朱立安是最后一位推崇希腊文明的罗马皇帝；而作为最后一代罗马皇帝，狄奥多西乌斯则严令禁止人们对任何古代神祇表达崇拜之情，还下令关闭所有的古代神庙。从公元400年起，在地中海沿岸和尼罗河谷地区，那些信仰者慢慢遗弃了曾经的古代神庙，并将一些神庙改建为了基督教堂。查士丁尼几乎彻底摧毁了被基督教视为异教的古代信仰以及作为哲学学说传播地的古代学园。在基督教堂建筑上，这位皇帝投入了大量人力、物力与财力，圣索菲亚大教堂就是由他主持修建而成的，堪称古代东方最气势恢宏的教堂，时至今日，仍巍峨地耸立在君士坦丁堡。

这座教堂是东方建筑艺术的集大成者，就连东罗马教堂所宣传的那些教义也同样源起于东方。查士丁尼之所以没能统一东西方，究其根源，是因为东方教堂与西罗马教堂是水火不容的。东方希腊式教堂与西方拉丁式教堂之间的区别越来越明显。正如我们所知道的，随着西罗马帝国的进一步分裂，罗马皇帝的继承者们的权力逐渐衰微，而新出现的罗马教皇又进一步威胁到了他们的权力。东西方已经彻底分裂，它们各自拥立皇帝，各自建立教堂。下面，我们将介绍西方的教堂。

教堂的胜利及其在西方的影响

在长达数个世纪的时间里，整个世界都处于罗马城的主宰之下，这座伟大的城市赢得了人们的崇敬，甚至包括野蛮人的。当哥特人和汪达尔人抬起头，仰望那些宏伟的公共建筑时，他们内心一定充盈着敬畏之情。因此，他们没有破坏那些建筑，罗马作为世界上最伟大的城市，它的地位也得以保持，只有君士坦丁堡和亚历山大里亚这两座帝国城市能与之媲美。罗马主教享有崇高的地位，也赢得了世人的尊敬。随着西哥特人不断向罗马城发起进攻，其他城市也陆续遭到野蛮人的入侵，这时，罗马主教一次次彰显了他非凡的才能，因此，他成为意大利乃至整个西方世界最具影响力的政治家。毫无疑问，这位主教的影响力在一定也程度上保护了罗马建筑，使其免受西哥特人和汪达尔人的破坏。

这一时期，西方世界的教堂培养了许多杰出人才，尤其是在迦太基以南的非洲行省。早期主要的基督教作家就是在那里出现的。很快，迦太基主教就成了罗马主教最强有力的对手。在基督教时代，迦太基与罗马发生了争端，这让我们不由回想起为了争夺地中海世界的统治权，这两座城市曾展开了一场旷日持久的斗争。奥古斯丁（公元 354 年至公元 430 年在世）是早期基督教时代最伟大的思想家，他于狄奥多西乌斯时代在非洲出生。他在年轻的时候并不是一位虔诚的基督徒，而是醉心于希腊的哲学与知识。那时，他性格乖张，放荡不羁。他的母亲是一位虔诚的基督教徒，在他进行精神上的自我否定与重建的那一段日子里，他的母亲陪伴着他，与他一同经历了心灵上巨大的创伤与磨砺。最后，他祛除了身上的顽劣品性，完完全全地将自己奉献给了基督教。他将自己的经历写入了《忏悔录》，这本书因此也成为一盏明灯，指引着迷途知返的人们。和马可·奥里略的《沉思录》一样，《忏悔录》展现了伟大人物内心最真实的世界，具有巨大的价值。

当阿拉里克扫荡了罗马，罗马摇摇欲坠之际，奥古斯丁又写下了一篇流传千古的文章，那就是《上帝之城》。他在文章中生动地描绘了一个神圣的王国，这个王国与所有的世俗政府都是对立的，它更加理想化，却让人们难以企及，所有基督教徒都是这个王国的子民。这个王国看不见也摸不着，却与那些有组织、有主教、有牧师的教堂惊人地相似，所有信徒都必须无条件地服从于这个永恒的王国，即教堂。根据奥古斯丁的教义，教堂完完全全地控制着人们的思想。这时，狄奥多西乌斯下令关闭了所有古老的神庙，此后，宗教开始束缚人们的肉体与思想。也就是在这时，查士丁尼下令关闭了雅典所有的学园，禁止人们继续传播古代的哲学思想。奥古斯丁将控制人们肉体的权力交给了国家，将抑制人们思想的权力交给了教堂。崇尚思想自由的古老传统至此彻底结束了。

奥古斯丁意识到了罗马教堂领导权的重要性，并进一步强化了它的影响力。对于保罗曾在罗马传教的事实人们耳熟能详，但在早期的基督教传说中，在罗马建立教堂并成为主教的人摇身一变，成了彼得。此外，根据传说，正是彼得将权力传到后来的罗马主教们手中的。这些传说让罗马主教拥有了绝对的权力树立了绝对的威严。越来越多的人将现实生活抛诸脑后，来到修道院，在那里过起了神圣的隐居生活。他们积极向野蛮人传教，那些有关罗马教堂的传说也在人群中传播开来。那些“修道士”告诉野蛮人，教堂可以决定人们的来世，北方的蛮族唯恐死后遭受惩罚，于是纷纷皈依基督教。在他们看来，教堂是如此神圣而不容冒犯。正是基于这种权威，罗马主教才登上了教皇的宝座。

当罗马帝国面对野蛮人的进攻束手无策之际，教堂却在其中发挥了巨大的作用。教堂逐渐驯化了野蛮人国王们粗蛮的本性。教堂惊讶地发现，虽然罗马政府及其军团曾征服过整个地中海文明，但如今却无力继续维持统治，它将罗马帝国的统治权交到了西方的野蛮人手里，也正是因为这样，希腊和罗马的文明遗产才得以部分保留了下来。

最初，基督教的主要受众是那些没有地位、缺乏学识的人，那时，教堂根本不具备传播并发展希腊文明、学术和艺术的能力。随着奥古斯丁等基督教思想家和学者相继出现，教堂逐渐拥有了一切。我们通过修道院图书馆和修士们留下的手抄本就能欣赏那些流传下来的拉丁文学作品，诸如维吉尔的《伊尼阿斯》这样年代久远的著作手抄本，就是在基督教修道院图书馆的羊皮纸抄本上发现的。

早期，基督教艺术发展得很缓慢。在前1000多年的时间里，基督教没有出现任何能与古希腊媲美的画家或雕刻家。现在人们所指的拜占庭艺术是在基督教的努力下由叙利亚艺术发展而来的，因为这种艺术主要在君士坦丁堡（拜占庭）流行而被人们称为拜占庭艺术。那些早期意大利教堂，诸如拉菲那城的圣维塔尔就模仿了拜占庭艺术的格调。同样，在基督教时期，欧洲的绘画艺术也有了一定的进步，但主要也是模仿东方艺术。此时，基督教圣徒像头上那道金色的光环与叙利亚古代神庙中的神像头上佩戴的装饰如出一辙，这说明早期欧洲的基督教艺术来源于东方。随着基督教越来越壮大，基督教徒开始兴建一些大规模的集会场所，即教堂。古老的巴西利卡商务会堂对他们产生了深远的影响，因此，这种形式的教堂被称作巴西利卡教堂。从吉萨金字塔时代开始，长达3500年的建筑发展历程在这种教堂上展现得淋漓尽致。这种巴西利卡式教堂采用三层结构，中殿部分有一个屋顶较高，便道上方还有屋顶，比较矮。教堂前面的正门与模仿亚述宫殿大门修建起来的罗马凯旋门类似；中间的拱门很高大，位于巴西利卡中殿的前面；两侧便道带有一个低矮屋顶，上面在较低的位置上开了一道拱门。这样一来，欧洲的基督教堂巧妙地将亚述宫殿的正门和埃及的高侧窗式大厅在地中海地区有机地结合在一起了。

最初，教堂是没有塔顶的，后来在古巴比伦神庙塔顶的基础上逐渐改造，从而形成了塔顶。基督教有了属于自己的宏伟建筑，虽然这种建筑在装饰和结构等方面都有明显的东方建筑的痕迹。基督教及其信仰，都展现着早期东方文明对欧洲世界的征服，而在这之前，欧洲还处于蒙昧的石器时代。古代的东方文明逐渐与欧洲文明融合，并因此而幸存下来。后来，东方文明得以重振，成了地中海的主宰。我们马上来回顾一下东方的最后一次崛起。

东方的最后一次崛起与近代欧洲国家的雏形

在公元6世纪中叶，东罗马皇帝查士丁尼成了罗马史上最后一位统治者。

他曾多次尝试将帝国统一起来并重振都城，但最终证明他的这些思想和行动都是失败的，并且是灾难性的。当时的当务之急是保存实力来应对新波斯，而他却为了夺取西地中海世界而让整个帝国的元气消耗殆尽。他修建了一大片建筑，尤其是那座富丽堂皇的圣索菲亚大教堂将国库的储备消耗殆尽，政府也以更快的速度走向破产。之后，东罗马帝国再也没有从他错误决策酿成的苦果中复苏过来。查士丁尼去世后，东罗马加速走向了衰落。

野蛮人这时又发起了一轮新的进攻。斯拉夫人属于印欧语族，他们如潮水一般地涌入巴尔干半岛，向君士坦丁堡逼近，一路向南进军，挺进希腊。斯拉夫人迅速占领了这些地区的大部分，并在那里定居下来。在这种情况下，虽然君士坦丁堡的东罗马帝国与罗马帝国一脉相承，但它也不复罗马帝国昔日的荣光。就人口成分和文明两个方面而言，希腊、斯拉夫和东方融合在一起，组成了当时的帝国。

闪米特移民很快占领了东罗马皇帝的那一大片东方领土，这些移民与之前提到的萨尔贡或汉谟拉比率领的阿拉伯沙漠游牧民类似，与来自沙漠并迅速占领了巴勒斯坦的希伯来人也有渊源。很快，闪米特野蛮人最后一次大规模的迁徙活动拉开了序幕。公元570年，也就是查士丁尼去世后不久，一位年轻的天才——穆罕默德在阿拉伯的麦加城出现了。穆罕默德与其他闪米特牧师一样，他坚信在沙漠中旅行能让人们领悟到来自神的启示。后来，他好像真的得到了神的启示，他认为应该将神谕传达给人民。他对外宣称，他的神是安拉。当地的权贵阶层一开始并不能容忍穆罕默德四处传教，甚至有几次他差点因此丧命。后来，他通过不断努力，终于拥有了一批虔诚的信徒。公元632年，穆罕默德去世。当时，他为阿拉伯人缔造了一种新的宗教，并命名为Islam，意思是“顺从与和解”，预示着与唯一的神安拉达成和解并无条件地顺从于安拉。他称信徒为Muslims或Moslems，也就是“和解者”的意思。在穆罕默德去世后，穆斯林领袖们将他生前宣传的教义搜集整理起来，集结成册，也就是著名的《古兰经》，它是穆斯林的圣经。

人们称穆罕默德的继承人为哈里发，“哈里发”原本就表示“继承人”的意思。最早的几位哈里发在政治方面展现了令人惊叹的才华，有条不紊地将尚未开化的野蛮牧民组织起来，让强烈的宗教热情与他们天生的勇猛果敢融为一体。哈里发率领下的阿拉伯军队成了一支所向披靡的强大军队。穆罕默德去世后仅仅几年时间里，这支军队就攻下了埃及和叙利亚。于是，巴尔干半岛和小亚细亚成了东罗马帝国残存的领土。公元640年，阿拉伯军队占领了新波斯帝国，萨珊王朝的统治也随之结束了。波斯帝国前后持续了400年，最终也灭亡了。最后，穆斯林在东方建立了一个庞大的帝国，以肥沃新月的东端作为中心。

在此之前，萨尔贡和汉谟拉比都征服过幼发拉底河下游的文明，现在，来自阿拉伯沙漠的穆斯林再次征服了新波斯的城市文明。巴格达位于新波斯帝国的都城泰西封附近，穆斯林在那里大兴土木，兴建了一座气势恢宏的都城，这里离古巴比伦的废墟很近。这座属于穆斯林的都城建筑很有特色，将古代埃及、巴比伦、波斯和亚述等国的多种建筑风格融为一体。清真寺的顶尖尖的，也是对巴比伦的神庙塔和类似的基督教堂结构的一种借鉴。在这里，像从前的萨尔贡人和波斯人一样，那些曾过着游牧生活的阿拉伯人学会了阅读和书写。他们拥有了大批《古兰经》手抄本，学会了管理政府的正确方式，成为了有着丰富经验的统治者。在古都基什、阿卡德、巴比伦和泰西封的废墟之中，东方又一次彰显了它的力量，东方文明也随之又一次复兴。

后来，巴格达崛起为东方最美、最具魅力的城市，成了世界上最伟大的城市之一。哈里发的领土一路向东扩展，直抵印度边界，向西，则与他们的腓尼基近族类似，一路沿着地中海的非洲海岸不断向西扩张。穆斯林战胜了迦太基，还赶走了那里的主教，也就是说，罗马主教在西方唯一的强劲对手被消灭了。公元711年，在穆罕默德死后，仅仅经历了两代人的时间，阿拉伯人就成功穿越了非洲，攻克了西班牙。为了征服法国，他们包围了地中海，但是，在公元732年，也就是在穆罕默德死后的100年，穆斯林在那场图尔战役中没能战胜查理·玛泰率领的法国军队，他们只能返回西班牙。他们在西班牙成立了一个名为摩尔的西方穆斯林王国。至今，西班牙最雄伟恢宏的建筑正是摩尔王国时期兴建并被留存下来的。

摩尔王国的文明远远超过了法兰克王国，可以说是欧洲当时最先进的文明。当时，欧洲正一步步走向黑暗蒙昧的中世纪，穆斯林却如饥似渴地汲取着希腊科学和文化遗产中的养分，在科学、天文、数学和语法研究等方面都取得了令人瞩目的成就。穆斯林在这些方面的学识很快就赶超了欧洲的基督徒。现在，我们还在使用的Algebra等阿拉伯词语以及阿拉伯数字，都是阿拉伯人创造的。

我们只要翻开一张世界地图就会发现，在君士坦丁堡统治下的罗马帝国原本应该是世界的中心，然而，这时只剩下巴尔干半岛和小亚细亚了。而西罗马早就灭亡了，野蛮人从北方长驱直下，占领着那里，并建立了一系列日耳曼王国；东方也处于巴格达哈里发的统治下，成了东方帝国的一部分。东方王国摩尔王国由穆斯林统治，位于当时世界的最西端；东方国家君士坦丁堡则信奉基督教，位于世界的最东端。在它们之间，分布着许多大大小小的日耳曼王国，后来，这些王国陆续被统一了，成了查勒玛涯帝国，在帝国的东边盘踞着许多斯拉夫人。还有一些日耳曼部落零零散散地分布在遥远的不列颠岛上。以日益衰落的罗马帝国和北方新建国家作为基础，近代的欧洲国家产生了。拉丁语在法兰西、西班牙和意大利半岛等地逐渐演变为了法语、西班牙语和意大利语。盎格鲁－萨克逊人占领了不列颠，他们所使用的语言融合了日耳曼语、拉丁语和法语，并逐渐演变为了今天的英语。我们现在使用的所有罗马字母则是从希腊、腓尼基和埃及字母演变而来的。

罗马文字对欧洲各民族产生了巨大的影响，这不仅体现在语言上面，也体现在其他各方面，尤其是立法和行政这两个方面。罗马法堪称是众多罗马天才思维的结晶，长期影响着近代各国政府。罗马的另一项伟大成就就是将由希腊文明和东方文明融合而成的国际文明传播开来。这种文明是由罗马人发扬光大的，而不是希腊人。最终，这种文明促成了东方式的专制统治。但是，它延绵不绝，持续了五个世纪。希腊世界就是依靠这种文明才能在相当长的一段时间内抵挡住来自北方蛮族的入侵，否则，当时已是一盘散沙的希腊世界，可能早已被北方蛮族撕得粉碎。罗马帝国发祥于地中海文明，它是保卫地中海文明的最后一道防线，奋力阻止印欧语族野蛮人入侵。虽然最终他们突破了这道防线，但这并非因为他们自身的强大，而是因为帝国内部正在逐渐腐化衰落。

罗马帝国并未完全崩溃，在东方还保留着帝国的残余力量。君士坦丁堡的皇帝们继承了奥古斯都，仍统治着这个摇摇欲坠的帝国。君士坦丁堡坐落在希腊东部，是在一个古希腊城的基础上建立的。那里的人们普遍使用希腊语，并为希腊文明如痴如醉。后来，虽然东方形式的文明在那里占据了主导地位，但古希腊的文化传统也并未因此而被遗弃。虽然那里的学术古板而苛刻，但一直没有完全消亡。同时，在艺术方面也没有明显的倒退现象。随着罗马城日渐式微，君士坦丁堡成为最大的、最雄伟的城市，这让西方蒙昧世界的所有游客都欣羡不已。这是帝国唯一得以保留的与罗马有着直接继承关系的一片土地，它沿用了罗马帝国的称号，直到一千年后，来自西方的日耳曼人才征服了那里。公元 1453 年，土耳其人占领了君士坦丁堡，至此，这座伟大的城市成为了他们的领土。

回顾

在罗马帝国的最后几百年里，内部不断走向腐败，基督教的队伍不断壮大。此外还有一个鲜明的特征，那就是野蛮人的入侵。野蛮人的侵略让地中海文明以更快的速度走向衰落。受基督教堂的影响，文明逐渐传入北方，在北方平原上，那些野蛮人的生活也因此改变了。要想进一步了解这个问题，我们要先回顾一下前面提及的西欧和北欧。在那里，我们先祖的发展历程开启了，石器时代的纪念性建筑被基督教堂取而代之。欧洲北部从地中海沿岸引入了大量书籍与文明。于是，基督教的尖顶教堂在石器时代古挪威人杂草丛生的坟地上出现了。人类文明在全世界范围内传播开来。

这本书对地球上人类漫长的发展历程进行了回顾。50 多万年前，在第三纪的末期——冰川期即将来临之际，人类开始制造工具，还能取火、用火了。我们现在正处于哺乳动物时代的尾声阶段，当我们意识到，我们的祖先是几百万年前的爬行动物时，恐怕就连最冷静的人也会深感震惊。今天，哺乳动物时代即将过去，我们对人类及其文明的发展历程进行了一次系统的回顾。

纵观地球生命的进化历史，拥有极高智慧人类的出现是一个巅峰时期，但这一点无法在某一个确定的地点得以佐证。然而，我们可以确定人类崛起、发展出高度文明并最终征服了我们现在所继承的文明的地点，这一点我们在上文已经介绍过，就是古代世界西北地区那一大片扇形区域。中国和印度的文明在这之后才开始出现，这一点并不会影响我们得出的这个结论，欧洲殖民者将西半球非文字文明消灭掉的事实也不会改变这个结论。在西北那片广阔的扇形区域内，白人种族与其他种族一样，与自然界的各种灾难和危险抗争着，最终摆脱了愚昧与野蛮，石器时代持续了数十万年，最终也走向了终结。我们回顾了整个人类历史的各个阶段，正如我们所知，白人种族经历了人类历史上最具毁灭性的那场大灾难，就是那场全球性的冰川灾难。正是这场灾难将人类赶出了辽阔的北部平原。冰川在欧洲肆虐，但并没有侵袭西北大扇形区的东南部，这里条件适宜，孕育了人类最早的文明。

接着，处于石器时代的爱琴人将先进的尼罗河文明带到了东方的边疆地区，并缔造了璀璨夺目的文明。后来，希腊人这支印欧蛮族攻克了爱琴海世界，欧洲最早、最璀璨的爱琴文明也从此走向衰落。南欧曾有文字、艺术、建筑和造船等诸多文明成果出现过，但它们也随之消失了。如果东方世界的文明起源地没有将这些文明保存下来，那么，人类文明可能早已毁于一旦。在希腊人的统治下，南欧新的文明发展历程开始了，希腊人又一次汲取了东方的文字、艺术、建筑和造船术等其他一切推动文明进步的条件。欧洲文明在经历了1000年的断层后，希腊人最终走出了野蛮和蒙昧，创造了一种高雅、独具韵味的文化，将人类文明推向了又一个巅峰。后来，来自北方平原的印欧语族野蛮人越过了高山，不断向南挺进，一直抵达地中海沿岸。这时，因为罗马人的出现，人类文明再次避免了毁于一旦的厄运。大部分由东方人和希腊人缔造的文明都得以幸存。在经历了一个漫长的衰退期后，欧洲文明又一次崛起，并发展成为了我们现在的文明。

在之后漫长的历史长河之中，文明不断发展，不断扩张，早已超出了西北大扇形区的范围。随着文明的不断传播，各地区的野蛮民族也相继走出蒙昧，走向开化，成为一个个文明民族。人类在这时步入了一个全新的时代，在这个时代里，人类彻底战胜了除微生物之外的其他所有生命形式。然而，人类的斗争从最初起就包括了与自己的同类、同胞自相残杀。从人类创造出石斧并开始挥舞它的那一刻开始，人类的社会斗争阶段就徐徐拉开了序幕，这种转变最早是在埃及出现的。人类之间的斗争愈演愈烈，也带来了越来越严重的危害。人类在远古时代就开始控制并利用各种自然因素来努力避免灾难的发生。世界大战是人类自相残杀最极端的形式，但是如果就整个人类历史的角度而言，世界大战带给人类的危害并不算是最大的。因为世界大战给人类带来的危害在冰川面前根本微乎其微，冰川能将三个大洲的北部地区都淹没，很多自然科学家认为这是危及人类生存的灭顶之灾。

虽然历史学家并非预言家，但是，在探讨了整个人类的发展历程后，我们会发现，迄今为止，地球上生命的巅峰仍是文明人，文明人是目前我们所知道的最高级的生命形式。我们一边回顾历史，一边会不由自主地展望未来。现在，我们正面对着人类漫长的生命和文明发展历程的各个阶段：冰川时代，法国河床卵石下掩埋着石斧；瑞士湖村人将工具沉入湖底；在尼罗河畔，金字塔象征着最光辉灿烂的文明；在底格里斯河与幼发拉底河畔的废墟中，黏土板以及最早的账簿静静躺在那里；还有曾经俯瞰大海的克里特和迈锡尼宫殿的残骸，标志着欧洲最早的文明建筑。罗马大道从罗马出发，翻山越岭，直抵肥沃新月，这些璀璨的成就无不彰显着《罗马法》的完备与罗马政府的权威；各地基督教的尖顶教堂高高耸立着，向世人传颂着“世人皆兄弟”的新潮思想，佐证着文明的进步与发展。这一切的一切都是人类生命不断进化与文明不断进步的过程，是历史长河之中不可忽略的一座座丰碑。